NATHANIEL BRANDEN

DIE 6 SÄULEN DES SELBSTWERTGEFÜHLS

NATHANIEL BRANDEN

DIE 6 SÄULEN DES SELBST-WERTGEFÜHLS

Erfolgreich und zufrieden durch ein starkes Selbst

mvg

Die Deutsche Bibliothek – CIP-Einheitsaufnahme

Branden, Nathaniel
Die sechs Säulen des Selbstwertgefühls : erfolgreich und zufrieden durch ein starkes Selbst / Nathaniel Branden. (Aus dem Amerikan. übers. von Anni Pott) – 3. Aufl. – Landsberg am Lech : mvg-verl., 1999
(mvg-Paperbacks ; 08551)
Einheitssacht.: The six pillars of self-estem <dt>
ISBN 3-478-08551-9
NE: GT

3. Auflage 1999

Aus dem Amerikanischen übersetzt von Anni Pott.
Published by arrangement with Bantam Books, a division of Bantam Doubleday Dell Publishing Group, inc.

Umschlaggestaltung: Gruber & König, Augsburg
Druck- und Bindearbeiten: Presse-Druck Augsburg
Printed in Germany 080 551/1299402
ISBN 3-478-08551-9

Inhalt

[illegible]

Einleitung

Ich möchte in diesem Buch die wichtigsten Faktoren aufzeigen, von denen das Selbstwertgefühl abhängt. Wenn es stimmt, daß das Selbstwertgefühl mit einer gesunden Psyche gleichzusetzen ist, so dürfte es wohl nur wenige Themen geben, die dringlicher sind.

Die Turbulenz unserer Zeit verlangt ein starkes Selbst. Ein Selbst mit einem klaren Gefühl für die eigene Identität, Kompetenz und Wertigkeit. Angesichts des geschwundenen kulturellen Konsenses, angesichts fehlender Rollenmodelle, die es wert sind, daß man ihnen nacheifert, angesichts der Tatsache, daß es in der öffentlichen Arena so weniges gibt, das uns beflügelt, uns dafür zu engagieren, und angesichts der so verwirrenden rapiden Veränderungen, die bezeichnend für unser heutiges Leben sind, ist es gefährlich, wenn wir nicht wissen, wer wir sind, oder uns nicht selbst vertrauen. Die Stabilität, die wir in der Welt nicht finden können, müssen wir in uns selbst schaffen. Wer mit einem geringen Selbstwertgefühl durchs Leben geht, ist von vornherein erheblich benachteiligt. Diese Überlegungen haben mich dazu motiviert, dieses Buch zu schreiben.

Im wesentlichen möchte ich mich hierbei auf die Beantwortung folgender vier Fragen konzentrieren: Was ist Selbstwertgefühl? Warum ist das Selbstwertgefühl wichtig? Was können wir tun, um unser Selbstwertgefühl zu erhöhen? Inwieweit haben andere Einfluß auf unser Selbstwertgefühl?

Das Selbstwertgefühl hängt von inneren und äußeren Faktoren ab. Mit »inneren« Faktoren meine ich jene, die in uns sind oder durch das Individuum erzeugt werden: unsere Ideen oder Überzeugungen, Praktiken oder Verhaltensweisen. Mit »äußeren« Faktoren meine ich jene, die umweltbedingt sind: verbal oder nonverbal übermittelte Botschaften sowie Erfahrungen, die durch Eltern, Lehrer, wichtige Personen in unserem Leben, durch Organisationen oder die Kultur hervorgerufen werden. Ich untersuche das Selbstwertgefühl von zwei Seiten: ausgehend von den inneren Faktoren und ausgehend von den äußeren Faktoren. Und ausgehend von der Frage: Welcher Beitrag leistet das Individuum zu seinem Selbstwertgefühl, und welchen Beitrag leisten andere Personen? Nach bestem Wissen glaube ich, sagen zu können, daß dies die erste so umfassende Untersuchung dieses Themas ist.

Was vor vielen, vielen Jahren aus Interesse oder aus einer Faszination heraus begonnen hatte, ist für mich inzwischen zu einer Mission geworden.

Die Wurzeln dieser Leidenschaft gehen bis in meine Teenagerjahre zurück, bis in jene Zeit, in der das Autonomiebedürfnis, das sich zunehmend bei mir durchsetzte, mit dem von außen auf mich einwirkenden Druck kollidierte, mich konform zu verhalten. Es ist nicht leicht, objektiv über diese Zeit zu schreiben, und ich möchte nicht überheblich erscheinen, was ich nie war und nicht bin. Die Wahrheit ist, daß ich als Jugendlicher ein vages, aber nichtsdestotrotz mir heiliges Gefühl hatte, ich sei in meinem Leben zu einer Mission berufen. Ich war überzeugt, es gebe nichts Wichtigeres, als mir die Fähigkeit zu bewahren, die Welt mit eigenen Augen zu sehen. Und ich war überzeugt, daß das jeder so sehen sollte. Diese Einstellung hat sich nie geändert. Gleichwohl war ich mir des Druckes bewußt, mich »anzupassen« und die Werte des »Stammes« zu übernehmen – die Werte, die in der Familie, Gemeinschaft und Kultur hochgehalten wurden. Ich hatte den Eindruck, man verlangte von mir, daß ich mein eigenes Urteilsvermögen aus dem Spiel lassen sollte und ebenso meine Überzeugung fallenlasse, daß mein Leben und was ich daraus mache, den denkbar höchsten Wert darstellen. Ich sah, wie meine Freunde und Bekannten sich anpaßten und ihr Feuer verloren. Eine mitunter schmerzliche Erfahrung, die dazu führte, daß ich mich oft fremd und allein fühlte. Ich wollte verstehen, warum das der Gang der Dinge war. Warum war Erwachsenwerden gleichbedeutend mit Aufgeben? Dieses Verstehenwollen war seit meiner Kindheit die alles überragende treibende Kraft in meinem Leben. Daneben setzte sich jedoch inzwischen zunehmend eine kaum minder intensive Kraft durch: das Bestreben, mein Weltbild und vor allem mein Lebensverständnis anderen mitzuteilen. Jahre später wurde mir allerdings erst wirklich bewußt, daß ich mich in meinem Innersten als Lehrer verstand, als jemand, der *Werte* lehren wollte. Was ich im Rahmen meiner Arbeit im Kern lehren wollte, war: *Dein Leben ist wichtig. Halte es in Ehren. Kämpfe darum, das Optimale daraus zu machen.*

Auch ich hatte mit meinem Selbstwertgefühl zu kämpfen, und ich werde in diesem Buch auf einige Beispiele eingehen. Nicht alles, was ich über das Selbstwertgefühl weiß, habe ich von meinen Psychotherapieklienten gelernt. Einige der wichtigsten Dinge lernte ich, indem ich über meine eigenen Fehler nachdachte und feststellte, was mein Selbstwertgefühl jeweils beeinträchtigte oder steigerte. Ich schreibe zum Teil also als Autodidakt.

Es wäre wohl abwegig, davon auszugehen, hiermit sei das Thema der »Psychologie des Selbstwertgefühls« nun endgültig abgehandelt. Aber dennoch habe ich bei diesem Buch das Gefühl, daß es den Höhepunkt meiner ganzen bisherigen Arbeit darstellt.

Ende der Fünfziger hielt ich erstmals Vorträge über das Selbstwertgefühl und welche Rolle es in der Liebe, im Beruf und bei der Suche nach Glück spielt. In den Sechzigern veröffentlichte ich erste Artikel über dieses Thema. Die Herausforderung in jenen Jahren war, überhaupt ein öffentliches Bewußtsein für dieses Problem zu schaffen. »Das »Selbstwertgefühl« war als Begriff noch nicht geläufig. Heute ist die Gefahr eher die, daß die Idee zum Modebegriff geworden ist. Jeder spricht davon. Was aber nicht heißt, daß man heute besser weiß, was darunter zu verstehen ist. Wenn jedoch unklar ist, was »Selbstwertgefühl« genau bedeutet, und von welchen Faktoren es im einzelnen abhängt, ein gesundes Selbstwertgefühl zu erreichen – wenn wir unkritisch die übermäßig simplifizierten und griffig verpackten Thesen der populärwissenschaftlichen Psychologie übernehmen –, dann halte ich das, was am Ende dabei herauskommt, jedoch für verhängnisvoller, als wenn das Thema insgesamt ignoriert würde. Dann wird es nämlich banalisiert. Und so möchte ich in Teil I dieses Buches zunächst die Quellen des Selbstwertgefühls und die Frage untersuchen, was das Selbstwertgefühl ist und was es nicht ist.

Als ich mich vor vierzig Jahren erstmals mit den Fragen des Selbstwertgefühls beschäftigte, erkannte ich, daß dieses Thema ein unschätzbar wertvoller Schlüssel zur menschlichen Motivation war. Das war 1954. Ich war vierundzwanzig Jahre alt, studierte Psychologie an der New York University und unterhielt eine kleine psychotherapeutische Praxis. Ich dachte über die Geschichten nach, die ich von meinen Klienten hörte, und versuchte, ihre Probleme auf einen gemeinsamen Nenner zu bringen. Ich war verblüfft, als ich erkannte, daß es im Prinzip, ganz gleich, worüber jemand im einzelnen klagte, immer *ein* tieferliegendes Problem gab: das Gefühl von Unzulänglichkeit; das Gefühl, nicht »genug« zu sein; ein Schuld- oder Scham- oder Minderwertigkeitsgefühl; ein Gefühl, das klar mangelnde Selbstannahme, mangelndes Selbstvertrauen und mangelnde Selbstliebe zum Ausdruck brachte. Mit anderen Worten: ein Problem des Selbstwertgefühls.

Sigmund Freud behauptete in seinen frühen Schriften, neurotische Symptome seien entweder als direkter Ausdruck der Angst oder als Abwehr von Angst zu verstehen. Ich fand diese Hypothese sehr fundiert. Also fragte ich mich, ob die Beschwerden oder Symptome, denen ich begegnete, als direkter Ausdruck eines unzulänglichen Selbstwertgefühls (zum Beispiel: Gefühle der Wertlosigkeit oder extreme Passivität oder ein Gefühl der Nutzlosigkeit) oder als Abwehr gegen ein unzulängliches Selbstwertgefühl zu verstehen waren (zum Beispiel: großtuerisches Gehabe und Angeberei, zwanghaftes sexuelles Imponiergehabe oder übermäßig kontrollierendes soziales Verhalten). Diese Idee erscheint mir nach wie vor zwingend. Wo Freud von *Abwehrmechanismen des Egos* sprach, von Strategien, aus Angst heraus Gefahren zu meiden, die das Gleichgewicht des Egos stören könnten, spreche ich heute von *Abwehrmechanismen des Selbstwertgefühls*, von Strategien zur Abwehr jeder Form von Bedrohung – ob von innen oder von außen kommend – für das Selbstwertgefühl (oder was man dafür hält). Mit anderen Worten: Alle berühmten »Abwehrmechanismen«, die Freud identifizierte, können als Anstrengungen verstanden werden, das Selbstwertgefühl zu schützen.

Was ich in Bibliotheken auf der Suche nach Informationen über das Selbstwertgefühl fand, war kaum der Rede wert. In den Stichwortverzeichnissen von Psychologiebüchern tauchte der Begriff nicht einmal auf. In einigen wenigen Fällen wurde ich fündig. Insoweit zumindest, daß der Begriff erwähnt wurde, wie etwa bei William James. Ich fand aber nichts, was ausreichend fundiert erschien oder mir die Klarheit gebracht hätte, die ich suchte. Freud führte mangelnde »Selbstachtung« auf die Erkenntnis des Kindes zurück, daß es mit der Mutter oder dem Vater keinen Geschlechtsverkehr haben konnte. Eine Erkenntnis, die, so Freud, bei dem Kind ein Gefühl der Hilflosigkeit weckte – nach dem Motto: »Ich kann überhaupt nichts tun.« Eine Erklärung, die ich allerdings weder überzeugend noch einleuchtend fand. Alfred Adler behauptete, daß jeder zunächst mit Minderwertigkeitsgefühlen zu kämpfen hat, deren Ursachen zum einen in physischen Gegebenheiten oder der »Minderwertigkeit von Organen« und zum zweiten in der Tatsache zu suchen sind, daß aus der eigenen Sicht jeder andere (das heißt: die Erwachsenen oder ältere Geschwister) größer und stärker ist. Unser Unglück besteht demnach darin, daß wir nicht als perfekt ausgewachsene, reife Erwachsene geboren werden. Auch diese Auffassung erschien mir nicht hilfreich. Einige Psychoanalytiker schrieben über das Selbstwertgefühl, aber in einer Form, die sich so drastisch von meinem Verständnis unterschied, daß ich teilweise den Eindruck hatte, sie beschäftigten sich mit einem anderen Thema. (Gewisse Verbindungen zwischen diesen Arbeiten und meinen eigenen konnte ich erst wesentlich später sehen.) Ich versuchte mir also weiterhin im wesentlichen durch eigenes Nachdenken über das, was ich bei meiner Arbeit mit meinen Klienten beobachtete, Klarheit zu verschaffen und ein besseres Verständnis der Problematik zu gewinnen.

Je mehr ich mich mit der Frage des Selbstwertgefühls beschäftigte, desto klarer erkannte ich, daß es sich dabei um ein tiefgreifendes und starkes menschliches Bedürfnis handelt. Ein Bedürfnis, das wesentlich für eine gesunde Anpassungsfähigkeit und damit entscheidend ist, um optimal funktionieren und sich optimal selbstverwirklichen zu können. Was umgekehrt heißt, daß wir in dem Maße leiden und in unserer Entwicklung gehemmt werden, wie diesem Bedürfnis nicht Rechnung getragen wird.

Abgesehen von Störungen, deren Wurzeln biologischer Natur sind, fällt mir kein einziges psychologisches Problem ein, das sich nicht – und sei es teilweise zumindest – auf das Problem eines mangelhaften Selbstwertgefühls zurückführen läßt: angefangen bei Ängsten und Depressionen, über schulische oder berufliche Leistungsschwächen, über Intimitäts-, Glücks- oder Erfolgsängste, über Alkohol- oder Drogenmißbrauch, über Mißhandlungen in der Ehe oder Kindesmißbrauch, über Abhängigkeiten und sexuelle Störungen, über Passivität und chronische Ziellosigkeit bis hin zu Selbstmord und Gewaltverbrechen. Von allen Urteilen, die wir im Leben fällen, ist keines so wichtig wie das, das wir über uns selbst fällen.

Ich erinnere mich noch sehr gut an die Diskussionen, die ich in den sechziger Jahren mit Kollegen und Kolleginnen über dieses Thema führte. Niemand bestritt die Wichtigkeit des Themas. Niemand bestritt die positiven Konsequenzen, die sich ergäben, wenn Wege und Möglichkeiten gefunden werden könnten, das Wertgefühl einer Person zu steigern. Aber mehr als nur einmal wurde mir die Frage gestellt: »Aber wie erhöht man das Selbstwertgefühl eines Erwachsenen?« Und zwar mit einer Skepsis, die verdeutlichte, daß man dies kaum für möglich hielt. Im Prinzip wurde dieses Thema – und diese Herausforderung – jedoch weitestgehend ignoriert, wie die Veröffentlichungen in jener Zeit zeigen.

Virginia Satir, der als Familientherapeutin Pionierleistungen zugute zu halten sind, sprach zwar über die Bedeutung des Selbstwertgefühls, sie war jedoch keine Theoretikerin und sagte sehr wenig zu den grundsätzlichen Dynamiken, die über den begrenzten Rahmen der Familie hinausgehen. Carl Rogers, ein weiterer namhafter Pionier der Psychotherapie, konzentrierte sich im wesentlichen nur auf einen Aspekt des Selbstwertgefühls: die Selbstannahme. Beides ist zwar eng miteinander verknüpft, aber nicht identisch.

Dennoch: Allmählich wuchs das Bewußtsein für die Bedeutung des Themas. So daß in den Siebzigern und Achtzigern zunehmend Artikel in Fachzeitschriften erschienen, die im wesentlichen Zusammenhänge zwischen dem Selbstwertgefühl und einigen Aspekten des menschlichen Verhaltens aufzuzeigen versuchten.

Es gab jedoch weder eine allgemeine Theorie über das Selbstwertgefühl noch so etwas wie eine einvernehmliche Definition des Begriffes. Fast jeder Autor meinte mit »Selbstwertgefühl« etwas anderes. Was zur Folge hatte, daß oft unterschiedliche Phänomene untersucht und manche Erkenntnisse vermeintlich von anderen widerlegt wurden. Das Feld entwickelte sich zu einem babylonischen Turm. Und bis auf den heutigen Tag fehlt eine gemeinhin gültige Definition des Selbstwertgefühls.

In den Achtzigern hatte die Idee dann endgültig gezündet. Stetig wuchs die Zahl derer, die über die Bedeutung des Selbstwertgefühls für das menschliche Wohlbefinden sprachen. Insbesondere begannen Erzieher und Pädagogen über die Relevanz des Selbstwertgefühls vor dem Hintergrund schulischer Leistungen nachzudenken. In den Vereinigten Staaten wurde ein National Council for Self-Esteem gegründet, der mit seinen Ortsgruppen inzwischen in immer mehr Großstädten vertreten ist. Fast wöchentlich finden irgendwo Konferenzen statt, bei denen die Diskussionen über das Selbstwertgefühl eine zentrale Rolle spielen.

Das Interesse an diesem Thema ist jedoch nicht auf die Vereinigten Staaten beschränkt. Es gewinnt inzwischen weltweit an Beachtung. Im Sommer 1990 hatte ich das Privileg, bei der Ersten Internationalen Konferenz über das Selbstwertgefühl in der Nähe Oslos in Norwegen die Begrüßungsansprache zu halten. Erzieher, Pädagogen, Psychologen und Psychotherapeuten aus den Vereinigten Staaten, Großbritannien, verschiedenen europäischen Ländern sowie der Sowjetunion waren in Norwegen zusammengekommen, um an Vorträgen, Seminaren und Workshops über die Relevanz der Psychologie des Selbstwertgefühls für die persönliche Entwicklung, für Schulen und Unternehmen sowie für gesellschaftliche Probleme teilzunehmen. Bei aller Unterschiedlichkeit der Teilnehmer, was ihren Hintergrund, ihre Kultur, ihren Interessenschwerpunkt und das Verständnis anging, was mit »Selbstwertgefühl« gemeint war, war die Atmosphäre erregend und von der Überzeugung getragen, daß der historische Augenblick der Idee des Selbstwertgefühls nunmehr gekommen sei. Ein Ergebnis der Osloer Konferenz ist, daß wir nunmehr einen Internationalen Rat zum Selbstwertgefühl haben, in dem zunehmend mehr Länder vertreten sind.

In der ehemaligen Sowjetunion ist sich eine kleine, aber wachsende Gruppe von Denkern sehr wohl der Bedeutung bewußt, die dem Selbstwertgefühl im Rahmen des gesellschaftlichen Wandels zukommt, der sich in ihren Ländern vollzieht. Um die Dringlichkeit einer Selbstwertgefühl-Erziehung zu verdeutlichen, erklärte mir ein russischer Wissenschaftler, der an der Konferenz teilnahm: »Unserem Volk fehlt nicht nur jede unternehmerische Tradition, unseren Managern fehlt auch jede Vorstellung, was persönliche Verantwortung und Zuverlässigkeit heißt, Dinge, die für jeden amerikanischen Durchschnittsmanager eine Selbstverständlichkeit sind. Und Ihnen brauche ich nicht zu sagen, welches gigantische Problem Passivität und Neid in diesem Zusammenhang darstellen. Die psychologischen Veränderungen, die bei uns notwendig sind, sind möglicherweise noch gewaltiger als die politischen oder wirtschaftlichen Veränderungen.«

Weltweit ist ein wachsendes Bewußtsein für die Tatsache festzustellen, daß, genau wie ein Mensch nicht darauf hoffen kann, ohne ein gesundes Selbstwertgefühl sein Potential zu verwirklichen, auch eine Gesellschaft nicht darauf hoffen kann, ihr Potential zu verwirklichen, deren Mitglieder sich nicht selbst achten, sich als Personen nicht wertschätzen und nicht auf ihren Verstand vertrauen.

Aber trotz dieser Entwicklungen sind die Fragen: Was ist das Selbstwertgefühl genau? Und wovon hängt im einzelnen seine Entwicklung ab? – *die großen Fragen geblieben.*

Als ich bei einer Konferenz erklärte, wesentlich für ein gesundes Selbstwertgefühl sei es, bewußt zu leben, konterte eine Frau aufgebracht: »Warum versuchen Sie, Ihre weißen Mittelschichtwerte dem Rest der Welt aufzudrücken?« (Was mich verwundert fragen ließ, wer die Schicht sein könnte, für deren psychisches Wohlbefinden es *nicht* wichtig sei, bewußt zu leben.) Als ich davon sprach, wie entscheidend die persönliche Integrität sei, um ein positives Selbst-Konzept zu schützen, meldete sich niemand, der mir zustimmen oder beantragen wollte, daß dieses Argument in unseren gemeinsamen Schlußbericht aufgenommen werden sollte. Man zog es vor, sich darauf zu konzentrieren, wie *andere* die eigenen Wertigkeitsgefühle verletzen, und nicht darauf, wie man sich diese Wunde selbst zufügt. Eine Einstellung, die typisch für all jene ist, die glauben, das eigene Selbstwertgefühl werde in erster Linie von anderen bestimmt. Ich bestreite nicht, daß solche Erfahrungen und die Gefühle, die sie wecken, meinen Wunsch verstärkten, dieses Buch zu schreiben.

In Zusammenhang mit dem Selbstwertgefühl müssen wir uns zwei Gefahren vor Augen halten: Zum einen die einer übertriebenen Simplifizierung – wonach das, was für ein gesundes Selbstwertgefühl erforderlich ist, allzu vereinfacht dargestellt wird, um den allgemeinen Hunger nach möglichst schnellen und problemlosen Lösungen zu stillen. Zum anderen die, daß man sich mit einer fatalistischen oder deterministischen Haltung der Annahme hingibt, »man hat ein gutes Selbstwertgefühl, oder man hat es nicht« – wonach das Schicksal eines jeden bereits in den ersten Lebensjahren (für immer?) grundgelegt wird und sich daran dann auch nicht mehr sonderlich viel ändern läßt (außer vielleicht mit einer jahrelangen oder jahrzehntelangen Psychotherapie). Beide Einstellungen ermutigen zur Passivität. Beide blockieren unser Vorstellungsvermögen, was wir denkbarerweise für möglich halten.

Nach meinen Erfahrungen unterschätzen die meisten Menschen ihr Potential, sich zu verändern und zu wachsen. Sie glauben, daß das Muster von gestern auch das von morgen sein muß. Sie sehen die Wahlmöglichkeiten nicht, die – objektiv – existieren. Sie erkennen nur selten, wie viel sie selbst tun können, wenn Wachstum und ein höheres Selbstwertgefühl ein Ziel und sie bereit sind, Verantwortung für ihr eigenes Leben zu übernehmen. Der Glaube, sie seien machtlos, wird zur selbsterfüllenden Prophezeiung.

Dieses Buch ist letztendlich eine Aufforderung zum Handeln. Es untermauert, psychologisch begründet, meinen Schlachtruf: Ein Selbst ist dazu da, um verwirklicht und gefeiert zu werden – und nicht, um abgetrieben und verleugnet zu werden. Dieses Buch wendet sich an alle Männer und Frauen, die aktiv am Prozeß ihrer Entwicklung teilhaben möchten. Und es wendet sich ebenso an Psychologen, Eltern, Lehrer und all diejenigen, die für die Kultur innerhalb von Organisationen und Unternehmen verantwortlich sind. Es ist ein Buch über das, was möglich ist.

Teil I

Das Selbstwertgefühl: Grundsätzliches

1. Das Selbstwertgefühl: Das Immunsystem des Bewußtseins

Es gibt Tatsachen, an denen wir nicht vorbeikommen. Eine solche Tatsache ist die Bedeutung unseres Selbstwertgefühls.

Was wir uns auch eingestehen oder nicht eingestehen, wir können unserer Selbsteinschätzung nicht gleichgültig gegenüberstehen. Natürlich können wir davor weglaufen, wenn sie uns Unbehagen einflößt. Wir können sie abschütteln, davor fliehen, erklären, daß wir nur an »praktischen« Dingen interessiert sind und uns in Baseballspiele oder die Abendnachrichten oder den Wirtschaftsteil der Zeitung oder einen Einkaufsbummel oder ein sexuelles Abenteuer oder in einen Drink flüchten.

Das ändert nichts daran, daß das Selbstwertgefühl ein menschliches Grundbedürfnis ist. Die Tatsache, daß es unser Leben nachhaltig beeinflußt, setzt weder unser Verständnis noch unsere Zustimmung voraus. Es steht uns frei, ob wir uns bemühen, die Eigendynamik des Selbstwertgefühls zu verstehen, oder ob wir es vorziehen, dieses Thema in unserem Unbewußtsein zu lassen. Wobei letzteres allerdings zur Folge hat, daß wir uns selbst ein Geheimnis bleiben und die Konsequenzen zu tragen haben.

Welche Rolle spielt also das Selbstwertgefühl in unserem Leben?

Eine vorläufige Definition

Mit »Selbstwertgefühl« meine ich wesentlich mehr als das uns wohl von Natur aus innewohnende Gefühl von Selbst-Wertigkeit – von jenem Funken, den Psychologen und Lehrer bei denen zu entfachen versuchen, mit denen sie arbeiten. Dieser Funke ist, wenn man so will, nur das Vorzimmer zum Selbstwertgefühl.

Das Selbstwertgefühl ist – im umfassenden Sinne – die Erfahrung, daß wir uns dem Leben und all seinen Herausforderungen gewachsen fühlen. Konkreter: Das Selbstwertgefühl ist

1. das Vertrauen auf unsere Fähigkeit zu denken, das Vertrauen auf unsere Fähigkeit, mit den grundlegenden Herausforderungen des Lebens fertig zu werden,
   und
2. das Vertrauen auf unser Recht, erfolgreich und glücklich zu sein, das Vertrauen auf das Gefühl, es wert zu sein, es zu verdienen und einen

> Anspruch darauf zu haben, unsere Bedürfnisse und Wünsche geltend zu machen, unsere Wertvorstellungen zu verwirklichen und die Früchte unserer Bemühungen zu genießen.

Diese Definition werde ich später noch weiter präzisieren und eingrenzen.

Ich teile nicht die Auffassung, wonach das Selbstwertgefühl ein Geschenk ist, daß wir nur einfordern müssen (etwa durch die Wiederholung von Affirmationen). Im Gegenteil: Hinter seinem Besitz steht eine Leistung. Und das Ziel dieses Buches ist, die Natur und Wurzeln ebendieser Leistung zu untersuchen.

Das Grundmuster

Das Vertrauen auf den eigenen Verstand und das Wissen, daß man es wert ist, glücklich zu sein, sind die Essenz des Selbstwertgefühls.

Die Macht, die diese Überzeugung ausübt, begründet sich mit der Tatsache, daß sie mehr als nur ein Urteil oder ein Gefühl ist. Sie ist eine treibende Kraft. Sie beflügelt das Verhalten.

Und sie wird umgekehrt unmittelbar dadurch beeinflußt, wie wir handeln. Es ist also ein wechselseitiger Effekt von Ursache und Wirkung. So daß wir es mit einem endlosen Rückkoppelungskreislauf zwischen unserem Handeln in der Welt und unserem Selbstwertgefühl zu tun haben: Das Niveau unseres Selbstwertgefühls hat Einfluß darauf, wie wir handeln; und wie wir handeln, hat Einfluß auf unser Selbstwertgefühl.

Wenn ich auf meinen Verstand und mein Urteilsvermögen vertraue, ist es wahrscheinlicher, daß ich als denkendes Wesen handele. Wenn ich von meinem Denkvermögen Gebrauch mache, meinen Beschäftigungen eine angemessene Bewußtheit entgegenbringe, komme ich in meinem Leben besser zurecht. Und das wiederum stärkt das Vertrauen in meinen Verstand. Wenn ich meinem Verstand mißtraue, ist es wahrscheinlicher, daß ich geistig passiv bleibe, meinen Beschäftigungen nicht die nötige Bewußtheit entgegenbringe und angesichts von Schwierigkeiten weniger Durchhaltevermögen zeige. Und wenn mein Handeln zu enttäuschenden oder schmerzlichen Ergebnissen führt, fühle ich mich in meinem Gefühl bestärkt, meinem Verstand zu Recht zu mißtrauen.

Mit einem hohen Selbstwertgefühl ist es wahrscheinlicher, daß ich Schwierigkeiten standhalte. Mit einem geringen Selbstwertgefühl ist es wahrscheinlicher, daß ich aufgebe oder mich nur fadenscheinig bemühe, ohne wirklich mein Bestes zu geben. Untersuchungen belegen, daß Personen mit einem hohen Selbstwertgefühl bei einer Aufgabe wesentlich länger durchhalten als Personen mit einem geringen Selbstwertgefühl.[1] Wenn ich Durchhaltevermögen zeige, ist es wahrscheinlich, daß ich öfter erfolgreich bin, als daß ich scheitere. Und umgekehrt ist es wahrscheinlich, daß ich öfter scheitere, als daß ich Erfolg habe. So oder so, in jedem Fall wird mein Selbstbild verstärkt.

Wenn ich mich selbst achte und auch von anderen verlange, daß sie mir mit Respekt begegnen, wird automatisch durch die Signale, die ich aussende, und die Art meines Verhaltens die Wahrscheinlichkeit erhöht, daß andere entsprechend angemessen reagieren. Und wenn dem so ist, werde ich in meinem ursprünglichen Glauben bestärkt und bestätigt. Wenn es mir demgegenüber an Selbstachtung mangelt und ich infolgedessen Unhöflichkeiten, Mißhandlungen oder Ausbeutung durch andere als natürlich hinnehme, vermittele ich diese Überzeugung unbewußt, so daß manche Personen mich denn auch gemäß meiner Selbsteinschätzung behandeln werden. Was natürlich, wenn dem so ist und ich mich dem füge, zur Folge hat, daß meine Selbstachtung noch weiter zerschlagen wird.

Der Wert des Selbstwertgefühls liegt nicht nur in der Tatsache, daß es uns ermöglicht, uns besser zu *fühlen*, sondern daß es uns auch ermöglicht, besser zu *leben* – daß es uns ermöglicht, geschickter und angemessener auf die Herausforderungen und Chancen des Lebens zu reagieren.

Die Folgewirkungen des Selbstwertgefühls: Allgemeine Beobachtungen

Das Niveau unseres Selbstwertgefühls hat weitreichende Konsequenzen für unser Dasein, und zwar in jeder Hinsicht: Es hat Einfluß darauf, wie wir am Arbeitsplatz zurechtkommen, wie wir mit Menschen umgehen, wie hoch unsere Aufstiegschancen sind, wie viel wir erreichen – und auf der persönlichen Ebene darauf, in wen wir uns verlieben, wie wir mit unserem Partner oder unserer Partnerin umgehen, mit unseren Kindern und unseren Freunden oder Freundinnen und wie glücklich wir werden.

Es gibt einen positiven Zusammenhang zwischen einem gesunden Selbstwertgefühl und einer Vielzahl von Eigenschaften, die einen direkten Einfluß auf unser Leistungsvermögen und darauf haben, ob wir glücklich werden. Ein gesundes Selbstwertgefühl korreliert mit der Vernunft, mit dem Realitätssinn, mit Intuition,

Kreativität, Unabhängigkeit, Flexibilität, der Fähigkeit, mit Veränderungen umzugehen, der Bereitschaft, Fehler zuzugeben (und zu korrigieren), mit Wohlwollen und mit Kooperationsbereitschaft. Mangelndes Selbstwertgefühl korreliert mit Irrationalität, mit Blindheit gegenüber der Realität, mit Starre und verbissenem Festhalten an Altem, mit Furcht vor Neuem und Unvertrautem, einer unangemessenen Konformität oder unangemessenen Rebellion, mit einer Abwehrhaltung, mit übertrieben angepaßtem oder übertrieben kontrollierendem Verhalten sowie der Furcht vor anderen oder einer Feindseligkeit gegenüber anderen. Es sind logische Verbindungen, wie wir noch sehen werden. Die Folgen, die sich daraus für das Überleben, die Anpassungsfähigkeit sowie die Selbstverwirklichung ergeben, sind offensichtlich. Das Selbstwertgefühl hat eine lebenserhaltende und beflügelnde Funktion.

Ein hohes Selbstwertgefühl sucht die Herausforderung und Stimulation, die mit sinnvollen und anspruchsvollen Zielen verbunden sind. Und durch das Erreichen dieser Ziele wird das Selbstwertgefühl gefördert. Ein geringes Selbstwertgefühl sucht die Sicherheit des Vertrauten und Problemlosen. Und durch diese Beschränkung auf das Vertraute und Problemlose wird das Selbstwertgefühl geschwächt.

Je solider unser Selbstwertgefühl, desto besser sind wir gerüstet, mit den Schwierigkeiten fertig zu werden, mit denen wir im Privatleben und im Beruf konfrontiert werden; desto schneller kommen wir wieder auf die Beine, wenn wir auf die Nase gefallen sind; desto mehr Energie haben wir, um wieder neu anzufangen. (Außergewöhnlich viele erfolgreiche Unternehmer haben zwei oder mehr Bankrotterklärungen hinter sich; sie ließen sich durch ihr Scheitern nicht aufhalten.)

Je höher unser Selbstwertgefühl, desto ehrgeiziger sind wir im allgemeinen. Nicht unbedingt in beruflicher oder finanzieller Hinsicht, sondern im Rahmen dessen, was wir uns von unserem Leben erhoffen – in emotionaler, intellektueller, kreativer, spiritueller Hinsicht. Je geringer unser Selbstwertgefühl, desto geringer sind unsere Ambitionen und desto weniger werden wir erreichen. So oder so, in jedem Fall wird unser Selbst verstärkt und der Kreislauf zementiert.

Je höher unser Selbstwertgefühl, desto stärker ist der Drang, uns selbst zum Ausdruck zu bringen, der ein Spiegel des Gefühls inneren Reichtums ist. Je geringer unser Selbstwertgefühl, desto dringlicher ist das Bedürfnis, uns zu »beweisen« – oder uns zu vergessen, indem wir vorzugshalber mechanisch und unbewußt leben.

Je höher unser Selbstwertgefühl, desto offener, ehrlicher und angemessener sind unsere Kommunikationen, weil wir an den Wert unserer Gedanken glauben, und weil wir Klarheit schätzen, statt sie zu fürchten. Je geringer unser Selbstwertgefühl, desto verworrener, ausweichender und unangemessener sind unsere Kommunikationen, weil wir unsicher in unseren Gedanken und Gefühlen sind und/oder Angst vor der Reaktion unseres Gegenübers haben.

Je höher unser Selbstwertgefühl, desto disponierter sind wir, uns auf fruchtbare statt auf vergiftete Beziehungen einzulassen. Was sich damit erklärt, daß Gleiches Gleiches und Gesundes Gesundes anzieht. Vitalität und Aufgeschlossenheit bei anderen sind natürlich Kriterien, die für jemanden mit einem guten Selbstwertgefühl attraktiver als Leere und Abhängigkeit sind.

Ein wichtiger Grundsatz bei menschlichen Beziehungen ist, daß wir uns in der Regel bei Personen am wohlsten, am meisten »zu Hause« fühlen, deren Selbstwertgefühl dem unseren ähnelt. Möglich, daß Gegensätze sich bei manchen Dingen anziehen, aber nicht auf dieser Ebene. Personen mit einem hohen Selbstwertgefühl fühlen sich in der Regel hingezogen zu Personen mit einem hohen Selbstwertgefühl. Wir finden zum Beispiel keine leidenschaftliche Liebesaffäre zwischen Personen, die sich jeweils am entgegengesetzten Ende des Spektrums bewegen – ebenso wie es unwahrscheinlich ist, daß wir eine leidenschaftliche Romanze zwischen Intelligenz und Dummheit finden. (Ich spreche nicht von dem Intermezzo von einer Nacht; das ist eine völlig andere Frage. Ich spreche von leidenschaftlicher Liebe, nicht von einer kurzlebigen Betörung oder einer sexuellen Episode, wo völlig andere Dynamiken im Spiel sein können.) Personen mit einem mittelmäßigen Selbstwertgefühl fühlen sich in der Regel zu Personen mit einem mittelmäßigen Selbstwertgefühl hingezogen. Ein geringes Selbstwertgefühl sucht ein geringes Selbstwertgefühl bei anderen – nicht bewußt, sicher nicht, aber nach der Logik, die uns treibt und uns am Ende das Gefühl gibt, einen »Seelengefährten« gefunden zu haben. Am katastrophalsten sind die Beziehungen zwischen Personen, die beide schlecht von sich denken und sich selbst ein Armutszeugnis ausstellen. Aus der Verbindung zweier Schluchten kann keine Anhöhe entstehen.

Je gesünder unser Selbstwertgefühl, desto geneigter sind wir, andere mit Respekt, Wohlwollen, gutem Willen und Fairneß zu behandeln – da wir sie nicht als Bedrohung empfinden, und da Selbstachtung die Grundlage für die Achtung anderer ist. Mit einem gesunden Selbstwertgefühl interpretieren wir Beziehungen nicht so schnell als mißgünstig und abträglich. Wir gehen an Begegnungen nicht automatisch mit der Erwartungshaltung heran, daß wir auf Ablehnung stoßen, gedemütigt, verraten oder betrogen werden. Entgegen der herkömmlichen Überzeugung, daß eine individualistische Einstellung antisoziales Verhalten fördert, zeigen wissenschaftliche Untersuchungen, daß ein gut entwickeltes Gefühl für den eigenen Wert und die eigene Autonomie deutlich mit Freundlichkeit, Großzügigkeit, sozialer Kooperationsbereitschaft und einem Geist gegenseitiger Hilfestellung korreliert. Erkenntnisse, die unter anderem in A. S. Watermans umfassender Untersuchung von Forschungsergebnissen, *The Psychology of Individualism*, bestätigt werden.

Und Forschungen enthüllen außerdem, daß ein hohes Selbstwertgefühl einer der besten Indikatoren für persönliches Glück ist. Was beispielsweise in dem Buch D. G. Meyers', *The Pursuit of Happiness*, belegt wird. Und logischerweise den Schluß zuläßt, daß ein geringes Selbstwertgefühl mit Unglücklichsein korreliert.

Liebe

Die Bedeutung, die das Selbstwertgefühl für Erfolge in der Arena intimer Beziehungen hat, ist unschwer zu erkennen. Für das Glück in Liebesbeziehungen gibt es kein größeres Hindernis als die Furcht, daß ich Liebe nicht verdiene, und daß es mein Schicksal ist, verletzt zu werden. Solche Ängste sind der Nährboden von selbsterfüllenden Prophezeiungen.

Wenn ich in einem grundlegenden Sinne das Gefühl habe, daß ich selbstwirksam, etwas wert und liebenswert bin, so verfüge ich damit über die Grundlage, daß ich andere schätzen und lieben kann. So empfinde ich die Liebesbeziehung als natürlich. Ich empfinde das Wohlwollen und die Fürsorge anderer als natürlich. Ich habe etwas zu geben. Ich bin nicht in Gefühlen der Unzulänglichkeit gefangen. Ich habe einen gewissen emotionalen »Überschuß«, den ich in die Liebe kanalisieren kann. Glück macht mir keine Angst. Auch das Vertrauen auf meine Kompetenz und meinen Wert und die Fähigkeit, beides zu erkennen und zu schätzen, sind ein Nährboden für selbsterfüllende Prophezeiungen.

Wenn ich die Person, die ich bin, nicht genügend achten und mich nicht an ihr erfreuen kann, so habe ich nur sehr wenig zu geben – abgesehen von *meinen unbefriedigten Bedürfnissen*. In meiner emotionalen Verarmung sehe ich andere im wesentlichen als Quelle der Zustimmung oder Ablehnung. Ich schätze sie nicht als eigenständige Personen. Ich sehe in ihnen nur, was sie für mich tun können oder nicht tun können. Ich halte nicht nach Personen Ausschau, die ich bewundern und mit denen ich das Erregende am Leben und das Abenteuer des Lebens teilen kann. Ich halte Ausschau nach Personen, die mich nicht verurteilen – und vielleicht sogar von mir als Person beeindruckt sind, von dem Gesicht, das ich der Welt präsentiere. Meine Fähigkeit zu lieben, bleibt unterentwickelt. Was mit ein Grund dafür ist, daß Beziehungen so oft scheitern. Sie scheitern nicht, weil die Vision von einer leidenschaftlichen oder romantischen Liebe irrational ist; sie scheitern, weil das Selbstwertgefühl fehlt, das diese Vision unterstützen muß.

Wir kennen alle den Spruch: »Wer sich selbst nicht liebt, kann andere nicht lieben.« Weniger geläufig ist allerdings die Kehrseite der Medaille: Wenn ich mich selbst nicht für liebenswert halte, kann ich schwerlich glauben, daß eine andere Person mich liebt. Wenn ich mich selbst nicht annehme, wie kann ich dann deine Liebe zu mir annehmen? Deine Wärme und Hingabe irritieren mich: Sie bringen mein Selbstbild durcheinander; schließlich »weiß« ich, daß ich nicht liebenswert bin. Somit können deine Gefühle für mich nicht real, zuverlässig und dauerhaft sein. Wenn ich mich nicht für liebenswert halte, wird deine Liebe zu mir wie der Versuch sein, ein Sieb zu füllen, und das wird dir letztendlich und wahrscheinlich zu anstrengend sein.

Selbst wenn ich bewußt mein Gefühl, daß ich nicht liebenswert bin, ausklammere und beteuere, daß ich »wundervoll« bin, so bleibt dennoch das mangelhafte Selbstbild in meinem Innern, das meine Liebesbeziehungen untergräbt. Unabsichtlich werde ich selbst zum Saboteur der Liebe.

Ich bemühe mich um Liebe. Was mir aber fehlt, ist die Grundlage innerer Sicherheit. An deren Stelle steht insgeheim die Furcht, daß mein Schicksal nur Schmerzen für mich bereithält. Und ich greife mir jemanden, bei dem es vorprogrammiert ist, daß er mich zurückweisen oder am Ende fallenlassen wird. (Am Anfang tue ich so, als wüßte ich das nicht, so daß das Drama durchgespielt werden kann.) Oder: Wenn ich mir jemanden schnappe, bei dem es denkbar wäre, daß ich mit ihm glücklich werde, so lasse ich die Beziehung scheitern, indem ich übertriebene Beteuerungen verlange, irrationale Besitzansprüche stelle, kleine Meinungsverschiedenheiten zu Katastrophen hochspiele, durch Unterwürfigkeit oder Dominanz zu kontrollieren versuche und indem ich Wege und Möglichkeiten finde, meinen Partner zurückzuweisen, ehe er mich zurückweisen kann.

Einige Beispiele mögen zeigen, wie ein mangelhaftes Selbstwertgefühl in der Arena intimer Beziehungen zum Tragen kommt:

»Warum falle ich immer wieder auf den falschen Mann herein?« fragte eine Frau mich in der Therapie. Ihr Vater hatte die Familie im Stich gelassen, als sie sieben war. Und mehr als nur einmal hatte ihre Mutter sie angeschrien: »Wenn du nicht so viele Probleme machtest, hätte dein Vater uns vielleicht nicht verlassen!« Als Erwachsene »weiß« sie nunmehr, daß es ihr Schicksal ist, verlassen zu werden. Sie »weiß«, daß sie Liebe nicht verdient. Dennoch sehnt sie sich nach einer Beziehung mit einem Mann. Sie löst den Konflikt, indem sie Männer wählt – oft verheiratete –, bei denen von vornherein klar ist, daß sie sich nicht so um sie kümmern, daß sie davon oben gehalten würde. So beweist sie in der Konsequenz, daß ihr tragisches Lebensgefühl berechtigt ist.

Wenn wir »wissen«, daß wir zum Scheitern verurteilt sind, verhalten wir uns automatisch so, daß sichergestellt wird, daß die Realität am Ende unserem »Wissen« entspricht. Und Unstimmigkeiten zwischen unserem »Wissen« und den wahrnehmbaren Tatsachen machen uns nervös. Da aber unser »Wissen« nicht anzuzweifeln ist, bleiben die Tatsachen, die zu ändern sind: Also Selbstsabotage.

Ein Mann verliebt sich, die Frau erwidert seine Gefühle. Sie heiraten. Aber nichts, was sie tun kann, genügt, um ihm auch nur länger als einen Augenblick das Gefühl zu geben, daß er geliebt wird. Er ist unersättlich. Sie fühlt sich ihm jedoch so verbunden, daß sie es erträgt. Als sie ihn dann schließlich überzeugt, daß sie ihn wirklich liebt und er es nicht länger anzweifeln kann, fragt er sich, warum er seine Maßstäbe so niedrig setzte. Er fragt sich, ob sie in Wirklichkeit gut genug für ihn ist. Er verläßt sie schließlich, verliebt sich in eine andere Frau, und der Tanz beginnt von neuem.

Jeder kennt den berühmten Witz von Groucho Marx, daß er sich nie einem Club anschließen würde, dessen Mitglied er sei. Und das ist genau das Motto, nach dem manche Personen mit einem geringen Selbstwertgefühl in ihrem Liebesleben verfahren. Wenn du mich liebst, dann bist du offensichtlich nicht gut genug für mich. Nur jemand, der mich zurückweist, ist als Objekt meiner Hingabe akzeptabel.

Eine Frau hat das zwanghafte Bedürfnis, ihrem Mann, der sie bewundert, in allen Einzelheiten immer wieder aufzuzählen, inwieweit andere Frauen ihr überlegen sind. Wenn er ihr nicht zustimmt, spottet sie über ihn. Je leidenschaftlicher er sie anbetet, desto grausamer würdigt sie ihn herab. Schließlich hat sie es geschafft, er fühlt sich erschöpft und schert aus der Ehe aus. Sie ist verletzt und erstaunt. Wie konnte sie sich in ihm so geirrt haben? Und schon bald hat sie die Antwort: »Ich wußte ja schon immer, daß niemand mich jemals wirklich lieben würde.« Sie wußte seit jeher, daß sie nicht liebenswert war, und das hat sie jetzt bewiesen.

Das Tragische im Leben vieler Menschen ist, daß sie sich, vor die Wahl gestellt, »recht« zu haben oder die Chance, glücklich zu sein, unterschiedslos für das »Rechthaben« entscheiden. Das ist dann ultimativ die Befriedigung, die sie sich gönnen.

Ein Mann »weiß«, daß es nicht sein Schicksal ist, glücklich zu sein. Er glaubt, es nicht zu verdienen. (Und abgesehen davon könnte sein Glück seine Eltern verletzen, die Glück selbst nie kannten.) Wenn er aber eine Frau kennenlernt, die er bewundert und die er anziehend findet, und sie reagiert entsprechend, dann ist er glücklich. Eine Zeitlang vergißt er, daß erfüllte Liebesbeziehungen ja eigentlich nicht seine »Geschichte«, nicht Teil seines »Lebensskripts« sind. Er überläßt sich seiner Freude und vergißt vorübergehend, daß das Ganze seinem Selbst-Konzept zuwiderläuft und ihm das Gefühl gibt, nicht auf Spur mit der »Realität« zu sein. Am Ende löst diese Freude jedoch Angst aus, wie es gar nicht anders sein kann bei jemandem, der sich nicht auf Linie mit den Dingen wähnt, so wie sie *wirklich* sind. Um seine Angst zu reduzieren, muß er seine Freude reduzieren. Mit dem Ergebnis, daß er unbewußt, ganz auf Linie der ureigensten Logik seines Selbst-Konzeptes, die Beziehung allmählich zerstört.

Auch hier ist wiederum das klassische Muster der Selbstvernichtung zu erkennen: Wenn ich »weiß«, daß es mein Schicksal ist, unglücklich zu sein, so darf ich nicht zulassen, daß die Realität mich mit Glück verwirrt. Nicht ich muß mich der Realität anpassen, die Realität muß sich mir anpassen und meinem »Wissen«, wie die Dinge sind und sein werden.

Die Beziehung muß jedoch nicht immer, wie in den vorgenannten Beispielen, völlig zerstört werden. Akzeptabel mag auch die Fortsetzung der Beziehung sein, *soweit die Voraussetzung erfüllt ist, daß ich nicht glücklich bin*. Vielleicht lasse ich mich auf ein Projekt ein, nach dem Motto: *Kämpfen, um glücklich zu sein* oder *An unserer Beziehung arbeiten*. Möglich auch, daß ich entsprechende Bücher lese, an Seminaren teilnehme, mir Vorträge anhöre oder eine Psychotherapie mit dem erklärten Ziel beginne, *in Zukunft* glücklich zu sein. Aber nicht jetzt, nicht heute. Die Möglichkeit, in der Gegenwart glücklich zu sein, ist noch zu erschrekkend.

»Glücksängste« sind weitverbreitet. Das Glück kann innere Stimmen wecken, die mir sagen, daß ich es nicht verdient habe, oder daß es nie und nimmer beständig sein wird, oder daß ich mal wieder auf bestem Wege bin, auf die Nase zu fallen, oder daß ich meine Mutter oder meinen Vater umbringe, wenn ich glücklicher bin, als sie es jemals waren, oder daß das Leben so nicht ist, oder daß die Menschen mich beneiden und hassen werden, oder daß das Glück nur eine Illusion ist, oder daß niemand glücklich ist, warum sollte ich es also sein?

Was die meisten von uns, so paradox das auch klingen mag, aufbringen müssen, ist der Mut, Glück ohne Selbstsabotage so lange zu tolerieren, bis wir die Furcht davor verlieren und merken, daß es uns nicht vernichtet (und auch nicht schwinden muß). Immer wieder sage ich meinen Klienten: Versuchen Sie einmal, diesen Tag zu überstehen, ohne daß Sie irgend etwas tun, was Ihre guten Gefühle untergräbt oder zerschlägt. Und wenn Sie tatsächlich »auf die Nase fallen«, verzweifeln Sie nicht, rappeln Sie sich wieder auf, und setzen Sie neuerlich auf das Glück. Beharrlichkeit baut das Selbstwertgefühl auf.

Wir müssen diesen destruktiven Stimmen die Stirn bieten und nicht vor ihnen weglaufen. Treten Sie in einen inneren Dialog mit diesen Stimmen. Fragen Sie sie nach ihren Beweggründen, warum sie das sagen, was sie sagen. Antworten Sie ihnen geduldig, und widerlegen Sie den Unsinn, den sie erzählen. Gehen Sie mit diesen Stimmen so um, als hätten Sie es mit realen Menschen zu tun – und trennen Sie klar zwischen ihnen und der Stimme Ihres Erwachsenenselbst.

Im Beruf

Als nächstes nun einige Beispiele, die zeigen, inwieweit ein mangelhaftes Selbstwertgefühl das Verhalten am Arbeitsplatz beeinflußt:

> Ein Mann wird innerbetrieblich befördert und gerät in Panik. Ihn läßt der Gedanke nicht los, die neuen Herausforderungen und Verantwortlichkeiten könnten ihn überfordern. »Ich bin ein Hochstapler! Ich gehöre hier nicht hin!« hämmert es in ihm. Da er von vornherein das Gefühl hat, zum Scheitern verurteilt zu sein, ist er nicht motiviert, sein Bestes zu geben. Unbewußt beginnt er mit der Selbstsabotage: Er erscheint unvorbereitet bei Konferenzen; er offenbart ein absolut sprunghaftes Verhalten im Umgang mit seinen Mitarbeitern – ist in der einen Minute barsch und versöhnlich und beschwichtigend in der nächsten; in völlig unangebrachten Situationen läßt er sich zu Clownerien hinreißen; er ignoriert alles, was die Unzufriedenheit seiner Vorgesetzten signalisiert. Wie nicht anders zu erwarten, wird er gefeuert. Und er sagt sich: »Ich wußte, daß es zu schön war, um wahr zu sein.«

Wenn ich mich selbst umbringe, habe ich dabei zumindest die Kontrolle. Ich erspare mir die Angst, darauf zu warten, daß ich durch noch unbekannte Umstände vernichtet werde. Die Angst, die Kontrolle zu verlieren, ist unerträglich; und diesem Zustand muß ich in jedem Fall ein Ende machen.

> Eine Abteilungsleiterin liest den ausgezeichneten Vorschlag, den ein Mitarbeiter unterbreitete. Sie fühlt sich gedemütigt, daß sie nicht selbst auf diese Idee kam, und sie fühlt sich von diesem Mitarbeiter überfahren und hintergangen – und intrigiert, um den Vorschlag zu begraben.

Ein solcher destruktiver Neid ist das Produkt eines minderwertigen Selbstwertgefühls. Deine Leistungen sind eine Gefahr – sie offenbaren meine Leere. Und so wird die Welt erkennen – schlimmer noch: ich erkenne –, wie unbedeutend ich bin. Großzügigkeit im Umgang mit den Leistungen anderer ist ein Zeichen eines gesunden Selbstwertgefühls.

> Ein Mann lernt seinen neuen »Chef« kennen – und ist entsetzt und verärgert, daß es eine »Chefin« ist. Er fühlt sich in seiner Männlichkeit verletzt und herabgesetzt. Er fantasiert, wie er sie sexuell erniedrigen kann – er will »sie in ihre Schranken verweisen.« Die Tatsache, daß er sich bedroht fühlt, bewirkt, daß er sich mürrisch und in subtiler Weise unkooperativ verhält.

Es gibt wohl kaum ein sichereres Zeichen eines mangelnden Selbstwertgefühls als das Bedürfnis, irgendeine andere Gruppe als minderwertig zu betrachten. Ein Mann, dessen Vorstellung von »Macht« auf der Ebene »sexueller Dominanz« festgefahren ist, ist ein Mann, der Angst vor Frauen hat, der Angst vor Kompetenz und Selbstbewußtsein hat, der Angst vor dem *Leben* hat.

> Der Leiter eines Forschungs- und Entwicklungslabors wird darüber informiert, daß das Unternehmen einen exzellenten neuen Wissenschaftler eingestellt hat. Was er sofort damit übersetzt, daß seine Vorgesetzten mit seiner Arbeit unzufrieden sind – obwohl jede Menge Beweise für das Gegenteil sprechen. Er hat das Gefühl, daß er damit seine Autorität und seinen Status verliert. Er unterstellt, daß der neue Mann am Ende zum Abteilungsleiter ernannt wird. In einem Anflug blindwütiger Rebellion läßt er zu, daß seine Leistungen sich verschlechtern. Als er freundlich auf diesen oder jenen Lapsus hingewiesen wird, rastet er aus – und kündigt.

Wenn unsere Illusion von einem Selbstwertgefühl sich nur auf die brüchige These stützt, daß es nie herausgefordert wird, wenn unsere Unsicherheit dazu führt, daß wir Beweise für Ablehnung finden, wo es keine Ablehnung gibt, dann ist es nur eine Frage der Zeit, bis unsere innere Bombe explodiert. Diese Explosion äußert sich in unserem selbstzerstörerischen Verhalten – und davor schützt auch eine außergewöhnliche Intelligenz nicht. Hervorragende Leute mit einem mangelnden Selbstwertgefühl handeln jeden Tag ihren eigenen Interessen zuwider.

Der Wirtschaftsprüfer einer unabhängigen Wirtschaftsprüfungsgesellschaft ist mit dem Geschäftsführer des gerade geprüften Unternehmens verabredet. Er weiß, daß er diesem Mann einiges sagen muß, was er nicht hören möchte. Unbewußt stellt er sich vor, sein Vater, von dem er sich stets eingeschüchtert fühlte, wäre zugegen – und prompt stottert und stammelt er und bringt nicht einmal ein Drittel dessen vor, was er sich vorgenommen hatte. Sein Hunger, diesem Geschäftsführer zu gefallen und seine Zustimmung zu finden bzw. der Wunsch, bei ihm nicht auf Ablehnung zu stoßen, ist größer als sein professionelles Urteilsvermögen. Später, nachdem er all die Dinge in seinem Prüfungsbericht festgehalten hat, die er dem Geschäftsführer eigentlich persönlich, vor Abfassung des Berichtes, hätte sagen sollen und entsprechende Korrekturmaßnahmen noch möglich gewesen wären, sitzt er in seinem Büro, zitternd vor Angst – in Erwartung dessen, wie der Geschäftsführer reagieren wird.

Wenn wir uns in erster Linie von Furcht leiten lassen, dann reiten wir uns früher oder später in die von uns so gefürchteten Kalamitäten. Wenn wir Mißbilligung fürchten, so wird die Art unseres Verhaltens dafür sorgen, daß wir am Ende Mißfallen wecken. Und wenn wir Wut fürchten, werden wir andere wütend machen.

Eine Frau, die neu in der Marketing-Abteilung ihres Betriebes ist, hat, wie sie glaubt, eine glänzende Idee. Sie möchte sie zu Papier bringen, sich schlagende Argumente überlegen, um sie zu untermauern und dann dafür sorgen, daß sie bei der Person landet, die die Handlungsvollmacht hat. Dann flüstert eine innere Stimme: »Wer bist du denn, daß du glaubst, gute Ideen zu haben? Spiel dich nicht auf. Oder möchtest du dich lächerlich machen?« Sie sieht das wütende Gesicht ihrer Mutter vor sich, die immer neidisch auf ihre Intelligenz war – und das verletzte Gesicht ihres Vaters, der sich dadurch bedroht fühlte. Und nach einigen Tagen kann sie sich kaum noch erinnern, welche Idee sie überhaupt hatte.

Wenn wir an unserem Verstand zweifeln, dann glauben wir nicht an seine Produkte. Wenn wir intellektuelles selbstsicheres Auftreten fürchten – weil wir es vielleicht mit Liebesverlust assoziieren –, so knebeln wir unsere Intelligenz. Wir fürchten es, sichtbar zu sein, also machen wir uns unsichtbar – um dann zu leiden, weil niemand uns sieht.

Er ist ein Boß, der immer recht haben muß. Er hat seine helle Freude daran, immer wieder seine Überlegenheit hervorzuheben. Es gibt keine Begegnung mit Mitarbeitern, wo jemand einen Vorschlag macht und er sich nicht gemüßigt sähe, darauf zu drängen, »daraus noch etwas Besseres zu machen«, etwas, dem man ansieht, daß »es meinen Stempel trägt«. »Warum sind meine Leute nicht innovativer«, ist einer seiner Lieblingssprüche. Oder: »Warum können sie nicht kreativer sein?« Was er aber auch ganz gerne sagt, ist: »In diesem Dschungel gibt's nur einen

König.« Oder – in etwas verhalteneren Momenten: »Aber jemand muß das Unternehmen führen.« Und in manchen Situationen läßt er sich dazu hinreißen, mit einem Unterton des Bedauerns zu erklären: »Ich kann auch nichts dafür – ich habe halt ein großes Ego.« Die Wahrheit ist, er hat ein kleines. Aber er setzt alles daran, um das vor sich und anderen zu verbergen.

Auch hier zeigt sich wiederum, daß ein mangelndes Selbstwertgefühl sich in Form mangelnder Großzügigkeit im Umgang mit den Leistungen anderer zeigt, aus Furcht vor ihren Fähigkeiten – und im Falle eines Leiters oder Managers dann sogar in Form der Unfähigkeit, das Beste aus seinen Leuten herauszuholen.

Was ich mit solchen Geschichten bezwecke, ist sicherlich nicht, daß ich diejenigen, die an einem mangelnden Selbstwertgefühl leiden, verurteilen oder lächerlich machen möchte, als vielmehr, daß ich anhand dieser Beispiele die Macht des Selbstwertgefühls verdeutlichen und aufzeigen möchte, wie es unsere Reaktionen beeinflußt. Die zuvor beschriebenen Probleme können alle zum Positiven gewendet werden. Der erste Schritt dafür ist jedoch, daß wir die Dynamiken verstehen, die hier im Spiel sind.

Selbsterfüllende Prophezeiungen

Das Selbstwertgefühl schafft eine Reihe stillschweigender Erwartungen, die in der Summe unsere Erwartungshaltung hinsichtlich der Dinge ergeben, die wir für uns für möglich und angemessen halten. Und diese Erwartungen erzeugen die Handlungen, die sie wiederum Wirklichkeit werden lassen. So daß diese Wirklichkeit unsere ursprünglichen Überzeugungen bestätigt und bekräftigt. Das Selbstwertgefühl – ob hoch oder gering – ist ein Generator selbsterfüllender Prophezeiungen.

Diese Erwartungen können als unterbewußte oder halbbewußte Vorstellungen von unserer Zukunft in unserem Geist existieren. Es ist wissenschaftlich belegt, daß unsere stillschweigenden Annahmen, wie unsere Zukunft aussieht, nachdrücklich die Motivation beeinflussen. »Das Bild, das eine Person von ihrer Zukunft hat«, schreibt der Erziehungspsychologe E. Paul Torrance, »kann ein besserer Indikator für ihre künftigen Leistungen als ihre Leistungen in der Vergangenheit sein.«[2] Was wir lernen und was wir erreichen wollen, hängt zum Teil zumindest davon ab, was wir für möglich und angemessen halten.

Ein mangelhaftes Selbstwertgefühl kann den Ambitionen und Leistungen des einzelnen sehr enge Grenzen setzen. Die Konsequenzen dieses Problems müssen aber nicht so offensichtlich sein.

Diese Konsequenzen zeigen sich mitunter eher indirekt. Die Zeitbombe eines mangelhaften Selbstwertgefühls kann unbemerkt jahrelang ticken, derweil der Betreffende von Erfolgsambitionen getrieben wahre Fähigkeiten zeigt und auf der Karriereleiter immer höher steigt. Dann, ohne wirklichen Grund, jedoch anfängt, auf der moralischen oder rechtlichen Ebene den kürzeren Weg zu nehmen, um seine Überlegenheit noch souveräner zu demonstrieren. Mit der Zeit werden seine Vergehen gravierender. Aber er sagt sich, jetzt sei er sowieso schon »jenseits von Gut und Böse«, als wollte er das Schicksal geradezu herausfordern. Erst am Schluß, als es zur Explosion kommt, sein Leben und seine Karriere ruiniert sind, erkennen wir, seit wie vielen Jahren er sich unermüdlich auf diesen Schlußakt zubewegte, analog eines unbewußten Lebensskripts, das er vielleicht schon im Alter von drei Jahren angefangen hatte zu schreiben. Es sind wohl nicht wenige öffentliche Figuren, über die hinlänglich geschrieben wurde, auf die diese Beschreibung passen dürfte.

Das Selbst-Konzept ist das Schicksal. Oder präziser: im allgemeinen zumindest. Das Selbst-Konzept ist das, was wir bewußt und unterbewußt glauben, was und wer wir sind – mit unseren physischen und psychologischen Eigenschaften, mit unseren Aktiva und Passiva, mit unseren Möglichkeiten und Grenzen, mit unseren Stärken und Schwächen. Das Selbst-Konzept beinhaltet oder schließt das Niveau unseres Selbstwertgefühls mit ein, geht jedoch darüber hinaus und ist globaler. Das Verhalten einer Person können wir nur verstehen, wenn wir auch das dahinterliegende Selbst-Konzept verstehen.

Es ist gang und gäbe, daß Personen sich auf der Höhe ihres Erfolgs selbst sabotieren, auf weniger spektakuläre Weise als in der zuvor beschriebenen Geschichte. Sie tun es, wenn ihr Erfolg mit ihren inneren Überzeugungen nicht vereinbar ist, die ihnen sagen, was für sie angemessen ist. Es ist erschreckend, wenn man über die Grenzen dessen, wer man nach seiner eigenen Vorstellung ist, hinausstößt. Wenn das Selbst-Konzept nicht zu dem real meßbaren Erfolg paßt und das Selbst-Konzept nicht geändert wird, ist absehbar, daß die betreffende Person Möglichkeiten findet, um sich selbst zu sabotieren.

Einige Beispiele aus meiner psychotherapeutischen Praxis mögen das Problem veranschaulichen:

> »Ich war dabei, das höchste Honorar meiner ganzen Laufbahn einzustreichen«, sagt ein Architekt, »und meine Angst übermannte mich. Denn dieses Projekt hätte mir zu einer Berühmtheit verholfen, die alles Denkbare überstieg. Ich hatte seit drei Jahren keinen Schluck Alkohol getrunken. Und ich sagte mir, zur Feier des Tages war es kein Problem,

mir einen Drink zu genehmigen. Nur – am Ende war ich voll, beleidigte die Personen, die mir den Auftrag geben wollten. Den ich dann natürlich verlor, und dazu meinen Partner, der so wütend war, daß er sich von mir trennte. Ich war am Boden zerstört, war aber wieder auf ›sicherem Territorium‹, auf dem ich um den Aufstieg kämpfen konnte, ohne den Durchbruch bereits geschafft zu haben. Da fühle ich mich wohl.«

»Ich war entschlossen«, sagt eine Frau, Besitzerin einer kleinen Boutiquenkette, »mich weder von meinem Mann noch sonst jemandem aufhalten zu lassen. Ich machte es meinem Mann nicht zum Vorwurf, daß er weniger verdiente als ich; und ebensowenig war ich bereit zuzulassen, daß er mir vorwarf, daß ich mehr verdiente als er. Aber da war diese innere Stimme, die mir sagte, ich dürfte eigentlich gar nicht so erfolgreich sein – das steht keiner Frau zu. Ich verdiente es nicht – wie keine Frau es verdienen konnte. Ich schlampte. Vergaß wichtige Telefonanrufe. Reagierte gereizt gegenüber dem Personal – und den Kunden. Und wurde gegenüber meinem Mann immer ungehaltener und wütender, ohne jedoch jemals das wahre Problem beim Namen zu nennen. Nach einer besonders heftigen Auseinandersetzung mit ihm hatte ich eine Verabredung zum Mittagessen mit einer unserer Einkäuferinnen. Sie sagte etwas, was mich auf die Palme brachte. Und das Ganze endete damit, daß wir uns anschrien, im Restaurant. Ich verlor sie natürlich. Das war die Quittung. Aber nicht genug. Ich machte weitere unverzeihliche Fehler... Heute, drei Jahre und etliche Alpträume später, versuche ich, das Geschäft wieder aufzubauen.«

»Ich stand vor einer Beförderung, die ich mir seit langem gewünscht hatte«, sagte ein Prokurist. »Mein Leben war perfekt. Eine gute Ehe, gesunde Kinder, die in der Schule gut zurechtkamen. Und es lag Jahre zurück, daß ich Dummheiten mit einer Frau gemacht hatte. Wenn es ein Problem gab, dann nur das, daß ich mehr verdienen wollte, und der Wunsch schien sich ja nun bald auch zu erfüllen. Aber da war die Angst, die mir zum Verhängnis wurde. Ich wachte mitten in der Nacht auf und dachte, ich hätte eine Herzattacke. Aber der Arzt meinte, es sei nur Angst. Warum? Wer weiß? Manchmal habe ich das Gefühl, es soll einfach nicht so sein, daß ich zu glücklich bin. Es ist, als sei es nicht in Ordnung. Ich glaubte wohl schon immer, es nicht verdient zu haben. Was auch immer der Grund gewesen sein mag, die Angst baute sich jedenfalls weiter auf. Und eines Tages, bei einer Party im Büro machte ich mich an die Frau eines Vorgesetzten heran – dumm und taktlos. Es ist ein Wunder, daß ich nicht gefeuert wurde. Wenn sie ihrem Mann davon erzählte, hatte ich wohl nichts anderes zu erwarten. Ich wurde jedenfalls nicht befördert, und damit verschwand auch die Angst.«

Was ist diesen Geschichten gemeinsam? Glücksängste, Erfolgsängste. Jene entsetzliche Angst und Irritation, die Personen mit mangelndem Selbstwertgefühl packt, wenn das Leben in einer Weise zu glatt und damit ihrem innersten Selbstbild zuwiderläuft, wie sie sich sehen und was für sie angemessen ist.

Unabhängig von dem Rahmen, in dem das selbstzerstörerische Verhalten im einzelnen auftritt, und unabhängig von der Form, in der es sich äußert, der Motor dieser Verhaltensweisen ist immer der gleiche: mangelndes Selbstwertgefühl. *Es ist mangelndes Selbstwertgefühl, das dafür sorgt, daß wir Stellungen beziehen, die unserem Wohlbefinden abträglich sind.*

Das Selbstwertgefühl: Ein Grundbedürfnis

Wenn die Macht des Selbstwertgefühls auf der Tatsache beruht, daß es sich dabei um ein elementares Bedürfnis handelt, bleibt die Frage: Was ist ein *Bedürfnis*?

Ein Bedürfnis ist das, was als Grundvoraussetzung erfüllt sein muß, um wirksam funktionieren zu können. Wir *möchten* nicht nur Nahrung und Wasser; wir *brauchen* beides; Nahrung und Wasser sind ein elementares *Bedürfnis*; ohne – sterben wir. Aber damit sind unsere Ernährungsbedürfnisse nicht erschöpft. Wir brauchen beispielsweise auch Kalzium, dessen Wirkungen weniger direkt und sichtbar sind. Es gibt Regionen in Mexiko, wo die Erde kein Kalzium enthält. Die dortige Bevölkerung stirbt nicht sofort. Der Kalziummangel hat jedoch zur Folge, daß der einzelne in seinem Wachstum gehemmt wird; er wird allgemein in seiner körperlichen Verfassung geschwächt und ist anfällig für viele Krankheiten, die auf Kalziummangel zurückzuführen sind. *Er wird in seiner Funktionsfähigkeit behindert.*

Das Selbstwertgefühl ist als Grundbedürfnis mit dem Kalzium vergleichbar (während ein Vergleich mit direkter Nahrung oder Wasser etwas hinkt). Auch erhebliche Mangelerscheinungen bedeuten nicht in jedem Fall, daß wir sterben, aber wir werden in unserer Funktionsfähigkeit behindert.

Die Feststellung, daß das Selbstwertgefühl ein Grundbedürfnis ist, heißt:

Daß es einen wesentlichen Beitrag zum Verlauf des Lebens leistet.

Daß es für eine normale und gesunde Entwicklung unabdingbar ist.

Daß es zu den Dingen gehört, die für unser Überleben wichtig sind.

Nicht übersehen werden sollte in diesem Zusammenhang jedoch, daß mangelndes Selbstwertgefühl in Einzelfällen auch auf ziemlich direkte Weise zum Tode führt. Etwa: bei Drogenkonsum durch eine Überdosis; durch einen allzu draufgängerischen Fahrstil im Straßenverkehr; durch Festhalten an Beziehungen, in denen ich mörderisch mißhandelt werde; durch Beteiligung an Bandenkriegen oder durch Selbstmord. Bei den meisten von uns sind die Konsequenzen eines mangelhaften Selbstwertgefühls jedoch subtiler, weniger direkt, verborgener. Vielleicht ist sogar eine Menge Nachdenken und Selbsterforschung erforderlich, um einschätzen zu können, inwieweit unser innerstes Selbstbild bei den zehntausend Entscheidungen im Spiel war, die sich dann in der Summe zu unserem Schicksal addieren.

Ein unzureichendes Selbstwertgefühl kann sich in einer unglücklichen Partnerwahl zeigen, in der Entscheidung für eine Ehe, die nichts als Frustrationen bringt, in der Entscheidung für einen Beruf, der sich als Sackgasse erweist. Es kann sich in Ambitionen zeigen, die immer irgendwie sabotiert werden, in vielversprechenden Ideen, die von vornherein Totgeburten sind, in der mysteriösen Unfähigkeit, Erfolg zu genießen, in zerstörerischen Eß- und Lebensgewohnheiten, in Träumen, die sich nie erfüllen, in chronischen Ängsten oder Depressionen, in einer chronisch geminderten Widerstandsfähigkeit gegenüber Krankheiten, in Drogenabhängigkeiten, in einem unersättlichen Hunger nach Liebe und Beifall, in Kindern, die weder Selbstachtung lernen noch, Freude an ihrem Dasein zu haben. Kurz: In einem Leben, das wie eine endlose Kette von Niederlagen empfunden wird und der einzige Trost vielleicht in dem traurigen Mantra besteht: »Wer ist schon glücklich?«

Bei einem mangelhaften Selbstwertgefühl ist unsere Widerstandsfähigkeit im Umgang mit den Widrigkeiten des Lebens beeinträchtigt. Wir zerbrechen angesichts von Schicksalsschlägen, die ein gesünderes Selbstgefühl bewältigen würde. Es ist weitaus wahrscheinlicher, daß wir uns von Gefühlen überwältigen lassen, die uns sagen, daß wir unfähig sind, mit Dingen fertig zu werden und wie tragisch unser Dasein ist. In der Regel lassen wir uns von dem Wunsch leiten, Schmerzen zu vermeiden, statt von dem Wunsch, Freude zu erfahren. Das Negative hat mehr Macht über uns als das Positive. Wenn wir nicht an uns selbst glauben – weder an unsere Wirksamkeit noch an das Gute in uns –, dann ist das Universum ein erschreckender Ort.

Ich betrachte ein positives Selbstwertgefühl als das *Immunsystem des Bewußtseins*, das uns Widerstandsfähigkeit, Kraft und die Fähigkeit gibt, uns immer wieder zu erholen. Genau wie ein gesundes Immunsystem keine Garantie ist, daß man niemals krank wird, aber dafür sorgt, daß man weniger anfällig für Krankheiten ist und sie im Ernstfall besser überstehen kann, so ist auch ein gesundes Selbstwertgefühl keine Garantie, daß man angesichts der Schwierigkeiten des Lebens nie von Ängsten oder Depressionen heimgesucht wird. Es mindert aber die Anfälligkeit und sorgt dafür, daß wir besser damit umgehen, den Stoß auffangen und die Krise überwinden können. Natürlich können auch Menschen mit einem hohen Selbstwertgefühl von übermäßig vielen Problemen erschlagen werden, sie können sich aber schneller wieder fangen.

Betont werden muß, daß das Selbstwertgefühl mehr eine Frage der Widerstandsfähigkeit als der Unempfindlichkeit gegenüber Leid ist.

Zuviel Selbstwertgefühl?

Manchmal wird die Frage gestellt: »Kann man zuviel Selbstwertgefühl haben?« Nein, kann man nicht. Ebensowenig wie man zu gesund sein kann oder ein zu starkes Immunsystem haben kann. Das Selbstwertgefühl wird gelegentlich mit Angeben oder großtuerischem Gehabe oder Arroganz verwechselt. Das sind allerdings Eigenschaften, die nicht zuviel, sondern zu wenig Selbstwertgefühl reflektieren. Sie reflektieren ein mangelndes Selbstwertgefühl. Personen mit einem hohen Selbstwertgefühl haben nicht den Drang, sich anderen gegenüber als überlegen darzustellen. Sie müssen sich und anderen ihren Wert nicht beweisen, indem sie sich ständig mit irgendwem und irgend etwas messen. Sie haben Freude daran, wer sie sind, und müssen sie nicht daraus beziehen, daß sie besser als andere sind. Ich kann mich noch gut an einen Tag erinnern, als ich über dieses Thema nachdachte und dabei meinem Hund zuschaute, wie er im Garten spielte. Er tobte herum, schnupperte an den Blumen, jagte Eichhörnchen nach, machte Luftsprünge und zeigte eine große Lebenslust (aus meiner menschlichen Sicht). Er dachte dabei nicht (da bin ich mir sicher), daß er glücklicher war als der Nachbarhund. Er hatte einfach seine helle Freude an seinem eigenen Dasein. Und dieses Bild sagt etwas Wesentliches darüber aus, was ich unter einem gesunden Selbstwertgefühl verstehe.

Menschen, die Schwierigkeiten mit ihrem Selbstwertgefühl haben, fühlen sich oft unwohl in der Gegenwart anderer, die ein höheres Selbstwertgefühl haben. So daß vielleicht sogar Ressentiments in ihnen aufsteigen, und sie erklären: »Diese Leute haben *zuviel* Selbstwertgefühl.« In Wahrheit machen sie damit jedoch eine Aussage über sich selbst.

Typisch ist, daß unsichere Männer sich in der Gegenwart selbstbewußter Frauen oft noch unsicherer fühlen. Und daß Personen mit einem geringen Selbstwertgefühl oft gereizt in Gegenwart von Personen reagieren, die vor Lebensbegeisterung förmlich sprühen. Oder daß ein Ehepartner, dessen Selbstwertgefühl bröckelt, mit Angst reagiert, wenn er sieht, daß das Selbstwertgefühl seiner Partnerin wächst, und versucht, diesen Wachstumsprozeß zu sabotieren.

Die traurige Wahrheit ist: Jeder, der in dieser Welt erfolgreich ist, läuft Gefahr, zur Zielscheibe zu werden. Die eigene Leistungsschwäche weckt oft Neid und Ressentiments gegenüber leistungsstärkeren Personen. Und diejenigen, die unglücklich sind, empfinden oft Neid und Ablehnung gegenüber denjenigen, die glücklich sind.

Es sind Personen mit einem geringen Selbstwertgefühl, die gerne von der Gefahr von »zuviel Selbstwertgefühl« reden.

Wenn nichts »genug« ist

Ein geringes Selbstwertgefühl bedeutet, wie gesagt, nicht, daß es uns absolut unmöglich ist, tatsächlich etwas zu erreichen und Wertmaßstäben zu entsprechen. Manche von uns haben das Talent, die Energie und den Antrieb, sehr viel zu erreichen – obwohl sie sich unzulänglich fühlen oder glauben, nichts wert zu sein. Ein Beispiel ist der äußerst produktive Workaholic, der seinem Vater beweisen will, was er wert ist, da dieser ihm vorhergesagt hatte, er werde immer ein Versager sein. Ein geringes Selbstwertgefühl bedeutet aber, daß wir weniger effektiv und weniger kreativ sind, als wir es von unserem Potential her sein könnten. Und es bedeutet, daß wir in unserer Fähigkeit gelähmt sind, uns darüber zu freuen, was wir erreichen. Nichts, was wir tun, gibt uns das Gefühl, es sei »genug«.

Fest steht, daß mangelndes Selbstwertgefühl oftmals die Fähigkeit zu wirklichen Leistungen unterbindet, und zwar selbst bei den talentiertesten Personen. Das muß aber nicht unbedingt der Fall sein. *Wesentlich sicherer ist, daß es die Fähigkeit unterbindet, Befriedigung zu finden.* Das ist die schmerzliche Realität, die viele leistungsstarke Personen sehr gut kennen. Ein sehr erfolgreicher Geschäftsmann fragte mich: »Warum ist der Schmerz, wenn ich einmal scheitere, so viel intensiver und anhaltender als die Freude, die ich über meine Erfolge empfinde? Und das, obwohl meine Erfolge gegenüber den Fällen, in denen ich scheitere, doch bei weitem überwiegen? Warum ist das Glück so flüchtig und das Gefühl der Demütigung so anhaltend?« ... »Aber ich weiß«, fügte er wenige Minuten später hinzu, »ich sehe immer das Gesicht meines Vaters vor mir, der mich verspottet.« Ihm wurde bewußt, daß seine Lebensmission im Unterbewußtsein nicht darin bestand, tatsächlich zum Ausdruck zu bringen, wer er war, sondern seinem (inzwischen seit über zehn Jahren verstorbenen) Vater zu beweisen, daß er es zu etwas bringen konnte.

Bei einem unproblematischen Selbstwertgefühl ist die Freude unser Motor, nicht die Angst. Wir möchten Glück erfahren und nicht Leid vermeiden. Wir sind bestrebt, unsere Persönlichkeit zum Ausdruck zu bringen und lassen uns nicht vorrangig von dem Motiv leiten, Dinge zu vermeiden oder uns zu rechtfertigen. Unser Motiv ist nicht, unseren Wert zu »beweisen«, sondern unsere Möglichkeiten zu leben.

Wenn es mein Ziel ist zu beweisen, daß ich »genug« bin, so ist dies ein Dauerprojekt, bei dem die Rechnung nie aufgeht. Der Kampf war bereits an dem Tag verloren, an dem ich dieses Thema überhaupt diskutabel fand. Dann ist immer nur »ein weiterer« Sieg zu verbuchen – eine weitere Beförderung, eine weitere sexuelle Eroberung, ein weiteres Unternehmen, das ich besitze, ein weiteres Schmuckstück, ein größeres Haus, ein kostspieligeres Auto, eine weitere Auszeichnung. Aber die Leere im Innern bleibt unausgefüllt.

Manche, die in dieser Sackgasse stecken und frustriert sind, verkünden – ganz auf Linie des Zeitgeistes –, sie haben beschlossen, einen »spirituellen« Weg zu gehen und ihrem Ego zu entsagen. Eine Unternehmung, deren Scheitern vorprogrammiert ist. Denn ein Ego – im reifen und gesunden Sinne – ist genau das, was sie nicht erreicht haben. Sie träumen davon, etwas aufzugeben, was sie nicht besitzen. Niemand kommt so ohne weiteres an der Notwendigkeit eines Selbstwertgefühls vorbei.

Ein warnendes Wort

Es ist falsch, die Bedeutung des Selbstwertgefühls zu bestreiten; ebenso falsch ist es, ihm zuviel Bedeutung beizumessen. Es gibt Autoren und Autorinnen, die im Überschwang ihrer Begeisterung behaupten, ein gesundes Selbstwertgefühl sei alles, was wir brauchen, um Glück und Erfolg zu gewährleisten. Das Thema ist jedoch komplexer. Das Selbstwertgefühl ist weder ein Allheilmittel noch ein Patentrezept. Jenseits der Frage der individuell verschiedenen äußeren Umstände und Möglichkeiten gibt es noch eine Reihe innerer Faktoren, die ebenso eine Rolle spielen können – etwa das Energieniveau, die Intelligenz, das Leistungsstreben. (Entgegen manchen Behauptungen gibt es keine direkte Verbindung zwischen letzterem und dem Selbstwertgefühl, da das Leistungsstreben ebensogut auf einer negativen wie auf einer positiven Motivation beruhen kann – etwa wenn jemand von der Angst vor Liebes- oder Statusverlust und nicht durch die Freude am Ausdruck der eigenen Persönlichkeit getrieben wird.) Ein gut entwikkeltes Selbstgefühl ist eine notwendige Voraussetzung für unser Wohlbefinden. Allein aber nicht ausreichend. Allein ist dieses Selbstgefühl noch keine Garantie, daß wir Erfüllung finden. Gleichwohl garantiert sein Nichtvorhandensein, daß sich Angst, Frustration oder Verzweiflung – in welchem Maß auch immer – breitmacht.*

Das Selbstwertgefühl ist kein Ersatz für ein Dach über dem Kopf oder für Nahrung im Magen. Aber es erhöht die Wahrscheinlichkeit, daß man einen Weg findet, diese Bedürfnisse zu befriedigen.

In Abraham Maslows berühmter Pyramide »hierarchisch gegliederter Bedürfnisse« rangiert das Selbstwertgefühl »über« (das heißt, es kommt danach) den Grundbedürfnissen wie Nahrung und Wasser, die überlebenswichtig sind. In einem gewissen Sinne zu Recht. Es ist zugleich aber eine irreführende und übertrieben vereinfachte Darstellung. Denn mitunter verzichten Menschen auf ihr Leben aus Gründen, bei denen das Selbstwertgefühl eine entscheidende Rolle spielt. In Frage zu stellen ist ebenso Maslows Überzeugung, wonach »Akzeptiert«-Werden ein elementareres Bedürfnis als das Selbstwertgefühl ist.[3]

Was aber grundsätzlich bleibt, ist die Tatsache, daß es sich bei dem Selbstwertgefühl um ein dringendes Bedürfnis handelt. Daß dem so ist, zeigt allein die Tatsache, daß (ein mehr oder weniger) fehlendes Selbstwertgefühl uns in unserer Funktionsfähigkeit beeinträchtigt. Und das ist der Grund, warum wir ihm einen Überlebenswert beimessen.

Die Herausforderungen der modernen Welt

Der überlebenswichtige Wert des Selbstwertgefühls ist heutzutage offensichtlicher denn je. Wir haben einen Zeitpunkt in der Geschichte erreicht, an dem das Selbstwertgefühl nicht nur, wie seit jeher, eine äußerst wichtige psychologische Notwendigkeit, sondern auch eine äußerst wichtige ökonomische Notwendigkeit

* Eine Schwierigkeit bei einem Großteil der Untersuchungen über den Einfluß des Selbstwertgefühls ist, wie ich in der Einleitung bereits sagte, daß die einzelnen Forscher unterschiedliche Definitionen des Begriffes verwenden und nicht unbedingt das gleiche Phänomen untersuchen. Eine weitere Schwierigkeit ist, daß das Selbstwertgefühl nicht in einem Vakuum operiert und kaum isoliert werden kann; es interagiert mit anderen Kräften in der Persönlichkeit.

darstellt – ein unerläßliches Attribut für die Anpassungsfähigkeit an eine zunehmend komplexere, schwierigere und konkurrenzorientiertere Welt.

Die gewaltigen wirtschaftlichen Veränderungen veränderten auch die Gesellschaft. Die Vereinigten Staaten und viele andere Länder entwickelten sich von einer Manufakturgesellschaft zur Informationsgesellschaft. Damit verbunden für einen Großteil der Beschäftigten war der Übergang von der körperlichen zur geistigen Arbeit. Wir leben heute in einem Weltwirtschaftsgefüge, das von rapiden Veränderungen, sich überschlagenden wissenschaftlichen und technologischen Durchbrüchen und einem nie dagewesenen Konkurrenzniveau bestimmt wird. Im Vergleich zu früher stellen diese Entwicklungen höhere Anforderungen an Bildung und Ausbildung. Jeder, der mit der Kultur der Geschäftswelt vertraut ist, weiß das. Weniger bekannt ist hingegen, daß diese Entwicklungen auch neue Anforderungen an unsere psychologischen Ressourcen stellen. Konkret: Diese Entwicklungen fordern ein höheres Maß an Innovationsbereitschaft, Selbst-Management, persönlicher Verantwortung und Selbstbestimmung. Diese Kriterien werden nicht nur an der Spitze verlangt. Sie werden auf jeder Unternehmensebene gefordert, angefangen vom erweiterten Kreis der Geschäftsleitung über die Gruppenleiter bis auf die unterste Personalebene.

Wie sehr sich die Welt verändert hat, zeigt eine Stellenanzeige aus der Zeitschrift *Fortune*, mit der die Stelle eines Produktionsoperators bei Motorola, also eine Stelle auf der *unteren Personalebene* ausgeschrieben war: »Zu Ihren Aufgaben gehört es, Computerberichte zu analysieren, über Versuche sowie statistische Verfahrenskontrollen Probleme zu erkennen und die Ausstoßzahlen an das Management weiterzuleiten. Wichtig in Ihrer Position ist, daß Sie mit der Wettbewerbssituation des Unternehmens vertraut sind.«[4]

Ein modernes Unternehmen kann nicht mehr damit bestehen, daß einige Wenige denken und viele einfach tun, was ihnen gesagt wird (nach dem traditionellen Befehl-und-Gehorsam-Schema beim Militär). In den heutigen Unternehmen wird nicht nur ein nie dagewesenes Wissens- und Qualifikationsniveau gefordert, vom einzelnen wird auch ein höheres Maß an Selbständigkeit, Selbstsicherheit, Selbstvertrauen und Initiativbereitschaft verlangt. Mit einem Wort: Selbstwertgefühl. Das heißt, daß heute aus wirtschaftlichen Gründen Personen mit einem angemessenen Selbstwertgefühl sehr gefragt sind. Das ist geschichtlich betrachtet ein neues Phänomen.

Die Herausforderungen der heutigen Zeit gehen jedoch über

die Geschäftswelt hinaus. Wir sind freier als jede andere Generation, wenn es um die Wahl unserer Religion, Philosophie oder Moralgesetze geht, wenn es um die Wahl des Lebensstils oder die Kriterien geht, was ein gutes Leben ausmacht. Wir glauben nicht mehr blind an die »Tradition«. Wir glauben nicht mehr, daß die Regierung uns das Heil bringt – aber ebensowenig die Kirche, die Gewerkschaft oder irgendeine andere große Institution. Es kommt niemand, um uns zu retten. Das gilt für jeden Lebensbereich. Wir sind auf unsere eigenen Ressourcen angewiesen.

Wir haben heute mehr Wahlmöglichkeiten und Optionen als jemals zuvor. In allen Bereichen. Wohin wir auch schauen, sehen wir uns heute grenzenlosen Möglichkeiten gegenüber. Um uns einer solchen Umwelt anpassen und darin zurechtkommen zu können, ist ein höheres Maß an persönlicher Autonomie erforderlich – da wir nicht mehr auf einen gemeinhin akzeptierten Kodex von Regeln und Ritualen zurückgreifen können, der uns die Herausforderung erspart, uns individuell entscheiden zu müssen. Das setzt voraus, daß wir wissen, wer wir sind, und daß wir unsere Mitte in uns gefunden haben. Wir müssen wissen, was uns wichtig ist. Andernfalls laufen wir Gefahr, daß wir uns von fremden Werten mitreißen und wegschwemmen lassen, während wir Zielen hinterherlaufen, die unser wahres Selbst nicht nähren. Wir müssen lernen, für uns selbst zu denken, unsere eigenen Ressourcen zu kultivieren und Verantwortung für die Entscheidungen, Werte und Handlungen zu übernehmen, die unser Leben prägen. Wir brauchen ein Selbstvertrauen und eine Selbstsicherheit, die sich auf die Realität stützen.

Je mehr Wahlen und Entscheidungen wir bewußt zu treffen haben, desto dringender bedürfen wir eines angemessenen Selbstwertgefühls.

Als Reaktion auf die wirtschaftlichen und kulturellen Entwicklungen der letzten Jahrzehnte erleben wir heute in den Vereinigten Staaten und zahlreichen anderen Ländern ein Wiedererwachen der Selbsthilfe-Tradition – eine sprunghafte Verbreitung von Selbsthilfegruppen jeder Art und Couleur; private Initiativen, die den unterschiedlichen Bedürfnissen Rechnung tragen und die unterschiedlichste Ziele verfolgen; zunehmende Popularität gewinnt das »Lernen als Lebensmodus«; und ebenso das neue Gewicht, das der Selbstsicherheit beigemessen wird, die beispielsweise in einem erhöhten Gesundheitsbewußtsein und in der Tendenz zum Ausdruck kommt, Autorität in Frage zu stellen.

Unternehmergeist wird nicht nur im Geschäfts-, sondern auch in unserem Privatleben verlangt. Auf der intellektuellen Ebene sind wir gefordert, »Unternehmer« zu sein – einen neuen Sinn und neue Werte zu produzieren. Wir wurden in eine »Ära der bewußten Wahl« gestürzt, wie T. George Harris es ausdrückt.[5] Wir können wählen zwischen dieser oder jener oder gar keiner Religion. Wir haben die Wahl zu heiraten oder einfach zusammenzuleben. Die Wahl, Kinder zu haben oder nicht. Die Wahl, als Angestellte zu arbeiten oder selbständig zu sein. Die Wahl, einen der tausend neuen Berufe zu ergreifen, die es vor einigen Jahrzehnten noch nicht gab. Die Wahl, in der Stadt, in einem Vorort oder auf dem Land zu leben – oder ins Ausland zu gehen. Und auf einer einfacheren Ebene stehen wir vor einer Fülle nie dagewesener Wahlmöglichkeiten, was Kleidungsstil, Essen, Autos, neue Produkte jeder Art angeht – die alle verlangen, *daß wir eine Entscheidung treffen.*

Wenn uns ein angemessenes Selbstwertgefühl fehlt, kann das Spektrum der Wahlmöglichkeiten, mit dem wir heute konfrontiert werden, beängstigend und vergleichbar mit der Angst sein, die einen Bürger Rußlands bei seiner ersten Begegnung mit einem Riesensupermarkt im Westen befällt. Und genau wie manche Besucher es vorziehen, wieder in die »Sicherheit« einer Diktatur zurückzulaufen, versuchen manche von uns, sich in die »Sicherheit« eines Kults zu flüchten, oder von religiösem Fundamentalismus oder der »richtigen« politischen, gesellschaftlichen oder kulturellen Gruppierung oder von hirnzerstörerischen Substanzen. Möglicherweise haben weder unsere Erziehung noch Ausbildung uns hinreichend für eine Welt mit so vielen Optionen und Herausforderungen gerüstet. Und das ist der Grund, warum die Frage des Selbstwertgefühls so dringlich geworden ist.

2. Die Bedeutung des Selbstwertgefühls

Das Selbstwertgefühl hat zwei Komponenten, die wechselseitig miteinander zusammenhängen. Die eine ist die *Selbst-Wirksamkeit* – ein Gefühl von Urvertrauen angesichts der Herausforderungen des Lebens. Die andere ist die *Selbstachtung* – ein Gefühl, daß man es wert ist und verdient, glücklich zu sein.

Das soll nicht heißen, daß eine Person mit einem hohen oder gesunden Selbstwertgefühl bewußt im Sinne dieser Komponenten *denkt*, als vielmehr, daß wir unausweichlich auf diese Komponenten stoßen, wenn wir uns die *Erfahrung* des Selbstwertgefühls näher anschauen.

Selbst-Wirksamkeit bedeutet Vertrauen in die Funktionsfähigkeit meines Verstandes, in meine Fähigkeit zu denken, zu verstehen, zu lernen, zu wählen und Entscheidungen zu treffen. Vertrauen in meine Fähigkeit, die Tatsachen der Wirklichkeit zu verstehen, die in die Sphäre meiner Interessen und Bedürfnisse fallen. Selbst-Wirksamkeit bedeutet Selbstvertrauen und Selbstsicherheit.

Selbstachtung bedeutet, daß ich mir meines Wertes sicher bin; daß ich eine bejahende Haltung zu meinem Recht zu leben und glücklich zu sein habe. Selbstachtung bedeutet, daß ich mich wohlfühle, wenn ich in angemessener Weise meine Gedanken, Wünsche und Bedürfnisse geltend mache und beinhaltet das Gefühl, daß ich per Geburt ein natürliches Recht auf Freude und Erfüllung habe.

Wir müssen uns mit diesen beiden Ideen noch eingehender beschäftigen; für den Augenblick mag es jedoch genügen, wenn Sie sich folgendes vor Augen halten: Wenn ein Individuum sich unzulänglich angesichts der Herausforderungen des Lebens fühlt, wenn es ihm an einem grundlegenden Selbstvertrauen fehlt, an Vertrauen in seinen Verstand, so erkennen wir bei ihm ein mangelndes Selbstwertgefühl, ganz gleich über welche anderweitigen Qualitäten es noch verfügt. Und ebenso gilt, wenn einem Individuum das grundlegende Gefühl von Selbstachtung fehlt, wenn es sich unwert fühlt oder glaubt, die Liebe oder den Respekt anderer nicht zu verdienen, kein Anrecht auf Glück zu haben, wenn es Angst hat, seine Gedanken, Wünsche oder Bedürfnisse zu behaupten, daß wir auch hier wiederum ein mangelndes Selbstwertgefühl erkennen, ganz gleich, welche anderweitigen positiven Attribute gezeigt werden. Selbst-Wirksamkeit und Selbstachtung sind die dualen Grundpfeiler des Selbstwertgefühls. Fehlt eine davon, ist das Selbstwertgefühl beeinträchtigt. Sie sind die Merkmale, die das Selbstwertgefühl aufgrund ihrer fundamentalen Bedeutung definieren. Sie haben weder eine sekundäre Bedeutung noch leitet sich ihre Bedeutung vom Selbstwertgefühl ab, sie sind die Essenz des Selbstwertgefühls.

Die Selbst-Wirksamkeit erzeugt das Gefühl, daß man die Kontrolle über sein eigenes Leben hat. Jenes Gefühl, das wir mit psychischem Wohlbefinden assoziieren; das Gefühl, daß man im Zentrum der eigenen Existenz steht, dort, wo die entscheidenden Fäden zusammenlaufen – und daß man nicht passiver Zuschauer und ein Opfer der Ereignisse ist.

Die Selbstachtung ermöglicht ein wohlwollendes, nicht-neurotisches Gemeinschaftsgefühl mit anderen Individuen, in einer von Unabhängigkeit und gegenseitiger Achtung getragenen Gemeinschaft – im Gegensatz zu einer entfremdungsbedingten Abkehr von der menschlichen Rasse oder, im anderen Extrem, einem gedankenlosen Untertauchen im eigenen Stamm.

Jeder erlebt Schwankungen in seinem Selbstwertgefühl, genau wie jeder auch Schwankungen in allen übrigen psychischen Zuständen erlebt. Wenn wir vom Selbstwertgefühl einer Person sprechen, müssen wir also vom *Durchschnittsniveau ihres Selbstwertgefühls* ausgehen. Wir sagen manchmal, das Selbstwertgefühl sei die Überzeugung, die wir von uns haben; präziser ist es, von der *Disposition* zu sprechen, sich in einer bestimmten Weise zu erfahren. In welcher Weise?

Um die Antwort in einer formalen Definition zusammenzufassen: *Das Selbstwertgefühl ist die Disposition, sich selbst als kompetent im Umgang mit den grundlegenden Herausforderungen des Lebens zu erfahren, und daß man es wert ist und es verdient, glücklich zu sein.*

Diese Definition sagt wohlgemerkt nichts über die Umwelteinflüsse in der Kindheit aus, die ebenso zu einem gesunden Selbstwertgefühl beitragen (körperliche Sicherheit, Fürsorge u. ä.); ebensowenig über die inneren Faktoren, die später eine Rolle spielen (bewußt zu leben, sich selbst anzunehmen, eigenverantwortlich leben usw.), noch über die emotionalen und verhaltensspezifischen Aspekte (Mitgefühl, Zuverlässigkeit, Offenheit für neue Erfahrungen u. ä.). *Sie identifiziert nur, worauf sich die Selbstbewertung bezieht und woraus sie besteht.*

In Teil III, Kapitel 17, werden wir die Idee des Selbstwertgefühls im Rahmen der Kultur untersuchen, so daß ich im Augenblick nur einen Punkt betonen möchte. Das Konzept der »Kompetenz«, das ich in meiner Definition verwende, ist mit metaphysischen, nicht im »westlichen« Sinne zu verstehen. Das heißt, es bezieht sich explizit auf die Natur der Dinge – auf unser grundlegendes Verhältnis zur Realität. Es ist nicht das Produkt eines bestimmten kulturellen »Werteverständnisses«. Es gibt auf dieser Erde keine Gesellschaft, und es ist keine Gesellschaft denkbar, in der der Einzelne sich nicht herausgefordert sieht, seine Bedürfnisse zu befriedigen, und nicht vor der Herausforderung steht, sich der Natur und der Welt des Menschen anzupassen. In diesem grundsätzlichen Sinne ist denn auch die Idee der Selbst-Wirksamkeit, wie es mir schon zu Ohren kam, kein »westliches Artefakt«. Aber ich denke, das wird noch klarer, wenn wir uns eingehender mit der Bedeutung und den Konsequenzen der Selbst-Wirksamkeit und Selbstachtung beschäftigen.

Es wäre unklug, Definitionen bloß als eine Frage der »Semantik« oder das Bemühen um Genauigkeit als Pedanterie abzutun. Der Wert einer präzisen Definition besteht darin, daß sie es uns ermöglicht, einen bestimmten Aspekt der Realität von allen übrigen zu unterscheiden. So daß wir gezielt über diesen einen Aspekt nachdenken und konzentriert damit arbeiten können. Wenn wir wissen möchten, wovon das Selbstwertgefühl abhängt und wie wir es bei unseren Kindern, in der Schule oder in Organisationen fördern oder in der Psychotherapie stärken oder bei uns selbst entwickeln können, müssen wir wissen, welches Ziel wir genau vor Augen haben. *Ein Ziel, das man nicht vor Augen hat, kann man schwerlich erreichen.* Wenn wir nur vage Vorstellungen vom Selbstwertgefühl haben, werden auch die Mittel vage sein, mit denen wir versuchen, daran zu arbeiten. Wenn wir unsere Begeisterung für das Selbstwertgefühl nicht mit einer gewissen intellektuellen Strenge kombinieren, laufen wir nicht nur Gefahr, keine lohnenswerten Ergebnisse zu erzielen, sondern darüber hinaus auch das ganze Thema zu diskreditieren.

Ich erhebe nicht den Anspruch, daß meine Definition des Selbstwertgefühls nunmehr in Stein zu meißeln und nicht mehr verbesserungsfähig sei. Definitionen sind immer an einen bestimmten Zusammenhang gebunden; sie beziehen sich auf ein bestimmtes Kenntnisniveau; und mit wachsenden Erkenntnissen werden in der Regel auch die Definitionen präziser. Möglich, daß ich in meinem Leben noch eine bessere, klarere, präzisere Formulierung finde, um die Essenz dieses Konzeptes wiederzugeben. Oder vielleicht jemand anderes. Aber im Rahmen der Erkenntnisse, über die wir heute verfügen, kann ich mir keine Formulierung vorstellen, die präziser jenen einzigartigen Aspekt der menschlichen Erfahrung auf den Punkt bringt, den wir in diesem Buch untersuchen.

Ein hohes Selbstwertgefühl ist also gleichbedeutend mit dem sicheren Gefühl, im Einklang mit dem Leben zu sein und in dieses Leben zu passen. Das heißt, es ist gleichbedeutend mit dem bereits beschriebenen Gefühl der eigenen Kompetenz und Wertigkeit. Und ein geringes Selbstwertgefühl ist entsprechend gleichbedeutend mit dem Gefühl, daß etwas nicht stimmt, daß man nicht recht in dieses Leben paßt, nicht nur unter einem bestimmten Aspekt, sondern *generell als Person*. Und ein durchschnittliches Selbstwertgefühl zu haben, bedeutet, zwischen diesen Gefühlen zu schwanken – den Gefühlen, in dieses Leben zu passen und nicht in dieses Leben zu passen, sich als Person passend oder unpassend zu fühlen. Und diese Unstimmigkeiten manifestieren sich im Verhalten – im Wechsel zwischen klugem Handeln und dummem Handeln; was des weiteren die Unsicherheit verstärkt, wer man im Grunde seines Herzens ist.

Die Wurzel unseres Selbstwertgefühlbedürfnisses

Im vorhergehenden Kapitel sahen wir, daß das Selbstwertgefühl ein Grundbedürfnis ist. Aber warum? Um die Bedeutung des Selbstwertgefühls voll und ganz zu verstehen, müssen wir zunächst verstehen, was bei uns als Spezies ein solches Bedürfnis grundlegt. (Eine Frage, die nach meinem Eindruck bisher fast völlig vernachlässigt wurde.) Und die Behandlung dieser Frage soll des weiteren veranschaulichen, was unter Selbstwertgefühl zu verstehen ist.

Die Frage, ob ihr Bewußtsein wirksam ist oder ihr Dasein einen Wert hat, stellt sich bei niederen Lebewesen nicht. Aber der Mensch fragt sich: Kann ich meinem Verstand vertrauen? Bin ich kompetent zu denken? Bin ich gut genug? Bin ich genug? Bin ich ein guter Mensch? Bin ich integer, das heißt, stimmen meine Ideale und mein Handeln in der Praxis überein? Bin ich es wert, Respekt, Liebe, Erfolg, Glück zu erfahren?

Unser Bedürfnis nach einem Selbstwertgefühl ist das Ergebnis von zwei grundlegenden Tatsachen, die beide unserer Spezies innewohnen. Die erste ist, daß unser Überleben und unser erfolgreicher Umgang mit der Umwelt von einer angemessenen Verwendung unseres Bewußtseins abhängen; unser Leben und unser Wohlbefinden hängen von unserer Fähigkeit zu denken ab. Die zweite ist, daß die richtige Verwendung unseres Bewußtseins nicht automatisch gesichert und von Natur aus »einprogrammiert« ist. Bei der Steuerung seiner Aktivitäten ist ein entscheidendes Element, das der Wahl, mit im Spiel – also der persönlichen Verantwortung.

Wie jede andere Spezies, die über die Fähigkeit der Bewußtheit verfügt, hängen wir mit unserem Überleben und Wohlbefinden von der Führung unseres Bewußtseins ab, von unserem speziellen Bewußtsein, über das nur der Mensch verfügt: von unserem begrifflichen Denkvermögen – der Fähigkeit, abstrakt, verallgemeinernd und in Zusammenhängen zu denken. Kurz: von unserem *Verstand*.

Was das Wesen des Menschen ausmacht, ist unsere Fähigkeit, logisch zu denken, das heißt, Zusammenhänge zu erfassen. Von dieser Fähigkeit hängt – letzten Endes – unser Leben ab. Bedenken Sie nur, was nötig war, um das Essen auf den Tisch zu bringen, das Sie heute zu sich nahmen; die Kleider herzustellen, die Sie jetzt tragen; das Haus zu bauen, das Sie jetzt vor den Elementen schützt; die Branche aufzubauen, in der Sie heute ihren Lebensunterhalt verdienen; die Erfindungen zu verwirklichen, daß Sie heute in Ihrem Wohnzimmer eine große Symphonie genießen können; die Medizin zu entwickeln, daß Sie wieder gesund werden, oder das Licht zu schaffen, bei dem Sie jetzt vielleicht lesen. All das sind Produkte des Verstandes.

Der Verstand geht über die unmittelbare Bewußtheit als solche hinaus. Er ist ein komplexes Gefüge von Strukturen und Vorgängen. Er umfaßt mehr als jene verbalen, linearen und analytischen Prozesse, die herkömmlicher-, wenn nicht gar irreführenderweise mitunter als »Linke Hirn«-Aktivitäten beschrieben werden. Er umfaßt das mentale Leben in seiner Gesamtheit, wozu auch das Unterbewußte, das Intuitive und das Symbolische gehören, all das, was verschiedentlich mit dem »rechten Hirn« assoziiert wird. Der Verstand umfaßt alle Mittel und Möglichkeiten, derer wir uns bedienen, um mit der Welt umzugehen und die Welt zu verstehen.

Um zu lernen, wie man Gemüse und Getreide anbaut, Brücken baut, Strom erzeugt, die Heilkräfte einer bestimmten Substanz erfaßt, die Ressourcen im Sinne der Produktivitätsmaximierung verteilt, konjunkturfördernde Möglichkeiten erschließt, wissenschaftliche Experimente durchführt, Dinge kreiert – für all diese Dinge sind Gedankenprozesse erforderlich. Und: Um angemessen auf die Klagen eines Kindes oder Ehepartners zu reagieren, um zu erkennen, daß unser Verhalten nicht mit unseren vermeintlichen Gefühlen übereinstimmt, um zu lernen, wie man mit Verletzungen und Wut in versöhnlicher statt zerstörerischer Weise umgeht, sind Gedankenprozesse erforderlich. Selbst um zu wissen, wann es angebracht ist, bei der Lösung eines Problems auf bewußte Bemühungen zu verzichten und diese Aufgabe dem Unterbewußten zu überlassen, oder um zu wissen, wann es angebracht ist, das bewußte Denken einzustellen und sich mehr seinen Gefühlen oder der Intuition (unterbewußten Wahrnehmungen oder unterbewußt wahrgenommenen Zusammenhängen) zu überlassen, ist ein Gedankenprozeß erforderlich, ein Prozeß, der eine rationale Verbindung darstellt.

Das Denken ist zwar eine notwendige Voraussetzung, um erfolgreich zu existieren, es ist uns aber nicht einprogrammiert, automatisch zu denken. Wir haben jeweils die Wahl. Und genau darin liegt das Problem und die Herausforderung.

Wir sind nicht für die Kontrolle unserer Herz-, Lungen-, Leber- oder Nierenaktivitäten verantwortlich; sie sind Teil des selbstregulierenden Systems unseres Körpers (obwohl wir inzwischen erfahren haben, daß auch diese Aktivitäten bedingt kontrolliert werden können). Ebensowenig sind wir gezwungen, die homöostatischen Prozesse zu überwachen, die beispielsweise für die Aufrechterhaltung einer bestimmten Körpertemperatur sorgen. Die Natur hat die Organe und Systeme unseres Körpers in einer Weise konzipiert, daß sie automatisch funktionieren und uns ohne unser willentliches Eingreifen am Leben halten. Bei unserem Verstand ist das jedoch anders.

Unser Verstand pumpt kein Wissen, je nach Bedarf, so wie unser Herz das Blut pumpt. Unser Verstand hält uns nicht automatisch dazu an, nach bestem Wissen und nach den Geboten der Vernunft zu handeln, auch wenn dieses Wissen jeweils sehr nutzbringend wäre. Wir denken nicht »instinktiv«, nur weil Nichtdenken in einer bestimmten Situation gefährlich wäre. Das Bewußtsein erweitert sich nicht »reflexartig« angesichts von Neuem und Unvertrautem; manchmal verengen wir es sogar statt dessen. *Die Natur hat uns eine außerordentliche Verantwortung übertragen: Die Option, das Scheinwerferlicht des Bewußtseins heller zu stellen oder zu dimmen.* Es ist die Option, nach Bewußtheit zu streben oder sich nicht darum zu kümmern, oder sie bewußt zu meiden. Es ist die Option, zu denken oder nicht zu denken. Und das ist die Wurzel unserer Freiheit und unserer Verantwortung.

Wir sind die einzige Spezies, die Visionen erstrebenswerter Werte formulieren kann – und dann das Gegenteil praktiziert. Wir können uns entscheiden, daß bestimmte Handlungsweisen vernünftig, moralisch und klug sind – und dann das Bewußtsein ausschalten und etwas völlig anderes tun. Wir können unser Verhalten beobachten und uns fragen, ob es mit unserem Wissen, mit unseren Überzeugungen und Idealen übereinstimmt – und ebenso können wir dieser Frage völlig aus dem Weg gehen und sie erst gar nicht stellen. Wir haben die Option, zu denken oder nicht zu denken.

Es ist unser *freier Wille*, der bei der Wahl ins Spiel kommt, wie wir unser Bewußtsein in einer bestimmten Situation nutzen – ob wir es konzentriert nutzen mit dem Ziel, unsere Bewußtheit zu erweitern, oder ob wir uns nicht darauf konzentrieren mit dem Ziel, jede Bewußtheit zu meiden. Unsere Wahlen, wie wir unser Bewußtsein nutzen, haben gewaltige Folgen für unser Leben im allgemeinen und für unser Selbstwertgefühl im besonderen.

Die Dimension dieser Folgen für unser Leben und unser Selbstgefühl mögen folgende Optionen in der Gegenüberstellung verdeutlichen:

Auf das Bewußtsein konzentrieren versus nicht auf das Bewußtsein konzentrieren.

Denken versus Nichtdenken.

Bewußtheit versus Unbewußtheit.

Klarheit versus Unklarheit oder Vagheit.

Beachtung der Realität versus Außerachtlassen der Realität.

Beachtung der Tatsachen versus Gleichgültigkeit gegenüber den Tatsachen.

Der Wahrheit Rechnung tragen versus Verwerfen der Wahrheit.

Beharrlichkeit in dem Bemühen, etwas verstehen zu wollen, versus Verzicht auf dieses Bemühen.

Getreu unseren Überzeugungen handeln versus Verrat an unseren Überzeugungen – die Frage der Integrität.

Ehrlichkeit gegenüber dem Selbst versus Unehrlichkeit.

Die Auseinandersetzung mit dem eigenen Selbst versus Meiden der Beschäftigung mit dem eigenen Selbst.

Empfänglichkeit für neues Wissen versus Verschlossenheit und Engstirnigkeit.

Die Bereitschaft, Fehler zu erkennen und zu korrigieren, versus Festhalten an den Fehlern.

Sorge um Übereinstimmung (Konsistenz) im Handeln und Denken versus Übergehen von Widersprüchen.

Vernunft versus Unvernunft; Respektieren von Logik, Konsistenz, Kohärenz und Beweisen versus Nichtbeachten dieser Faktoren oder Hinwegsetzen über diese Faktoren.

Der Verantwortung des Bewußtseins Rechnung tragen versus Mißachtung dieser Verantwortung.

Wenn man verstehen möchte, wovon das Selbstwertgefühl abhängt, so ist diese Liste ideal, um einen ersten Eindruck zu gewinnen.

Niemand könnte wohl ernsthaft behaupten, daß unsere Gefühle, wie kompetent wir uns im Umgang mit den Herausforderungen des Lebens fühlen, oder ob wir uns für gut halten, auf Dauer unberührt bleiben von dem Muster unserer Entscheidungen bei den vorgenannten Optionen.

Der Punkt ist nicht, daß unser Selbstwertgefühl von den Wahlen, die wir treffen, beeinflußt werden »dürfte«, sondern, daß es zwangsläufig davon beeinflußt werden *muß*. Wenn wir Gewohnheitsmuster entwickeln, die unsere Funktionsfähigkeit behindern oder lähmen und bewirken, daß wir uns selbst mißtrauen, dann widerspräche es jeder Logik, davon auszugehen, daß wir uns auch weiterhin genau so wirksam in unserem Handeln und genausoviel wert fühlen »dürften«. Daß wir uns also genauso fühlen, wie wir uns fühlten, wenn unsere Wahlentscheidungen besser gewesen wären. Das hieße, daß unser Handeln nichts damit zu tun hat oder zu tun haben dürfte, wie wir uns selbst fühlen. Es ist eine Sache, davor zu warnen, daß man sich mit einem bestimmten Verhalten identifiziert; aber eine völlig andere zu behaupten, daß es *keine* Verbindung zwischen der Selbstbewertung und dem Verhalten gäbe. Man erweist Menschen einen unguten Dienst, wenn man ihnen Vorstellungen vom Selbstwertgefühl präsentiert, die auf ein »Sich-gut-Fühlen« reduziert und losgelöst von den Fragen des Bewußtseins, der Verantwortung und der moralischen Wahl sind. Das Selbstwertgefühl ist mit viel Freude verbunden, keine Frage. Und ebenso kann der Prozeß, es aufzubauen oder zu stärken, sehr viel Freude machen. Diese Freude sollte jedoch nicht über die Tatsache hinwegtäuschen, daß es dabei um mehr als nur darum geht, sich selbst im Spiegel einen Kuß zuzuwerfen (oder ähnliches analog der vielen Strategien von gleich tiefschürfender Qualität, die angeboten werden).

Das Niveau unseres Selbstwertgefühls wird nicht in unserer Kindheit ein für allemal festgelegt. Es kann wachsen, wenn wir reifer werden, und ebenso kann es sich verschlechtern. Es gibt Personen, die mit zehn ein höheres Selbstwertgefühl als mit sechzig hatten – und umgekehrt. Das Selbstwertgefühl kann im Laufe eines Lebens steigen und sinken und wieder steigen. Bei mir war es jedenfalls so.

Wenn ich zurückblicke, kann ich Veränderungen im Niveau meines Selbstwertgefühls mit Entscheidungen zusammenbringen, die ich angesichts bestimmter Herausforderungen getroffen hatte. Ich erinnere mich an Beispiele, wo ich stolz auf meine Entscheidungen bin, und an andere, die ich bitter bereue – Entscheidungen, die mein Selbstwertgefühl stärkten, und andere, die es minderten. Und solche Entscheidungen können wir alle treffen.

Was die Entscheidungen angeht, die mein Selbstwertgefühl

minderten, so fallen mir Beispiele ein, wo ich (aus welchen »Gründen« auch immer) nicht bereit war zu sehen, was ich sah, und zu wissen, was ich wußte. Es gab Situationen, in denen es nötig gewesen wäre, meine Bewußtheit zu schärfen, aber statt dessen drängte ich sie zurück; wo es nötig gewesen wäre, meine Gefühle zu untersuchen, aber statt dessen spaltete ich sie ab; wo es nötig gewesen wäre, die Wahrheit zu sagen, aber statt dessen hüllte ich mich in Schweigen; wo es nötig gewesen wäre, mich aus einer Beziehung zu lösen, die mir schadete, aber statt dessen kämpfte ich, um sie zu erhalten; wo es nötig gewesen wäre, für meine innersten Gefühle einzutreten und meine innersten Bedürfnisse zu behaupten, aber statt dessen wartete ich auf ein Wunder, das mir heraushelfen würde.

Jedesmal, wenn wir handeln, vor einer Herausforderung stehen, eine moralische Entscheidung treffen müssen, ist unser Selbstgefühl mit im Spiel, das wir entsprechend positiv oder negativ beeinflussen – abhängig von der Art unserer Reaktion und den dahinterstehenden mentalen Prozessen. Und auch, wenn wir Handlungen und Entscheidungen meiden, obwohl sie notwendig wären, beeinflussen wir unser Selbstgefühl.

Unser Selbstwertgefühlbedürfnis entspricht dem Bedürfnis zu wissen, daß wir so funktionieren, wie es für unser Leben und unser Wohlbefinden erforderlich ist.

Kompetenz

Ich spreche von *Selbst-Wirksamkeit*, wenn wir uns in einem grundlegenden Sinne stark und kompetent fühlen – eine Erfahrung, die wir mit einem gesunden Selbstwertgefühl assoziieren. Als *Selbstachtung* bezeichne ich die Erfahrung von Würde und persönlichem Wert. Was beides bedeutet, dürfte eigentlich klar sein. Ich halte es aber dennoch für sinnvoll, beide Begriffe näher zu untersuchen.

Als erstes: Die Selbst-Wirksamkeit.

Wirksam heißt (vom Ursprung des Wortes her), imstande zu sein, ein gewünschtes Ergebnis zu erzielen. Vertrauen in unsere Wirksamkeit heißt, daß wir Vertrauen in unsere Fähigkeit haben, das zu lernen, was wir lernen müssen, und das zu tun, was wir tun müssen, um unsere Ziele zu erreichen – *soweit der Erfolg von unseren eigenen Anstrengungen abhängt*. Das heißt, daß wir unsere Kompetenz rational nicht als Faktoren beurteilen, die außerhalb unserer Kontrolle liegen. Selbst-Wirksamkeit setzt nicht Allwissenheit und Allmacht voraus.

Selbst-Wirksamkeit ist nicht die Überzeugung, daß man nie einen Fehler machen kann. Selbst-Wirksamkeit ist die Überzeugung, daß wir denken, urteilen, wissen – und unsere Fehler korrigieren können. Sie ist das Vertrauen auf unsere mentalen Prozesse und Fähigkeiten.

Selbst-Wirksamkeit ist nicht die Gewißheit, daß wir jede und alle Herausforderungen des Lebens meistern können. Sie ist die Überzeugung, daß wir prinzipiell in der Lage sind, das zu lernen, was wir lernen müssen, und daß wir entschlossen sind, rational und bewußt unser Bestes zu tun, die Aufgaben und Herausforderungen zu meistern, mit denen wir angesichts unserer Wertvorstellungen konfrontiert werden.

Selbst-Wirksamkeit ist etwas Tiefgreifenderes als das Vertrauen auf unsere spezifischen Kenntnisse und Fertigkeiten, die auf zurückliegenden Erfolgen und Leistungen beruhen – von denen sie aber unbestritten auch genährt wird. Sie ist vielmehr das Vertrauen auf die Fähigkeit, die es uns ermöglichte, diese Kenntnisse und Fertigkeiten zu erwerben und diese Erfolge zu erzielen. Sie ist das Vertrauen in unsere Fähigkeit zu denken, das Vertrauen in unser Bewußtsein und darauf, wie wir uns entscheiden, dieses Bewußtsein zu nutzen. Selbst-Wirksamkeit ist also das *Vertrauen in die in unserem Innern ablaufenden Prozesse* – und infolgedessen *die Disposition für die Erwartung, daß unsere Bemühungen mit Erfolg belohnt werden.*

Fehlende Selbst-Wirksamkeit – das heißt, wenn wir Scheitern statt Sieg erwarten – bedeutet, daß unsere Bemühungen (in unterschiedlichem Maße) behindert oder untergraben oder unterbunden werden, mit denen wir die Aufgaben und Herausforderungen des Lebens zu bewältigen versuchen. »Wer bin ich denn, um anzunehmen, ich könnte denken? Wer bin ich denn, um anzunehmen, ich könnte Herausforderungen bewältigen? Wer bin ich denn, um anzunehmen, ich könnte wählen, entscheiden, die Behaglichkeit des Vertrauten verlassen, angesichts von Hindernissen durchhalten, für meine Werte kämpfen?«

Eine der Wurzeln der Selbst-Wirksamkeit liegt in unserer Erziehung, in einer hinreichend gesunden, vernünftigen und kalkulierbaren familiären Umwelt, die es uns erlaubt, zu glauben, daß es *möglich* ist, Dinge zu verstehen, und daß es nicht umsonst ist zu denken. Eine weitere Wurzel der Selbst-Wirksamkeit liegt in unserem eigenen Handeln, in dem *Willen, wirksam zu sein*, in der Weigerung, sich der Hilflosigkeit zu überlassen, in der Beharrlichkeit, selbst angesichts von Schwierigkeiten sich weiterhin zu bemühen, Dinge zu verstehen.

Äußerst wichtig ist es, zwischen dem Vertrauen auf die in unserem Innern ablaufenden Prozesse und dem Vertrauen auf einen bestimmten Wissensschatz zu unterscheiden, über den wir verfügen. In einer Welt, in der sich das menschliche Wissen in seiner Gesamtheit etwa alle zehn Jahre verdoppelt, kann nur unsere Fähigkeit zu lernen uns Sicherheit geben. Folgendes Beispiel mag helfen, diesen Unterschied zu verdeutlichen.

Angenommen: Ein Geschäftsmann hat sich in dem Fachbereich, in dem er seit zwanzig Jahren arbeitet, spezifische Kenntnisse und Fertigkeiten angeeignet. Dann verläßt er das Unternehmen und übernimmt in einem völlig andersgearteten Betrieb – mit anderen Anforderungen, Regeln und Problemen – eine Führungsposition. Wenn ihm ein gesundes Gefühl der Selbst-Wirksamkeit fehlt, besteht die Gefahr, daß er sich übermäßig auf sein bereits vorhandenes Wissen versteift und sich den neuen Bedingungen nur unzureichend anpaßt. Mit der Konsequenz, daß seine Leistungen zu wünschen übriglassen und seine Gefühle, ineffektiv zu sein, bestätigt und verstärkt werden. Wenn er sich demgegenüber auf eine gesunde Selbst-Wirksamkeit stützen kann, so ist das, was ihm Sicherheit gibt, weniger das, was er bereits weiß, als vielmehr das Vertrauen auf seine Fähigkeit zu lernen. Was zur Folge hat, daß er die neuen Anforderungen eher meistert und gute Leistungen zeigt und seine Gefühle der Selbstwirksamkeit entsprechend bestätigt und verstärkt werden.

Gute Verkäufer, Buchhalter oder Ingenieure werden oft in Managerpositionen befördert. Die Qualifikationen, die Voraussetzung für einen guten Manager sind, sind aber oft andere als die, die einem kompetenten Verkäufer, Buchhalter oder Ingenieur abverlangt werden. Wie gut der Betreffende in seiner neuen Stellung zurechtkommt, hängt zum Teil von der Einarbeitung durch den Betrieb ab, zum Teil aber auch von seiner individuellen Selbst-Wirksamkeit. Mangelnde Selbst-Wirksamkeit führt in der Regel zu Unbehagen angesichts des Neuen und Unvertrauten und dazu, daß man sich übermäßig auf die Qualifikationen von gestern verläßt. Eine höhere Selbst-Wirksamkeit erleichtert es, den bisherigen Wissens- und Entwicklungsstand hinter sich zu lassen, neue Kenntnisse und Fertigkeiten zu erwerben und neue Herausforderungen zu meistern. Unternehmen, die diesen Punkt verstanden haben, können die Komponente des Selbstwertgefühls gezielt in ihre Schulungs- und Einarbeitungsprogramme einbauen. Und sie können ihre Angestellten ermutigen, die Werte Bewußtsein, Verantwortung, Neugier oder Offenheit für Veränderungen mehr als bestimmte Fertigkeiten zu schätzen, die vielleicht nicht mehr so relevant sind.

Eine Frau, die zur Abteilungsleiterin befördert worden war, kam zu mir in die Beratung. Sie hatte panische Angst, ihre Fähigkeiten könnten der neuen Situation nicht genügen. Ich stellte ihr einige Fragen, mit denen sie sich auseinandersetzen sollte. Darunter folgende:

Warum waren Sie in Ihrer früheren Stellung erfolgreich?

Was taten Sie in dieser Stellung in den ersten Monaten im einzelnen, das dazu beitrug, daß Sie Ihre Fertigkeiten so effektiv entwickelten?

Welche Einstellung brachten Sie den Dingen entgegen, die Sie neu lernen mußten?

Sie kamen in Ihrem neuen Aufgabenbereich allmählich weiter, und was haben Sie darüber hinaus gemacht?

Wie haben Sie sich den veränderten Stellenanforderungen angepaßt?

Worauf führen Sie es zurück, daß Sie so flexibel sein konnten?

Sie haben einiges über sich selbst und Ihren Erfolg in Ihrer früheren Stellung gelernt. Welche Einsichten haben Sie in diesem Zusammenhang gewonnen, die Sie nun in Ihrer neuen Position nutzen könnten?

Was könnte das Entscheidende an Ihren inneren Einstellungen und Prozessen sein, das dafür sorgen könnte, daß Sie auch in Zukunft so erfolgreich sind, auch wenn die an Ihre Fertigkeiten gestellten Anforderungen völlig andere sind?

Was könnten Sie tun, um Ihren Erfolg sicherzustellen?

Was ist es – wenn Sie Ihren Verstand nehmen –, das es Ihnen ermöglicht, es zu schaffen?

Diese Fragen halfen ihr, zwischen bestimmten Fertigkeiten und ihren grundlegenden inneren Ressourcen zu unterscheiden, die maßgebend für ihren Erfolg in der Vergangenheit waren. Bei diesen Ressourcen geht es um den Prozeß, nicht um Inhalte. *Sie sind das entscheidende Merkmal der Wirksamkeit und das, was die Wirksamkeit als solche von einzelnen Manifestationen der Wirksamkeit unterscheidet.*

Um es nochmals zu betonen: Niemand kann erwarten, in allen Bereichen gleichermaßen kompetent zu sein – und niemand braucht das. Unsere Interessen, Werte und Umstände bestimmen im einzelnen, auf welche Bereiche wir uns konzentrieren.

Wenn ich sage, daß die Selbst-Wirksamkeit sich auf das Vertrauen in unsere Fähigkeit bezieht, mit den grundlegenden Herausforderungen des Lebens fertig zu werden, was meine ich dann mit diesen »grundlegenden Herausforderungen«? Ich meine damit zum einen die Fähigkeit, selbst für seinen Unterhalt sorgen zu können; das heißt, seinen Unterhalt selbst verdienen, sich selbständig in dieser Welt versorgen zu können – *vorausgesetzt, diese Situation stellt sich.* (Ehefrauen und Hausfrauen sind davon nicht ausgenommen. Es kann nicht im Interesse einer Frau sein, auf eine

Ausbildung zu verzichten, mit der sie selbst für ihren Unterhalt sorgen kann und den Arbeitsmarkt nicht fürchten muß.) Zum anderen meine ich damit die Fähigkeit, im Umgang mit anderen effektiv zu funktionieren – in der Lage zu sein, anderen Gutes zu tun und Gutes anzunehmen, mit anderen zusammenzuarbeiten, Vertrauen, Freundschaft, Respekt und Liebe zu geben und anzunehmen; in der Lage zu sein, sich angemessen zu behaupten und die Selbstbehauptung anderer akzeptieren zu können. Und des weiteren meine ich damit die Widerstandsfähigkeit im Umgang mit Unglück und Widrigkeiten – im Gegensatz zu einer passiven Hingabe an den Schmerz; gemeint ist die Fähigkeit, nach einer leidvollen Erfahrung wieder auf die Beine zu kommen und sich davon zu erholen. Gemeint sind einfache Grundsätzlichkeiten, die unser Menschsein definieren.

In den bisherigen Beispielen ging es um die Arbeitswelt. Natürlich kommt die Selbst-Wirksamkeit auch in intimen Beziehungen zum Tragen – wie im übrigen der vorhergehende Abschnitt verdeutlicht haben dürfte. Zur Wirksamkeit im mitmenschlichen Bereich gehört das Gefühl der Kompetenz; ohne dieses Gefühl ist sie als Erfahrung unvollständig. Mir fehlt etwas auf einer sehr elementaren Ebene, wenn ich nicht in der Lage bin, persönliche und berufliche Beziehungen aufzubauen, die beiderseits – von mir und der anderen Partei – als positiv empfunden werden (und das ist im zwischenmenschlichen Bereich mit »Kompetenz« gemeint). Das heißt, mir fehlt die Wirksamkeit in einem entscheidenden Bereich. Und diese Realität spiegelt sich in meinem Selbstwertgefühl wider.

Personen, die die zwischenmenschliche Sphäre fürchten, räumen Beziehungen in ihrem Bewußtsein kaum einen Platz ein. Sie flüchten sich statt dessen in die Sicherheit und Geborgenheit der Kompetenz, die sie sich in der unpersönlichen Welt der Maschinen, der Mathematik oder abstrakter Gedanken zugestehen. Aber ungeachtet der beruflichen Höhen, die sie vielleicht erreichen, bleibt ein mangelhaftes Selbstwertgefühl. Wir können vor einem so wichtigen Aspekt des Lebens nicht ungestraft weglaufen.

Wertigkeit

Nun zur zweiten Komponente des Selbstwertgefühls: der Selbstachtung.

Genau wie zur Selbst-Wirksamkeit die Erwartung gehört, daß Erfolge etwas Natürliches und Selbstverständliches sind, so gehört zur Selbstachtung die Erwartung, daß Freundschaften, Liebe und Glück – als Ergebnis dessen, wer ich bin und was ich tue – etwas Natürliches und Selbstverständliches sind. (Begrifflich, um der Analyse willen, können wir beide Komponenten – die Selbst-Wirksamkeit und die Selbstachtung – voneinander trennen, aber in der Realität unserer täglichen Erfahrungen sind sie eng miteinander verknüpft und überschneiden sich.)

Selbstachtung ist die Überzeugung von unserem eigenen Wert. Sie ist nicht zu verwechseln mit der Wahnvorstellung, wir seien »perfekt« oder allen anderen überlegen. Sie ist weder vergleichend noch konkurrenzorientiert. Sie ist die Überzeugung, daß unser Leben und Wohlbefinden es wert sind, durch unser Handeln unterstützt, geschützt und gefördert zu werden. Sie ist die Überzeugung, daß wir gut sind und einen Wert haben und den Respekt anderer verdienen. Und sie ist die Überzeugung, daß unser Glück und unsere persönliche Erfüllung wichtig genug sind, um dafür zu arbeiten.

Eine Wurzel der Selbstachtung liegt in unserer Erziehung, in der Erfahrung, ob wir von den Eltern und anderen Familienmitgliedern mit Respekt behandelt wurden. Eine weitere Wurzel der Selbstachtung liegt in unserem eigenen Handeln, in der Befriedigung, die wir aus moralischen Entscheidungen beziehen – *die einen besonderen Aspekt der Befriedigung darstellt, die wir aus unseren mentalen Prozessen gewinnen.* (Ein einfacher und informeller »Test« zum Selbstwertgefühl – der allerdings alles andere als unfehlbar ist – beinhaltet die Frage, ob man stolz auf seine moralischen Entscheidungen ist und sie als befriedigend empfindet. Ob man sich an einer Kreuzung entscheidet, nach rechts oder nach links zu gehen, ist wohl kaum eine moralische Entscheidung. Ob man die Wahrheit sagt oder lügt, ob man sich an seine Versprechen und Verpflichtungen hält, ist demgegenüber aber sehr wohl eine moralische Entscheidung.)

Es ist nichts Ungewöhnliches, daß wir Personen begegnen, die von ihrer Kompetenz – zumindest auf einigen Gebieten – weitaus überzeugter sind als von ihrem Recht, glücklich zu sein. Hier fehlt ein Aspekt der Selbstachtung. Solche Personen können sehr viel erreichen, es fehlt ihnen aber die Fähigkeit, das Erreichte zu genießen. Hier ist das Gefühl der persönlichen Wertigkeit, das diese Freude unterstützen und sanktionieren würde, zumindest verletzt und gemindert, sofern es nicht sogar ganz fehlt.

Wir begegnen diesem Problem bei manchen erfolgreichen Geschäftsleuten, die jenseits der Sicherheit ihres Schreibtisches von Ängsten geplagt werden. Ferien bedeuten oft mehr Streß als Freude. Sie sind selbst in ihrer Fähigkeit eingeschränkt, ihre Familien zu genießen, obwohl sie sie lieben. Sie glauben, keinen

Anspruch auf diese Freude zu haben. Sie glauben, ihren Wert fortwährend durch Leistungen beweisen und rechtfertigen zu müssen. Es ist nicht so, daß ihnen jedes Selbstwertgefühl fehlt, es ist aber sehr mangelhaft und brüchig.

Um zu verstehen, warum Selbstachtung ein so dringendes Bedürfnis ist, müssen wir uns folgendes vor Augen halten: Um unser Leben erfolgreich bestreiten zu können, brauchen wir Werte, an die wir uns halten und nach denen wir streben können. Um angemessen handeln zu können, müssen wir den Nutzen unserer Handlungen schätzen können. Und wir brauchen das Gefühl, daß wir es *wert sind und die Belohnungen verdienen, die aus unserem Handeln erwachsen.* Ohne diese Überzeugung wissen wir nicht, wie wir uns um uns selbst kümmern, unsere legitimen Interessen schützen, unsere Bedürfnisse befriedigen oder unsere Leistungen genießen können. (Was im übrigen zur Folge hat, daß wir auch in unserer Selbst-Wirksamkeit beeinträchtigt sind.)

Vor einiger Zeit kam eine brillante Anwältin zur Beratung in meine Praxis. Ihre Selbst-Wirksamkeit hatte sie schon fast an den Punkt der Selbstzerstörung gebracht. In der Anwaltskanzlei, in der sie arbeitete, erlaubte sie anderen ständig, eigennützigen Profit aus ihren Leistungen zu schlagen. Ihr Chef berechnete Klienten die Stunden, die eigentlich ihre waren. Und ihre Kollegen klauten viele ihrer Ideen und machten sie sich zunutze. Sie blieb allen gegenüber freundlich und erklärte, es mache ihr nichts aus. Innerlich kochte sie jedoch. Aber: Sie wollte beliebt sein und glaubte, Tiefstapeln und Zurückstecken seien ein Weg, sich die Zuneigung anderer zu sichern... und nicht darüber nachzudenken, inwieweit dies auf Kosten ihrer Selbstachtung ging. Ihren Akt der Selbstbehauptung und Rebellion hatte sie schließlich bereits vorzuweisen: Sie war Anwältin geworden – trotz der Skepsis ihrer Familie, die seit jeher an ihrem Selbstwertgefühl gekratzt hatte. Sehr erfolgreich zu werden lag jenseits der Dinge, die sie für möglich und für sich angemessen hielt. Sie hatte die Kenntnisse und Qualifikationen; was ihr jedoch fehlte, war das Selbstwertgefühl. Ihre geringe Selbstachtung war wie eine Schwerkraft, die ihr den Aufstieg verbot. Sie lernte es in der Therapie, ihren Entscheidungen mehr Bewußtsein entgegenzubringen, mehr Verantwortung für ihr Verhalten zu übernehmen, mit dem sie sich selbst sabotierte, und dieser Schwerkraft entgegenzuwirken – für sich selbst einzutreten, trotz ihrer Ängste – und so ihre Selbstachtung aufzubauen.

Drei grundsätzliche Dinge: 1. Wenn wir uns selbst achten, handeln wir in der Regel auch so, daß diese Achtung bestätigt und verstärkt wird; die Art, wie wir handeln, verlangt von anderen, in angemessener Weise mit uns umzugehen. 2. Wenn wir uns selbst nicht achten, handeln wir in der Regel auch so, daß unser Selbstwertgefühl noch weiter gemindert wird; wir akzeptieren und sanktionieren, daß andere sich uns gegenüber unangemessen verhalten; und wir bestätigen und verstärken damit unsere Negativität. 3. Wenn wir unsere Selbstachtung erhöhen möchten, müssen wir so handeln, daß sie durch unser Handeln erhöht wird. Der erste Schritt dazu ist, daß wir uns zu unserem Wert als Person bekennen – und das wird in unserem Verhalten entsprechend zum Ausdruck kommen.

Das Bedürfnis, uns als gut zu sehen, ist das Bedürfnis, Selbstachtung zu erfahren. Dieses Bedürfnis tritt bereits sehr früh in unserer Entwicklung zutage. Schon in der Kindheit wird uns zunehmend die Macht bewußt, die wir bei der Wahl unseres Handelns haben. Uns wird die Verantwortung bewußt für die Entscheidungen, die wir treffen. Wir erfahren, was es heißt, Mensch zu sein. Wir haben das Bedürfnis, uns als *rechtschaffen* zu fühlen – *rechtschaffen als Person* – rechtschaffen in der Art und Weise, wie wir funktionieren. Es ist das Bedürfnis, das Gefühl zu haben, daß wir *gut* sind.

Wir lernen dieses Konzept von Erwachsenen, von denen wir als erstes die Worte »gut«, »schlecht«, »richtig« und »falsch« hören; aber dieses Bedürfnis ist auch ein Teil unserer Natur. Es ist Teil der Frage des Überlebens: Passe ich in dieses Leben? Gut sein als Person heißt, Glück und Erfolg verdient zu haben. Schlecht sein heißt, unter dem Damoklesschwert des Schmerzes zu leben. Wenn ein Klient in der Therapie sagt: »Ich glaube, ich habe kein Recht, glücklich oder erfolgreich zu sein«, so heißt das: »Ich glaube nicht, daß ich als Mensch einen Wert habe.«

Die Selbstachtung ist ein elementares Bedürfnis, an dem wir nicht vorbeikönnen. Zu unserem Dasein und Menschsein gehören von Natur aus Fragen wie: Was für ein Mensch soll ich werden? Wonach soll ich streben? Von welchen Grundsätzen soll ich mich in meinem Leben leiten lassen? Welche Werte sind es wert, daß ich mich daran halte? Ich spreche von Fragen, die »von Natur aus zu unserem Dasein gehören«. Denn: Daß die Frage, ob etwas richtig oder falsch ist, in unserem Leben eine Rolle spielt, ist nicht nur ein Produkt der gesellschaftlichen Konditionierung. Die Frage der Moral oder Ethik erwächst auf natürliche Weise in den Frühphasen unserer Entwicklung, genau wie unsere übrigen intellektuellen Fähigkeiten, die sich im Rahmen des normalen Reifeprozesses entwickeln. Wenn wir unsere Aktivitäten bewerten, dann sind unsere moralischen Einstellungen unweigerlich Teil der Maßstäbe, die wir anlegen.

Niemand kann dem Maßstab von Werten und Werturteilen entfliehen; Werte und Werturteile werden von der Natur des Lebens verlangt. Die Frage, ob etwas »gut für mich ist« oder »schlecht für mich ist«, heißt übersetzt letzten Endes, ob etwas »*für* mein Leben und Wohlbefinden« oder »dagegen« ist. Und wichtig, um die Grundlagen des Selbstwertgefühls verstehen zu können, ist die Erkenntnis, daß auch *wir uns nicht von diesem Maßstab von Werten und Werturteilen befreien können.* Wir können die moralische Bedeutung unseres Handelns nicht ignorieren, selbst wenn wir es versuchen oder es vermeintlich tun. Diese Bedeutung wird unweigerlich auf irgendeiner Ebene der Psyche registriert und hinterläßt in der Folge positive oder negative Selbstgefühle. Ob die Werte, nach denen wir uns explizit oder implizit selbst beurteilen, bewußt oder unbewußt sind, ob sie rational oder irrational, dem Leben förderlich oder abträglich sind, fest steht, daß jeder sich nach *irgendeinem* Maßstab beurteilt. Und in dem Maße, wie wir diesem Maßstab nicht gerecht werden und eine Kluft zwischen unseren Idealen und der Praxis entsteht, in dem Maße leidet die Selbstachtung. Das heißt, daß die Frage der persönlichen Integrität eng mit dem moralischen Aspekt des Selbstwertgefühls verknüpft ist. Um unsere Möglichkeiten optimal verwirklichen zu können, müssen wir uns selbst vertrauen, und wir müssen uns bewundern. *Und dieses Vertrauen und diese Bewunderung müssen in der Realität verankert und dürfen nicht das Ergebnis unserer Phantasie oder einer Selbsttäuschung sein.*

Stolz

Ich möchte einige Worte zum Stolz sagen, auch um den Unterschied zum Selbstwertgefühl zu verdeutlichen. Stolz ist *eine spezifische Art der Freude.*

Im Vergleich zum Selbstwertgefühl, das sich auf die Erfahrung unserer grundlegenden Kompetenz und unseres Wertes bezieht, handelt es sich beim *Stolz* um die konkretere bewußte Freude, die wir aufgrund unserer Handlungen und Leistungen an uns selbst haben. Das Selbstwertgefühl erwägt, was getan werden muß, und es sagt: »Ich kann.« Der Stolz erwägt, was vollbracht wurde, und er sagt: »Ich tat.«

Authentischer Stolz hat nichts mit Prahlen, großtuerischem Gehabe oder Arroganz zu tun. Er hat eine völlig andere Wurzel. Seine Quelle ist nicht Leere, sondern Befriedigung. Er ist nicht darauf aus, etwas zu »beweisen«, sondern zu genießen.

Ebensowenig ist der Stolz mit der Wahnvorstellung gleichzusetzen, wir seien ohne Fehler und Schwächen (wie religiöse Eiferer manchmal behaupten). Wir können stolz auf das sein, was wir getan oder was wir aus uns gemacht haben, und gleichzeitig unsere Fehler und Unzulänglichkeiten eingestehen. Wir können stolz sein und gleichzeitig unseren »Schatten« haben und akzeptieren, wie C. G. Jung es formuliert. Kurz: Stolz hat in keiner Hinsicht etwas damit zu tun, daß man die Realität vergißt.

Stolz ist die emotionale Belohnung für Leistung. Stolz ist kein Laster, das überwunden werden muß, sondern ein erstrebenswerter Wert. (In einem philosophischen oder moralischen Zusammenhang wird Stolz oft nicht als eine Emotion oder eine Erfahrung, sondern als *Tugend* und *Maßgabe zum Handeln* betrachtet. Meine Definition ist eine andere. Ich definiere Stolz *als moralische Ambition*, als die Entschlossenheit, charakterlich und im Leben allgemein sein höchstes Potential zu erreichen.

Führt jede Leistung zu Stolz? Nicht unbedingt, wie folgende Geschichte zeigt:

> Der Leiter eines mittelständischen Unternehmens kam ratsuchend in meine Praxis. Er hatte, wie er sagte, sein Unternehmen zwar zu einem großen Erfolg gemacht, er war aber depressiv und unglücklich und konnte nicht verstehen, warum. Wir stellten fest, daß er eigentlich immer den Wunsch hatte, Wissenschaftler zu werden und in der Forschung tätig zu sein. Er hatte sich aber dem Wunsch seiner Eltern gebeugt, die ihn in einer Unternehmerkarriere sehen wollten. Er war nicht nur unfähig, auch nur im mindesten stolz auf seine Leistungen zu sein, er war auch in seinem Selbstwertgefühl verletzt. Kein Wunder. Der Grund war unschwer zu erkennen. Bei der wichtigsten Frage in seinem Leben hatte er seinen Verstand und seine Werte den Wünschen anderer geopfert – einzig aus dem Wunsch heraus, weil er »geliebt« werden und »dazugehören« wollte. Daß er kapituliert hatte, war eindeutig darauf zurückzuführen, daß er damals schon ein Problem mit seinem Selbstwertgefühl hatte. Seine Depression war ein Spiegel eines Lebenslaufes voller Glanzleistungen, der aber seine innersten Bedürfnisse ignorierte. Solange er in diesen Rahmenbedingungen operierte, war es undenkbar, daß er Stolz und Befriedigung empfinden konnte. Und solange er nicht bereit war, diese Rahmenbedingungen zu durchbrechen und sich der Angst zu stellen, die ihn davor zurückscheuen ließ, war eine Lösung undenkbar.

Dies ist ein wichtiger Punkt, den wir verstehen müssen. Denn immer wieder hören wir, daß Menschen sagen: »Ich habe so viel erreicht. Warum kann ich nicht stolz auf mich sein?« Natürlich gibt es verschiedene Möglichkeiten, warum jemand seine Leistungen nicht genießen kann. Es kann jedoch nützlich sein zu fragen: »Wer hat deine Ziele *gewählt*? Du oder die Stimme irgendeiner anderen wichtigen Person in deinem Innern?« Aus zweiter Hand oktroyierte Werte, die nicht widerspiegeln, wer wir wirklich sind, sind weder dem Stolz noch dem Selbstwertgefühl dienlich.

Aber gibt es irgend etwas, das mehr Mut erfordert – gibt es irgend etwas, das eine größere Herausforderung darstellt und vielleicht auch erschreckender ist –, als nach unseren eigenen Vorstellungen, nach unserem eigenen Urteil und nach unseren eigenen Werten zu leben? Ist nicht das Selbstwertgefühl ein Appell an den Helden in unserem Innern? Diese Fragen sind der Anstoß, um bald auf die sechs Säulen des Selbstwertgefühls zu sprechen zu kommen.

3. Das Gesicht des Selbstwertgefühls

Wie zeigt sich ein Selbstwertgefühl?

Wie es sich bei uns und anderen manifestiert, ist an relativ einfachen und direkten Dingen ablesbar. Einzeln genommen sind diese Punkte keine Garantie für ein intaktes Selbstwertgefühl. Wenn sie jedoch alle zusammenkommen, darf mit ziemlicher Sicherheit davon ausgegangen werden, daß die betreffende Person ein gesundes Selbstwertgefühl hat.

Das Selbstwertgefühl kommt in der Mimik, in der Gestik, in der Art, wie wir sprechen und uns bewegen, zum Ausdruck – in Ausdrucksweisen, die die Freude am eigenen Lebendigsein verdeutlichen.

Es kommt zum Ausdruck in der Leichtigkeit, mit der jemand direkt und ehrlich über seine Leistungen und Schwächen sprechen kann, der ein »freundschaftliches Verhältnis« zu den Tatsachen hat.

Es kommt zum Ausdruck in der wohltuenden Selbstverständlichkeit, mit der Komplimente gemacht und angenommen sowie Zuneigung, Wertschätzung und ähnliches geäußert werden können.

Es kommt zum Ausdruck in einer Offenheit für Kritik und in der Unbeschwertheit, mit der Fehler eingestanden werden, da das eigene Selbstwertgefühl nicht an ein Image des »Perfektseins« geknüpft ist.

Es kommt zum Ausdruck, wenn die eigenen Worte und Bewegungen von Ungezwungenheit und Spontaneität geprägt sind und die Tatsache widerspiegeln, daß man mit sich selbst nicht im Krieg lebt.

Es kommt zum Ausdruck in der Harmonie zwischen dem, was man sagt und wie man aussieht, klingt und sich bewegt.

Es kommt zum Ausdruck in einer aufgeschlossenen und neugierigen Haltung gegenüber neuen Ideen, neuen Erfahrungen, neuen Möglichkeiten im Leben.

Es kommt zum Ausdruck in der Tatsache, daß Gefühle der Angst oder Unsicherheit, wenn sie auftreten, eher selten als einschüchternd oder überwältigend empfunden werden, da es nur selten als unmöglich empfunden wird, sie anzunehmen, zu bewältigen und darüber hinauszuwachsen.

Es kommt zum Ausdruck in der Fähigkeit, die humoristischen Aspekte des Lebens bei sich selbst und bei anderen zu genießen.

Es kommt zum Ausdruck in der Flexibilität, mit der man auf Situationen und Herausforderungen reagiert, da man auf den eigenen Verstand vertraut und das Leben nicht als eine einzige Katastrophe und Niederlage betrachtet.

Es kommt zum Ausdruck in der Selbstverständlichkeit, mit der man sich selbstbewußt (nicht aggressiv) anderen gegenüber behauptet und verhält.

Es kommt zum Ausdruck in der Fähigkeit, auch unter Streßbedingungen Ausgeglichenheit und Würde zu bewahren.

Und rein äußerlich können wir am Körperausdruck etwa folgendes beobachten:

Wir sehen Augen, die aufgeweckt, strahlend und lebhaft sind; ein Gesicht, das entspannt ist und (jenseits von Krankheiten) eine natürliche Farbe und eine gesunde Beschaffenheit der Haut erkennen läßt; ein Kinn, das natürlich und in Einklang mit dem übrigen Körper gehalten wird; und eine entspannte Mundpartie.

Wir sehen Schultern, die entspannt sind, aber dennoch geradegehalten werden; Hände, die in der Regel entspannt und anmutig sind; Arme, die in der Regel bequem und natürlich herunterhängen; eine Haltung, die aufrecht, ausgeglichen und nicht verspannt ist; einen Gang, der in der Regel zielstrebig ist (ohne aggressiv und arrogant zu sein).

Wir hören eine Stimme, die sich mit ihrer Lautstärke und Eindringlichkeit der jeweiligen Situation anpaßt und sich durch eine klare Aussprache auszeichnet.

Sie sehen, daß das Thema Entspannung immer wieder auftaucht. Entspanntsein bedingt, daß wir uns nicht vor uns selbst verstecken und in Frieden leben mit dem, wer wir sind. Eine chronische Anspannung vermittelt die Botschaft, daß im Innern etwas gespalten ist, daß das Selbst in irgendeiner Form gemieden oder abgelehnt wird, daß man mit einem Teil des Selbst nichts zu tun haben will oder ein Teil des Selbst an einer sehr kurzen Leine gehalten wird.

Selbstwertgefühl in Aktion

Eingangs dieses Buches sagte ich, daß ein enger Zusammenhang besteht zwischen einem gesunden Selbstwertgefühl und Vernunft, Realismus, Intuition, Kreativität, Unabhängigkeit, Flexibilität, der Fähigkeit, mit Veränderungen fertig zu werden, der Bereitschaft, Fehler einzugestehen (und zu korrigieren), Wohlwollen und Kooperationsbereitschaft. Wenn wir verstehen, was Selbstwertgefühl tatsächlich bedeutet, dürften diese Zusammenhänge in ihrer Logik relativ klar sein.

Vernunft: Sie ist das Ergebnis der integrativen Funktion des Bewußtseins – ausgehend von konkreten Fakten werden Prinzipien aufgestellt (Induktion), diese Prinzipien werden auf konkrete Fakten angewendet (Deduktion) und neue Erkenntnisse und Informationen mit dem bereits vorhandenen Wissen zusammengeführt. Sie ist bestrebt, schlußfolgernd den Sinn zu erfassen und Zusammenhänge zu verstehen. Ihr Führer ist das Gesetz der Widerspruchsfreiheit – es gibt nichts, das gleichzeitig und in gleicher Hinsicht wahr und nicht wahr sein kann (A und Nicht-A). Die Basis der Vernunft ist, daß sie Tatsachen respektiert.

Die Vernunft ist nicht zu verwechseln, wie dies so oft geschieht, mit einem zwanghaften oder unreflektierten Gehorsam gegenüber Regeln oder den Dingen, die vom Volk – jeweils zu einer bestimmten Zeit oder an einem bestimmten Ort – als »vernünftig« verkündet werden. Im Gegenteil. Oft muß die Vernunft dem die Stirn bieten, was manche Gruppen »vernünftig« nennen. (Wenn eine bestimmte Vorstellung, was »vernünftig« ist, aufgrund neuer Einsichten fallengelassen wird, so ist es diese Vorstellung *und nicht die Vernunft*, von der man sich verabschiedet.) Die Vernunft ist bestrebt, Erfahrungen widerspruchsfrei zu integrieren; was allerdings voraussetzt, daß man aufgeschlossen für Erfahrungen ist und daß es Erfahrungen gibt, die integriert werden können. Die Vernunft ist weder ein Diener der Tradition noch des Konsenses.

Diese Definition ist weit von der seltsamen Vorstellung entfernt, wonach die Vernunft als einfallslose, streng analytische, berechnende Fähigkeit gesehen wird – wie zum Beispiel in Peters' und Watermans Buch *Auf der Suche nach Spitzenleistungen*, wo die »Rationalität« so charakterisiert und sodann kritisiert wird.[1] Die Vernunft ist das *gezielt integrativ operierende Bewußtsein*.

Klar dürfte somit sein, daß bewußt leben und nach Maßgabe der Vernunft zu leben eng zusammenhängen.

Realismus: In diesem Zusammenhang bedeutet dieser Begriff einfach, den Tatsachen Rechnung zu tragen – die Anerkennung, daß das, was ist, ist, und daß das, was nicht ist, nicht ist. Niemand, der nicht ernsthaft zwischen dem Realen und Nichtrealen unterscheidet, kann sich kompetent im Umgang mit den Herausforderungen des Lebens fühlen. Wer diese Unterscheidung ignoriert, macht sich lebensunfähig. Ein hohes Selbstwertgefühl ist naturgemäß an der Realität orientiert. (Ein gesunder Realitätssinn ist in Verbindung mit einer effektiven Selbstdisziplin und einem effektiven Selbst-Management das, was Psychologen unter dem Konzept der »Ich-Stärke« verstehen.)

In Testsituationen zeigt sich, daß Personen mit einem geringen Selbstwertgefühl dazu neigen, ihre Fähigkeiten zu unterschätzen oder zu überschätzen, während Personen mit einem hohen Selbstwertgefühl ihre Fähigkeiten in der Regel realistisch bewerten.

Intuition: Sehr oft, insbesondere wenn es um komplexe Entscheidungen geht, übersteigt die Zahl der zu verarbeitenden und integrierenden Variablen bei weitem die praktischen Möglichkeiten des Verstandes. Komplexe, superschnelle Integrationen können sich jenseits der Bewußtheit vollziehen und sich als »Intuitionen« präsentieren. Der Verstand kann diese Intuitionen sodann kritisch prüfen und nach Daten suchen, die sie unterstützen oder widerlegen. Nicht selten verlassen sich sehr bewußt lebende und sehr erfahrene Männer und Frauen auf diese unterbewußten Integrationen, da die Erfolgsquote sie lehrte, daß sie damit häufiger richtig als falsch liegen. Wenn sich dieses Erfolgsmuster dann jedoch verschiebt, und sie stellen fest, daß ihnen Fehler unterlaufen, kehren sie wieder zu einem bewußteren und ausdrücklicheren Gebrauch ihrer Vernunft zurück. Da diese intuitive Funktion es ihnen jedoch oft erlaubt, unkonventionelle Sprünge zu vollziehen, auf die sie mit normalem Denken schwerlich oder wesentlich später gekommen wären, räumen sie der Intuition eine zentrale Rolle im Rahmen ihrer inneren Prozesse ein. Nicht selten halten Spitzenmanager einen Großteil ihrer Leistungen ihren Intuitionen zugute. Ein Verstand, der es gelernt hat, sich zu vertrauen, verläßt sich eher auf diesen Prozeß (und weiß ihn eher effektiv – mit einem entsprechenden Realitätstest – zu nutzen) als ein Verstand, der sich nicht vertraut. Das gilt für die meisten Bereiche, wo es um komplexe menschliche Aktivitäten geht – ob in der Geschäftswelt, im Sport, in der Wissenschaft oder in der Kunst. *Der Intuition kommt im Zusammenhang mit dem Selbstwertgefühl nur insofern eine besondere Bedeutung zu, als daß sie eine hohe Sensitivität gegenüber ihren inneren Signalen zum Ausdruck bringt.* Carl Gustav Jung betonte Anfang dieses Jahrhunderts, wie wichtig es im Zusammenhang mit der Kreativität ist, auf diese inneren Signale zu achten. Und Carl Rogers zeigte jüngst die Verbindung zwischen diesem Aspekt und der Selbstannahme, Authentizität und der psychischen Gesundheit auf.

Kreativität: Typisch für kreative Personen – im Unterschied zu Durchschnittsmenschen – ist, daß sie mehr auf ihre inneren Signale hören und ihnen vertrauen. Ihr Verstand ist weniger gewillt, sich den Auffassungen anderer zu unterwerfen, zumindest was den Bereich ihrer Kreativität angeht. Sie sind selbständiger. Sie lernen von anderen und lassen sich von anderen inspirieren. Und im Vergleich zur durchschnittlichen Person räumen sie ihren eigenen Gedanken und Einsichten einen höheren Stellenwert bei.

Untersuchungen zeigen, daß kreative Menschen weitaus eher dazu neigen, interessante Ideen in einem Notizbuch festzuhalten, Zeit zu investieren, um sie weiterzuentwickeln und sich damit auseinanderzusetzen, und Energie zu investieren, um zu untersuchen, wohin sie führen könnten. *Sie schätzen die Produkte ihres Verstandes.*

Personen mit einem geringeren Selbstwertgefühl glauben demgegenüber nur bedingt an die Produkte ihres Verstandes. Es ist nicht etwa so, daß sie keine guten Ideen hätten. Aber sie wissen ihre Ideen nicht zu schätzen, nehmen sie nicht als potentiell wichtig, erinnern sich oftmals nicht einmal sehr lange daran und *verfolgen sie nur selten weiter.* Nach dem Motto: »Wenn die Idee von mir ist, wie gut kann sie dann schon sein?«

Unabhängigkeit: Eigenständiges Denken ist ein natürliches Ergebnis – als Ursache und als Konsequenz – eines gesunden Selbstwertgefühls. Das gleiche gilt für die Übernahme der vollen Verantwortung für die eigene Existenz – dafür, daß man seine Ziele erreicht, und dafür, daß man glücklich wird.

Flexibilität: Flexibel sein heißt, in der Lage sein, auf Veränderungen ohne unangemessene Bindungen an die Vergangenheit zu reagieren. Sich angesichts neuer und veränderter Umstände an die Vergangenheit zu klammern, ist ein Zeichen von Unsicherheit, von mangelndem Selbstvertrauen. Mit Starre reagieren manche Tiere, wenn sie erschrecken: Sie erstarren im wahrsten Sinne des Wortes. Das gleiche zeigt sich gelegentlich bei Firmen, wenn sie mit einer überlegenen Konkurrenz konfrontiert werden. Sie fragen nicht: »Was können wir von unseren Konkurrenten lernen?« Sie klammern sich blind an das, was sie schon immer getan haben – trotz Beweisen, daß das nicht länger funktioniert. Starre ist denn auch oft die Reaktion eines Verstandes, der es sich nicht zutraut, mit Neuem fertig zu werden oder Unvertrautes zu meistern – oder der einfach selbstgefällig oder auch träge geworden ist. Im Gegensatz dazu ist Flexibilität eine natürliche Konsequenz des Selbstwertgefühls. Ein Verstand, der sich selbst vertraut, ist beweglich, frei von irrelevanten Bindungen und in der Lage, schnell auf Neues zu reagieren, *weil er offen ist, um zu sehen.*

Die Fähigkeit, mit Veränderungen fertig zu werden: Das Selbstwertgefühl findet Veränderungen nicht beängstigend, aus den im vorhergehenden Abschnitt dargelegten Gründen. Das Selbstwertgefühl fließt mit der Realität; Selbstzweifel kämpfen dagegen an. Das Selbstwertgefühl beschleunigt die Reaktionszeit; Selbstzweifel verlangsamen sie. (Allein aus diesem Grund werden die Unternehmer angesichts einer sich so schnell verändernden Weltwirtschaftslage schon nicht umhinkommen zu untersuchen, inwieweit die Prinzipien des Selbstwertgefühls in den Schulungsprogrammen und in der Firmenkultur zu berücksichtigen sind. Und ebenso werden die Schulen auf diese Prinzipien zurückgreifen müssen, um die Schüler und Studenten auf die Welt vorzubereiten, in die sie entlassen werden und in der sie ihren Lebensunterhalt verdienen müssen.) Die Fähigkeit, mit Veränderungen fertig zu werden, ist somit eng mit einem gesunden Realitätssinn und folglich mit der Ich-Stärke verknüpft.

Die Bereitschaft, Fehler zuzugeben (und zu korrigieren): Ein Grundmerkmal eines gesunden Selbstwertgefühls ist ein ausgeprägter Realitätssinn. Tatsachen haben einen höheren Stellenwert als Überzeugungen. Die Wahrheit hat einen höheren Stellenwert als Rechtbehalten. Das Bewußtsein wird als erstrebenswerter wahrgenommen als das auf Selbstschutz bedachte Unbewußte. Wenn Selbstvertrauen eng damit verknüpft ist, daß der Realität Rechnung getragen wird, dann erscheint es wichtiger, einen Fehler zu korrigieren, als so zu tun, als habe man keinen gemacht.

Zu einem gesunden Selbstwertgefühl gehört, daß es sich gegebenenfalls nicht schämt zu sagen: »Ich habe mich geirrt.« Fehler zu bestreiten und zu verteidigen, sind typische Merkmale von Unsicherheit, Schuldgefühlen, Gefühlen der Unzulänglichkeit und Scham. Nur ein geringes Selbstwertgefühl empfindet das einfache Eingeständnis eines Fehlers als Demütigung und entsetzliches Verhängnis.

Wohlwollen und Kooperationsbereitschaft: Diejenigen, die sich mit der kindlichen Entwicklung befassen, wissen, daß ein Kind, das mit Respekt behandelt wird, diesen Respekt in der Regel internalisiert und in der Folge andere mit Respekt behandelt. Während ein Kind, das mißhandelt wird, Selbstverachtung internalisiert und in der Folge mit Furcht und Wut auf andere reagiert. Wenn ich meine Mitte gefunden habe, mich sicher in meinen Grenzen fühle und auf mein Recht vertraue, ja zu sagen, wenn ich ja sagen möchte, und nein zu sagen, wenn ich nein sagen möchte, dann ist Wohlwollen das natürliche Ergebnis. Es fehlt die Notwendigkeit, andere zu fürchten. Und es fehlt die Notwendigkeit, mich aus Selbstschutzgründen in einer Festung der Feindseligkeit zu verschanzen. Wenn ich mir meines Existenzrechtes sicher bin, weiß ich, daß ich mir gehöre und mich von der Selbstsicherheit und dem Selbstvertrauen anderer nicht bedroht fühle, dann entwickelt sich in der Regel spontan eine Kooperation mit anderen, um gemeinsam bestimmte Ziele zu erreichen. Diese Reaktion ist eindeutig auch in meinem eigenen Interesse, sie befriedigt eine Vielzahl von Bedürfnissen und wird nicht durch Furcht und Selbstzweifel blockiert.

Ebenso wie Wohlwollen und Kooperationsbereitschaft sind auch Empathie und Mitgefühl wesentlich eher bei Personen mit einem hohen Selbstwertgefühl als bei Personen mit einem geringen Selbstwertgefühl anzutreffen. Meine Beziehung zu anderen ist in der Regel ein Spiegel meiner Beziehung zu mir. In einem Kommentar zu dem Gebot, man solle seinen Nächsten lieben wie sich selbst, erklärt der Philosoph Eric Hoffer, genau das sei das Problem. Daß nämlich Personen, die sich selbst hassen, auch andere hassen. Und daß die Mörder dieser Welt – im direkten wie im übertragenen Sinne – nun nicht unbedingt dafür bekannt sind, daß sie in einer engen oder liebevollen Beziehung zu ihrem inneren Selbst stehen.

4. Die Illusion eines Selbstwertgefühls

Bei einem mangelnden Selbstwertgefühl werden wir oft von der Furcht manipuliert. Der Furcht vor der Realität, der wir uns nicht gewachsen fühlen. Der Furcht vor Tatsachen, die mit uns selbst – oder mit anderen – zu tun haben; Tatsachen, die wir bestritten, geleugnet oder verdrängt haben. Der Furcht vor dem Zusammenbruch unserer Scheinwelt. Der Furcht vor der offenen Preisgabe. Der Furcht vor der Demütigung des Scheiterns und gelegentlich auch vor der Verantwortung des Erfolgs. Bei unserem Leben geht es mehr darum, Schmerz zu vermeiden, als Freude zu erfahren.

Wenn wir das Gefühl haben, daß entscheidende Aspekte der Realität, mit der wir umgehen müssen, unserem Verständnis hoffnungslos verschlossen bleiben, wenn wir den wichtigsten Problemen im Leben mit einem grundlegenden Gefühl der Hoffnungslosigkeit begegnen, wenn wir es nicht wagen, bestimmte Gedankengänge weiterzuverfolgen, weil damit unwürdige Merkmale unseres Charakters ans Licht kämen, wenn wir, in welchem Sinne auch immer, das Gefühl haben, *daß die Realität der Feind unseres Selbstwertgefühls (oder unseres vermeintlichen Selbstwertgefühls) ist* – dann sabotieren diese Ängste in der Regel die Wirksamkeit unseres Bewußtseins, mit dem Ergebnis, daß das ursprüngliche Problem noch weiter verschlimmert wird.

Wir ziehen uns selbst den Boden unter den Füßen weg, wenn wir den elementaren Problemen des Lebens mit der Haltung entgegentreten: »Wer bin ich denn, daß ich das wissen könnte? Wer bin ich denn, daß ich das beurteilen könnte? Wer bin ich denn, daß ich das entscheiden könnte?« Oder: »Es ist *gefährlich*, sich Dinge bewußt zu machen.« Oder: »Es *bringt sowieso nichts*, zu versuchen, Dinge zu verstehen oder nachzudenken.« Der Verstand kämpft nicht für Dinge, die er für unmöglich oder nicht für erstrebenswert hält.

Was aber nicht heißt, daß das Niveau unseres Selbstwertgefühls unser Denken *bestimmt*. Ganz so einfach ist das Prinzip von Ursache und Wirkung nicht. Was das Selbstwertgefühl beeinflußt, ist unser *emotionaler Antrieb*. Unsere Gefühle fördern oder hemmen unser Denken, sie ziehen uns zu den Tatsachen, zur Wahrheit und zur Realität hin oder ziehen uns davon weg. Mit anderen Worten: Sie fördern unsere Wirksamkeit oder beeinträchtigen sie.

Und das ist der Grund, warum die ersten Schritte beim Aufbau

x) durch Prägung der Wahrnehmungs-Filter

des Selbstwertgefühls so schwierig sein können: Wir stehen vor der Herausforderung, emotionalen Widerständen zum Trotz, das Niveau unseres Bewußtseins zu erhöhen. Wir müssen die Überzeugung überwinden, wonach unseren Interessen am besten mit Blindheit gedient ist. Was das Vorhaben oft so schwierig macht, ist das bei uns vorherrschende Gefühl, daß nur unser Unbewußtes das Leben erträglich macht. Solange wir uns von dieser Vorstellung nicht verabschieden können, kann unser Selbstwertgefühl nicht wachsen.

Dabei laufen wir Gefahr, daß wir zu Gefangenen unseres negativen Selbstbildes werden. Wir erlauben diesem Bild, daß es unsere Handlungen diktiert. Wir definieren uns als mittelmäßig oder schwach oder feige oder ineffektiv – und unsere Leistungen sind ein Spiegel dieser Definition.

Wir sind imstande, unser negatives Selbstbild herauszufordern und entgegengesetzt zu handeln, was viele Menschen zumindest gelegentlich tun. Der Faktor, der uns dabei jedoch im allgemeinen im Weg steht, ist unsere Resignation gegenüber unserem Zustand. Wir erliegen den Gefühlen eines psychologischen Determinismus – der besagt, daß alles festgelegt ist und wir selbst machtlos sind. Die Belohnung für diese Haltung liegt darin, daß wir keine Risiken eingehen und aus unserer Passivität nicht aufwachen müssen.

Mangelndes Selbstwertgefühl hemmt nicht nur das Denken, es verzerrt es in der Regel auch. Wenn wir uns selbst ein schlechtes Zeugnis ausstellen und dann versuchen, das Motiv eines Verhaltens zu erkennen, ist es denkbar, daß wir ängstlich und defensiv reagieren und nach Ausflüchten suchen, um nicht das zu sehen, was offensichtlich ist. Und ebenso denkbar ist, daß wir aus einem Schuldgefühl heraus, oder weil wir uns prinzipiell unwert fühlen, nicht auf die logischste Erklärung für unser Verhalten, sondern auf die *vernichtendste* stoßen, auf die, die uns moralisch in ein denkbar schlechtes Licht stellt. So daß nur noch die Selbstverurteilung als angemessen erscheint. Oder: Wir fühlen uns, wenn wir mit falschen Anschuldigungen konfrontiert werden, wehrlos und außerstande, diese Behauptungen richtigzustellen. Aber vielleicht akzeptieren wir diese Anschuldigungen auch als wahr, weil wir von dem Gefühl gelähmt und erdrückt werden, das in uns bohrt: »Wie sollte ich das entscheiden können?«

Grundlage und Motor eines mangelhaften Selbstwertgefühls ist nicht die Zuversicht, sondern die Furcht. Das grundlegende Ziel ist, nicht zu leben, sondern dem Schrecken des Lebens zu entfliehen. Der alles beherrschende Wunsch ist nicht die Kreativität, sondern die Sicherheit. Und was wir bei anderen suchen, ist nicht die Chance zu wirklichen Kontakten, sondern daß sie uns die Flucht vor moralischen Werten ermöglichen und das Versprechen geben, uns zu verzeihen, uns zu akzeptieren und sich auf einer gewissen Ebene um uns zu kümmern.

Während mangelndes Selbstwertgefühl das Unbekannte und Unvertraute fürchtet, ist ein hohes Selbstwertgefühl bestrebt, neue Grenzen zu erkunden. Während mangelndes Selbstwertgefühl Herausforderungen meidet, sucht und braucht ein hohes Selbstwertgefühl die Herausforderung. Während mangelndes Selbstwertgefühl nach Möglichkeiten sucht, die einigermaßen die Gewähr bieten, daß es die Absolution erhält, sucht ein hohes Selbstwertgefühl nach Möglichkeiten, bewundert zu werden.

Diese gegensätzlichen Motivationsprinzipien weisen uns den Weg zu einem gesunden Verstand oder Geist. Ein Individuum ist soweit gesund, wie es sich im Grundsatz von dem Motiv der Zuversicht leiten läßt (das in der Liebe zum Selbst und in der Liebe zum Leben zum Ausdruck kommt). Und das Maß, inwieweit es sich vom Motiv der Furcht leiten läßt, ist der Maßstab für ein unterentwickeltes Selbstwertgefühl.

Ein Pseudo-Selbstwertgefühl

Wir begegnen gelegentlich Personen, die anerkanntermaßen Erfolg genießen, weithin geschätzt werden und öffentlich mit einem Selbstsicherheitsschild auftreten. Die aber dennoch zutiefst unzufrieden, ängstlich oder depressiv sind. Nach außen hin verkörpern sie Selbst-Wirksamkeit und Selbstachtung – erscheinen vielleicht sogar als die Inkarnation eines Selbstwertgefühls –, in Wirklichkeit sind sie aber nicht in Einklang mit der Realität. Wie ist das zu verstehen?

Wir haben festgestellt, daß, soweit es uns nicht gelingt, ein authentisches Selbstwertgefühl zu entwickeln, die Konsequenz Angst, Unsicherheit und Selbstzweifel sein können, die sich in unterschiedlicher Intensität äußern. Das heißt, ich habe als Mensch das Gefühl, ich *passe nicht in dieses Leben*. (Oder ich denke, was auf das gleiche hinausläuft, *mit mir stimmt etwas nicht*, oder: *mir fehlt etwas Wesentliches*.) Dieser Zustand ist in der Regel schmerzlich. Und weil er schmerzlich ist, sind wir oft motiviert, ihm auszuweichen, unsere Ängste zu leugnen, unser Verhalten rational zu erklären und nach außen hin ein Selbstwertgefühl vorzutäuschen, das wir nicht besitzen. Wir entwickeln, wie ich es nenne, *ein Pseudo-Selbstwertgefühl.*

Ein Pseudo-Selbstwertgefühl ist die Illusion von Selbst-Wirksamkeit und Selbstachtung, die jeder Realität entbehrt. Es ist ein nichtrationales, aus Selbstschutzgründen ergriffenes Mittel, um Ängste zu mindern und anderen ein Gefühl der Sicherheit vorzugaukeln – um unser Bedürfnis nach einem authentischen Selbstwertgefühl zu stillen und gleichzeitig die wahren Ursachen, warum es fehlt, ununtersucht zu lassen.

Das Pseudo-Selbstwertgefühl basiert auf Werten, die nichts mit denen zu tun haben, die für eine echte Selbst-Wirksamkeit und Selbstachtung erforderlich sind – obwohl sie in einem anderen Zusammenhang durchaus ihren eigenständigen Wert haben können. Ein großes Haus stellt zum Beispiel einen legitimen Wert dar; es ist aber kein angemessener Maßstab oder Beweis für persönliche Wirksamkeit oder eine Tugend. Demgegenüber stellt die Aufnahme in eine Verbrecherbande normalerweise keinen rationalen Wert dar; ebensowenig stärkt sie ein authentisches Selbstwertgefühl (was aber nicht heißt, daß sie nicht vorübergehend ein Gefühl der Sicherheit oder von einem »Zuhause« oder des »Dazugehörens« gibt).

Es ist gang und gäbe, daß wir mit Mitteln unser Selbstwertgefühl zu stärken versuchen, die nicht funktionieren und auch nicht funktionieren können. Statt den Weg über das Bewußtsein, die Verantwortung und Integrität zu suchen, versuchen wir unser Ziel durch Popularität, materielle Anschaffungen und sexuelle Leistungen zu erreichen. Statt persönliche Authentizität zu schätzen, ist es uns vielleicht wichtiger, den richtigen Vereinen anzugehören, der richtigen Kirche oder der richtigen politischen Partei. Statt uns angemessen selbst zu behaupten, tun wir vielleicht nichts anderes, als uns unkritisch der von uns erwählten Gruppe zu fügen. Statt Selbstachtung über Ehrlichkeit zu suchen, versuchen wir es mit dem philantropischen Weg – nach dem Motto: Ich muß ein guter Mensch sein, ich tue »Gutes«. Statt nach der Macht der Kompetenz zu streben (der Fähigkeit, echte Werte zu erreichen), streben wir nach der »Macht«, andere manipulieren oder kontrollieren zu können. Die Liste der Möglichkeiten, wie wir uns selbst betrügen können, ist nahezu endlos. Gemeint sind alle die Sackgassen, in die wir uns verrennen können und nicht merken, daß das, was wir uns wünschen, nicht mit barer Münze erstanden werden kann.

Das Selbstwertgefühl ist eine intime Erfahrung. Es wohnt in unserem Innersten. Es ist das, was *ich* über mich denke und für mich empfinde und nicht, was eine andere Person über mich denkt und für mich empfindet. Diese einfache Tatsache kann nicht überbetont werden. Ich kann von meiner Familie, meinem Partner und meinen Freunden geliebt werden – und mich dennoch nicht selbst lieben. Ich kann von meinen Kollegen bewundert werden – und mich dennoch selbst als wertlos betrachten. Ich kann ein Bild der Selbstsicherheit und Gelassenheit abgeben, von dem sich fast jeder täuschen läßt, und dennoch insgeheim vor Unsicherheit zittern, weil ich mich unzulänglich fühle. Ich kann die Erwartungen anderer erfüllen – und dennoch mit meinen eigenen scheitern. Mir kann jede Ehre zuteil werden, und dennoch kann ich das Gefühl haben, ich habe nichts erreicht. Ich kann von Millionen bewundert werden – und dennoch jeden Morgen mit dem krankmachenden Gefühl der Leere und daß ich andere betrüge wachwerden. »Erfolg« haben, aber kein Selbstwertgefühl, ist gleichbedeutend mit der Verurteilung zu dem Gefühl, daß ich ein Hochstapler bin, der ängstlich auf den Moment wartet, in dem er auffliegt.

Unser Selbstwertgefühl wird nicht durch den Applaus anderer geschaffen. Ebensowenig durch Belesenheit, materiellen Besitz, die Ehe, die Elternschaft, philantropische Bemühungen, sexuelle Eroberungen oder dadurch, daß wir uns das Gesicht liften lassen. Natürlich können diese Dinge dazu beitragen, daß wir uns vorübergehend besser oder in bestimmten Situationen wohler fühlen. Wohlfühlen ist aber nicht mit dem Selbstwertgefühl gleichzusetzen.

Das Tragische im Leben vieler Menschen ist, daß sie überall nach einem Selbstwertgefühl suchen, nur nicht in ihrem Innern. So bleibt ihre Suche ergebnislos. In diesem Buch werden wir sehen, daß ein positives Selbstwertgefühl am besten als geistige Errungenschaft zu verstehen ist, *als ein Sieg in der Evolution des Bewußtseins*. Wenn wir das Selbstwertgefühl in diesem Sinne verstehen können, begreifen wir auch, wie abwegig es ist anzunehmen, es genüge, auf andere einen guten Eindruck zu machen, um uns zu einer hinreichenden Selbstachtung zu verhelfen. Und wir werden aufhören, uns zu sagen: Wenn ich nur noch einmal befördert werde – wenn ich nur noch heirate und Mutter werde – wenn ich nur als guter Versorger wahrgenommen werde – wenn ich mir nur noch ein größeres Auto leisten kann – wenn ich nur noch ein weiteres Buch schreiben kann – wenn ich nur noch eine weitere Firma aufkaufen kann – wenn ich nur noch einen weiteren Liebhaber – eine weitere Auszeichnung – eine weitere Anerkennung meiner »Selbstlosigkeit« haben kann – dann werde ich *wirklich* meinen inneren Frieden gefunden haben.

Wenn das Selbstwertgefühl das Urteil ist, daß ich in dieses Leben passe, daß ich kompetent bin und meinen Wert habe – wenn das Selbstwertgefühl mit einem selbst-bejahenden Bewußtsein gleichzusetzen ist, mit einem Verstand, der sich vertraut – dann kann niemand außer mir selbst diese Erfahrung wecken und aufrechterhalten.

Leider sind auch viele Selbstwertgefühllehrer nicht mehr als jeder andere davor gefeit, falsche Götter anzubeten. Ich erinnere mich zum Beispiel an den Vortrag eines Mannes, der allgemein öffentlich und speziell für Firmen Seminare zur Förderung des Selbstwertgefühls anbietet. Er erklärte, einer der besten Wege, unser Selbstwertgefühl zu steigern, sei, uns mit Menschen zu umgeben, die eine hohe Meinung von uns haben. Ich dachte spontan an die Alpträume all derjenigen, die an mangelndem Selbstwertgefühl leiden, aber von Lobhudeleien und Speichelleckereien umgeben sind, etwa Rockstars, die keine Ahnung haben, wie sie dahin kamen, wo sie jetzt sind, und keinen Tag ohne Drogen überleben können. Ich dachte, wie unsinnig es ist, jemandem mit einem mangelnden Selbstwertgefühl, der glücklich ist, wenn er von *irgend jemandem* akzeptiert wird, zu sagen, er könne sein Selbstwertgefühl damit stärken, daß er ausschließlich die Gesellschaft von Bewunderern sucht.

Die Quelle des Selbstwertgefühls ist und kann nur in unserem Innern sein – in dem, was wir tun, nicht in den Dingen, die andere tun. Wenn wir in äußeren Dingen danach suchen, in den Handlungen und Reaktionen anderer, so ist die Tragödie vorprogrammiert.

Natürlich ist es klüger, die Gesellschaft von Personen zu suchen, die Freunde und nicht Feinde unseres Selbstwertgefühls sind. Positive Beziehungen, die uns stärken, sind giftigen selbstredend vorzuziehen. Es ist jedoch gefährlich, andere als die Hauptquelle unseres Selbstwertgefühls zu sehen: Erstens, weil dieser Weg nicht funktioniert. Zweitens, weil wir dabei Gefahr laufen, in die Abhängigkeit der Zustimmung anderer zu geraten.

All das soll natürlich nicht heißen, daß nicht auch eine psychisch gesunde Person von dem Feedback unberührt bleibt, das sie durch andere erfährt. Wir sind soziale Wesen. Und unstrittig ist, daß andere dazu beitragen, wie wir uns wahrnehmen. Auf diesen Punkt werden wir später noch ausführlicher eingehen. Der entscheidende und gewaltige Unterschied ist jedoch das Gewicht, das sie diesem Feedback für ihr Selbstwertgefühl beimessen: Für manche ist es fast der *einzige* und entscheidende Faktor, und für andere ist es weitaus unbedeutender. Was, mit anderen Worten, wiederum bestätigt, wie gewaltig die Unterschiede von Person zu Person vor dem Hintergrund ihrer Autonomie sind.

Nachdem ich lange Jahre mit Personen gearbeitet habe, die im wesentlichen von der Meinung anderer abhängig und außerdem unglücklich waren, bin ich überzeugt, daß das wirksamste Mittel, sich aus diesen Fängen zu befreien, darin besteht, das Bewußtsein für die eigenen Erfahrungen zu erhöhen. Je mehr wir auf die eigenen inneren Signale hören, desto mehr treten die äußeren Signale in den für sie angemessenen Hintergrund zurück. Dazu gehört, wie ich in *Honoring the Self* schrieb, daß wir es lernen, auf unseren Körper zu hören, auf unsere Emotionen zu hören und für uns selbst zu denken. Mehr darüber, wie das zu erreichen ist, in den folgenden Kapiteln.

Unabhängigkeit

Die Alternative zu einer übermäßigen Abhängigkeit vom Feedback und der Wertschätzung anderer ist ein gut entwickeltes inneres System, das uns unterstützt. Denn damit liegt die Quelle, die uns Sicherheit gibt, in unserem Innern. Das zu erreichen, ist nach meinem Verständnis ein wesentliches Kriterium für menschliche Reife.

Erfinder und schöpferisch tätige Menschen sind Personen, die, im Vergleich zum Durchschnitt, mehr und besser allein sein können – das heißt ohne das unterstützende Feedback aus ihrer sozialen Umwelt. Sie sind bereit, ihrer Vision zu folgen, selbst wenn sie dadurch vom Strom der menschlichen Gemeinschaft isoliert werden. Unerforschtes Terrain erschreckt sie nicht. Oder zumindest nicht in dem Maße wie andere. Und das ist eines der Geheimnisse ihrer Stärke – der Stärke großer Künstler, Wissenschaftler, Erfinder, Industrieller. Liegt das Geheimnis der Unternehmensführung (und in der Kunst und Wissenschaft nicht minder) nicht in der Fähigkeit, eine Möglichkeit zu sehen, die sonst niemand sieht – und diese zu verwirklichen? Um eine Vision zu verwirklichen, mag die Zusammenarbeit vieler erforderlich sein. Natürlich. Und dem Erfinder mag ein großes Geschick abverlangt werden, um die Brükken zwischen einer Gruppe und einer anderen zu bauen. Aber das ist eine völlig andere Geschichte und hat nichts mit dem Punkt zu tun, um den es mir geht.

Was wir »Genie« nennen, hat eine Menge mit Unabhängigkeit, Mut und Kühnheit – es hat eine Menge mit *Nerven* zu tun. Das ist einer der Gründe, warum wir ein Genie bewundern. »Nerven zu haben« kann – in dem Sinne – nicht *gelehrt* werden; wohl aber können wir den Prozeß unterstützen, mit dem man es *lernt*. Wenn Glück, Wohlbefinden und Fortschritt unsere Ziele sind, so steht dahinter eine Eigenschaft, die wir fördern müssen – bei der Kindererziehung, in der Schule, in Vereinigungen *und vor allem bei uns selbst*.

Teil II

Innere Quellen des Selbstwertgefühls

5. Unser Handeln

Wir wollen nicht mit der Umwelt, sondern beim Einzelnen beginnen. Wir wollen nicht damit beginnen, was andere tun, sondern damit, was der Einzelne tut.

Das bedarf einer Erklärung. Logischer erschien es manchem vielleicht, damit zu beginnen, inwieweit die Umwelt der Familie die Entwicklung des kindlichen Selbst positiv oder negativ beeinflußt. Abgesehen von möglichen biologischen Faktoren, ist das sicher der Punkt, an dem die Geschichte beginnt, scheinbar. Für unsere Zwecke jedoch nicht.

Wir beginnen mit den Fragen: Was muß der Einzelne *tun*, um ein Selbstwertgefühl aufzubauen und aufrechtzuerhalten? Welches *Handlungs*muster muß er sich zu eigen machen? Welche Verantwortung haben wir, Sie und ich, als Erwachsene?

Mit den Antworten auf diese Fragen haben wir einen Maßstab, mit dem wir folgende Fragen beantworten können: Was muß ein Kind *lernen*, um sich eines gesunden Selbstwertgefühls erfreuen zu können? Welches ist der erstrebenswerte Weg in der kindlichen Entwicklung? Und welche Gewohnheiten sollten fürsorgliche Eltern und Lehrer bei einem Kind wecken, stimulieren und unterstützen?

Solange wir nicht wissen, was der Einzelne zur Aufrechterhaltung des Selbstwertgefühls beherrschen muß, solange wir nicht wissen, was im einzelnen zur psychischen Gesundheit eines Erwachsenen gehört, solange fehlen uns auch die Kriterien, um zu beurteilen, was im einzelnen zu einem günstigen oder ungünstigen Einfluß in der Kindheit oder zu einer günstigen oder ungünstigen Erfahrung gehört. Ein Beispiel: Wir wissen, als Spezies, daß das grundlegende Instrument für unser Überleben und eine angemessene Anpassung unser Verstand ist. Das Leben eines Kindes beginnt in einem Zustand völliger Abhängigkeit. Aber das Leben und Wohlbefinden eines Erwachsenen hängt, angefangen von der Erledigung der einfachsten Notwendigkeiten bis hin zu den komplexesten Werten, von der Fähigkeit des Denkens ab. So, daß wir erkennen, daß Kindheitserfahrungen wichtig sind, die zu Denken, Selbstvertrauen und Autonomie ermutigen und diese Aspekte fördern. Wir erkennen, daß Familien, in denen die Realität oft geleugnet und das Bewußtsein oft ausgeklammert wird, gewaltige Hindernisse für die Erlangung eines Selbstwertgefühls darstellen. Sie schaffen eine alptraumähnliche Welt, in der das Kind möglicherweise das Gefühl hat, daß Denken nicht nur eine vergebliche Liebesmüh, sondern gefährlich ist.

Warum konzentrieren wir uns auf die *Praxis*, das heißt auf (unser mentales oder physisches) *Handeln*, um uns den Wurzeln des Selbstwertgefühls zu nähern? Die Antwort ist, daß jeder Wert, der mit dem Leben zu tun hat, Handeln erfordert, um erreicht und aufrechterhalten zu werden – oder auch, um ihn genießen zu können. Nach Ayn Rands Definition ist das Leben ein Prozeß selbsterzeugten und selbsterhaltenden Handelns. Unsere Organe und körpereigenen Systeme unterstützen durch fortwährendes Handeln unsere Existenz. Durch Handeln suchen wir in der Welt unsere Werte zu verwirklichen und zu wahren. Es liegt, wie ich es ausführlicher in *The Psychology of Self-Esteem* beschrieben habe, in der Natur eines Wertes, daß er das Objekt einer Handlung ist. Und dazu gehört auch der Wert des Selbstwertgefühls.

Bei einem Kind, das in einer hinreichend fürsorglichen häuslichen Umwelt aufwächst, ist es wahrscheinlicher, daß es Handlungen lernt, die sein Selbstwertgefühl unterstützen (garantiert ist das allerdings nicht). Ebenso lernt ein Kind, das an die richtigen Lehrer gerät, eher Verhaltensweisen, die dem Selbstwertgefühl förderlich sind. Und ein Erwachsener, der dank einer erfolgreichen Psychotherapie irrationale Ängste lösen und Blockaden beseitigen konnte, die ihn in seiner Lebenstüchtigkeit behinderten, zeigt eher Verhaltensweisen, die das Selbstwertgefühl unterstützen. Entscheidend sind jedoch die *Handlungen des Einzelnen*. Was der Einzelne im Rahmen seiner Kenntnisse und Werte *tut*, ist ausschlaggebend für das Niveau des Selbstwertgefühls. Und da das Handeln in der Welt ein Spiegel des Handelns im Verstand des Einzelnen sind, sind es die *inneren Prozesse*, die ausschlaggebend sind.

Bei allen »sechs Säulen des Selbstwertgefühls« – Praktiken, die für einen gesunden Verstand und die Lebenstüchtigkeit einer Person unerläßlich sind – *handelt es sich um Operationen des Bewußtseins.* Bei allen ist die Frage der Wahl im Spiel. Und mit diesen Wahlen sind wir allstündlich konfrontiert.

Der Begriff »Praktiken« hat in diesem Zusammenhang eine bestimmte Bedeutung. »Praktiken« bedeutet, daß eine bestimmte Form des Handelns immer wieder, ständig wiederholt wird. Gemeint sind nicht sporadische Handlungen oder angemessene Reaktionen auf *Krisen*. Gemeint sind vielmehr alltägliche Handlungsweisen, Verhaltensweisen bei großen und kleinen Fragen, die gleichzeitig auch *eine Weise des Seins* darstellen.

Willensstärke und ihre Grenzen

Willensfreiheit heißt nicht Allmacht. Die Willensstärke ist eine starke Kraft in unserem Leben, aber nicht die einzige. Weder für den jungen Menschen noch für den Erwachsenen gibt es eine absolute und unbegrenzte Freiheit. Und viele Faktoren können die Rolle, die dem Bewußtsein bei der Nutzung unserer Freiheit zukommt, erleichtern oder erschweren. Einige Faktoren sind genetischer, biologischer Natur. Manchen Personen fällt konzentriertes Denken leichter als anderen – aufgrund von Faktoren, die jenseits von Lebenserfahrungen liegen. Und es gibt Grund zu der Annahme, daß bestimmte erbliche Unterschiede, mit denen wir auf die Welt kommen, auch den Aufbau eines gesunden Selbstwertgefühls jeweils erleichtern oder erschweren können – Unterschiede, die mit unserer Energie zusammenhängen, mit unserer Widerstandsfähigkeit, mit der Disposition, das Leben zu genießen, und ähnlichem. Darüber hinaus kommen wir auch mit erheblichen Unterschieden in unserer Prädisposition, Angst oder Depressionen zu erfahren, auf die Welt. Und auch diese Unterschiede können die Entwicklung eines Selbstwertgefühls erleichtern oder erschweren.

Hinzu kommen entwicklungsspezifische Faktoren. Die Umwelt kann ein gesundes Selbstbewußtsein unterstützen und fördern – oder dem entgegenwirken und es untergraben. Viele Personen nehmen in ihren frühen Lebensjahren, noch ehe das Selbst voll entwickelt ist, soviel Schaden, daß es fast unmöglich ist, daß sich später ohne intensive Psychotherapie ein gesundes Selbstwertgefühl herausbildet.

Die Rolle der Eltern und ihre Grenzen

Aus wissenschaftlichen Untersuchungen ist bekannt, daß Eltern mit einem guten Selbstwertgefühl, die als Rollenmodelle dienen, die beste Voraussetzung für den Aufbau eines gesunden Selbstwertgefühls sind. Was auch Stanley Coopersmith in seinem Buch *The Antecedents of Self-Esteem* verdeutlicht. Des weiteren gilt: Wenn wir Eltern haben, die uns mit Liebe und Respekt großziehen – die uns das sichere und wohltuende Gefühl vermitteln, daß wir akzeptiert werden – die uns einen Rahmen mit vernünftigen Regeln und angemessenen Erwartungen liefern, auf den wir uns stützen können – die uns nicht mit Widersprüchlichkeiten verwirren – die, um uns zu kontrollieren, nicht zu dem Mittel flüchten, uns lächerlich zu machen, zu demütigen oder körperlich zu mißhandeln – die zeigen, daß sie an unsere Kompetenz und an unser Gutsein glauben – daß wir, wenn all das erfüllt ist, eine angemessene Chance haben, daß wir ihre Einstellungen internalisieren und damit die Grundlage für ein gesundes Selbstwertgefühl erwerben. Es gibt jedoch keine Untersuchung, die bescheinigt, daß dem so sein *muß*. Coopersmith' Studie zeigt eindeutig, daß dem nicht so ist. Es gibt Menschen, deren Erziehung scheinbar mustergültig alle vorgenannten Kriterien erfüllte, die aber dennoch unsicher und voller Selbstzweifel sind. Und auf der anderen Seite gibt es Menschen, die eine entsetzliche Vergangenheit haben, von Erwachsenen erzogen wurden, die alles falsch machten, und die dennoch gute schulische Leistungen zeigen, stabile und befriedigende Beziehungen eingehen, sich ihres Wertes und ihrer Würde nachdrücklich bewußt sind und als Erwachsene alle rationalen Kriterien eines guten Selbstwertgefühls erfüllen. Was sie auszeichnet, ist, daß sie als Kinder offensichtlich wußten, wie sie Nährstoffe aus einer Umwelt ziehen konnten, die anderen hoffnungslos erscheint: Sie finden Wasser. wo andere nur Wüste sehen. Verblüffte Psychologen und Psychiater sprechen des öfteren von der Gruppe »der Unverwundbaren«.[1]

Nichtsdestotrotz: Die Regel spricht dafür, daß eine gesunde Umwelt, in der der Realität Rechnung getragen wird und in der das Verhalten der Menschen stimmig und schlüssig ist, die Bemühungen, rational und produktiv zu sein, wesentlich erleichtern – im Gegensatz zu einer Umwelt mit ständig wechselnden Signalen, in der nichts real erscheint, Fakten geleugnet und das Bewußtsein ausgeklammert werden. Familien, die eine derart destruktive Umwelt schaffen, werden als funktionsgestört beschrieben. Aber so, wie es funktionsgestörte Familien gibt, gibt es auch funktionsgestörte Schulen und funktionsgestörte Vereinigungen. Sie sind funktionsgestört, weil sie ein angemessenes Funktionieren des Verstandes behindern.

Innere Blockaden

Auch in der Psyche des Einzelnen können Hindernisse liegen, die das Denken blockieren. Unterbewußte Abwehrmechanismen und Blockaden können bewirken, daß wir angesichts eines bestimmten Problems nicht einmal auf die Idee kommen, daß es notwendig wäre, darüber nachzudenken. Das Bewußtsein ist ein Kontinuum; es existiert auf vielen Ebenen. Ein Problem, das auf der einen Ebene nicht gelöst wird, kann die Operationen auf einer anderen stören. Wenn ich zum Beispiel meine Gefühle zu meinen Eltern abblocke – das heißt, wenn ich mir den Zugang zu diesen Gefühlen versperre, indem ich sie leugne, ausspare und verdränge – und versuche, dann über mein Verhältnis zu meinem Vorgesetzten nachzudenken, ist es denkbar, daß ich zwischenzeitlich die Verbindung zu so vielen relevanten Dingen verloren habe, daß ich mich in Wirrnissen verstricke, entmutigt werde und aufgebe. Ein anderes Beispiel: Ich ärgere mich sehr über eine Aufgabe, die mein Abteilungsleiter mir zugewiesen hat, blocke diese negativen Gefühle jedoch ab. Und stelle in der Folge fest, daß der Umgang mit meinem Team ständig und auf mysteriöse Weise von Reibungen geprägt ist. Ich denke darüber nach, wie ich das Problem lösen und die Reibungen ausschalten kann. Und genau das dürfte sehr schwierig sein, solange die tiefere Ursache unbewußt bleibt. Trotzdem: Die Tatsache, ob ich *versuche*, mir mein Problem bewußt zu machen, hat in jedem Fall Einfluß auf mein Selbstwertgefühl.

Was wir wissen

Auch wenn wir nicht alle biologischen oder entwicklungsspezifischen Faktoren kennen, die unser Selbstwertgefühl beeinflussen, so wissen wir dennoch eine Menge über die (von unserem Willen abhängigen) Praktiken, die es fördern oder beeinträchtigen. Wir wissen, daß ein aufrichtiges Bemühen, Dinge zu verstehen, das Selbstvertrauen beflügelt, und daß der Verzicht auf dieses Bemühen einen gegenteiligen Effekt hat. Wir wissen, daß Personen, die bewußt leben, sich kompetenter fühlen als diejenigen, die gedankenlos durchs Leben gehen. Wir wissen, daß Integrität Selbstachtung hervorruft – und Scheinheiligkeit nicht. Wir »wissen« das alles, insgeheim. Dennoch ist es erstaunlich, wie selten solche Fragen diskutiert werden (sowohl allgemein als auch von Experten).

Wir können als Erwachsene unser Großwerden nicht wiederholen, eine andere Kindheit mit anderen Eltern nachholen. Möglich ist es natürlich, daß wir über eine Psychotherapie nachdenken müssen. Aber jenseits dieser Option können wir fragen: Was kann ich heute tun, um mein Selbstwertgefühl zu erhöhen?

Wie unsere Lebensgeschichte auch immer sein mag, fest steht, daß die meisten von uns sehr viel tun können, wenn wir die Natur des Selbstwertgefühls und die Praktiken verstehen, von denen es abhängt. Dies ist aus zwei Gründen wichtig. Erstens: Wenn wir an unserem Selbstwertgefühl arbeiten möchten, müssen wir wissen, welche Praktiken im einzelnen das Potential haben, es zu erhöhen. Zweitens: Wenn wir mit anderen arbeiten und deren Selbstwertgefühl unterstützen, sie inspirieren und das Beste aus ihnen herausholen möchten, müssen wir wissen, welche Praktiken wir im einzelnen fördern oder erleichtern möchten.

Für alle Eltern, Lehrer, Psychotherapeuten und Manager, die dieses Buch lesen, um zu erfahren, wie sie das Selbstwertgefühl anderer unterstützen können, sei angemerkt, daß der erste Ansatzpunkt dazu dennoch bei Ihnen, im eigenen Selbst liegt. Wenn ich in Zusammenhang mit dem Selbstwertgefühl das Zusammenspiel der Kräfte in meinem Innern nicht verstehe, wenn ich nicht weiß, welche direkten Erfahrungen das Selbstwertgefühl mindern oder erhöhen, dann fehlt mir das Verständnis, das notwendig ist, um anderen optimal helfen zu können. Ebenso setzen die ungelösten Probleme in meinem Innern der Möglichkeit Grenzen, anderen effektiv zu helfen. Es ist verlockend, aber ein Irrtum anzunehmen, daß das, was man sagt, aussagekräftiger ist als das, was man personifiziert. Wir müssen werden, was wir lehren möchten.

Es gibt eine Geschichte, die ich Psychotherapiestudenten gerne erzähle. Wenn eine Familie in Indien vor einem Problem steht, ist es nicht die Regel, daß sie einen Psychotherapeuten konsultiert (die sehr rar sind). Sie wendet sich ratsuchend an einen Guru. In einem Dorf gab es einen weisen Mann, der einer bestimmten Familie schon des öfteren geholfen hatte. Eines Tages erschienen der Vater und die Mutter mit ihrem neunjährigen Sohn bei ihm. Der Vater sagte: »Meister, unser Sohn ist ein wundervoller Junge, und wir lieben ihn sehr. Aber er hat ein entsetzliches Problem, eine Schwäche für Süßigkeiten, die seine Zähne und seine Gesundheit ruiniert. Wir haben an seine Vernunft appelliert, mit ihm gestritten, ihn angefleht, mit ihm geschimpft – nichts hilft. Er konsumiert weiterhin Unmengen von Süßigkeiten. Können Sie uns helfen?« Zur Überraschung des Vaters antwortete der Guru: »Geht nach Hause, und kommt in zwei Wochen wieder.« Mit einem Guru streitet man nicht; also gehorchte die Familie. Zwei Wochen später standen sie wieder vor ihm, und der Guru sagte: »Gut. Jetzt können wir weitermachen.«

»Würden Sie uns bitte sagen«, fragte der Vater, »warum Sie uns weggeschickt und gebeten hatten, in zwei Wochen wiederzukommen? Das haben Sie früher nie getan.« Und der Guru antwortete: »Ich brauchte diese zwei Wochen, weil ich auch zeit meines Lebens eine Schwäche für Süßigkeiten habe. Ehe ich mich nicht selbst diesem Problem gestellt und es in mir gelöst hatte, konnte ich mich mit eurem Sohn nicht befassen.«

Nicht alle Psychotherapeuten lieben diese Geschichte.

Die Satzergänzungsmethode

In diesem Buch finden Sie viele Beispiele, die zeigen, wie die Satzergänzungsmethode zur Stärkung des Selbstwertgefühls genutzt werden kann. Diese Methode wird sowohl in der Therapie wie in der Forschung verwendet. Ich nutze sie seit 1970 und habe zunehmend Möglichkeiten gefunden, wie sie noch besser genutzt werden kann: Um zu verstehen, wer ich bin, um Sperren zu beseitigen, um die Selbstheilung zu aktivieren – und um meine eigenen Hypothesen immer wieder zu testen. Bei dieser Methode wird dem Klienten (oder der betreffenden Person) ein Satzstamm, ein unvollendeter Satz vorgegeben, den er sodann mehrfach, jeweils mit einem anderen Ende, zu ergänzen hat. Anschließend wird ihm ein weiterer Satzstamm vorgegeben, dann wieder ein weiterer, so daß es möglich ist, einen bestimmten Fragenkomplex auf immer tieferen Ebenen zu untersuchen. Das kann mündlich oder schriftlich geschehen.

Diese Satzergänzungsmethode spielt eine entscheidende Rolle, wenn man feststellen will, welche Dinge im einzelnen das Selbstwertgefühl steigern oder mindern. Wenn bei den verschiedensten Populationen in verschiedenen Teilen des Landes und darüber hinaus weltweit in den verschiedensten Ländern immer wieder die gleichen Muster von Satzenden auftauchen, ist klar, daß hieraus Einsichten über grundlegende Realitäten gewonnen werden können.

In den folgenden Kapiteln finden Sie zahlreiche Beispiele von Satzergänzungen, die ich üblicherweise verwende. Aus zwei Gründen: Zum einen möchte ich dem Leser die Möglichkeit geben, selbst weiter an dem Thema zu arbeiten, sofern er die Idee der »sechs Praktiken« für sich übernehmen und in sein Leben integrieren möchte. Zum anderen möchte ich damit Psychologen und Psychiatern ein Instrument an die Hand geben, mit dem sie die in diesem Buch vorgestellten Ideen testen und entscheiden können, ob ich die wichtigsten Verhaltensweisen, von denen das Selbstwertgefühl abhängt, tatsächlich identifiziert habe.

Die sechs Praktiken

Da das Selbstwertgefühl eine *Konsequenz* ist, ein Produkt der im Innern erzeugten Praktiken, können wir nicht *direkt* am Selbstwertgefühl arbeiten, weder an unserem eigenen noch an dem anderer. Dazu müssen wir an die Quelle gehen. Wenn wir verstehen, um welche Praktiken es sich handelt, können wir sie bei uns gezielt *initiieren* und andere in diesem Sinne *unterstützen* oder sie *ermutigen*, es uns nach zu tun. Um beispielsweise in der Schule oder am Arbeitsplatz das Selbstwertgefühl fördern zu können, muß ein Klima geschaffen werden, das jene Praktiken unterstützt und verstärkt, die das Selbstwertgefühl stärken.

Wovon hängt also, auf den kürzesten Nenner gebracht, ein gesundes Selbstwertgefühl ab? Um welche Praktiken handelt es sich im einzelnen? Ich nenne sechs, die nachweislich entscheidend sind. Aus meinen praktischen Erfahrungen als Psychotherapeut bin ich überzeugt, daß dies die Schlüsselprobleme beim Aufbau der Selbst-Wirksamkeit und Selbstachtung sind. Auf die Gründe werde ich im einzelnen noch eingehen. Ich habe keine Faktoren gefunden, die vergleichbar fundamental sind. Deshalb spreche ich von »den sechs Säulen des Selbstwertgefühls«. Warum Verbesserungen dieser Praktiken unmittelbar von Nutzen sind, dürfte offensichtlich sein.

Sobald wir diese Praktiken verstehen, können wir sie gezielt nutzen und uns bemühen, sie in unser Leben zu integrieren. Wenn wir das *können*, *können* wir auch unser Selbstwertgefühl erhöhen, ganz gleich, an welchem Punkt wir beginnen und wie schwierig das Vorhaben in den Anfangsphasen sein mag.

Es ist nicht notwendig, bei diesen Praktiken den Grad der »Perfektion« zu erreichen. Um auf der Ebene der Selbst-Wirksamkeit und Selbstachtung zu wachsen, ist es nur notwendig, das Durchschnittsniveau der eigenen Leistungen zu erhöhen. Ich habe oft die ungewöhnlichsten Veränderungen erlebt, die sich aus relativ kleinen Verbesserungen ergaben. Ich ermutige meine Klienten zu kleinen Schritten statt großen. Große Schritte können einschüchtern (lähmen). Kleine Schritte sind eher zu bewerkstelligen. Und ein kleiner Schritt führt zum nächsten kleinen Schritt.

Die Praktiken, die ich als die sechs Säulen des Selbstwertgefühls bezeichne, sind:

Bewußt leben

Sich selbst annehmen

Eigenverantwortlich leben

Sich selbstsicher behaupten

Zielgerichtet leben

Persönliche Integrität

In den nächsten sechs Kapiteln werden wir diese Punkte im einzelnen untersuchen.

6. Bewußt leben

In allen großen geistigen und philosophischen Traditionen kommt in irgendeiner Form die Vorstellung zum Ausdruck, daß die meisten Menschen schlafwandlerisch durch ihr Leben gehen. Die Aufklärung wird mit Erwachen gleichgesetzt. Evolution und Fortschritt werden mit einer Erweiterung des Bewußtseins gleichgesetzt.

Wir nehmen das Bewußtsein als den höchsten Ausdruck des Lebens wahr. Je höher die Form des Bewußtseins, desto fortentwikkelter die Lebensform. Wenn wir uns die Evolutionsleiter vorstellen, ausgehend von der Zeit, als sich auf diesem Planeten erstmals ein Bewußtsein herausbildete, erkennen wir, daß jede weitere Stufe der Lebensform mit einer fortentwickelteren Form des Bewußtseins verbunden ist.

Und bei unserer eigenen Spezies heißt dieses Prinzip konkret: Daß wir zunehmende Reife mit einem weitreichenderen Vorstellungsvermögen, größerer Bewußtheit und höherem Bewußtsein gleichsetzen.

Warum ist das Bewußtsein so wichtig? Weil es für alle Spezies, die es besitzen, das grundlegende Instrument zum Überleben ist – die Fähigkeit, sich der Umwelt in irgendeiner Form, auf irgendeiner Ebene bewußt zu sein und das Handeln entsprechend auszurichten. Ich verwende den Begriff *Bewußtsein* im Sinne seiner vorrangigen Bedeutung: den Zustand, sich eines Aspektes der Wirklichkeit bewußt zu sein. Wir können vom Bewußtsein auch als von einer *Fähigkeit* sprechen – dem Attribut, in der Lage zu sein, sich Dinge bewußt zu machen. Bei der spezifisch *menschlichen* Form des Bewußtseins, mit ihrer Fähigkeit zu konzeptionellem und abstraktem Denken, sprechen wir vom *Verstand*.

Für uns Menschen ist das Bewußtsein (auf der konzeptbezogenen Ebene) eine Frage des *Willens*. Das heißt, daß die Natur des Menschen eine außergewöhnliche Option beinhaltet: Die Option, nach Bewußtheit zu streben oder sich nicht darum zu kümmern (oder sie aktiv zu meiden), nach Wahrheit zu streben oder sich nicht darum zu kümmern (oder sie aktiv zu meiden), sich auf den Verstand zu konzentrieren oder sich nicht darum zu kümmern (oder vorzugshalber auf eine niedrigere Bewußtseinsebene zurückzufallen). Mit anderen Worten: Wir haben die Option, unsere Macht geltend zu machen oder auf die Mittel zu verzichten, die unser Überleben und Wohlbefinden sichern. Unsere Fähigkeit zu

Selbst-Management ist unser Glücksfall, und manchmal unsere Last.

Wenn wir unseren Aktivitäten nicht ein angemessenes Bewußtsein entgegenbringen, leben wir nicht bewußt. Und die unausweichliche Strafe ist eine geminderte Selbst-Wirksamkeit und Selbstachtung. Wir können uns nicht kompetent fühlen und unseren Wert schätzen, wenn wir ein Leben in geistiger Umnachtung führen. Unser Verstand ist unser grundlegendes Instrument zum Überleben. Ihn verraten heißt, daß das Selbstwertgefühl Schaden nimmt. Die einfachste Form des Verrats ist die, Tatsachen auszuweichen, die uns nicht passen. Zum Beispiel:

»Ich weiß, ich gebe beruflich nicht mein Bestes, aber ich möchte nicht darüber nachdenken.«

»Ich weiß, es gibt Anzeichen dafür, daß unser Unternehmen zunehmend in ärgere Schwierigkeiten gerät. Aber wie wir es bisher gemacht haben, funktionierte doch, oder? Das Ganze ist jedenfalls ein leidiges Thema. Und wenn ich mich nicht beirren lasse, wird die Situation sich vielleicht ganz von selbst lösen – *irgendwie.*«

»›Legitime Beschwerden‹? Welche ›legitimen Beschwerden‹? Meine Frau hat sich von diesen verrückten Frauenrechtlerinnen beeinflussen lassen. Deshalb rückt sie mir so auf die Pelle.«

»Ich weiß, daß meine Kinder darunter leiden, daß sie so wenig von mir haben. Ich weiß, daß ich sie damit verletze und sie mir das übelnehmen. Aber eines Tages werde ich es – *irgendwie* – ändern.«

»Was soll das heißen, ich trinke zuviel? Ich kann jederzeit aufhören, wenn ich das will.«

»Ich weiß, so wie ich esse, ruiniere ich meine Gesundheit, aber...«

»Ich weiß, ich lebe über meine Verhältnisse, aber...«

»Ich weiß, ich bin falsch und lüge, was meine Leistungen angeht, aber...«

Durch Zigtausende von Wahlen, die wir treffen zwischen Denken und Nichtdenken, der Realität verantwortlich Rechnung zu tragen oder ihr auszuweichen, etablieren wir ein Gefühl, das uns sagt, welche Art von Person wir sind. Auf der bewußten Ebene erinnern wir uns nur selten an diese Wahlen. Aber tief in unserer Psyche werden sie addiert. Das Resultat ist in der Summe die Erfahrung, die wir »Selbstwertgefühl« nennen. *Das Selbstwertgefühl ist der Ruf, den wir bei uns selbst erwerben.*

Wir sind nicht alle gleich intelligent, aber die Intelligenz ist nicht das Problem. Das *Prinzip*, bewußt zu leben, bleibt von dem Grad der Intelligenz unberührt. *Bewußt leben heißt, eine Bewußtheit von allem zu haben, was mit unseren Handlungen, Absichten, Werten und Zielen zu tun hat – nach besten Kräften, entsprechend unseren Fähigkeiten, wie diese auch immer sein mögen – und uns in unserem Verhalten von dem leiten zu lassen, was wir sehen und wissen.*

Betrug am Bewußtsein

Der letzte Punkt ist sehr wichtig. Bewußtsein, das nicht in angemessenes Handeln übersetzt wird, ist ein Betrug am Bewußtsein; dahinter steht ein Verstand, der sich selbst außer Gefecht setzt. Bewußt leben heißt mehr als nur sehen und wissen. Bewußt leben heißt handeln nach dem, was wir sehen und wissen. Ich kann erkennen, daß ich meinem Kind (oder Partner oder Freund) gegenüber unfair war und es verletzt habe und daß ich das wiedergutmachen muß. Ich möchte jedoch nicht zugeben, daß ich einen Fehler gemacht habe. Also verschleppe ich das Ganze und behaupte, daß ich noch immer über die Situation »nachdenke«. Das ist das Gegenteil von bewußt leben. Auf einer fundamentalen Ebene handelt es sich hierbei um ein Meiden des Bewußtseins – ein Ausweichen vor der Bedeutung dessen, was ich tue, ein Ausweichen vor meiner fortwährenden Grausamkeit.

Mögliche Mißverständnisse

Um von vornherein etwaige Mißverständnisse in Zusammenhang mit dem Prinzip, bewußt zu leben, auszuräumen, kurz folgendes:

1. Es liegt in der Natur des menschlichen Lernens, daß wir neu erworbene Kenntnisse und Fertigkeiten sozusagen automatisieren. Eine Sprache sprechen und Autofahren sind Beispiele hierfür. Einmal erworben, verlangen sie nicht mehr ständig die ausdrückliche Bewußtheitsebene, die in der Lernphase erforderlich war. Sobald man sie beherrscht, fallen sie ins Repertoire des Unterbewußten – so daß im Bewußtsein wiederum Freiraum für Neues und Unbekanntes geschaffen wird. Bewußt leben heißt nicht, daß wir eine ausdrückliche Bewußtheit von allem jemals Erlernten behalten. Das wäre weder möglich noch wünschenswert.

2. Bewußt leben – in angemessener Weise geistig konzentriert sein – heißt nicht, daß wir in jeder Minute unseres Wachzustandes mit Problemlösungen befaßt sein müssen. Wir können auch bewußt meditieren, unseren Geist von allen Gedanken befreien, um uns neue Möglichkeiten der Entspannung, Verjüngung oder Kreativität zu erschließen, um neue Einsichten zu gewinnen oder irgendeine Form der Transzendenz zu erreichen. Dies kann eine

absolut angemessene geistige Beschäftigung sein – und gegebenenfalls sogar eine höchst erstrebenswerte. Und es gibt natürlich noch andere Möglichkeiten als die, sich mit Problemen zu beschäftigen. Beispielsweise kreative Tagträumereien oder spielerische körperliche Betätigungen oder erotische Erlebnisse. Auf der geistigen Ebene *entscheidet der Rahmen (Kontext), was angemessen ist.* Bewußt leben heißt nicht, daß man sich ständig im gleichen geistigen Zustand befindet. *Es heißt vielmehr, daß man sich in dem Zustand befindet, der dem, was man tut, angemessen ist.* Wenn ich mit meinem Kind auf dem Fußboden herumtolle, ist mein geistiger Zustand natürlich ein völlig anderer als der, wenn ich an einem Buch arbeite. Dennoch erlebe ich die Situation bewußt. Was sich daran zeigt, daß ich, egal, wie sehr ich herumalbere, mit einem Teil meines Verstandes die Situation beobachte und darauf achte, daß das Kind sich nicht verletzt. Wenn ich demgegenüber nicht darauf achte, beim Spielen zu hart rangehe und das Kind verletze, bringe ich der Situation nicht das erforderliche Bewußtsein entgegen. Die Frage, wie angemessen mein Bewußtseinsniveau ist, kann nur gemessen an der jeweiligen Situation entschieden werden. In einem Vakuum gibt es keinen »richtigen« oder »falschen« Zustand.

3. Angesichts der zahllosen Dinge, derer wir uns theoretisch in der Welt bewußt sein können, bedingt die Bewußtheit zwangsläufig einen Selektionsprozeß. Die Entscheidung, hierauf zu achten, bedingt die Entscheidung, auf etwas anderes nicht zu achten – zumindest für den Augenblick. Während ich an meinem Computer sitze und dieses Buch schreibe, vergesse ich mehr oder weniger meine Umwelt. Wenn ich meine Konzentration jedoch verlagere, wird mir das Geräusch vorbeifahrender Autos bewußt, das Rufen eines Kindes und das Bellen eines Hundes. Einen Augenblick später ist all das jedoch wiederum meiner Bewußtheit entzogen, und mein Geist ist wiederum voll von den Worten auf meinem Bildschirm und den Worten gefangengenommen, die sich in meinem Geist formulieren. Meine Absichten und Werte diktieren den Maßstab bei der Selektion.

Wenn ich schreibe, befinde ich mich oft in einem tranceähnlichen Zustand der Konzentration. Dahinter steht ein erbarmungsloser Selektionsprozeß. Aber innerhalb des Rahmens (Kontextes) würde ich dennoch sagen, daß ich auf einer hohen Bewußtseinsebene operiere. Wenn ich mich dann jedoch in unverändertem Zustand, noch immer vollauf mit meinen Gedanken beschäftigt und immun gegenüber meiner äußeren Umwelt, in mein Auto setzen und losfahren würde, könnte man mir zu Recht vorwerfen, auf einer gefährlich geringen Bewußtseinsebene zu operieren, weil ich mich dem veränderten Rahmen und meinen veränderten Absichten nicht angepaßt habe. Um es nochmals zu sagen: Nur der Rahmen (Kontext) kann entscheiden, welcher Geisteszustand angemessen ist.

Der Realität verantwortlich Rechnung tragen

Bewußt leben heißt, die Tatsachen der Realität zu respektieren. Dazu gehören die Tatsachen unserer inneren Welt (Bedürfnisse, Wünsche, Emotionen) wie auch der äußeren Welt. Das Gegenteil wäre, die Realität nicht zu beachten, was sich in der Einstellung zusammenfassen läßt: »Wenn ich das vorzugshalber nicht sehe oder erkenne, existiert es auch nicht.«

Bewußt leben heißt, *der Realität verantwortlich Rechnung tragen*. Wer sagt denn, daß uns das, was wir sehen, gefallen muß? Wir müssen aber erkennen, daß das, was ist, ist, und daß das, was nicht ist, nicht ist. Wünsche, Ängste oder Leugnen ändern die Tatsachen nicht. Wenn ich mich neu einkleiden möchte, mein Geld aber für die Miete brauche, ändert mein Wunsch nichts an der Wirklichkeit, und er verwandelt den Einkauf nicht in eine vernünftige Entscheidung. Wenn ich Angst vor einer Operation habe, die nach Aussage meines Arztes notwendig ist, um mein Leben zu retten, bedeutet meine Angst nicht, daß ich ohne die Operation ebensogut weiterleben werde. Wenn etwas wahr ist, wird es nicht weniger wahr, indem ich es leugne.

Bewußt leben heißt also, daß wir die subjektive und objektive Sicht der Dinge nicht verwechseln. Wir unterstellen nicht, daß unsere Gefühle ein unfehlbarer Gradmesser für die Wahrheit sind. Wir können aus unseren Gefühlen lernen. Sicher. Und sie können uns sogar auf wichtige Tatsachen aufmerksam machen. Dazu kommen muß jedoch, daß wir darüber nachdenken und diese Tatsachen an der Realität prüfen – das heißt, daß wir die Vernunft beteiligen.

Was heißt nun bewußt leben in der Praxis und im einzelnen, wenn wir uns all diese Punkte vor Augen halten?

Was heißt bewußt leben?

Zu einem bewußten Leben gehört:

Ein Verstand, der aktiv statt passiv ist.

Eine Intelligenz, die sich freut, genutzt zu werden.

»Im Augenblick« zu sein, ohne dabei den breitgefaßten Rahmen zu vergessen.

Gezielt wichtige Tatsachen anzugehen, statt vor ihnen zurückzuweichen.

Gezielt zwischen Tatsachen, Interpretationen und Emotionen zu unterscheiden.

Meine Impulse zur Kenntnis zu nehmen und mich ihnen zu stellen, statt unangenehmen oder bedrohlichen Realitäten auszuweichen oder sie zu leugnen.

Gezielt wissen zu wollen, »wo ich« mit meinen diversen (persönlichen und beruflichen) Zielen und Plänen genau »stehe«, und ob ich erfolgreich bin oder scheitere.

Gezielt wissen zu wollen, ob meine Handlungen in Einklang mit meinen Absichten sind.

Das Feedback der Umwelt zu suchen, um einen Anhaltspunkt zu haben, ob ich mich eventuell neu anpassen oder meinen Kurs korrigieren muß.

Beharrlichkeit bei dem Bemühen, Dinge verstehen zu wollen, auch gerade angesichts von Schwierigkeiten.

Empfänglichkeit für neues Wissen und die Bereitschaft, alte Annahmen zu überprüfen.

Die Bereitschaft, Fehler zu erkennen und zu korrigieren.

Das ständige Streben nach Bewußtseinserweiterung – *die Entschlossenheit zu lernen*; also die Entschlossenheit zu wachsen – als Lebensmotto.

Daß es mir wichtig ist, die Welt um mich herum zu verstehen. Daß es mir wichtig ist, nicht nur die äußere Realität, sondern auch die innere Realität zu kennen; die Realität meiner Bedürfnisse, Gefühle, Ambitionen und Motive, so daß ich mir selbst nicht fremd oder ein Geheimnis bin.

Daß es mir wichtig ist, eine Bewußtheit von den Werten zu haben, die mich bewegen und von denen ich mich leiten lasse – und ebenso von ihren Wurzeln. So daß ich nicht von Werten beherrscht werde, die ich irrationalerweise oder unkritisch von anderen übernommen habe.

Wir wollen nunmehr auf jeden einzelnen Punkt kurz eingehen:

Ein Verstand, der aktiv statt passiv ist: Dieser Punkt ist die Grundlage des Bewußtseins schlechthin. Dahinter steht die Entscheidung zu denken, nach Bewußtsein zu streben, verstehen, wissen, Klarheit gewinnen zu wollen.

Zu dieser Einstellung gehört eine weitere Tugend des Selbstwertgefühls: eigenverantwortlich zu leben. Da ich für meine Existenz und mein Glück verantwortlich bin, mache ich mir gezielt Dinge bewußt und lasse mich davon leiten, wie diese Dinge sich mir nach bestem Wissen und Gewissen stellen. Ich gebe mich nicht der Illusion hin, eine andere Person könnte mir die Notwendigkeit des Denkens ersparen oder mir meine Entscheidungen abnehmen.

Eine Intelligenz, die sich freut, genutzt zu werden: Ein Kind hat von Natur aus genausoviel Freude daran, seinen Verstand wie seinen Körper zu nutzen. Die Hauptbeschäftigung des Kindes ist es zu lernen. Und dieses Lernen ist auch seine Hauptunterhaltung. Diese Einstellung bis ins Erwachsenenalter zu bewahren, so daß das Bewußtsein nicht als Last, sondern als Quelle der Freude empfunden wird, ist das Kennzeichen einer positiven Entwicklung.

Natürlich können wir es als Erwachsene nicht *wählen*, daß wir uns freuen, wenn das Bewußtsein eingeschaltet wird, wenn dieser Vorgang für uns aus irgendeinem Grund mit Angst, Schmerzen oder erschöpfenden Anstrengungen gleichgesetzt ist. Aber jeder, der durchhielt, diese Barrieren überwand und es lernte, bewußter zu leben, wird bestätigen, daß dieses Lernen eine zunehmend größere Quelle der Befriedigung wird.

»Im Augenblick« zu sein, ohne dabei den breitgefaßten Rahmen zu vergessen: Zu der Idee, bewußt zu leben, gehört, daß man in der Gegenwart lebt, *gegenwärtig* ist bei dem, was man tut. Das heißt, wenn ich mir die Beschwerde eines Kunden anhöre, daß ich *bei* dieser Erfahrung bin. Wenn ich mit meinem Kind spiele, daß ich *bei* der Beschäftigung bin. Wenn ich mit einem Klienten psychotherapeutisch arbeite, daß ich *bei* dem Klienten und nicht sonstwo bin. Kurz: *Tun, was ich tue, während ich es tue.*

Was allerdings nicht heißt, daß meine Bewußtheit ausschließlich auf die unmittelbare sinnliche (sensorische) Erfahrung reduziert ist und alles, was darüber hinausgeht, den breitergefaßten Rahmen meines Wissens, ausschließt. Wenn ich die Verbindung zu diesem breitergefaßten Rahmen nicht aufrechterhalten kann, so spricht das für eine Bewußtseinsverarmung. Ich möchte *im* Augenblick sein, aber nicht darin *gefangen* sein. Und es ist dieses Gleichgewicht, das mir den nutzbringendsten Zustand ermöglicht.

Gezielt wichtige Tatsachen anzugehen, statt vor ihnen zurückzuweichen: Was »wichtig« ist, entscheiden meine Bedürfnisse, Wünsche, Werte, Ziele und Handlungen. Die Frage ist: Bin ich wißbegierig, und bleibe ich aufgeschlossen gegenüber neuen Informationen, die mich veranlassen könnten, meinen Kurs zu ändern und meine bisherigen Annahmen zu korrigieren? Oder gehe ich von vornherein davon aus, daß es nichts Neues für mich zu lernen gibt und mache stur wie gehabt weiter? Suche ich ständig gezielt nach neuen Informationen, die hilfreich sein könnten? Oder verschließe ich die Augen davor, selbst wenn ich sie vor mir habe? Es ist wohl keine Frage, welche Option unserem Potential förderlicher ist.

Gezielt zwischen Tatsachen, Interpretationen und Emotionen zu unterscheiden: Ich *sehe*, wie Sie die Stirn runzeln. Was ich so *interpretiere*, daß Sie verärgert über mich sind. Ich *fühle* mich verletzt oder in die Defensive gedrängt oder habe das *Gefühl*, daß mir Unrecht geschieht. Gemessen an der Wirklichkeit kann meine Interpretation richtig oder falsch sein. Meine Gefühle, mit denen ich reagiere, können angemessen oder unangemessen sein. Was ich verdeutlichen möchte, ist, daß bei diesem Vorgang separate und spezifische Prozesse im Spiel sind. Wenn ich mir dieses Umstandes nicht bewußt bin, neige ich dazu, meine Gefühle als die Stimme der Realität zu behandeln – was katastrophale Folgen haben kann.

Ein anderes Beispiel: Ich *höre*, wie Physiker über ein Problem diskutieren, das ihnen unüberwindlich erscheint (einfach nur mal angenommen). Was ich so *interpretiere*, daß der Verstand und die Wissenschaft gescheitert sind. Ich *fühle* mich entmutigt und irritiert, oder ich bin im Überschwang meiner *Gefühle* begeistert und triumphiere (abhängig von meinen sonstigen philosophischen Ansichten). In Wirklichkeit ist nicht mehr und nicht weniger passiert, als daß Physiker feststellten, daß sie bei einem Problem nicht weiterkommen. Alles andere hat mein Verstand gemacht, ob rational oder irrational. Aber dieses »Andere« sagt in jedem Fall mehr über mich aus als die äußere Realität.

Um bewußt zu leben, muß ich empfänglich für diese Unterscheidungen sein. Was ich wahrnehme, wie ich das Wahrgenommene interpretiere, und was ich in diesem Zusammenhang fühle, sind drei völlig verschiedene Fragen. Wenn ich dazwischen nicht unterscheide, wird meine Verankerung in der Realität der erste Stolperstein sein. Das heißt, meine Wirksamkeit wird mir zum Stolperstein.

Meine Impulse zur Kenntnis zu nehmen und mich ihnen zu stellen, statt unangenehmen oder bedrohlichen Realitäten auszuweichen oder sie zu leugnen: Nichts ist natürlicher als das zu meiden, was Angst und Schmerzen weckt. Da zu diesen Dingen jedoch auch Tatsachen gehören, denen wir uns aus unserem eigenen Interesse heraus stellen und mit denen wir uns auseinandersetzen müssen, kommen wir nicht umhin, mit der womöglich liebgewonnenen Gewohnheit zu brechen, solche Impulse zu ignorieren. Voraussetzung dafür ist, daß uns diese Impulse bewußt sind. Und das setzt wiederum die Bereitschaft zu Selbsterforschung und

Selbstbewußtheit voraus – ein Bewußtsein, das nach innen wie nach außen gerichtet ist. Zu einem bewußten Leben gehört auch, sich in acht zu nehmen vor dem mitunter verlockenden Zugriff des Unbewußten. Und das erfordert, daß wir uns gegenüber erbarmungslos ehrlich sind. Angst und Schmerzen sollten als Signale behandelt werden, nicht um die Augen zu verschließen, sondern um sie weiter zu öffnen, nicht um wegzuschauen, sondern um genauer hinzuschauen. Eine alles andere als einfache und problemlose Aufgabe. Es wäre unrealistisch anzunehmen, daß wir sie immer perfekt erledigen. Entscheidend ist, wie aufrichtig unsere diesbezüglichen Absichten sind. Das Selbstwertgefühl verlangt keine makellos perfekten Erfolge, sondern die ernsthafte *Absicht*, sich der Realität bewußt zu sein.

Gezielt wissen zu wollen, »wo ich« mit meinen diversen (persönlichen und beruflichen) Zielen und Plänen genau »stehe«, und ob ich erfolgreich bin oder scheitere: Dahinter steht die Frage: Wenn eines meiner Ziele ist, glücklich verheiratet zu sein, wie ist es dann derzeit um meine Ehe bestellt? Weiß ich es? Würde mein Partner die gleiche Antwort wie ich geben? Sind wir beide glücklich miteinander? Gibt es Frust und ungelöste Probleme? Wenn ja, tue ich etwas daran? Habe ich einen Plan? Oder hoffe ich einfach darauf, daß sich die Dinge schon »irgendwie« regeln? Wenn ich die Ambition habe, mich eines Tages selbständig zu machen, unternehme ich etwas in der Richtung? Bin ich meinem Ziel heute näher als vor einem Monat oder einem Jahr? Bin ich noch auf der richtigen Spur oder nicht mehr? Wenn ich die Ambition habe, Schriftsteller zu werden, wo stehe ich dann heute, was die Erfüllung meiner Wünsche angeht? Was tue ich, um sie zu verwirklichen? Werde ich meinem Ziel im nächsten Jahr nähergekommen sein? Wenn ja, warum? Bringe ich meinem Vorhaben das nötige Maß an Bewußtsein entgegen?

Gezielt wissen zu wollen, ob meine Handlungen in Einklang mit meinen Absichten sind: Dieser Punkt ist eng mit dem vorangehenden verwandt. Es besteht manchmal eine große Kluft zwischen dem, was vorgeblich unser Ziel und unsere Absicht ist, und dem, wie wir unsere Zeit und Energie investieren. Konkret kann es sogar sein, daß wir den Dingen, um die es uns, wie wir sagen, am meisten geht, am wenigsten Beachtung schenken – und den Dingen, die uns vermeintlich wichtiger sind, erheblich mehr Beachtung schenken. Bewußt leben heißt also auch, darauf zu achten, daß mein Handeln meinen Zielen entspricht, so daß ich Abweichungen erkennen kann. Und im Falle von Abweichungen sind entweder meine Handlungen oder meine Ziele neu zu überdenken.

Das Feedback der Umwelt zu suchen, um einen Anhaltspunkt zu haben, ob ich mich eventuell neu anpassen oder meinen Kurs korrigieren muß: Bei einem Flug von Los Angeles nach New York kommt der Pilot immer wieder minimal vom Kurs ab. Diese Information, das Feedback, erhält er über seine Instrumente, so daß er ständig Anpassungen vornimmt, um das Flugzeug auf dem richtigen Kurs zu halten. Das gleiche gilt im Prinzip für unser Leben und die Ziele, die wir verfolgen. Es ist nicht damit getan, daß wir einmal einen Kurs festlegen und dann blind darauf vertrauen, daß wir damit richtig liegen. Zu berücksichtigen bleibt, daß neue Informationen eine Anpassung unserer Pläne und Absichten erforderlich machen können.

Mit einem eigenen Unternehmen stellt sich vielleicht die Notwendigkeit, die Werbestrategie zu revidieren. Oder ein Manager, auf den wir zählten, erweist sich als unfähig für seinen Job. Oder ein Produkt, das vormals als Marktrenner erschien, ist inzwischen durch ein Konkurrenzprodukt überholt. Oder das Auftauchen neuer Wettbewerber aus anderen Ländern zwingt uns, die gesamte Firmenstrategie neu zu überdenken. Oder die demographischen Veränderungen, die jüngsten Berichten zu entnehmen waren, ziehen Folgen für die Zukunft unseres Unternehmens nach sich, die sofort untersucht und in den Planungen berücksichtigt werden müssen. Wie schnell wir solche Entwicklungen zur Kenntnis nehmen und angemessen darauf reagieren, hat allemal etwas mit dem Bewußtseinsniveau zu tun, mit dem wir leben.

Ein Geschäftsführer, der auf einem hohen Bewußtseinsniveau operiert, plant für den Markt von morgen. Ein Manager, der auf einem eher mittelmäßigen Niveau operiert, läßt sich von der heutigen Marktsituation leiten. Und derjenige, der auf einem niedrigen Niveau operiert, merkt vielleicht nicht einmal, daß er sich immer noch an gestern orientiert.

Das gleiche Problem stellt sich auf einer persönlicheren Ebene. Angenommen: Ich wünsche mir, daß meine Frau sich bei bestimmten Dingen anders verhält. Ich unternehme bestimmte Dinge in der Hoffnung, die gewünschten Veränderungen damit zu bewirken. Halte ich an diesen Dingen fest, ohne zur Kenntnis zu nehmen, ob sie die gewünschten Ergebnisse zeitigen? Habe ich mit meiner Frau vierzigmal die gleiche Diskussion? Oder: Wenn ich sehe, daß das, was ich tue, nicht funktioniert, *versuche ich dann etwas anderes*? Die Frage ist, mit anderen Worten, operiere ich *mechanisch* oder *bewußt*?

Beharrlichkeit in dem Bemühen, Dinge verstehen zu wollen, auch und gerade angesichts von Schwierigkeiten: Wenn ich mich bemühe, etwas zu verstehen und beherrschen zu lernen, treffe ich gelegentlich auf Schwierigkeiten. Ich habe die Wahl: durchhalten oder aufgeben. Studenten kennen diese Alternative bei ihrem Studium. Wissenschaftler kennen sie, wenn sie bei ihren Forschungen mit Problemen zu kämpfen haben. Manager kennen sie von Tausenden von Herausforderungen im Alltag ihres Geschäfts. Und jeder wird in persönlichen Beziehungen damit konfrontiert.

Wenn wir willentlich beharrlich bleiben wollen und auf ein Hindernis stoßen, das wir scheinbar nicht wegräumen können, bleibt die Möglichkeit, erst einmal eine kurze Pause einzulegen oder es mit einem neuen Ansatz zu versuchen. Entscheidend ist, daß wir uns nicht von Verzweiflung überwältigen lassen oder resignieren. Wenn wir aufgeben, den Rückzug antreten, in Passivität verfallen oder nur so tun, als ob wir es versuchten, ohne es jedoch ernst zu meinen, so schrumpfen wir auf der Ebene unseres Bewußtseins – um den Schmerzen und Frustrationen zu entgehen, die sich infolge unserer vergeblichen Bemühungen einstellen. Die Welt gehört denjenigen, die beharrlich sind. In dem Zusammenhang fällt mir eine Geschichte ein, die von Winston Churchill erzählt wird. Man hatte ihn zu einer Abschlußfeier in einer Schule eingeladen. Die Studenten warteten gespannt während der ganzen Begrüßungsrede zu seinen Ehren, was der große Mann ihnen sagen würde. Schließlich erhob Churchill sich von seinem Platz, schaute auf die Anwesenden und donnerte: »Nie-nie-nie-nie-nie-nie-niemals aufgeben!« Dann nahm er wieder Platz.

Natürlich können wir uns manchmal aus rationalen Gründen entscheiden, unsere Bemühungen, etwas zu verstehen oder beherrschen zu wollen, abzubrechen, weil es uns angesichts unserer übrigen Werte und Anliegen ungerechtfertigt erscheint, noch weiter Zeit, Energie und Ressourcen darauf zu verwenden. Das ist jedoch eine völlig andere Frage als die, um die es hier geht – abgesehen von dem Punkt, daß die Entscheidung abzubrechen *bewußt* getroffen wird.

Empfänglichkeit für neues Wissen und die Bereitschaft, alte Annahmen zu überprüfen: Unser Bewußtseinsniveau ist nicht sonderlich hoch, wenn wir völlig von dem eingenommen sind, was wir vermeintlich bereits wissen, und an neuen Informationen uninteressiert oder Informationen gegenüber verschlossen sind, die durchaus Folgen für unsere Ideen oder Überzeugungen haben könnten. Eine derartige Haltung schließt die Möglichkeit zu Wachstum aus.

Die Alternative ist nicht, an jedem unserer Gedanken zu zweifeln, sondern neuen Erfahrungen und Kenntnissen gegenüber aufgeschlossen zu bleiben. Selbst wenn wir im Prinzip nicht falsch liegen und unsere Position berechtigt ist, bleibt immer die Möglichkeit, daß neue Klarstellungen, Änderungen und Verbesserungen uns weiterhelfen können. Fest steht aber auch, daß unsere Position manchmal falsch *ist* und revidiert werden muß. Womit wir zum nächsten Punkt kommen.

Die Bereitschaft, Fehler zu erkennen und zu korrigieren: Wenn wir bestimmte Ideen oder Thesen als wahr akzeptieren, übernehmen wir sie in der Regel. Wobei die Gefahr besteht, daß wir gegebenenfalls die Beweise nicht zur Kenntnis nehmen wollen, die zeigen, daß wir falschliegen.

Von Charles Darwin wird gesagt, daß er sich jeden Punkt, dem er begegnete, der mit seiner Evolutionstheorie unvereinbar erschien, sofort notierte, weil er sich nicht auf sein Gedächtnis verlassen wollte.

Zum bewußten Leben gehört, daß ich mich der Wahrheit verpflichtet fühle und nicht um jeden Preis recht behalten will. Das ist Priorität Nummer eins. Jeder von uns irrt sich manchmal, jeder macht Fehler. Wenn wir unser Selbstwertgefühl (oder Pseudo-Selbstwertgefühl) jedoch daran geknüpft haben, daß wir über jeden Fehler erhaben sind, oder wenn wir von unseren eigenen Positionen allzu voreingenommen sind, schränken wir zwangsläufig unser Bewußtsein ein – aus falsch verstandenen Selbstschutzgründen. Es demütigend zu finden, einen Fehler einzugestehen, ist ein sicheres Zeichen eines mangelhaften Selbstwertgefühls.

Das ständige Streben nach Bewußtseinserweiterung – die Entschlossenheit zu lernen; also die Entschlossenheit zu wachsen – als Lebensmotto: In der zweiten Hälfte des 19. Jahrhunderts verkündete der Leiter des US-Patentamtes: »Alles Wichtige, was es zu erfinden gab, wurde erfunden.« Womit er im Prinzip die zu allen Zeiten der menschlichen Geschichte jeweils vorherrschende Meinung wiedergab. Über die Jahrtausende hinweg, seit der Homo sapiens auf diesem Planeten existiert, sahen die Menschen ihre Existenz als einen Zustand, der sich im wesentlichen nicht veränderte. Sie glaubten, alles, was der Mensch wissen könne, wisse er bereits. Gemessen an der Evolutionsgeschichte ist die Idee, das menschliche Leben als einen fortschreitenden Prozeß – von Wissen zu neuem Wissen, von Entdeckung zu Entdeckung – zu sehen, erst wenige Sekunden alt – ganz zu schweigen von einem Prozeß, bei dem mit berauschender und verwirrender Geschwindigkeit ein wissenschaftlicher und technologischer Durchbruch vom nächsten abgelöst wird. Im Gegensatz zu allen vorhergehenden Jahrhunderten leben wir heute in einer Zeit, in der sich das menschliche Wissen in seiner Gesamtheit *etwa alle zehn Jahre verdoppelt*.

Nur wenn wir bereit sind, ein Leben lang zu lernen, wird es uns möglich sein, durch ständig neue Anpassungen mit dieser Welt mitzuhalten. Diejenigen, die glauben, sie haben »genug gedacht« und »genug gelernt«, sind auf dem absteigenden Ast zunehmender Unbewußtheit.

Daß es mir wichtig ist, die Welt um mich herum zu verstehen: Die Welt, in der wir leben, hat Einfluß auf unser Leben – physisch, kulturell, gesellschaftlich, wirtschaftlich, politisch. Ein Einfluß, der vielleicht weitreichender ist, als uns bewußt ist. Die physische Umwelt beeinflußt unsere Gesundheit. Die kulturelle Umwelt beeinflußt unsere Einstellungen, Werte und Freude, die wir an dem haben (oder nicht haben), was wir sehen, hören und lesen. Die gesellschaftliche Umwelt kann nachdrücklichen Einfluß darauf nehmen, ob unser Leben gelassen und in geordneten Bahnen oder turbulent verläuft. Wirtschaftliche Faktoren beeinflussen unseren Lebensstandard. Politische Faktoren haben Einfluß auf das Maß unserer Freiheit und darauf, inwieweit wir unser Leben selbst kontrollieren können. Manche würden diese Liste über die Dinge, die im wesentlichen die Rahmenbedingungen unseres Lebens darstellen, um die kosmische oder religiöse oder spirituelle Dimension erweitern – was auch immer im einzelnen darunter verstanden werden mag. Klar ist, daß diese Liste unvollständig ist und nur den Zweck erfüllt, auf drastisch vereinfachte Weise ein Problem zu verdeutlichen.

Diese Kräfte zu ignorieren und so zu tun, als bewegten wir uns in einem Vakuum, heißt nichts anderes, als schlafwandlerisch durchs Leben zu gehen. Zum bewußten Leben gehört der Wunsch, die eigene Umwelt in ihrer Gesamtheit zu verstehen.

Dies ist natürlich ein Punkt, den hochintelligente Personen mit philosophischen Neigungen vielleicht weiter ausführen als weniger intelligente Personen. Aber auch für die letztgenannte Gruppe gilt, daß individuell große Interessenunterschiede bei diesen Fragen feststellbar sind – Unterschiede in der Wißbegierde, der Bereitschaft nachzudenken und der Bewußtheit, daß es da etwas gibt, worüber man nachdenken sollte. Und auch hier, da wir weder allmächtig noch unfehlbar sind, ist das Entscheidende wiederum unsere Absicht und inwieweit sie im praktischen Handeln zum Ausdruck kommt.

Daß es mir wichtig ist, nicht nur die äußere Realität, sondern auch die innere Realität zu kennen; die Realität meiner Bedürfnisse, Gefühle, Ambitionen und Motive, so daß ich mir selbst nicht fremd oder ein Geheimnis bin: Im Laufe meiner Arbeit als Psychotherapeut lernte ich viele Menschen kennen, die stolz auf ihr Wissen über das Universum waren – von der Physik über politische Philosophie und die Ästhetik bis hin zu den neuesten Meldungen über Saturn und den Lehren den Zen-Buddhismus. Und sie waren dennoch blind gegenüber den Vorgängen, die in ihrem inneren Universum ablaufen. Der Trümmerhaufen ihres Privatlebens, der ausschlaggebend war, daß sie mich aufsuchten, ist jedoch ein Zeugnis für die Größenordnung, mit der ihre Unbewußtheit in der inneren Welt des Selbst ins Gewicht fiel. Sie leugneten und irgnorierten ihre Bedürfnisse, erklärten rational ihre Emotionen, intellektualisierten (oder »spiritualisierten«) ihr Verhalten – derweil sie von einer unbefriedigenden Beziehung zur nächsten wechselten oder ein Leben lang an ein und derselben festhielten, ohne jedoch irgend etwas zu unternehmen, um sie zu verbessern. Ich lebe nicht bewußt, wenn mein Bewußtsein für alles, aber nur nicht dafür genutzt wird, um mich selbst zu verstehen.

Bei unseren Bemühungen, uns selbst zu erforschen, geraten wir manchmal in eine Sackgasse, aus der wir nur mit Hilfe eines Führers, Lehrers oder Psychotherapeuten wieder herauskommen. Aber auch hier ist der entscheidende Punkt wiederum die zugrundeliegende Absicht, unsere Einstellung: Die Frage, ob es uns wichtig ist, die innere Welt unserer Bedürfnisse, Gefühle, Motive und mentalen Prozesse zu kennen. Und was ist die Alternative? Jener Zustand der Selbstentfremdung – in dem in unterschiedlichem Maße die meisten Menschen leben (und worüber ich in *The Disowned Self* schrieb).

Ob mir dieser Punkt wichtig ist, ist an einfachen Fragen ablesbar: Weiß ich, was ich in jedem beliebigen Augenblick fühle? Erkenne ich die Impulse, denen mein Handeln entspringt? Registriere ich, ob meine Gefühle und Handlungen zueinander passen? Weiß ich, welche Bedürfnisse oder Wünsche ich zu befriedigen versuche? Weiß ich, welche Erwartungen ich tatsächlich in eine Begegnung mit einer bestimmten Person setze (was nicht damit zu verwechseln ist, was ich erwarten »sollte«)? Weiß ich, worum es mir in meinem Leben geht? Ist das »Programm«, nach dem ich lebe, eines, das ich unkritisch von anderen übernommen habe, oder ist es tatsächlich selbst gewählt? Weiß ich, was ich tue, wenn ich besonders glücklich mit mir bin? Und weiß ich, was ich tue, wenn ich mir selbst zuwider bin? Das sind elementare Fragen, die zu jeder Selbsterforschung gehören.

Worum es hierbei geht, hat absolut nichts mit jener Art egozentrischer Selbstbeschäftigung zu tun, bei der alle zehn Minuten die emotionale Temperatur gemessen wird. Ich halte nichts von einer Selbstbeschäftigung, die an Besessenheit grenzt. Ich mag in diesem Zusammenhang nicht einmal von »Introspektion« reden, weil es hierbei, genaugenommen, wenn man so will, um eine spezielle Technik geht, die jenseits der Erfahrungen des Durchschnittsmenschen liegt. Ich ziehe es vor, von »der Kunst der Wahrnehmung« zu sprechen: Die Gefühle in meinem Körper wahrzunehmen. Meine Emotionen bei einer Begegnung mit anderen wahrzunehmen. Eigene Verhaltensmuster wahrzunehmen, die mir nicht dienlich sind. Wahrzunehmen, was mich positiv erregt und was mich runterzieht. Wahrnehmen, ob die Stimme in meinem Kopf wirklich meine eigene ist, oder ob sie jemand anderem gehört – vielleicht meiner Mutter. Wahrzunehmen, daß ich mich für Dinge interessieren und aufgeschlossen sein muß; daß ich über mein praktisches Verhalten nachdenken muß; daß ich glauben muß, daß es wichtig ist, mich zu kennen; daß ich bereit sein muß, mich auch mit unangenehmen Tatsachen auseinanderzusetzen. Und schließlich wahrzunehmen, daß ich überzeugt sein muß, daß das Bewußtsein langfristig nutzbringender für mich ist als das Unbewußtsein.

Warum ist es wichtig, körperliche Gefühle wahrzunehmen? Nun, um nur ein Beispiel von vielen zu nennen: Sehr nützlich ist es für jeden streßgeplagten Menschen, der eine Herzattacke vermeiden möchte und dem durchaus vorbeugen kann, wenn er die Warnsignale wahrnimmt. Und warum ist es wichtig, meine Emotionen bei einer Begegnung mit anderen wahrzunehmen? Einfach: Um unsere Handlungen und Reaktionen besser verstehen zu können. Warum ist es wichtig, unsere Verhaltensmuster wahrzunehmen? Um zu wissen, welche Handlungen zu den gewünschten Ergebnissen führen und welche nicht; und um zu erkennen, welche Muster wir ändern müssen. Und warum ist es wichtig wahrzunehmen, was uns positiv erregt und was uns runterzieht? Damit ersteres sich häufiger als letzteres wiederholt (was mitnichten automatisch oder »instinktiv« sichergestellt wird). Und warum sollte es sinnvoll sein, die verschiedenen Stimmen in unserem Innern zu erkennen? Um fremde Einflüsse und entsprechend oktroyierte Tagesordnungen zu erkennen (hinter denen sich zum Beispiel ein Elternteil oder eine religiöse Autorität verbirgt); um die eigene Stimme von allen anderen unterscheiden zu lernen, und um als autonomes Individuum durchs Leben zu gehen.

Daß es mir wichtig ist, eine Bewußtheit von den Werten zu haben, die mich bewegen und von denen ich mich leiten lasse – und ebenso von ihren Wurzeln. So daß ich nicht von Werten beherrscht werde, die ich irrationalerweise oder unkritisch von anderen übernommen habe: Dieser Punkt ist eng mit den vorangegangenen verwandt. Bezeichnend für eine unbewußte Lebensweise ist unter anderem, daß die Werte in Vergessenheit geraten, von denen das eigene Handeln bestimmt wird, und sich sogar eine Gleichgültigkeit gegenüber dieser Frage breitmacht. Jeder von uns zieht hin und wieder irreführende oder irrationale Schlußfolgerungen aus seinen Erfahrungen, die uns dann als Grundlage für die Übernahme von Werthaltungen dienen, die abträglich für unser Wohlergehen sind. Jeder von uns übernimmt Werte aus der Welt, die ihn umgibt – von der Familie, von Kollegen, von der Kultur. Diese Werte müssen aber weder rational berechtigt noch unseren wahren Interessen förderlich sein. Oft sind sie es nicht.

Ein junger Mensch, der, während er aufwächst, ständig Unehrlichkeiten und Scheinheiligkeiten miterlebt, kommt im Zweifel für sich zu dem Schluß: »So ist es nun einmal auf der Welt, und ich muß mich dem anpassen.« Mit der Konsequenz, daß Ehrlichkeit und Integrität bei ihm keinen sonderlich hohen Stellenwert haben.

Oder: Ein Mann mißt, als Ergebnis seiner Erziehung, den Wert eines Menschen am Maßstab seines Einkommens. Oder: Eine Frau setzt, als Ergebnis ihrer Erziehung, ihren persönlichen Wert mit dem Status des Mannes gleich, den sie heiratet.

Solche Wertmaßstäbe untergraben ein gesundes Selbstwertgefühl und führen fast unausweichlich zur Selbstentfremdung und zu tragischen Lebensentscheidungen. Zu einem bewußten Leben gehört somit, daß wir mit Vernunft und ausgehend von unseren persönlichen Erfahrungen über die Werte nachdenken, die wir für unsere Zwecke und Ziele übernehmen wollen.

Die Frage der Abhängigkeiten

Bei Abhängigkeitsproblemen ist wohl nicht zu übersehen, daß das Bewußtsein gemieden wird. Hinter jeder Abhängigkeit – ob es um Alkohol-, Drogen- oder die Abhängigkeit von einer destruktiven Beziehung geht – steht unterschiedslos die Absicht, Angst und Schmerz zu lindern, der Bewußtheit der Gefühle der Machtlosigkeit und Verzweiflung zu entfliehen. Wir werden abhängig von Beruhigungs- und schmerzstillenden Mitteln – in welcher Form auch immer. Angst und Schmerz werden nicht beseitigt, sie werden nur im Bewußtsein gedämpft. Und da sie unweigerlich wiederauftreten, und zwar zunehmend intensiver, sind zunehmend stärkere Giftdosen erforderlich, um das Bewußtsein auf Sparflamme zu halten.

Wenn wir abhängig werden von Aufputschmitteln, meiden wir jene Erschöpfungszustände oder Depressionen, die sie maskieren sollen. Was auch immer ansonsten noch im Spiel sein mag, was immer im Spiel ist, ist die Meidung des Bewußtseins. Und was mitunter auch im Spiel ist, ist die Meidung der Auseinandersetzung mit einem unverträglichen Lebensstil, der nur durch die Einnahme der Stimulanzien gewahrt werden kann.

Für den Abhängigen ist das Bewußtsein ein Feind. Wenn ich im Grunde weiß, daß Alkohol gefährlich für mich ist, und ich trinke dennoch, so muß ich als erstes mein Bewußtsein ausschalten. Wenn ich weiß, daß ich durch Kokain meine letzten drei Arbeitsstellen verloren habe, und ich verzichte dennoch nicht darauf zu schnupfen, so muß ich zuerst mein Bewußtsein ausschalten, ich muß mich weigern, das zu sehen, was ich sehe, und das zu wissen, was ich weiß. Wenn ich erkenne, daß ich an einer Beziehung festhalte, die meine Würde zerschlägt, mein Selbstwertgefühl ruiniert und gefährlich für mein körperliches Wohlergehen ist, und ich entscheide mich dennoch gegen eine Trennung, so muß ich erst die Stimme der Vernunft abschalten, mein Gehirn einnebeln und mich dumm stellen. Die Selbstzerstörung funktioniert am besten im Dunkeln.

Ein persönliches Beispiel

Jeder von uns erinnert sich, wenn wir auf unser Leben zurückblikken, an irgendeine Sache, der wir nicht das nötige Bewußtsein entgegenbrachten. Und wie oft haben wir später gesagt: »Wenn ich doch nur mehr nachgedacht hätte!« – »Wenn ich nur nicht so impulsiv gewesen wäre!« – »Wenn ich doch nur die Tatsachen sorgfältiger überprüft hätte!« – »Wenn ich doch nur etwas weitergedacht hätte!«

Ich denke an meine erste Ehe. Ich war zweiundzwanzig. Ich denke an all die Anzeichen (ganz abgesehen davon, daß wir so jung waren), die darauf hinwiesen, daß wir einen Fehler machten: die vielen Konflikte, manche Unvereinbarkeiten in unseren Werthaltungen und all die Dinge, die im Kern damit zusammenhingen, daß sie eigentlich nicht mein und ich nicht ihr »Typ« war. Warum habe ich also dennoch geheiratet? Weil wir in mancher Hinsicht die gleichen Vorstellungen und die gleichen Ideale hatten. Wegen der sexuellen Anziehungskraft. Weil ich mir verzweifelt eine Frau in meinem Leben wünschte. Weil sie der erste Mensch war, bei dem es keine Befremdungsgefühle gab – und mir die Zuversicht fehlte, ich könnte nochmals jemanden kennenlernen, bei dem das ebenfalls so sei. Und weil ich naiv glaubte, die Ehe werde alle Probleme zwischen uns lösen. Wir hatten auch unsere »Gründe« zu heiraten, natürlich.

Dennoch, wenn mir jemand gesagt hätte (oder ich wäre irgendwie selbst darauf gekommen, mich zu fragen): »Wenn du deiner

Beziehung mit Barbara ein größeres Bewußtsein entgegenbrächtest, und zwar ständig, Tag für Tag, was meinst du, wäre dann?« Und ich frage mich wirklich, was mir dann bewußt und klargeworden wäre. Auf einen Geist, der dafür empfänglich ist, kann eine so einfache und dennoch so provozierende Frage eine erstaunliche Wirkung haben.

Tatsache ist, daß ich weder meine Gefühle untersuchte, die mich bewegten zu heiraten, noch die Gefühle, die die Gefahr signalisierten. Ich stellte mich den Fragen nicht, die eigentlich logisch gewesen wären und auf der Hand lagen: Warum heiratest du *jetzt*? Warum wartest du nicht, bis zwischen euch mehr geklärt ist? Und weil ich all das unterließ, wurde mein Selbstwertgefühl angekratzt. Ein Teil von mir wußte, daß ich der Bewußtheit auswich – obwohl ich Jahre brauchte, um das alles zu verstehen.

In der psychotherapeutischen Praxis verwende ich heute eine Methode, von der ich mir wünschte, ich hätte sie schon damals gekannt. Die nächsten zehn Jahre meines Lebens wären womöglich anders verlaufen. Auf diese und andere Methoden werde ich später noch ausführlicher eingehen. Für den Augenblick nur soviel: Wenn ich mich zwei Wochen lang jeden Morgen an meinen Schreibtisch gesetzt und ausgehend von der Satzergänzungsmethode folgenden Halbsatz in mein Notizbuch geschrieben hätte: »Wenn ich meiner Beziehung mit Barbara ein größeres Bewußtsein entgegenbringe…« – und ihn dann schnell, spontan, ohne zu grübeln, zu zensieren oder »nachzudenken«, mit sechs bis zehn verschiedenen Endungen, so wie sie mir einfielen, ergänzt hätte, dann wären mir ebenso so unausweichlich wie deutlich die tiefen Vorbehalte zunehmend bewußt geworden, die ich gegenüber dieser Beziehung hatte, und ebenso meine Strategie, dem auszuweichen und es zu leugnen.

Ich verwende diese Methode bei Klienten, die mit Beziehungsproblemen oder -konflikten zu mir kommen. Fast immer können aus den Ergebnissen wichtige Klarheiten gewonnen werden. Mit der Konsequenz, daß manche Beziehungen sich radikal verbessern, und andere beendet werden.

Wenn mir diese Methode bekannt gewesen wäre, hätte ich mich der Tatsache stellen müssen, daß die treibende Kraft eher die Angst vor der Einsamkeit als meine Bewunderung für Barbara war. Und wenn Barbara, umgekehrt, diese Übung gemacht hätte, wäre auch ihr klargeworden, daß sie nicht rationaler handelte als ich. Ob wir dann auch fortan so mutig und klug gewesen wären, diese hohe Bewußtseinsebene beizubehalten, steht im Zweifelsfall auf einem anderen Blatt. Daß man einmal wach wird, ist keine Garantie, daß man auch wach bleibt. Dennoch: Wenn ich die Erfahrungen mit meinen Klienten nehme, dürfte es uns jedenfalls schwergefallen sein, weiterhin blind an unserem Kurs festzuhalten. Denn wir wären nicht mehr blind gewesen. Mit einer Tür, die ich öffne, mache ich den Weg zur nächsten frei und zur nächsten...

Bewußtsein und der Körper

Es ist der Leistung Wilhelm Reichs zu verdanken, daß der Körper in die Psychotherapie einbezogen wurde. Er machte den Klinikern bewußt, daß blockierte und unterdrückte Gefühle körperlich ihren Ausdruck finden: Eingeschränkte Atmung und Muskelverspannungen sind das Ergebnis. Sofern diese Blockaden sich wiederholen oder gar zum Dauerzustand werden, werden sie Teil der Körperstruktur – Reich spricht von der »Panzerung des Körpers«. Mit anderen Worten: Was als psychologisches Problem begann, wurde somatisiert. Durch eine gewohnheitsmäßig flache Atmung und eine minimale Muskelanspannung wird der Fluß der Gefühle blockiert und das Bewußtsein entsprechend reduziert. Körpertherapeuten versuchen gezielt, die Atmung zu befreien und über muskuläre Anspannungen und Verspannungen zu lösen, so daß der Klient am Ende mehr *fühlt* und *eine höhere Bewußtheit hat*. Körperarbeit kann ein blockiertes Bewußtsein befreien.

Das gilt für alle Körperarbeitsmethoden, die seit Reich ausgehend von einem zunehmend besseren Verständnis des Zusammenspiels zwischen Psyche und Soma entwickelt wurden. Die Befreiung des Körpers trägt zur Befreiung des Geistes bei.

Anfang der Siebziger habe ich mich einer »Rolfing«-Behandlung unterzogen (benannt nach der Begründerin Ida Rolf), einer Methode, die formal als »Strukturelle Integration« bezeichnet wird. Rolfing ist eine Methode der Tiefen-Massage, die sich schwerpunktmäßig auf das Bindegewebe, vor allem die Muskelhäute (Faszien) konzentriert, die die Muskeln mit den Knochen verbinden. Ziel der Technik ist es, den Körper in Einklang mit der Schwerkraft zu bringen, Ungleichgewichte zu korrigieren, die auf Muskelverspannungen zurückzuführen sind, sowie blockierte Gefühle und Energien freizusetzen.

Ich war fasziniert von den Reaktionen meiner Klienten. Viele stellten von Woche zu Woche Veränderungen bei mir fest: Ich wurde feinfühliger, und mein Wahrnehmungsvermögen nahm zu. In dem Zuge, wie sich mein Körper für mich zu öffnen schien und irgendwie »gegenwärtiger« wurde, war es mir auch möglich, den

Körper anderer verständiger zu »lesen«. Ich sah, wie ein Klient saß, stand oder sich bewegte, und es sprach Bände. Ich wußte sofort, was mit seinem Innenleben los war. Über einen Prozeß, der als gesteigerte Körperbewußtheit begann, hatte sich automatisch auch mein Bewußtsein bei meiner Arbeit gesteigert.

Als ich meinem Rolfer begeistert davon erzählte, meinte er, daß nicht jeder diese Erfahrung mache, sie sei nicht allein das Ergebnis des Rolfings, sondern auch auf die hohe Bewußtheit zurückzuführen, mit der ich das Ganze miterlebte. »Es ist wie in der Psychotherapie«, sagte er. »Klienten, die die Therapie sehr bewußt miterleben, profitieren mehr als solche, die eher passiv bleiben, einfach kommen und erwarten, daß der Therapeut alles andere macht.«

Der Punkt, um den es mir hierbei geht, ist, daß ich verdeutlichen möchte, daß ein Körper, der sich gegen Gefühle panzert, ein großes Hemmnis darstellt, wenn wir im übrigen das Ziel haben, mit einem größeren Bewußtsein zu leben.

Satzergänzungsübungen, um die Kunst des bewußten Lebens zu erleichtern

Satzergänzungsübungen sind ein täuschend einfaches und zugleich einzigartig wirksames Mittel, um unser Selbstverständnis, unser Selbstwertgefühl und unsere Effizienz zu erhöhen. Ihre Wirksamkeit beruht auf dem Umstand, daß wir alle mehr wissen, als uns normalerweise bewußt ist – daß wir klüger sind und über mehr Fähigkeiten verfügen, als wir in der Regel durch unser Verhalten zeigen. Satzergänzungsübungen sind ein Instrument, um an diese »verborgenen Ressourcen« heranzukommen und sie zu aktivieren. Es gibt viele Möglichkeiten, wie man die Satzergänzungsmethode nutzen kann. Besonders wirksam ist in meinen Augen folgende.

Im wesentlichen geht es darum, einen unvollendeten Satz, einen Satzstamm aufzuschreiben und diesen immer wieder mit verschiedenen Endungen zu ergänzen – die einzige Regel, die hierbei eingehalten werden muß, ist, daß jede Endung grammatikalisch korrekt zum Satzstamm passen muß. Pro Satzstamm sollten mindestens sechs verschiedene Endungen gefunden werden.

Im übrigen sollte die Übung möglichst schnell durchgezogen werden – ohne Pausen, um »nachzudenken«; das heißt, daß wir einfach etwas erfinden, wenn wir hängenbleiben, ohne uns Gedanken darüber zu machen, ob eine bestimmte Endung wahr, vernünftig oder wichtig ist. *Jede* Endung ist in Ordnung. Wichtig ist, *einfach weiterzuschreiben*.

Bei unserer Satzergänzungsmethode verwenden wir ein Notizbuch, eine Schreibmaschine oder einen Computer. (Akzeptabel ist auch die Verwendung eines Tonbandgerätes; in diesem Fall sprechen Sie den Satzstamm immer wieder auf Band und ergänzen ihn jeweils mit einer anderen Endung. Später können Sie die Aufnahme abhören, um darüber nachzudenken.)

Satzergänzungsübungen können in vieler Hinsicht genutzt werden. Einige Verwendungsmöglichkeiten werden Sie in diesem Buch kennenlernen. Im Augenblick wollen wir uns jedoch darauf konzentrieren, wie wir diese Methode nutzen können, um unser Ziel, bewußter leben zu lernen, leichter zu erreichen.

Als erstes am Morgen, noch ehe Sie weiteren Beschäftigungen nachgehen, schreiben Sie folgenden Satzstamm:

Bewußt leben heißt für mich, ...

Dann schreiben Sie, ohne Pause, um nachzudenken, möglichst schnell so viele Endungen zu diesem Halbsatz, wie es Ihnen innerhalb von zwei oder drei Minuten möglich ist (jedoch nie weniger als sechs, zehn sind aber genug). Kümmern Sie sich nicht darum, ob Ihre Endungen tatsächlich wahr, sinnvoll oder »tiefsinnig« sind. Schreiben Sie *irgend etwas*, aber schreiben Sie *etwas*.

Dann machen Sie mit dem nächsten Satzstamm weiter:
Wenn ich meinen Beschäftigungen heute 5 Prozent mehr Bewußtheit entgegenbringe, ...

(Warum nur 5 Prozent? Wir sollten kleine, »mundgerechte Happen« bevorzugen, die nicht von vornherein einschüchtern. Im übrigen sind 5 Prozent in der Regel eine ganze Menge!)
Dann:
Wenn ich heute mehr darauf achte, wie ich mit Menschen umgehe, ...

Dann:
Wenn ich meinen wichtigsten Beziehungen 5 Prozent mehr Bewußtheit entgegenbringe, ...

Als nächstes:
Wenn ich ... 5 Prozent mehr Bewußtheit entgegenbringe, ... (fügen Sie ein spezielles Problem ein, das Sie haben – eine bestimmte Beziehung mit jemandem, ein berufliches Problem, Ängste oder Depressionen, unter denen Sie leiden)

Wenn Sie diese Übung beendet haben, gehen Sie ihren regulären Tagesbeschäftigungen nach.

Am Ende des Tages, vor dem Abendessen ist Ihre letzte Aufgabe die, folgende Halbsätze jeweils mit sechs bis zehn Endungen zu vervollständigen:

Wenn ich darüber nachdenke, wie ich mich fühlen würde, wenn ich bewußter lebte, ...
Wenn ich darüber nachdenke, was passiert, wenn ich meinen Beschäftigungen 5 Prozent mehr Bewußtsein entgegenbringe, ...
Wenn ich darüber nachdenke, was passiert, wenn ich meinen wichtigsten Beziehungen 5 Prozent mehr Bewußtheit entgegenbringe, ...
Wenn ich darüber nachdenke, was passiert, wenn ich... (was immer Sie eingefügt haben) 5 Prozent mehr Bewußtheit entgegenbringe, ...

Machen Sie diese Übung jeden Tag, Montag bis Freitag, eine Woche lang.

Lesen Sie nicht nach, was Sie am vorhergehenden Tag geschrieben haben. Es ist ganz natürlich, daß Sie vieles wiederholen. Unweigerlich werden aber auch neue Endungen auftauchen. Sie mobilisieren Ihre ganze Psyche für sich.

Am Wochenende nehmen Sie sich dann jeweils die Zeit, das nachzulesen, was Sie unter der Woche geschrieben haben. Anschließend schreiben Sie mindestens sechs verschiedene Endungen zu folgendem Satzstamm:

Wenn irgend etwas von dem, was ich diese Woche geschrieben habe, wahr ist, dann wäre es hilfreich, wenn ich...

Im Idealfall machen Sie sich bei diesen Übungen von allen Erwartungen frei; das heißt, daß es Sie nicht interessiert, während Sie schreiben, was geschieht oder was geschehen »sollte«. Belasten Sie die Situation nicht mit irgendwelchen Ansprüchen, die Sie daran stellen. Versuchen Sie, Ihren Kopf von allen Erwartungen freizumachen. Machen Sie die Übung, dann gehen Sie Ihren weiteren Beschäftigungen nach. Achten Sie dabei auf mögliche Unterschiede, ob Sie sich anders fühlen, wie Sie leben und handeln. Sie werden feststellen, daß Sie damit Kräfte angestoßen haben, die es Ihnen absolut unmöglich machen, weniger bewußt zu leben.

Eine Sitzung sollte im Durchschnitt nicht länger als zehn Minuten dauern. Wenn sie länger dauert, dann »denken« (überlegen, kalkulieren) Sie zuviel.

Der zweite Satzstamm, den Sie morgens ergänzen, bezieht sich, wie Sie sicher gemerkt haben, auf die anstehenden Tagesbeschäftigungen. Ich nenne diese Übungsvariante die »Bücherstützen«-Übung. Das Wissen, daß diese Halbsätze dann im Laufe des Tages praktisch ergänzt werden »wollen«, steigert automatisch die Motivation, den ganzen Tag bewußter zu erleben.

Anders ausgedrückt könnte man sagen, daß es hierbei darum geht, einen angemessenen Umgang mit unserer Aufmerksamkeit zu lernen. Globaler ausgedrückt: Es zu lernen, mit den »spontanen« Aktivitäten unseres Verstandes umzugehen. Ein gutes

Selbstwertgefühl zu wahren, ist eine Frage der Disziplin. Und deren Grundlage ist die Disziplin des Bewußtseins. Diese Disziplin zu fördern und zu unterstützen, ist das Ziel dieser Methode.

Nachdem Sie, sagen wir, zwei Wochen mit den vorgenannten Satzstämmen gearbeitet haben, bekommen Sie ein Gefühl dafür, wie diese Methode funktioniert. Nun können Sie andere Satzstämme verwenden, um Ihre Bewußtheit in bestimmten Bereichen zu erhöhen. Zum Beispiel:

Wenn ich der Frage, wann ich geistig aktiv bin und wann ich geistig passiv bin, 5 Prozent mehr Bewußtheit entgegenbringe, könnte ich sehen...
(Wobei der entsprechende Satzstamm am Abend dann lautet: **Wenn ich darauf achte, was passiert, wenn ich...** usw.)
Wenn ich meiner Beziehung mit... (Name einfügen) 5 Prozent mehr Bewußtheit entgegenbringe, ...
Wenn ich meinen Unsicherheiten 5 Prozent mehr Bewußtheit entgegenbringe, ...
Wenn ich meiner Depression 5 Prozent mehr Bewußtheit entgegenbringe, ...
Wenn ich meiner Sorge wegen... (einfügen) 5 Prozent mehr Bewußtheit entgegenbringe, ...
Wenn ich meinen Impulsen, unangenehmen Tatsachen aus dem Weg zu gehen, 5 Prozent mehr Bewußtheit entgegenbringe, ...
Wenn ich meinen Bedürfnissen und Wünschen 5 Prozent mehr Bewußtheit entgegenbringe, ...
Wenn ich meinen innersten Werten und Zielen 5 Prozent mehr Bewußtheit entgegenbringe, ...
Wenn ich meinen Emotionen 5 Prozent mehr Bewußtheit entgegenbringe, ...
Wenn ich meinen Prioritäten 5 Prozent mehr Bewußtheit entgegenbringe, ...
Wenn ich der Tatsache, wie ich mir manchmal selbst im Weg stehe, 5 Prozent mehr Bewußtheit entgegenbringe, ...
Wenn ich den Ergebnissen meines Handelns 5 Prozent mehr Bewußtheit entgegenbringe, ...
Wenn ich dem Umstand, inwieweit ich es anderen manchmal schwermache, mir das zu geben, was ich möchte, 5 Prozent mehr Bewußtheit entgegenbringe, ...

Einige Beispiele mit beruflichem Hintergrund:
Wenn ich den Dingen, die in meinem Beruf von mir verlangt werden, 5 Prozent mehr Bewußtheit entgegenbringe, ...
Wenn ich den Dingen, von denen ich weiß, daß sie zu einem guten Manager gehören, 5 Prozent mehr Bewußtheit entgegenbringe, ...
Wenn ich den Dingen, die ich soweit bereits vom Verkaufen verstehe, 5 Prozent mehr Bewußtheit entgegenbringe, ...
Wenn ich dem, was ich bereits von vernünftigem Delegieren weiß, 5 Prozent mehr Bewußtheit entgegenbringe, ...

Einige Beispiele, um »Widerstände« zu erforschen:
Wenn ich mir vorstelle, mehr Bewußtheit in mein Leben zu bringen, ...
Das Schreckliche, wenn ich bewußter lebe, könnte sein, ...
Wenn ich meiner Angst vor einem bewußteren Leben 5 Prozent mehr Bewußtheit entgegenbringe, ...

Ich glaube, diese Beispiele genügen, um zu zeigen, daß es praktisch unendlich viele Möglichkeiten gibt. Ebenso dürfte bei diesen Bereichen klar sein, wie der entsprechende Satzstamm am Abend lautet.

Neben meiner psychotherapeutischen Praxis leite ich wöchentlich Gruppensitzungen, bei denen es speziell um die Erhöhung des Selbstwertgefühls geht. Sie sind im übrigen ein guter Prüfstein, um meine Strategien immer wieder zu testen. Übungen, wie die vorgenannten, haben sich als Hausaufgaben dabei als sehr wirksam erwiesen, um langsam und behutsam Veränderungen herbeizuführen. Niemand hat diese spezielle »Bewußtseinsübung« einen Monat oder zwei Monate lang gemacht, ohne anschließend von einer (sichtbaren) höheren Bewußtheit im Alltag zu berichten. Diese Übung ist eine Adrenalinspritze für die Psyche.

Die Herausforderung

Bewußt leben ist sowohl eine Frage der Praxis als auch der Einstellung, der Einstellung zum Leben. Entscheidend für ein bewußtes Leben ist vor diesem Hintergrund natürlich die Frage der Kontinuität. Niemand lebt völlig unbewußt. Und niemandem ist es unmöglich, sein Bewußtsein noch zu erweitern.

Wenn wir über diesen Punkt nachdenken, wird uns klar, daß wir manchen Bereichen in unserem Leben mehr Bewußtsein als anderen schenken. Ich habe schon mit Sportlern und Tänzern gearbeitet, die die geringsten Veränderungen in ihrem Körper mit äußerster Bewußtheit wahrnahmen, soweit es um Nerven, Muskeln und den Kreislauf ging – die aber vielfach kaum ein Bewußtsein von der Bedeutung ihrer Emotionen hatten. Wir kennen alle Personen, die ihrer Arbeit mit einem tadellosen Bewußtsein nachgehen, ihre persönlichen Beziehungen aber so unbewußt erleben, daß es zum Himmel schreit.

Wieso wir wissen, welchen Bereichen wir in unserem Leben mehr Bewußtheit entgegenbringen müßten, dürfte relativ klar sein. Wir brauchen uns nur anzuschauen, in welchen Bereichen unser Leben unbefriedigend ist. Wir merken, wo die Schmerzen und Frustrationen liegen. Wir sehen, wo wir nicht effektiv sind.

Wenn wir bereit sind, ehrlich zu sein, ist diese Aufgabe nicht schwierig. Bei manchen ist es notwendig, daß sie ihren materiellen Grundbedürfnissen mehr Bewußtheit entgegenbringen. Andere müssen sich mehr auf ihre Beziehungen konzentrieren. Bei wiederum anderen muß die intellektuelle Entwicklung im Brennpunkt stehen. Noch andere müssen ihre bisher unerforschten kreativen Fähigkeiten und ihr Leistungsvermögen untersuchen. Andere müssen sich um geistiges Wachstum bemühen. Was im einzelnen Priorität hat, hängt vom Stand unserer individuellen Entwicklung und ebenso von unseren objektiven Lebensumständen ab. Der Gesamtrahmen bestimmt, was angemessen ist.

Angenommen: Sie denken über die in diesem Kapitel angesprochenen Punkte nach und erkennen infolgedessen, welche Bereiche Sie in Ihrem Leben höchst bewußt erleben und welchen Sie kaum Bewußtsein entgegenbringen. Der nächste Schritt besteht nunmehr darin, daß Sie darüber nachdenken, warum es so schwierig erscheint, auch in jenen problematischen Bereichen ein geistiges, konzentriertes, hohes Niveau zu wahren. Um das zu erkennen, können Satzergänzungsübungen hilfreich sein. Zum Beispiel:

Der Grund, warum es mir so schwerfällt, hier ein hohes Bewußtseinsniveau zu wahren, ist...

Schreiben Sie zu diesem Halbsatz, so schnell Sie können, sechs bis zehn Endungen. Als nächstes versuchen Sie es mit folgendem Satzstamm:

Das Gute daran, mich dem nicht voll bewußt zu stellen, ist...

Als nächstes:
Wenn ich hier bewußter bleiben müßte, ...

Dann:
Wenn ich ausprobieren sollte, in diesem Bereich mein Bewußtsein um 5 Prozent zu erhöhen, ...

(Sie erinnern sich noch an den Grundsatz »mundgerechter Happen«?)

Ehe wir uns eingehender damit beschäftigen, was im einzelnen mit diesen Satzergänzungsübungen erreicht werden kann, finden Sie vielleicht manche Anregung, wenn Sie sich zunächst mit folgenden Fragen auseinandersetzen:

Wenn Sie sich entschließen, bewußter Ihrem Beruf nachzugehen, was könnten Sie anders machen?

Wenn Sie sich entschließen, Ihre wichtigsten Beziehungen bewußter zu erleben, was könnten Sie anders machen?

Wenn Sie sich entschließen, mehr darauf zu achten, wie Sie mit anderen umgehen – mit Kollegen, Angestellten, Kunden, Kindern, Freunden oder dem Partner bzw. der Partnerin –, was könnten Sie anders machen?

Wenn Sie Angst haben oder Widerstände spüren, Ihr Bewußtsein in einem dieser Bereiche zu erweitern, welche negativen Dinge könnten Ihres Erachtens daraus erwachsen, die Sie vermeiden möchten?

Wenn Sie sich – ohne Selbstvorwürfe – bewußter mit Ihren Ängsten und Widerständen auseinandersetzen, was könnten Sie erkennen?

Wenn Sie sich in den Bereichen, denen Sie bisher nicht mit dem notwendigen Bewußtsein begegneten, stärker und kompetenter fühlen möchten, *was sind Sie bereit zu tun?*

Bewußt leben ist die erste Säule des Selbstwertgefühls.

7. Sich selbst annehmen

Wer sich nicht selbst annimmt, kann kein Selbstwertgefühl haben.

Selbstannahme und Selbstwertgefühl sind sogar so eng miteinander verknüpft, daß beide gelegentlich miteinander verwechselt werden. Sie haben aber dennoch jeweils andere Bedeutungen, und es ist wichtig zu verstehen, was im einzelnen damit gemeint ist.

Während das Selbstwertgefühl etwas ist, was wir *erfahren*, ist die Selbstannahme etwas, was wir *tun*.

Negativ ausgedrückt: *Selbstannahme ist die Weigerung, in einem feindschaftlichen Verhältnis zu mir selbst zu stehen.*

Das Konzept der Selbstannahme hat drei Bedeutungsebenen, auf die wir nachfolgend im einzelnen eingehen.

Die erste Ebene

Mich selbst annehmen heißt, auf meiner Seite stehen – *für* mich sein. Im fundamentalsten Sinne hat die Selbstannahme etwas damit zu tun, daß ich meinen Wert schätze und mich meinem Selbst verpflichtet fühle – als Ergebnis meines Lebendigseins und meines Bewußtseins. In dem Sinne ist sie primitiver als das Selbstwertgefühl. Sie ist ein prärationaler und prämoralischer Akt der Selbstbejahung – ein natürlicher Egoismus, auf den jeder Mensch per Geburt ein Anrecht hat, und dem wir dennoch aus eigener Kraft zuwiderhandeln und uns darüber hinwegsetzen können.

Manche Menschen lehnen sich auf einer so tiefsitzenden Ebene selbst ab, daß es keinen Sinn hat, auf ein Wachstum hinzuarbeiten, solange dieses Problem nicht gelöst ist. Solange dieses ausgespart bleibt, wird kein Behandlungserfolg von Dauer sein, kein Lernerfolg tatsächlich integriert werden, und es werden keine nennenswerten Fortschritte möglich sein. Psychotherapeuten, die die Bedeutung dieses Problems nicht verstehen oder es bei Klienten nicht erkennen, werden notgedrungen rätseln, warum bestimmte Klienten selbst nach jahrelanger Therapie noch immer keine relevanten Verbesserungen zeigen.

Was ein effizienter Psychotherapeut bei einer Person mit einem denkbar mangelhaften Selbstwertgefühl zu wecken versucht, ist die Einstellung, sich in einem grundlegenden Sinne selbst anzunehmen. Diese Einstellung kann den Betreffenden beflügeln, sich allen Dingen zu stellen, denen er sich in seinem Innern stellen muß, ohne in Selbsthaß zu verfallen, seinen Wert als Person in Abrede zu stellen oder Lebenswillen aufzugeben. Zu dieser Einstellung gehört die Erklärung: »Ich beschließe, mich selbst wertzuschätzen, mich selbst mit Respekt zu behandeln und für mein Existenzrecht einzutreten.« Dieser erste Akt der Selbstbejahung ist die Grundlage, auf der sich ein Selbstwertgefühl entwickeln kann.

Möglich ist, daß die Selbstannahme nur schläft und dann plötzlich geweckt wird. Sie kann um unser Leben kämpfen, wenn wir voller Verzweiflung sind. Sie kann uns veranlassen, zum Telefon zu greifen und Hilfe zu rufen, wenn wir am Rand zum Selbstmord stehen. Sie kann uns aus den Tiefen unserer Ängste und Depressionen in die Praxis eines Psychotherapeuten führen. Sie kann, nachdem wir jahrelang Mißhandlungen und Demütigungen ausgehalten haben, den Anstoß geben, daß wir uns auflehnen und schließlich »Nein!« schreien. Sie kann, wenn unser einziger Wunsch nur noch der ist, uns hinzulegen und zu sterben, der Impuls sein, der uns bewegt, weiterzumachen. Sie ist die Stimme der Lebenskraft. Sie ist »Selbstsucht« im ehrbarsten Sinne des Wortes. Das erste Opfer fehlender Selbstannahme ist das Selbstwertgefühl.

Die zweite Ebene

Zur Selbstannahme gehört die Bereitschaft zu erfahren – das heißt, real ohne Leugnen oder Ausflüchte wahrzunehmen –, daß wir das denken, was wir denken, das fühlen, was wir fühlen, das begehren, was wir begehren, das getan haben, was wir getan haben, und das sind, was wir sind. Es ist die Weigerung, irgendeinen Teil von uns – unseren Körper, unsere Emotionen, unsere Gedanken, unsere Handlungen, unsere Träume – als fremd, als »das bin ich nicht« zu betrachten. Sie ist die Bereitschaft, die Tatsachen unseres Seins in einem bestimmten Moment zu erfahren und uns nicht davon zu distanzieren – das heißt, unsere Gedanken zu denken, uns zu unseren Gefühlen zu bekennen, der Realität unseres Verhaltens gegenwärtig zu sein.

Die Bereitschaft, unsere Gefühle zu erfahren und zu akzeptieren, bedingt nicht, daß unsere Emotionen bei dem, was wir tun, das letzte Wort haben. Ich habe heute vielleicht keine Lust zu arbeiten; ich kann diese Gefühle erkennen, erfahren und akzeptieren – und dennoch zur Arbeit gehen. Das Ergebnis ist, daß ich mit einem klareren Bewußtsein arbeite, weil ich den Tag nicht mit einem Selbstbetrug begonnen habe.

Wenn wir uns auf negative Gefühle voll einlassen, sie erfahren und akzeptieren, ist es uns oft möglich, sie loszulassen; sie hatten dann ihren Auftritt und geben die Hauptbühne wieder frei.

Selbstannahme ist die Bereitschaft, von jeder Emotion oder Verhaltensweise zu sagen: »Sie ist ein Ausdruck von mir, nicht unbedingt ein Ausdruck, den ich mag oder bewundere, aber nichtsdestotrotz ein Ausdruck von mir, zumindest in dem Augenblick, in dem sie zutage tritt.« Sie ist die Tugend des Realismus, das heißt, daß die Realität des Selbst respektiert wird.

Wenn ich diese leidigen Gedanken denke, dann denke ich sie; ich akzeptiere unbeschönigt die Realität meiner Erfahrung. Wenn ich Schmerzen oder Wut oder Angst oder in unangemessener Weise Lust empfinde, dann empfinde ich sie; was wahr ist, ist wahr – ich lehne sie nicht als vernunftwidrig ab, ich leugne sie nicht und versuche ebensowenig, sie wegzuerklären. Ich fühle, was ich fühle, und ich akzeptiere die Realität meiner Erfahrung. Wenn ich Dinge tue, derer ich mich später schäme, so bleibt dennoch die Tatsache, daß ich sie getan habe; das ist die Realität – und ich suche in meinem Hirn nicht nach Schleichwegen, um die Fakten verschwinden zu lassen. Ich bin bereit, dem standzuhalten, von dem ich weiß, daß es wahr ist. Was ist, ist.

»Akzeptieren« heißt mehr als nur »anzuerkennen« oder »zugeben«. Es heißt erfahren, in der Gegenwart stehen, sich mit der Realität befassen und ins Bewußtsein aufnehmen. Ich muß mich unerwünschten Emotionen gegenüber öffnen, sie ungeschmälert erfahren und sie nicht nur oberflächlich erkennen. Ein Beispiel: Nehmen wir an, meine Frau fragt mich: »Wie fühlst du dich?« Und ich antworte angespannt und gequält: »Mies.« Mitfühlend sagt sie: »Ich sehe, daß du heute wirklich deprimiert bist.« Ich seufze, und mit diesem Seufzen beginnt die Spannung aus meinem Körper zu weichen. Und in einem völlig anderen Ton – mit der Stimme einer Person, die jetzt für sich selbst real ist – sage ich: »Ja, ich fühle mich miserabel, wirklich miserabel«, und dann fange ich an, über das zu sprechen, was mich belastet. Als ich die Frage mit »Mies« beantwortete, während mein Körper angespannt war, um zu verhindern, daß ich meine Gefühle wirklich erfahre, leugnete ich meine Emotion, während ich sie gleichzeitig anerkannte. Die mitfühlende Reaktion meiner Frau half mir, sie wirklich zu erfahren, wodurch die Hindernisse aus dem Weg geräumt wurden und ich beginnen konnte, mich damit auseinanderzusetzen. Sich auf die Erfahrung unserer Gefühle einzulassen, hat eine direkte heilende Kraft.

Ich kann irgendeine Tatsache erkennen und dennoch so schnell darüber hinweggehen, daß ich mich nur in der Illusion wiege, ich praktiziere Selbstannahme; in Wirklichkeit praktiziere ich Leugnen und Selbstbetrug. Nehmen wir an, meine Supervisorin versucht, mir zu erklären, warum etwas, was ich bei meiner Arbeit gemacht habe, ein Fehler war. Sie spricht wohlwollend mit mir und macht mir keine Vorwürfe, dennoch bin ich gereizt und ungeduldig und wünsche mir, sie würde aufhören zu reden und ihrer Wege gehen. Solange sie spricht, bin ich gezwungen, in der Wirklichkeit zu bleiben, daß ich einen Fehler gemacht habe. Sobald sie gegangen ist, kann ich diese Wirklichkeit aus meinem Bewußtsein verbannen – *Ich habe den Fehler zugegeben, reicht das nicht?* –, womit sich die Wahrscheinlichkeit erhöht, daß ich den gleichen oder einen ähnlichen Fehler wieder mache.

Selbstannahme ist die Voraussetzung für Veränderungen und Wachstum. Wenn ich mit einem Fehler, den ich gemacht habe, konfrontiert werde, so kann ich, wenn ich ihn als meinen Fehler akzeptiere, daraus für die Zukunft lernen. Aus einem Fehler, bei dem ich nicht akzeptiere, daß ich ihn gemacht habe, kann ich nicht lernen.

Wenn ich mich weigere, die Tatsache zu akzeptieren, daß ich oft unbewußt lebe, wie will ich es dann lernen, bewußter zu leben? Wenn ich mich weigere zu akzeptieren, daß ich oft unverantwortlich lebe, wie will ich es dann lernen, verantwortlicher zu leben? Wenn ich mich weigere zu akzeptieren, daß ich oft passiv lebe, wie will ich es dann lernen, aktiver zu leben?

Ich kann keine Angst überwinden, deren Realität ich leugne. Ich kann ein Problem im Umgang mit meinen Kollegen nicht ausräumen, wenn ich nicht zugebe, daß es existiert. Ich kann keine Eigenschaften ändern, bei denen ich darauf beharre, daß ich sie nicht habe. Ich kann mir keine Tat vergeben, bei der ich nicht anerkenne, daß ich sie begangen habe.

Eine Klientin wurde einmal wütend, als ich versuchte, ihr diesen Punkt zu erklären. »Wie können Sie erwarten, daß ich mein so entsetzlich geringes Selbstwertgefühl akzeptiere?« fragte sie aufgebracht. »Wenn Sie nicht die Wirklichkeit akzeptieren, in der Sie sich heute befinden«, antwortete ich, »wie wollen Sie dann beginnen, etwas daran zu ändern?« Um diesen Punkt zu verstehen, müssen wir uns vor Augen halten, daß etwas »akzeptieren« nicht unbedingt heißt, daß wir etwas »mögen«, »genießen« oder uns »nachsehen«. Ich kann akzeptieren, was ist – und entschlossen sein, mich von diesem Punkt aus weiterzuentwickeln. Nicht annehmen, sondern leugnen blockiert.

Ich kann nicht wirklich für mich sein und kann kein Selbstwertgefühl aufbauen, wenn ich mich nicht selbst akzeptieren kann.

Die dritte Ebene

Zur Selbstannahme gehört die Idee des Mitgefühls, sich selbst ein Freund zu sein.

Angenommen, ich habe etwas getan, das ich bedauere oder dessen ich mich schäme, und ich mache mir Vorwürfe deswegen. Die Selbstannahme leugnet nicht die Realität, sie sucht nicht nach Argumenten, wonach das, was falsch ist, in Wirklichkeit doch in Ordnung ist; was sie aber tut, ist, daß sie nach den Hintergründen fragt, im Rahmen derer ich das Besagte tat. Sie möchte verstehen, warum. Sie möchte wissen, warum etwas, das falsch oder unangemessen ist, zu dem Zeitpunkt, als ich es tat, erstrebenswert oder angemessen oder gar notwendig erschien.

Das bloße Wissen, daß das, was ein anderer Mensch tat, falsch, unhöflich, verhängnisvoll oder was auch immer war, genügt nicht, um ihn zu verstehen. Um ihn zu verstehen, müssen wir auch die inneren Abläufe und Überlegungen kennen, die sein Verhalten veranlaßten. Auch die rabiatesten Handlungen können vor einem bestimmten Hintergrund durchaus einleuchtend erscheinen. Was nicht heißt, daß sie gerechtfertigt sind; es heißt nur, daß sie nachvollziehbar sind.

Ich kann irgend etwas, was ich getan habe, verurteilen und dennoch aus einem mitfühlenden Interesse heraus die Motive hinterfragen, die mich dazu veranlaßten. Ich kann mir dennoch ein Freund sein. Was nicht heißt, daß ich nach Ausflüchten oder nach rationalen Hintertürchen suche oder mich aus der Verantwortung stehlen will. *Nachdem* ich die Verantwortung für das, was ich getan habe, übernommen habe, kann ich tiefer und an die Hintergründe herangehen. Ein guter Freund könnte in dieser Situation zu mir sagen: »Das war deiner unwürdig. Sag, wie kamst du nur auf die Idee, das könnte in Ordnung oder auch nur zu rechtfertigen sein?« Und genau das kann ich auch zu mir selbst sagen.

Wenn ich meine eigenen Erfahrungen und die meiner Klienten nehme, kann ich sagen, daß ein solches annehmendes, mitfühlendes Interesse negative Verhaltensweisen nicht nur nicht fördert, sondern sie unwahrscheinlicher macht.

Wenn wir andere zurechtweisen oder korrigieren müssen, sind wir in der Regel darauf bedacht, dabei nicht soweit zu gehen, daß deren Selbstwertgefühl Schaden nimmt – da das künftige Verhalten vom Selbstbild geprägt wird. Und mit dem gleichen Wohlwollen sollten wir auch uns selbst begegnen. Das ist die Tugend der Selbstannahme.

Eine Übung

Wenn ich Klienten die Idee der Selbstannahme erklären möchte, beginne ich oft mit einer einfachen Übung, von der ich glaube, daß man sehr viel daraus lernen kann.

Stellen Sie sich vor einen großen Spiegel, in dem Sie sich ganz sehen können. Betrachten Sie Ihr Gesicht und Ihren Körper. Achten Sie auf die Gefühle, die Sie empfinden, während Sie sich so betrachten. Wenn ich von Betrachten spreche, so meine ich nicht, daß Sie sich auf Ihre Kleidung oder Ihr Make-up konzentrieren sollen, sondern auf *sich als Person.* Achten Sie darauf, ob es Ihnen schwerfällt, oder ob Sie sich dabei unwohl fühlen. Vorzugsweise sollten Sie diese Übung nackt machen.

Wahrscheinlich werden Sie manches von dem, was Sie sehen, mehr als anderes mögen. Und wenn Sie wie die meisten Menschen sind, wird es Ihnen schwerfallen, manche Körperteile länger zu betrachten, weil es Ihnen unangenehm ist, oder weil sie Ihnen nicht gefallen. Ihre Augen sehen vielleicht etwas Schmerzliches, dem Sie sich nicht stellen wollen. Sie sind vielleicht zu dick oder zu dünn. Vielleicht empfinden Sie sogar etwas so abstoßend, daß Sie erst gar nicht richtig hinschauen möchten. Vielleicht sehen Sie Alterserscheinungen und können die Gedanken und Emotionen nicht ertragen, die dadurch geweckt werden. Und der Impuls ist zu fliehen, die Bewußtheit zu fliehen, sie zu verwerfen, zu leugnen und so zu tun, als gehörten bestimmte Teile nicht zu meinem Selbst.

Dennoch bitte ich Sie, versuchsweise, sich nicht abzuwenden und sich etwas länger auf Ihr Spiegelbild zu konzentrieren und zu sagen: »Welche Fehler oder Unzulänglichkeiten ich auch immer habe, ich akzeptiere mich vorbehaltlos und ganz.« Schauen Sie sich weiterhin konzentriert an, atmen Sie tief durch, und sagen Sie diesen Satz immer wieder eine oder zwei Minuten lang, langsam und bedächtig, so daß Sie den Sinn Ihrer Worte voll erfassen können.

Vielleicht möchten Sie ja auch protestieren: »Aber ich *mag* bestimmte Dinge an meinem Körper nicht, wie soll ich sie also vorbehaltlos und ganz akzeptieren?« Die Antwort ist: »Akzeptieren« heißt nicht unbedingt »mögen«. »Akzeptieren« heißt nicht, daß wir uns keine Veränderungen oder Verbesserungen vorstellen oder wünschen könnten. Akzeptieren heißt, sich ohne Leugnen oder Ausflüchte darauf einlassen, daß eine Tatsache eine Tatsache ist. Und es heißt in diesem Fall zu akzeptieren, daß das Gesicht und der Körper im Spiegel *Ihr* Gesicht und *Ihr* Körper sind, und daß sie so sind, wie sie sind.

Wenn Sie durchhalten und sich auf die Realität einlassen und sich auf die Bewußtheit einlassen (und nichts anderes heißt »akzeptieren« letzten Endes), merken Sie allmählich, wie Sie sich entspannen und sich vielleicht wohler mit sich selbst fühlen – und realer.

Auch wenn Sie vielleicht nicht alles mögen, was Sie im Spiegel sehen, so können Sie dennoch sagen: »Das bin ich. Und ich leugne diese Tatsache nicht. Ich akzeptiere sie.« Kurz: Sie respektieren die Wirklichkeit.

Wenn Klienten diese Übung jeweils morgens und abends zwei Minuten lang und über den Zeitraum von zwei Wochen machen, merken sie sehr bald, wie eng Selbstannahme und Selbstwertgefühl zusammenhängen: Ein Geist, der das, was das Auge sieht, honoriert, honoriert sich selbst. Aber mehr noch: Wie sollte das Selbstwertgefühl nicht in Mitleidenschaft gezogen werden, wenn wir unser Äußeres als Teil unseres Selbst ablehnen? Wäre es realistisch, davon auszugehen, wir könnten uns selbst lieben, wenn wir das, was wir im Spiegel sehen, verachten?

Und sie machen noch eine weitere wichtige Entdeckung. Sie finden nicht nur zu einem harmonischeren Verhältnis zu sich selbst, sie wachsen nicht nur in ihrer Selbst-Wirksamkeit und ihrer Selbstachtung, sie sind auch, sobald sie die Tatsachen, so wie sie sind, akzeptiert haben, motivierter, die Dinge zu verändern, die ihnen nicht gefallen – soweit es in ihrer Macht steht.

Wir sehen demgegenüber keine Veranlassung, Dinge zu verändern, deren Realität wir leugnen.

Und was die Dinge angeht, die wir nicht ändern können, gilt: Wenn wir sie akzeptieren, gewinnen wir an Stärke und Stimmigkeit; wenn wir sie verfluchen und verwünschen, schwächen wir uns selbst.

Auf Gefühle hören

Ob wir uns annehmen oder ablehnen, beide Reaktionen sind das gemeinsame Ergebnis geistiger und physischer Prozesse.

Der Vorgang, daß wir unsere Emotionen erfahren und akzeptieren, bedingt: 1. daß wir uns auf das Gefühl oder die Emotion konzentrieren; 2. daß wir unbeschwert und tief atmen, unsere Muskeln entspannen und zulassen, daß wir das Gefühl empfinden und 3. es als real annehmen, daß dies *mein* Gefühl ist (das heißt, daß ich mich *dazu bekenne*).

Im Gegensatz dazu leugnen und distanzieren wir uns von unseren Emotionen, wenn wir 1. der Bewußtheit ihrer Realität aus dem

Weg gehen, 2. unsere Atmung einschränken und unsere Muskeln anspannen, um Gefühle zu unterbinden oder zu betäuben, und 3. uns von unserer eigenen Erfahrung abspalten (so daß es uns oft unmöglich ist, unsere Gefühle überhaupt noch zu erkennen).

Wenn wir demgegenüber zulassen, daß wir unsere Emotionen erfahren, und sie akzeptieren, so kann uns dies Zugang zu einer tieferen Bewußtseinsebene verschaffen, wo wir wichtige Erkenntnisse finden können.

Eine Klientin saß vor mir und erging sich in Selbstvorwürfen wegen der Wut, die sie gegenüber ihrem Mann empfand, weil er eine zweiwöchige Geschäftsreise vor sich hatte, derweil sie zu Hause hocken würde. Sie meinte, ihre Gefühle seien irrational; sie bezeichnete sich selbst als dumm; sie sagte sich, es sei lächerlich, so zu reagieren; aber dennoch blieb die Wut. Noch niemandem ist es gelungen, sich mit Selbstbezichtigungen oder Moralpredigten von unangenehmen Emotionen zu befreien.

Ich bat sie, die Wut, die sie empfand, zu beschreiben, sich zu äußern, wo sie sie in ihrem Körper spürte und was sie genau dabei empfand. Mein Ziel war, daß sie sich tiefer auf das Gefühl einließ. Verärgert und gereizt fragte sie: »Wozu sollte das gut sein? Ich möchte diese Wut nicht empfinden, ich möchte sie loswerden!« Ich blieb jedoch dabei, und nach einer Weile begann sie, ihre Spannungsgefühle in der Brust und den Knoten im Magen zu beschreiben. »Ich bin entrüstet«, rief sie dann, »ich bin zornig und denke: Wie kann er mir das antun?« Zu ihrer eigenen Überraschung verflog die Wut allmählich, und eine andere Emotion trat an ihre Stelle – Angst. Ich bat sie, sich auf diese Angst einzulassen und sie zu beschreiben. Und wieder war ihre erste Reaktion, daß sie protestierte und fragte, wozu das gut sein solle. Ich half ihr, daß sie sich auf die Angst einlassen konnte, in die Erfahrung eintauchte und sie dennoch mit den Augen einer Zeugin verfolgte und alles beschrieb, was sie wahrnahm, und versuchte, daraus Dinge abzulesen. »Mein Gott!« schrie sie, »ich habe Angst, allein gelassen zu werden!« Und wieder begann sie mit ihren Selbstvorwürfen. »Bin ich ein Kind? Kann ich nicht einmal zwei Wochen alleine zurechtkommen?« Ich bat sie, tiefer in die Angst vor dem Alleinsein hineinzugehen. »Ich habe Angst«, sagte sie plötzlich, »vor den Dingen, die ich tun könnte, wenn er weg ist. Andere Männer... Ich könnte etwas mit einem anderen Mann anfangen. Ich vertraue mir selbst nicht.«

Damit war die Wut weg, die Angst war verschwunden und ebenso die Furcht vor dem Alleinsein. Ein Problem blieb, natürlich, und dem mußte sie sich stellen. Da es als solches nunmehr jedoch vor ihrem Bewußtsein eingestanden war, war sie auch *in der Lage*, sich damit auseinanderzusetzen.

Ein persönliches Beispiel

Als Jugendlicher verstand ich sehr wenig von der Kunst, mit unliebsamen Emotionen umzugehen. Für mich galt nur, daß sie zu »besiegen« waren. Und die Fähigkeit, sie zu leugnen und auszuklammern, setzte ich oft mit »Stärke« gleich.

Ich erinnere mich, wie ich manchmal unter sehr schmerzlichen Gefühlen der Einsamkeit litt und mich nach jemandem sehnte, mit dem ich meine Gedanken, Interessen und Gefühle teilen konnte. Mit Sechzehn hatte ich die Idee übernommen, wonach Einsamkeit als Schwäche und die Sehnsucht nach zwischenmenschlicher Intimität als mangelnde Selbständigkeit zu sehen war. Ich war nicht dauerhaft dieser Auffassung. Aber manchmal, und wenn ich sie vertrat, so wußte ich keine Antwort auf den Schmerz als die, meinen Körper anzuspannen, um mich dagegen zu wehren, meine Atmung einzuschränken, mir Vorwürfe zu machen und mich durch Abwechslung abzulenken. Ich versuchte, mir einzureden, daß es mir nichts ausmachte. In Wirklichkeit frönte ich der Entfremdung und machte sie zur Tugend.

Ich gab anderen kaum eine Chance, an mich heranzukommen. Ich hatte das Gefühl, anders als alle anderen zu sein, und dieses Anderssein empfand ich als eine kaum zu überwindende, trennende Kluft. Ich hatte meine Gedanken und meine Bücher und sagte mir, das genüge – oder es sollte genügen, wenn ich nur selbstbewußt genug war.

Wenn ich meinen Wunsch nach menschlichen Kontakten als natürlich akzeptiert hätte, hätte ich nach Brücken gesucht, über die ich mich mit anderen hätte verständigen können. Wenn ich den Schmerz der Isolation zugelassen und es mir erlaubt hätte, ihn wirklich zu fühlen, ohne Selbstvorwürfe, so hätte ich Freundschaften geschlossen, mit beiden Geschlechtern, und ich hätte das Interesse und Wohlwollen gesehen, das mir so oft entgegengebracht wurde. Wenn ich mir die Freiheit zugestanden hätte, ganz normal, wie jeder Jugendliche, diese Entwicklungsphasen zu durchlaufen, und hätte mein Gefängnis der Unnahbarkeit verlassen, so wäre ich wohl nicht geradewegs in eine unglückliche Ehe gelaufen. Ich wäre nicht so anfällig gewesen, gleich bei dem ersten Mädchen hängenzubleiben, das meine Interessen tatsächlich zu teilen schien.

Der Hauptpunkt, um den es mir hier geht, ist jedoch der Effekt, den dieses Abspalten für mein Selbstwertgefühl nach sich zog. Natürlich gab es »Gründe«, warum ich mich in Teilbereichen nicht selbst annahm, aber das ist hier nicht das Entscheidende. Das Entscheidende ist, daß ich das fühlte, was ich fühlte, ob ich es akzeptierte oder nicht. Irgendwo in meinem Hirn war das Wissen, daß ich einen Teil von mir selbst verurteilte und ablehnte – der Teil, der sich nach menschlicher Gesellschaft sehnte. Einem Teil dessen, wer ich war, stand ich feindlich gegenüber. Ungeachtet der anderen Bereiche, in denen ich selbstsicher und glücklich war, fügte ich durch dieses Mißverhältnis meinem Selbstwertgefühl eine Wunde zu.

Und entsprechend galt, daß mein Selbstwertgefühl in dem Zuge wuchs, wie ich es später lernte, jene bis dahin abgelehnten Teile von mir zu schätzen.

Aus meiner Erfahrung als Psychotherapeut sage ich, daß nichts so sehr zum Selbstwertgefühl des Einzelnen beiträgt wie die Bewußtmachung und Annahme von abgelehnten Teilen des Selbst. Die ersten Schritte zu Heilung und Wachstum sind Bewußtheit und Annahme – Bewußtsein und Integration. Sie sind die Quelle für die persönliche Entwicklung.

Ein Experiment

Ich lasse meine Klienten oft folgende Übung machen, um ihnen die Möglichkeit zu geben, besser verstehen zu lernen, was Selbstannahme heißt.

Nehmen Sie sich einige Minuten, um über ein Gefühl oder eine Emotion nachzudenken, dem oder der Sie sich nicht gerne stellen – Unsicherheit, Schmerz, Neid, Zorn, Sorgen, Demütigungen, Furcht.

Wenn Sie das Gefühl isoliert haben, versuchen Sie, sich klarer darauf zu konzentrieren, indem Sie sich vielleicht hineinversetzen oder sich vorstellen, durch was es in der Regel ausgelöst wird. Als nächstes atmen Sie in das Gefühl hinein; das heißt, während Sie sich auf das Gefühl konzentrieren, stellen Sie sich vor, Sie dirigieren den Luftstrom zu dem Gefühl hin und von ihm weg. Versuchen Sie, sich vorzustellen, wie Sie sich fühlten, wenn Sie sich nicht dagegen sträubten, sondern es uneingeschränkt akzeptierten. Erforschen Sie diese Erfahrung. Nehmen Sie sich Zeit.

Sagen Sie zu sich selbst: »Ich fühle mich jetzt so und so (je nachdem, um welches Gefühl es sich handelt), und ich akzeptiere es uneingeschränkt.« Das mag anfänglich schwierig sein. Vielleicht merken Sie, wie Ihr Körper sich verspannt, um zu protestieren. Machen Sie weiter. Konzentrieren Sie sich auf Ihre Atmung; geben Sie Ihren Muskeln die Erlaubnis, die Spannung loszulassen. Und halten Sie sich vor Augen: »Eine Tatsache ist eine Tatsache. Was ist, ist. Wenn das Gefühl existiert, so existiert es.« Denken Sie weiterhin über das Gefühl nach. *Erlauben* Sie dem Gefühl bewußt, dazusein (und versuchen Sie nicht, seine Existenz zu bestreiten oder es zu verwünschen). Vielleicht ist es zweckmäßig, wie es für mich war, daß Sie sich sagen: »Ich erforsche jetzt die Welt der Furcht oder des Schmerzes oder des Neides oder der Verwirrung.«

Das ist Selbstannahme in der Praxis. Herzlich willkommen.

Wenn Selbstannahme unmöglich erscheint

Was ist, wenn unsere Reaktion auf eine Erfahrung so negativ und überwältigend ist, daß wir uns *überfordert* fühlen, diesen Bereich in unsere Selbstannahme einzuschließen?

Das heißt, das Gefühl, der Gedanke oder die Erinnerung ist so belastend und aufwühlend, daß eine Annahme für uns vermeintlich außer Frage steht. Es übersteigt unsere Kraft, nicht zu blockieren und uns zu verspannen. Die Lösung ist in diesem Fall nicht, daß wir versuchen, unseren Widerständen zu widerstehen. Es ist nicht sinnvoll zu versuchen, eine Blockade zu blockieren. Wir müssen etwas Geschickteres tun. Wenn wir ein Gefühl (oder einen Gedanken oder eine Erinnerung) nicht akzeptieren können, dann sollten wir *unseren Widerstand akzeptieren*. Mit anderen Worten: Wir beginnen damit, daß wir akzeptieren, wo wir sind. Das heißt: Im Jetzt gegenwärtig sein, und dieses Jetzt ganz erfahren. Wenn wir diesem Widerstand auf der bewußten Ebene begegnen, *wird er sich in der Regel allmählich verflüchtigen*.

Wenn wir die Tatsache akzeptieren können, daß wir uns jetzt, in diesem Augenblick, *weigern* zu akzeptieren, daß wir Neid oder Wut oder Schmerz oder Sehnsucht empfinden – oder daß wir uns *weigern* zu akzeptieren, daß dem einmal so war –, wenn wir also unseren Widerstand anerkennen, zulassen und akzeptieren – so erleben wir ein seltsames Paradox: Der Widerstand bricht allmählich. Wenn wir gegen eine Blockade kämpfen, wird sie stärker. Wenn wir sie anerkennen, zulassen und annehmen, wird sie allmählich schmelzen, *weil sie nur Bestand haben kann, wenn wir fortwährend dagegen ankämpfen*.

Wenn ein Klient in der Therapie Schwierigkeiten hat, ein Gefühl zu akzeptieren, frage ich ihn, ob er wenigstens bereit ist, die Tatsache zu akzeptieren, daß er sich *weigert*, dieses Gefühl zu akzeptieren. Diese Frage stellte ich auch einmal einem Geistlichen, dem es äußerst schwerfiel, seine Wut zuzulassen und sich zu ihr zu bekennen. Dabei war er ein sehr wütender Mann. Meine Frage irritierte ihn. »Soll ich akzeptieren, daß ich meine Wut nicht akzeptiere?« fragte er mich. »Genau das«, antwortete ich. »Ich *weigere* mich«, donnerte er, »meine Wut zu akzeptieren, und ich *weigere* mich, meine Weigerung zu akzeptieren!« »Können Sie denn Ihre Weigerung, Ihre Weigerung zu akzeptieren, akzeptieren?« fragte ich ihn. »Irgendwo müssen wir anfangen. Warum nicht damit?«

Ich bat ihn, sich der Gruppe zuzuwenden und immer wieder »Ich bin wütend« zu sagen. Nach einer Weile war bei seinen Worten nicht mehr zu überhören, daß er tatsächlich äußerst wütend war.

Dann sollte er sagen: »Ich *weigere* mich, meine Wut zu akzeptieren.« Mit dem Ergebnis, daß er den Satz mit jeder Wiederholung zusehends lauter und nachdrücklicher herausbrüllte.

Als nächstes sollte er sagen: »Ich *weigere* mich, meine Weigerung, meine Wut zu akzeptieren, zu akzeptieren.« Eine Bitte, der er mit unglaublicher Heftigkeit nachkam.

Sodann sollte er sagen: »Aber ich bin bereit, meine Weigerung, meine Weigerung zu akzeptieren, zu akzeptieren.« Und er wiederholte diese Worte solange, bis er schließlich nicht mehr anders konnte, als in das Gelächter der Gruppe mit einzufallen.

»Das heißt«, sagte er, »wenn du das Gefühl selbst nicht akzeptieren kannst, akzeptiere wenigstens den Widerstand dagegen.« »Genau das«, antwortete ich. »Und wenn Sie den Widerstand nicht akzeptieren können, akzeptieren Sie wenigstens Ihren Widerstand, den Widerstand zu akzeptieren. Sie werden irgendwann an einen Punkt kommen, den Sie akzeptieren können. Und von diesem Punkt können Sie dann weitermachen... Also: Sind Sie wütend?«

»Ich bin voller Wut.«

»Können Sie diese Tatsache akzeptieren?«

»Sie behagt mir nicht.«

»Können Sie sie akzeptieren?«

»Ich kann sie akzeptieren.«

»Gut. Dann können wir jetzt versuchen herauszufinden, warum Sie so wütend sind.«

Zwei Trugschlüsse

Bei Personen, die sich mit der Idee der Selbstannahme nicht so recht anfreunden können, begegnen wir oft zwei Trugschlüssen. Der eine ist die Annahme: Wenn wir akzeptieren, wer und was wir sind, müssen wir alles an uns gutheißen. Der zweite ist die Annahme: Wenn wir akzeptieren, wer und was wir sind, haben wir kein Interesse daran, etwas zu ändern oder zu verbessern. »Ich möchte mich nicht akzeptieren! Ich möchte lernen, anders zu sein!«

Wobei sich natürlich die Frage stellt: Wenn wir das, was ist, nicht akzeptieren können, wo sollen wir dann die Motivation finden, etwas zu verbessern? Wenn ich das, was ist, leugne und ausklammere, wie sollte ich dann inspiriert werden zu wachsen?

Wir haben es hier mit einem Paradox zu tun (wohlgemerkt: mit einem Paradox, nicht mit einem Widerspruch): Die Annahme dessen, was *ist*, ist die Voraussetzung für Veränderungen. Und wenn ich das, was ist, leugne, bleibe ich festgefahren.

Satzergänzungsübungen zur Erleichterung der Selbstannahme

Nachfolgend finden Sie ein Fünf-Wochen-Programm mit Satzergänzungsübungen, die Ihnen helfen sollen, sich selbst anzunehmen. Sie sind detaillierter als die Übungen bei den anderen Säulen. Ich habe in meiner psychotherapeutischen Praxis immer wieder festgestellt, daß viele sich mit dem Bereich der Selbstannahme wesentlich schwerer als mit allen anderen Bereichen tun, die für das Selbstwertgefühl relevant sind.

Sie werden feststellen, daß in diesem Programm auch Fragen enthalten sind, auf die ich bisher noch nicht ausdrücklich eingegangen bin – etwa: Konflikte akzeptieren oder Erregung akzeptieren. Wenn ich zum Beispiel meine Konflikte akzeptieren kann, kann ich mich mit ihnen auseinandersetzen und darauf hinarbeiten, sie zu lösen; tue ich das nicht, kann ich sie nicht lösen. Wenn ich meine Erregung akzeptieren kann, kann ich sie leben, und ich kann nach angemessenen Ventilen suchen. Wenn ich demgegenüber Angst davor habe und versuche, sie zu ersticken, kann ich das Beste von mir abtöten. Die einzelnen Satzstämme beinhalten relativ komplexe Fragen. Es ist wichtig, sich damit auseinanderzusetzen und darüber nachzudenken. Es sind Fragen, die weitaus mehr Konsequenzen nach sich ziehen, als ich im einzelnen hier aufzeigen kann.

1. WOCHE – AM MORGEN:

Selbstannahme heißt für mich,...

Wenn ich meinen Körper mehr akzeptiere,...

Wenn ich meinen Körper ablehne und mich davon distanziere,...

Wenn ich meine Konflikte bereitwilliger akzeptiere,...

AM ABEND:
Wenn ich meine Konflikte leugne oder ausklammere,...
Wenn ich meine Gefühle bereitwilliger akzeptiere,...
Wenn ich meine Gefühle leugne und ablehne,...
Wenn ich meine Gedanken bereitwilliger akzeptiere,...
Wenn ich meine Gedanken leugne und ablehne,...

An den Wochenenden lesen Sie dann jeweils das, was Sie die Woche über geschrieben haben, durch und ergänzen anschließend folgenden Halbsatz mit sechs bis zehn verschiedenen Endungen: **Wenn irgend etwas von dem, was ich geschrieben habe, wahr ist, dann wäre es hilfreich, wenn ich...**

Und das machen Sie an jedem Wochenende, bis zum Abschluß des Programms.

2. WOCHE – AM MORGEN:
Wenn ich meine Handlungen bereitwilliger akzeptiere,...
Wenn ich meine Handlungen leugne oder ablehne,...
Mir wird zunehmend bewußt,...

AM ABEND:
Wenn ich bereit bin, meine guten Seiten und meine Schwächen realistisch zu nehmen,...
Wenn ich bereitwilliger meine Ängste akzeptiere,...
Wenn ich meine Ängste leugne und ablehne,...

3. WOCHE – AM MORGEN:
Wenn ich meine Schmerzen bereitwilliger akzeptiere,...
Wenn ich meine Schmerzen leugne und ablehne,...
Wenn ich meine Wut bereitwilliger akzeptiere,...
Wenn ich meine Wut leugne und ablehne,...

AM ABEND:
Wenn ich meine Sexualität bereitwilliger akzeptiere,...
Wenn ich meine Sexualität leugne und ablehne,...
Wenn ich meine Erregung bereitwilliger akzeptiere,...
Wenn ich meine Erregung leugne und ablehne,...

4. WOCHE – AM MORGEN:
Wenn ich meine Freude bereitwilliger akzeptiere,...
Wenn ich meine Freude leugne und ablehne,...
Wenn ich bereit bin, tatsächlich das zu sehen, was ich sehe, und das zu wissen, was ich weiß,...

AM ABEND:
Wenn ich meinen Ängsten sehr bewußt begegne,...
Wenn ich meinen Schmerzen sehr bewußt begegne,...

5. WOCHE – AM MORGEN:
Wenn ich meiner Wut sehr bewußt begegne,...
Wenn ich meiner Sexualität sehr bewußt begegne,...
Wenn ich meiner Erregung sehr bewußt begegne,...
Wenn ich meiner Freude sehr bewußt begegne,...

AM ABEND:
Wenn ich mir die Konsequenzen vor Augen halte, die sich daraus ergeben, daß ich mich nicht selbst annehme,...
Wenn ich die Tatsache akzeptiere, daß ist, was ist, egal, ob ich es zugebe...
Allmählich sehe ich, daß...

Weitere nützliche Satzstämme zu diesem Bereich der Selbstannahme finden Sie in *Ich liebe mich selbst. Selbstvertrauen lernen* sowie in *The Art of Self-Discovery.*

Das Verbrechen gegen uns selbst: Leugnen unserer positiven Seiten

Bei jeder Erfahrung, die wir machen können, haben wir die Möglichkeit, sie zu leugnen, direkt oder später, in der Erinnerung. »›Es war‹: also heißt des Willens Zähneknirschen und einsamste Trübsal. Ohnmächtig gegen das, was getan ist – ist er allem Vergangenen ein böser Zuschauer«, schrieb der Philosoph Friedrich Nietzsche.[1]

Ich kann gegen meine Erinnerungen, Gedanken, Emotionen und Handlungen rebellieren. Ich kann jeden Aspekt meiner Erfahrungen und jede Form des Ausdrucks meiner Persönlichkeit ablehnen und von mir weisen, statt sie zu akzeptieren. Ich kann erklären: »Das bin ich nicht. Das war ich nicht. Das ist nicht so.«

Ich kann mich weigern, meine Sinnlichkeit zu akzeptieren. Ich kann mich weigern, meine Spiritualität zu akzeptieren. Ich kann meine Sorgen von mir weisen. Ich kann meine Freuden von mir weisen. Ich kann die Erinnerung an Handlungen unterdrücken, derer ich mich schäme. Ich kann die Erinnerung an Handlungen unterdrücken, auf die ich stolz bin. Ich kann meine Unwissenheit leugnen. Ich kann meine Intelligenz leugnen. Ich kann mich weigern, meine Grenzen zu akzeptieren. Ich kann mich weigern, meine Fähigkeiten zu akzeptieren. Ich kann meine Schwächen verbergen. Ich kann meine Stärken verbergen. Ich kann leugnen, daß ich mich selbst hasse. Ich kann leugnen, daß ich mich selbst liebe. Ich kann vorgeben, mehr zu sein, als ich bin. Ich kann vorgeben, weniger zu sein, als ich bin. Ich kann meinen Körper ablehnen. Ich kann meinen Verstand ablehnen.

Unsere positiven Seiten können für uns genauso beängstigend wie unsere Schwächen sein. Unsere Genialität, unser Ehrgeiz, unsere Erregung oder unsere Schönheit können für uns ebenso beängstigend wie unsere Leere, unsere Passivität, unsere Depression oder die Tatsache sein, daß wir uns unattraktiv finden. Wenn für unsere Nachteile gilt, daß sie uns mit dem Problem der Unzulänglichkeit konfrontieren, dann gilt für unsere positiven Seiten, daß sie uns mit der Herausforderung der Verantwortung konfrontieren.

Wir können nicht nur vor unserer Schattenseite, sondern auch vor unserer Sonnenseite weglaufen – vor allem, was die Gefahr in sich birgt, daß wir irgendwie aus der Masse heraustreten oder alleine dastehen, daß der Held in uns geweckt werden könnte, daß wir zu einer höheren Bewußtseinsebene vorstoßen und eine löblichere Integrität erreichen. Das größte Verbrechen, daß wir gegen uns selbst verüben, ist nicht, daß wir unsere Schwächen leugnen und ablehnen, sondern daß wir unsere Größe leugnen und ablehnen – weil sie uns erschreckt. Ebensowenig wie die Selbstannahme dem Schlechten in uns ausweicht, weicht sie dem Besten in uns aus.

Sich selbst annehmen ist die zweite Säule des Selbstwertgefühls.

8. Eigenverantwortlich leben

Um das Gefühl zu haben, daß ich lebenstüchtig bin, und ein Anrecht habe, glücklich zu sein, brauche ich das Gefühl, daß ich mein Leben selbst kontrollieren kann. Das setzt voraus, daß ich bereit bin, die Verantwortung für mein Handeln und die Erreichung meiner Ziele zu übernehmen. Das heißt, daß ich die Verantwortung für mein Leben und mein Wohlergehen übernehme.

Selbst die Verantwortung zu übernehmen, ist wesentlich für das Selbstwertgefühl; und umgekehrt gilt, daß eigenverantwortliches Handeln ein Spiegel oder Ausdruck des Selbstwertgefühls ist. Für alle Säulen gilt, daß zwischen Selbstwertgefühl und den Säulen eine wechselseitige Beziehung besteht. Das heißt: Die Dinge, die das Selbstwertgefühl erzeugen, sind gleichzeitig auch ein natürlicher Ausdruck und eine natürliche Konsequenz des Selbstwertgefühls. Aber auf diesen Punkt werden wir in einem späteren Kapitel noch ausführlicher eingehen.

Zu einem eigenverantwortlichen Leben gehört, daß ich mir bewußt mache:

Ich bin verantwortlich für die Erfüllung meiner Wünsche.

Ich bin verantwortlich für meine Entscheidungen und mein Handeln.

Ich bin verantwortlich für das Maß an Bewußtsein, das ich meiner Arbeit entgegenbringe.

Ich bin verantwortlich für das Maß an Bewußtsein, das ich meinen Beziehungen entgegenbringe.

Ich bin verantwortlich für mein Verhalten anderen gegenüber – Kollegen, Geschäftspartnern, Kunden, Kindern, Freunden, meinem Mann oder meiner Frau.

Ich bin verantwortlich, wie ich meine Zeit schwerpunktmäßig nutze.

Ich bin verantwortlich für die Qualität meiner Botschaften.

Ich bin verantwortlich für mein persönliches Glück.

Ich bin verantwortlich für die Werte, die ich für mein Leben wähle oder übernehme.

Ich bin verantwortlich für die Erhöhung meines Selbstwertgefühls.

Was bedeuten diese Punkte im einzelnen für mein Verhalten?

Eigenverantwortlich handeln heißt:

Ich bin verantwortlich für die Erfüllung meiner Wünsche: Niemand ist es mir schuldig, daß meine Wünsche erfüllt werden. Ich habe keinen Anspruch auf das Leben oder die Energie anderer. Wenn ich Wünsche habe, ist es an mir, nach Möglichkeiten zu suchen, wie ich sie befriedigen kann. Ich muß mich in die Verantwortung nehmen, einen entsprechenden Plan zu erstellen und ihn praktisch umzusetzen.

Wenn zur Erreichung meiner Ziele die Beteiligung anderer Personen erforderlich ist, obliegt es meiner Verantwortung zu wissen, was ich ihnen an Informationen oder was auch immer geben muß oder ihnen schulde, wenn sie mit mir zusammenarbeiten sollen. Ich respektiere ihr Eigeninteresse und weiß, daß ich mir dieses Interesses bewußt sein und darauf eingehen muß, wenn ich in den Genuß ihrer Kooperation oder Hilfe kommen möchte.

Wenn ich nicht willens und bereit bin, die Verantwortung für die Erfüllung meiner Wünsche zu übernehmen, dann sind es keine wirklichen Wünsche – sondern nur Tagträume. Jeder ernstgemeinte Wunsch setzt voraus, daß ich realistisch die Frage beantworten kann: *Was bin ich bereit zu tun, um das zu bekommen, was ich mir wünsche?*

Ich bin verantwortlich für meine Entscheidungen und mein Handeln: »Verantwortlich« sein heißt in diesem Zusammenhang nicht, daß ich mich verantwortlich fühle, daß ich mich als Sündenbock hinstelle und mir moralische Vorhaltungen oder Schuldgefühle aufladen lasse. Sondern: Daß ich als die verantwortliche treibende Kraft in meinem Leben und Verhalten auftrete. Wenn es *meine* Entscheidungen und *meine* Handlungen sind, so bin ich die Quelle. Zu dieser Tatsache muß ich mich bekennen. Und ich darf sie nicht aus den Augen verlieren, wenn ich Entscheidungen treffe und handele. Warum ist das so entscheidend? Wenn Sie selbst die Antwort darauf finden möchten, dann ergänzen Sie folgenden Satzstamm möglichst schnell mit sechs verschiedenen Endungen: **Wenn ich die volle Verantwortung für meine Entscheidungen und mein Handeln übernehme, ...**

Ich bin verantwortlich für das Maß an Bewußtsein, das ich meiner Arbeit entgegenbringe: Hier gilt das gleiche wie bei der Frage der Entscheidungen. Niemand anders kann dafür verantwortlich sein, wie bewußt ich meinen täglichen Beschäftigungen nachgehe. Ich kann versuchen, beruflich bewußt mein Bestes zu geben, oder ich kann versuchen, mit einem möglichst geringen Bewußtsein und Aufwand davonzukommen, oder ich versuche es mit irgendeiner Zwischenlösung. Wenn ich meine Verantwortung auf dieser Ebene nicht aus den Augen verliere, ist es wahrscheinlicher, daß ich meine Arbeit sehr bewußt erledige.

Ich bin verantwortlich für das Maß an Bewußtsein, das ich meinen Beziehungen entgegenbringe: Das vorgenannte Prinzip gilt gleichermaßen für meinen Umgang mit anderen – angefangen von der Gesellschaft, die ich mir suche, bis zu dem Bewußtsein, das ich Begegnungen entgegenbringe oder auch nicht. Bin ich wirklich *da* bei meinen Begegnungen mit anderen? Bin ich wirklich bei den Dingen, die gesagt werden? Denke ich über die Folgen meiner Äußerungen nach? Registriere ich, inwieweit andere von dem, was ich sage und tue, betroffen sind?

Ich bin verantwortlich für mein Verhalten anderen gegenüber – Kollegen, Geschäftspartnern, Kunden, Kindern, Freunden, meinem Mann oder meiner Frau: Ich bin verantwortlich dafür, wie ich rede oder wie ich zuhöre. Ich bin verantwortlich für die Versprechen, die ich halte oder nicht halte. Ich bin verantwortlich dafür, ob meine Handlungen rational oder irrational sind. Wir weichen unserer Verantwortgung aus, wenn wir versuchen, anderen die Schuld für unsere Handlungen zu geben – wie es etwa zum Ausdruck kommt, wenn wir sagen: »Sie macht mich verrückt«, »Er geht mir auf die Nerven«, »Ich würde ja vernünftig handeln, wenn sie nur...«

Ich bin verantwortlich, wie ich meine Zeit schwerpunktmäßig nutze: Es liegt in meiner Verantwortung, ob die Zeit und Energie, die ich im einzelnen investiere, gemessen an meinen Wertvorstellungen angemessen ist oder nicht. Wenn ich behaupte, daß ich meine Familie mehr als alles andere liebe, aber selten allein mit ihr zusammen bin und meine Freizeit weitestgehend im Kreis von Freunden mit Karten- oder Golfspielen verbringe, so muß ich mich diesem Widerspruch stellen und über entsprechende Konsequenzen nachdenken. Wenn meine Hauptaufgabe in meinem Job erklärtermaßen darin besteht, neue Kunden für das Untrnehmen zu werben, ich aber in Wirklichkeit 90 Prozent meiner Zeit mit banalem Bürokram beschäftigt bin, der wenig zu den Umsätzen beiträgt, so muß ich mich der Frage stellen, wie ich meine Energie sinnvoller investieren kann.

Wenn ich im Rahmen meiner Beratertätigkeit Managern den Satzstamm vorgebe: **Wenn ich die Verantwortung dafür übernehme, wie ich meine Zeit schwerpunktmäßig nutze, ...**, so kommen oft interessante Endungen dabei heraus: »... würde ich es lernen, häufiger nein zu sagen«; »... würde ich etwa 30 Prozent meiner derzeitigen Beschäftigungen beiseite lassen«; »... wäre ich wesentlich produktiver«; »... hätte ich mehr Freude an meiner Arbeit«; »... wäre ich entsetzt, wie wenig ich in Wirklichkeit selbst bestimmt habe«; »...könnte ich meine Fähigkeiten besser nutzen.«

Ich bin verantwortlich für die Qualität meiner Botschaften: Ich bin dafür verantwortlich, daß ich mich so klar wie möglich ausdrücke; zu überprüfen, ob derjenige, der mir zuhört, mich verstanden hat; so laut und deutlich zu sprechen, daß man mich hören kann; wie höflich oder unhöflich ich meine Gedanken übermittele.

Ich bin verantwortlich für mein persönliches Glück: Ein Zeichen fehlender Reife ist die Überzeugung, daß es die Aufgabe eines anderen Menschen sei, mich glücklich zu machen – genauso wie es früher die Aufgabe meiner Eltern war, mich zu ernähren. Wenn jemand mich liebte, dann würde ich auch mich selbst lieben. Wenn jemand sich um mich kümmerte, dann wäre ich zufrieden. Wenn jemand mir meine Entscheidungen abnehmen könnte, dann hätte ich keine Sorgen. Wenn mich doch nur jemand glücklich machen würde.

Es gibt einen einfachen, aber wirksamen Satzstamm, der Sie in die Wirklichkeit zurückholen kann: **Wenn ich die volle Verantwortung für mein Glück übernehme,...**

Wenn ich die Verantwortung für mein Glück übernehme, gewinne ich an Stärke und Kraft. Damit nehme ich mein Leben wieder selbst in die Hand. Ehe ich diese Verantwortung übernehme, stelle ich sie mir als Belastung vor. Und am Ende stelle ich fest, daß sie mich befreit.

Ich bin verantwortlich für die Werte, die ich für mein Leben wähle und übernehme: Wenn ich nach Werten lebe, die ich einfach so und ohne nachzudenken von anderen übernommen habe, ist es gut denkbar, daß ich mir vormache, sie seien ein Teil »meiner Natur« und dessen, »wer ich bin«, und so kann ich geschickt die Tatsache umgehen, daß sie sehr wohl eine Frage der Wahl sind. Wenn ich bereit bin anzuerkennen, daß meine Werthaltungen im wesentlichen eine Frage der Wahl und Entscheidung sind, dann kann ich meine Werte neu in Augenschein nehmen, sie hinterfragen und gegebenenfalls revidieren. Auch hier gilt wiederum, daß die Übernahme der Verantwortung mich befreit.

Ich bin verantwortlich für die Erhöhung meines Selbstwertgefühls: Das Selbstwertgefühl ist kein Geschenk, das ein anderer Mensch mir machen kann. Es wird in meinem Innern erzeugt. Passiv darauf zu warten, daß irgend etwas geschieht, das mein Selbstwertgefühl erhöht, heißt, daß ich mich zu lebenslänglichen Frustrationen verurteile.

Anläßlich eines Vortrags, den ich vor einer Gruppe von Psychotherapeuten über die sechs Säulen des Selbstwertgefühls hielt, fragte mich einer der Hörer: »Warum betonen Sie so sehr, was der Einzelne für das Wachstum seines Selbstwertgefühls tun muß? Liegt die Quelle des Selbstwertgefühls nicht in der Tatsache, daß wir Kinder Gottes sind?« Diese Frage wurde mir im übrigen des öfteren gestellt.

Ob man an Gott glaubt oder daran glaubt, daß wir Kinder Gottes sind, ist für die Frage des Selbstwertgefühls unerheblich. Angenommen, es gibt einen Gott und wir sind seine Kinder – ob er nun männlich, weiblich oder ein Neutrum ist. Das heißt, daß wir in dieser Hinsicht zumindest alle gleich sind. Ist daraus auch abzuleiten, daß jeder das gleiche Selbstwertgefühl hat oder haben sollte, egal, ob er bewußt oder unbewußt, verantwortlich oder unverantwortlich, ehrlich oder unehrlich lebt? Die Antwort auf diese Frage wurde bereits an früherer Stelle in diesem Buch gegeben: Es ist nicht möglich. Unser Geist kann nicht anders, als die Wahlentscheidungen zu registrieren, die wir mit unserer Lebensweise treffen, und ebensowenig kann unser Selbstgefühl unbeeinflußt bleiben. Auch wenn wir Kinder Gottes sind, bleiben die Fragen: *Inwieweit kümmern wir uns um unser Selbstwertgefühl? Was machen wir damit? Nutzen wir unsere Talente, oder stellen wir sie unter den Scheffel?* Wenn wir unser Licht und unsere Stärken unter den Scheffel stellen, wenn wir gedankenlos, ziellos und ohne Integrität leben, können wir uns dann damit freikaufen und können wir dann damit ein Selbstwertgefühl erwerben, daß wir uns darauf berufen, Verwandte Gottes zu sein? Glauben wir ernsthaft, daß wir damit frei von persönlicher Verantwortung sind?

Personen mit einem mangelnden Selbstwertgefühl setzen oft Selbstwertgefühl mit »Geliebt«-Werden gleich. Wenn sie sich von ihren Familien nicht geliebt fühlen, trösten sie sich bisweilen mit dem Gedanken, daß Gott sie liebt, und sie versuchen, ihr Selbstwertgefühl an diese Vorstellung zu knüpfen. Bei allem Wohlwollen, aber wie wäre diese Strategie anders als eine manifeste Form der Passivität zu verstehen?

Ich teile nicht die Meinung, daß wir dazu bestimmt sind, abhängige Kinder zu bleiben. Ich bin vielmehr der Auffassung, daß wir dazu bestimmt sind, zu Erwachsenen heranzuwachsen, das heißt, daß wir selbst für uns die Verantwortung übernehmen – um uns psychologisch wie auch finanziell selbst versorgen zu können. Welche Rolle der Glaube an Gott in unserem Leben auch spielen mag, er ist mit Sicherheit kein Freibrief, um unser Bewußtsein, unsere Verantwortung und die Frage unserer Integrität außer acht zu lassen.

Eine Klarstellung

Wenn ich betone, daß wir die Verantwortung für unser Leben und unser Glück übernehmen müssen, so sage ich damit nicht, daß man nicht auch aufgrund eines Unglücks oder aufgrund der Fehler anderer leiden kann. Und ich sage auch nicht, daß man für alles verantwortlich ist, was einem widerfährt.

Ich bin kein Anhänger jener hochtrabenden Idee, die besagt: »Ich bin in jeder Hinsicht verantwortlich für mein Dasein, für alles, was mir zustößt.« Manche Dinge können wir kontrollieren, andere nicht. Wenn ich mich für Dinge verantwortlich fühle, die sich meiner Kontrolle entziehen, setze ich mein Selbstwertgefühl aufs Spiel, da ich, zwangsläufig, meinen Erwartungen nicht gerecht werden kann. Ebenso setze ich mein Selbstwertgefühl aufs Spiel, wenn ich die Verantwortung für Dinge leugne, die sehr wohl innerhalb meines Kontrollvermögens liegen. Ich muß unterscheiden können zwischen den Bereichen, für die ich verantwortlich bin, und denen, für die ich es nicht bin. Das einzige Bewußtsein, das ich willentlich kontrollieren kann, ist mein eigenes.

Beispiele

Auf der beruflichen Ebene ist in der Regel mühelos zu erkennen, wer eigenverantwortlich handelt und wer nicht. Eigenverantwortliches Handeln zeigt sich in einer *aktiven* Arbeits- (und Lebens-) einstellung – im Gegensatz zu einer *passiven*.

Männer und Frauen, die eigenverantwortlich handeln, fragen, wenn sie mit einem Problem konfrontiert werden: »Was kann ich tun? Welche Möglichkeiten stehen mir zur Verfügung, um es zu lösen?« Und wenn etwas schiefgeht, fragen sie: »Was habe ich übersehen? Wo habe ich mich verrechnet? Wie kann ich die Situation retten?« Sie protestieren nicht: »Aber es hat mir niemand gesagt, was ich tun soll!« oder »Aber das ist doch nicht meine Aufgabe!« Sie suchen weder nach Ausflüchten, noch flüchten sie sich in Schuldzuweisungen. Sie sind *darauf bedacht, eine Lösung zu finden.*

In jedem Unternehmen begegnen wir beiden Typen: Jene, die darauf warten, daß jemand eine Lösung findet, und diejenigen, die sich in die Verantwortung nehmen, sie selbst zu finden. Nur der zweiten Kategorie ist es zu verdanken, daß Unternehmen profitabel wirtschaften. Die nachfolgenden Beispiele beziehen sich auf die persönliche Ebene. Die verwendeten Satzergänzungen dürften das Problem besonders veranschaulichen:

»Wenn ich meinen Eltern nicht mehr dafür die Schuld geben dürfte, daß ich unglücklich bin«, sagte ein »Kind« im Alter von sechsundvierzig Jahren, »dann müßte ich selbst die Verantwortung für mein Handeln übernehmen; dann müßte ich mich der Tatsache stellen, daß ich mich seit jeher bemitleidet – und diesen Zustand genossen habe; dann müßte ich den Umstand anerkennen, daß ich noch immer davon träume, von meinem Vater gerettet zu werden; dann müßte ich zugeben, daß ich mich selbst gerne als Opfer sehe; dann müßte ich mein Verhalten ändern; dann müßte ich mich von meinem Leben zu Hause verabschieden und mir eine Stelle suchen; dann könnte ich nicht einfach nur leiden.«

»Wenn ich akzeptieren müßte, daß ich für mein Glück verantwortlich bin«, sagte ein älterer Mann, der zuviel trank, »dann müßte ich aufhören, mich zu beschweren, daß meine Frau mich zum Trinken treibt; dann würde ich Kneipen meiden; dann würde ich nicht stundenlang vor dem Fernseher sitzen und ›dem System‹ an allem die Schuld geben; dann würde ich mich sportlich betätigen und etwas für meine körperliche Verfassung tun; dann bekäme mein Chef mehr für sein Geld von mir; dann müßte ich wohl aufhören, mich selbst zu bemitleiden; dann könnte ich meinen Körper wohl nicht weiter so schändlich behandeln, wie ich es heute tue; dann wäre ich ein anderer Mensch; dann hätte ich mehr Achtung vor mir selbst; dann könnte ich mein Leben umkrempeln, und es hätte wieder einen Sinn.«

»Wenn ich die Verantwortung für meine Emotionen übernehme«, sagte eine Frau, die ihrer Familie und ihren Freunden mit ihren ständigen Klagen auf die Nerven ging, »dann wäre ich nicht so depressiv; dann sähe ich, wie ich mir mein Leben oft selbst verleide; dann sähe ich, wieviel Wut ich in mir habe, die ich in Wahrheit leugne; dann würde ich zugeben, daß mein Unglücklichsein in weiten Teilen reine Schikane anderen gegenüber ist; dann würde ich mich häufiger auf die positiven Dinge in meinem Leben konzentrieren; dann würde mir bewußt, daß ich versuche, das Mitleid anderer zu erregen; dann würde ich erkennen, daß ich häufiger glücklich sein kann.«

Ein persönliches Beispiel

Wenn ich auf mein Leben zurückblicke, würde ich sagen, daß ich insgesamt stets relativ eigenverantwortlich gelebt habe. Ich habe nicht darauf gewartet, daß andere sich um meine Bedürfnisse und Wünsche kümmern. Ich erinnere mich aber auch an eine Zeit, als ich meinen Prinzipien untreu wurde – mit entsprechend schmerzlichen Ergebnissen.

Ich war zwanzig, als sich eine enge Beziehung zwischen mir und der Schriftstellerin Ayn Rand entwickelte. Es war eine Beziehung, die im Laufe der nächsten achtzehn Jahre jede nur denkbare Form annahm: von Schüler und Lehrerin zu Freunden und Kollegen zu Liebenden und Partnern – und schließlich zu Feinden. Die Geschichte dieser Beziehung ist das dramatische Kernstück in *Judgment Day*. Am Anfang und einige Jahre lang war die Beziehung in vieler Hinsicht fruchtbar, inspirierend und wertvoll; ich lernte sehr viel und wuchs durch diese Beziehung. Am Ende war sie jedoch einengend, destruktiv und vergiftet – und ein Hindernis für meine weitere intellektuelle und psychologische Entwicklung.

Ich wollte nicht die Initiative ergreifen und vorschlagen, unsere Beziehung neu zu definieren und sie auf eine andere Grundlage zu stellen. Ich redete mir ein, ich wollte niemandem weh tun. Ich wartete darauf, daß sie sehen würde, was ich sah. Ich hoffte auf ihre Vernunft und Klugheit, und daß sie die Entscheidung träfe, die richtig für uns beide war. In Wirklichkeit hatte ich dabei eine abstrakte Person vor Augen, die Autorin von *Der ewige Quell* und *Atlas wirft die Welt ab*, und nicht die Frau, die konkret vor mir saß. Ich ignorierte die Tatsache, daß bei ihr völlig andere Dinge im Vordergrund standen als bei mir, und daß sie voll und ganz mit ihren eigenen Bedürfnissen beschäftigt war. Ich schob es hinaus, mich der Tatsache zu stellen, daß sich erst etwas ändern würde, wenn ich etwas änderte. Hätte ich es nicht hinausgeschoben, wäre uns beiden einiges an Leid und Demütigungen erspart geblieben. Ich ging einer Verantwortung aus dem Weg, die ich als meine hätte erkennen und übernehmen müssen. Welche Erklärungen ich für mich selbst auch fand, es konnte gar nicht anders sein, als daß mein Selbstwertgefühl in Mitleidenschaft gezogen wurde. Erst als ich die Initiative ergriff, konnte ich auch anfangen, verlorenen Boden wiedergutzumachen.

Es ist ein Muster, das wir in vielen Ehen beobachten können. Einer erkennt vor dem anderen, daß die Beziehung zu Ende ist. Er möchte aber nicht der »Böse« sein, der die Beziehung beendet. Statt dessen beginnen die Manipulationen, mit dem Ziel, den anderen zu veranlassen, daß er den ersten Schritt tut. Es ist für beide ein grausames, erniedrigendes, würdeloses und schmerzliches Spiel. Es ist Selbstkasteiung und Selbsterniedrigung im klassischen Stil. In dem Maße, wie ich meinen Verantwortlichkeiten ausweiche, verletzte ich mein Selbstwertgefühl. Mit der Übernahme meiner Verantwortung baue ich mein Selbstwertgefühl auf.

Produktiv sein

Niemand kann sagen, er lebe eigenverantwortlich, wenn er keine produktiven Ziele vor Augen hat. Durch unsere Arbeit sorgen wir für unseren Unterhalt. Indem wir unsere Intelligenz sinnvoll nutzen, werden wir ein ganzheitlicherer Mensch. Ohne produktive Ziele und produktive Anstrengungen bleiben wir Kinder.

Natürlich sind unseren Möglichkeiten Grenzen gesetzt durch die örtlichen und zeitlichen Umstände, unter denen wir leben. Unabhängig von den jeweiligen Rahmenbedingungen gilt jedoch, daß eine Person mit einer selbständigen und eigenverantwortlichen Einstellung fragt: »Was kann ich tun? Was liegt im Rahmen meiner Möglichkeiten?« oder »Was ist zu tun?« oder »Wie kann ich meine Situation verbessern?« oder »Wie komme ich aus dieser Sackgasse wieder heraus?« oder »Wie kann ich meine Energien in dieser Situation am besten nutzen?«

Eigenverantwortlichkeit kommt durch eine *aktive* Lebenseinstellung zum Ausdruck. Sie kommt durch das Verständnis zum Ausdruck, daß niemand hier auf Erden uns von der Notwendigkeit, selbständig zu sein, befreien kann, und daß diese Selbständigkeit ohne Arbeit nicht zu erreichen ist.

Für sich selbst denken

Zu einem aktiven Leben gehört selbständiges Denken – im Gegensatz zu einer passiven Konformität gegenüber den Meinungen anderer.

Selbständiges Denken ist das natürliche Ergebnis von einem bewußten Leben und von eigenverantwortlichem Handeln. Bewußt leben heißt, nach dem eigenen Verstand zu leben. Und eigenverantwortlich handeln heißt, für sich selbst zu denken.

Ich kann nicht mit dem Verstand eines anderen Menschen denken. Wir lernen voneinander, sicher. Wissen heißt jedoch verstehen – und nicht nur nachahmen oder wiederholen. Wir können entweder unseren eigenen Verstand nutzen oder anderen die Verantwortung überlassen, Dinge zu wissen und zu bewerten und ihre Urteile dann mehr oder weniger unkritisch übernehmen. Wie wir uns in diesem Punkt entscheiden, ist jedoch von zentraler Bedeutung für die Art und Weise, wie wir uns selbst erleben, und wie wir leben.

Daß wir manchmal, ohne daß wir es selbst merken, von anderen beeinflußt werden, ändert nichts an der Tatsache, daß grundsätzlich psychologisch unterschieden werden muß zwischen denjenigen, die versuchen, Dinge zu verstehen, für sich selbst zu denken und Dinge selbst zu beurteilen, und jenen, die nur selten auf diese Idee kommen. Entscheidend ist die Absicht, die grundsätzliche Zielsetzung des Einzelnen.

Ich möchte vorzugsweise von »selbständigem Denken« sprechen, da mit der Betonung von »selbständig« das verdeutlicht wird, was hier der Punkt ist. Denn was gemeinhin »Denken« genannt wird, ist oft nichts weiter als ein Recycling der Meinungen anderer. Kurz: Selbständiges Denken stärkt das Selbstwertgefühl – wenn wir selbständig über unsere Arbeit nachdenken, über unsere Beziehungen, die Werte, von denen wir uns in unserem Leben leiten lassen, und die Ziele, die wir uns setzen. Und umgekehrt gilt, daß ein gesundes Selbstwertgefühl automatisch die Neigung fördert, selbständig zu denken.

Moralische Prinzipien

Der Grundsatz, eigenverantwortlich zu handeln, ist nicht nur als persönliche Vorliebe, sondern als philosophisches Prinzip zu verstehen, das voraussetzt, daß wir einen wichtigen moralischen Grundsatz akzeptieren. Mit der Übernahme der Verantwortung für unser eigenes Dasein erkennen wir gleichzeitig auch den Umstand an, daß andere nicht unsere Diener und nicht dazu da sind, unsere Bedürfnisse zu befriedigen. Wir haben moralisch nicht das Recht, andere nur als Mittel zu unserem eigenen Nutzen zu sehen – ebensowenig wie wir ein Mittel zu ihrem Nutzen sind. Zum Prinzip der Eigenverantwortlichkeit gehört die Regel, die im Umgang in zwischenmenschlichen Beziehungen unabdingbar ist: *Nie jemanden zu bitten, gegen sein Eigeninteresse zu handeln – gegen das, was der Betreffende als Eigeninteresse versteht.* Wenn wir möchten, daß andere uns in irgendeiner Form entgegenkommen oder etwas für uns tun, so müssen unsere Beweggründe auch mit ihren Interessen und Zielen zu vereinbaren sein. Dieser Grundsatz ist die moralische Grundlage jeden mitmenschlichen Umgangs – beruhend auf gegenseitigem Respekt, gutem Willen und Wohlwollen. Und er ist nicht zu vereinbaren mit der Vorstellung, wonach manche Menschen einfach als willkommene Opfer für die Verwirklichung eigennütziger Ziele mißbraucht werden können – eine Einstellung, die etwa typisch für alle Diktaturen und im Prinzip für die meisten politischen Systeme ist.

Satzergänzungsübungen: Eigenverantwortlich leben

In meiner psychotherapeutischen Praxis und in den Gruppen, in denen ich auf einer Erhöhung des Selbstwertgefühls hinarbeite, verwende ich eine Vielzahl von Satzstämmen, um Klienten die

Möglichkeit zu geben, die Psychologie der Eigenverantwortlichkeit besser zu verstehen. Nachfolgend finden Sie einige repräsentative Beispiele – wiederum in Form eines mehrwöchigen Programms:

1. WOCHE:
Eigenverantwortlich leben heißt für mich,...
Der Gedanke, daß ich für mein Dasein selbst verantwortlich bin,...
Die Verantwortung für meine Existenz zu übernehmen, würde bedeuten,...
Wenn ich der Verantwortung für meine eigene Existenz aus dem Weg gehe,...

2. WOCHE:
Wenn ich 5 Prozent mehr Verantwortung für die Erreichung meiner eigenen Ziele übernehme,...
Wenn ich nicht selbst die Verantwortung für die Erreichung meiner Ziele übernehme,...
Wenn ich mich bei meinen Beziehungen mehr in die Verantwortung nähme, daß sie sich positiv entwickeln,...
Der Grund, warum ich manchmal passiv bleibe, ist...

3. WOCHE:
Wenn ich selbst die Verantwortung dafür übernehme, wie ich mit den Botschaften umgehe, die von meiner Mutter bei mir ankommen,...
Wenn ich selbst die Verantwortung dafür übernehme, wie ich mit den Botschaften umgehe, die von meinem Vater bei mir ankommen,...
Wenn ich selbst die Verantwortung übernehme, welche Ideen ich übernehme oder ablehne,...
Wenn ich die Ideen, von denen ich mich motivieren lasse, bewußter wahrnehme,...

4. WOCHE:
Wenn ich 5 Prozent mehr Verantwortung für mein persönliches Glück übernehme,...
Wenn ich nicht selbst die Verantwortung für mein persönliches Glück übernehme,...
Wenn ich 5 Prozent mehr Verantwortung dafür übernehme, welche Bekannte oder Freunde ich mir zur Gesellschaft aussuche,...
Wenn ich nicht selbst die Verantwortung dafür übernehme, in wessen Gesellschaft ich mich befinde,...

5. WOCHE:
Wenn ich 5 Prozent mehr Verantwortung für die Worte übernehme, die aus meinem Mund kommen,...
Wenn ich nicht selbst die Verantwortung für die Worte übernehme, die aus meinem Mund kommen,...
Wenn ich bewußter auf die Dinge achte, die ich zu mir selbst sage,...
Wenn ich die Verantwortung für die Dinge übernehme, die ich zu mir selbst sage,...

6. WOCHE:
Ich mache mich selbst hilflos, wenn ich...
Ich mache mich selbst depressiv, wenn ich...
Ich mache mir selbst angst, wenn ich...
Wenn ich selbst die Verantwortung dafür übernehme, daß ich mich hilflos mache,...

7. WOCHE:
Wenn ich selbst die Verantwortung dafür übernehme, daß ich mich depressiv mache,...
Wenn ich selbst die Verantwortung dafür übernehme, daß ich mir angst mache,...
Wenn ich bereit bin, das zu verstehen, was ich geschrieben habe,...
Es fällt mir nicht leicht zuzugeben, daß...
Wenn ich selbst die Verantwortung für meinen derzeitigen Lebensstandard übernehme,...

8. WOCHE:
Ich habe das Gefühl, sehr eigenverantwortlich zu handeln, wenn ich...
Ich habe das Gefühl, kaum eigenverantwortlich zu handeln, wenn ich...
Wenn der Sinn meines Lebens hier auf Erden nicht nur darin besteht, den Erwartungen anderer gerecht zu werden,...
Wenn mein Leben mir gehört,...

9. WOCHE:
Wenn ich aufhöre, mich selbst damit zu belügen, daß ich am derzeitigen Zustand nichts ändern kann,...
Wenn ich ab sofort die Verantwortung dafür übernehme, was ich aus meinem Leben mache,...
Wenn niemand kommt, um mich zu retten,...
Mir wird bewußt, daß...

Die Stärke dieser Methode liegt darin, daß sie ohne langwierige »Gespräche« oder »Analysen« einen Wandel im Bewußtsein und in der Einstellung bewirkt. Und dieser Wandel wird weitestgehend durch innere Prozesse erzielt.

Wenn Sie in einem Heft über einen längeren Zeitraum hinweg die vorgenannten Satzstämme immer wieder mit sechs bis zehn Endungen ergänzen, ist es nahezu undenkbar, daß Sie in der Praxis nicht in Ihrer Eigenverantwortlichkeit wachsen. Ich empfehle Ihnen, jeweils wochenweise, Montag bis Freitag, die vorgegebenen Satzstämme zu ergänzen, das Geschriebene am Wochenende nachzulesen und folgenden Satzstamm zu ergänzen: **Wenn irgend etwas von dem, was ich geschrieben habe, wahr ist, dann wäre es hilfreich, wenn ich...** Und montags machen Sie dann mit den Satzstämmen der folgenden Woche weiter.

Es kommt niemand

Wenn ich mit Klienten am Aufbau ihres Selbstwertgefühls arbeite, warte ich immer wieder auf den entscheidenden Moment, in dem es »klick« sagt, und wir einen Schritt weiterkommen.

Einer der entscheidendsten Momente in diesem Sinne ist, wenn der Klient begreift: *Es kommt niemand, der mich...* Es kommt niemand, der mich rettet. Es kommt niemand, der mein Leben so gestaltet, daß ich glücklich bin. Es kommt niemand, der meine Probleme löst. Wenn ich nicht selbst etwas tue, wird sich nichts zum Besseren wenden.

Der Traum vom großen Retter, der eines Tages erscheint, mag zwar ein gewisser Trost sein, er sorgt aber dafür, daß wir passiv und machtlos bleiben. Vielleicht glauben wir auch: *Wenn ich nur lange genug leide, wenn ich nur sehnsüchtig genug darauf hoffe, dann wird schon irgendwie ein Wunder geschehen.* Das ist jedoch nichts weiter als die Art von Selbstbetrug, für die man mit seinem Leben zahlt, da sie uns in den Abgrund nicht einlösbarer Hoffnungen zieht – über unwiederbringliche Tage, Monate, Jahrzehnte hinweg.

Vor einigen Jahren dekorierten wir eine Wand in meinem Gruppentherapieraum mit einigen Sprüchen, die sich , wie ich fand, oft als sehr wirksam erwiesen hatten. Einige davon hatte eine Klientin selbst gestickt, gerahmt und mir geschenkt. Einer lautete: »Entscheidend ist nicht, was andere denken, sondern was du weißt.« Ein anderer lautete: »Es kommt niemand.«

Eines Tages zeigte jemand aus der Gruppe auf den letzten Spruch und meinte spaßeshalber:

»Nathaniel, das stimmt nicht ganz«, sagte er, »*Sie* kamen.«

»Richtig«, antwortete ich, »aber ich kam, um zu sagen, daß niemand kommt.«

Eigenverantwortlich leben ist die dritte Säule des Selbstwertgefühls.

9. Sich selbstsicher behaupten

Vor einigen Jahren stand ich in einem Hörsaal vor Psychologiestudenten. Wir sprachen über die subtile Art und Weise, wie sich die Angst, sich selbstsicher zu behaupten, äußern kann.

Ich fragte, ob jemand unter ihnen sei, der glaube, er habe ein Recht zu leben. Spontan gingen alle Hände hoch. Dann fragte ich, ob jemand freiwillig bereit sei, mir bei einer Demonstration zu assistieren. Ein junger Mann kam nach vorne, und ich bat ihn: »Würden Sie sich bitte einfach vor die Klasse stellen und mehrmals laut sagen: ›Ich habe ein Recht zu leben.‹ Sprechen Sie langsam, und achten Sie darauf, wie Sie sich fühlen, während Sie das sagen. Und während Sie diesen Satz mehrfach wiederholen, möchte ich, daß alle anderen, die Ihnen zuhören, sich fragen: Glaube ich ihm? Glaube ich, daß er wirklich das empfindet, was er sagt?«

Der junge Mann wandte sich den anderen zu, stemmte die Hände in die Hüften und erklärte kampflustig: »Ich habe ein Recht zu leben.« Er sagte es, als rüstete er sich für einen Kampf. Und mit jeder weiteren Wiederholung wurde sein Tonfall zunehmend streitlustiger.

»Niemand bestreitet, was Sie sagen«, unterbrach ich ihn nach einer Weile. »Niemand will mit Ihnen streiten. Können Sie es auch ohne Trotz und ohne in die Defensive zu gehen sagen?«

Er konnte es nicht. Die Erwartung, von jemandem angegriffen zu werden, wich nicht aus seiner Stimme. Mit dem Ergebnis, daß ihm niemand abnahm, daß er tatsächlich von dem überzeugt war, was er sagte.

Als nächstes meldete sich eine junge Frau. Mit flehender Stimme und einem Lächeln, das um Vergebung bat, stand sie vor den anderen und sagte: »Ich habe ein Recht zu leben.« Auch ihr glaubte niemand.

Dann kam der nächste an die Reihe. Wie er den Satz sagte, klang arrogant, blasiert, affektiert, wie ein Schauspieler, der auf geradezu peinliche Weise stümperhaft seine Rolle spielt.

»Das ist kein fairer Vergleich«, protestierte ein Student. »Die anderen sind es nicht gewohnt, vor so vielen Leuten zu sprechen, deshalb hören sie sich verkrampft an.« Ich bat ihn, nach vorne zu kommen, und einfach zu sagen: »Zwei und zwei sind vier.« Der Satz kam ihm leicht und überzeugend über die Lippen. Dann bat ich ihn zu sagen: »Ich habe ein Recht zu leben.« Und was er sagte, klang angespannt, schnoddrig und war nicht überzeugend.

Die anderen lachten. Sie hatten verstanden. Sich vor andere hinzustellen und zu sagen, zwei und zwei sind vier, war nicht schwierig. Schwieriger war es schon, sein Recht zu leben behaupten zu wollen.

»Was heißt die Feststellung ›Ich habe ein Recht zu leben‹ für Sie?« fragte ich. »Wir verstehen sie in diesem Zusammenhang hier ja nicht unbedingt in einem politischen Sinne, wie sie etwa in der Unabhängigkeitserklärung zu verstehen ist. Wir meinen etwas Psychologischeres. Aber was?« »Sie heißt, daß mein Leben mir gehört«, sagte eine Studentin. »Sie heißt, daß ich nach meinen Vorstellungen leben kann«, sagte eine andere. »Sie heißt«, sagte ein weiterer Student, »daß es nicht darum geht, die Erwartungen meiner Eltern zu erfüllen, sondern daß ich mich nach meinen eigenen richten kann.« »Sie heißt, daß ich nein sagen kann, wenn ich nein sagen will«, meinte ein weiterer. »Sie heißt, daß ich ein Recht darauf habe, meinem Eigeninteresse Rechnung zu tragen«, erklärte ein anderer. »Sie heißt, daß das, was ich will, Gewicht hat.« »Sie heißt, daß ich sagen und tun kann, was ich für richtig halte.« »Sie heißt, daß mein Vater mir nicht sagen kann, was ich aus meinem Leben zu machen habe.« »Sie heißt, daß ich nicht mein ganzes Leben nach meiner wehleidigen Mutter auszurichten habe.«

Das waren nur einige Beispiele, wie die Studenten und Studentinnen die Aussage »Ich habe ein Recht zu leben« interpretierten, die sie weder ernsthaft noch selbstsicher vor den anderen vertreten konnten. Nachdem der Punkt geklärt war, sprach ich mit ihnen über Selbstbehauptung und das Selbstwertgefühl.

Was ist Selbstbehauptung?

Selbstbehauptung heißt, den eigenen Wünschen, Bedürfnissen und Werten Rechnung tragen und dies in angemessener Weise praktisch zum Ausdruck zu bringen.

Das Gegenteil ist, wenn ich mich auf jene Schüchternheit zurückziehe, die darin besteht, daß ich mich auf Dauer im Untergrund verkrieche, wo alles, was ich bin, verborgen und versteckt bleibt, um jede Konfrontation zu vermeiden – könnte ja sein, daß jemand anderen Werten anhängt als ich – oder um anderen zu gefallen oder zu schmeicheln, oder um jemanden zu manipulieren oder einfach, um »dazuzugehören«.

Sich selbstsicher zu behaupten, heißt nicht, arrogant oder unangemessen aggressiv aufzutreten. Es heißt nicht, daß man sich in der Warteschlange nach vorne drängelt oder andere überfährt. Es heißt nicht, daß ich auf meine Rechte poche, gegenüber den Rechten anderer aber blind oder gleichgültig bin. Es heißt einfach, für sich selbst einzutreten, sich offen so zu geben, wie ich bin, und mich bei Begegnungen mit anderen mit Respekt zu behandeln. Es heißt, daß ich mich weigere, anderen etwas vorzumachen, um mich bei ihnen beliebt zu machen.

Selbstbehauptung praktizieren heißt authentisch leben, mich bei dem, was ich sage und tue, von meinen innersten Überzeugungen und Gefühlen leiten zu lassen – als Lebensmodus und Regel. (Wobei natürlich der Tatsache Rechnung zu tragen ist, daß es bestimmte Situationen geben kann, in denen ich mich – zu Recht – nicht daran halte, etwa bei einem Überfall.)

Eine angemessene Selbstbehauptung setzt voraus, daß ich den jeweiligen Rahmen beachte. Die Situation entscheidet, welche Form angemessen ist. Wenn ich mit einem Kind auf dem Boden spiele, ist etwas anderes angemessen als in einer offiziellen Sitzung. Diesen Unterschied zu respektieren, heißt nicht, daß ich meine »Authentizität opfere«, sondern lediglich, daß ich mich an der Realität orientiere. Selbstbehauptung kann in manchen Situationen heißen, daß ich eine eigenständige Idee vorbringe oder ein Kompliment mache; ein andermal kann sie durch höfliches Schweigen zum Ausdruck kommen, das signalisiert, daß ich anderer Meinung bin; ein andermal, bei einem geschmacklosen Witz, durch die Weigerung zu lächeln. Im Kollegium ist es zum Beispiel unmöglich, alle eigenen Gedanken vorzutragen, und es ist auch nicht notwendig. Notwendig ist, daß man selbst weiß, was man denkt – *authentisch*, sich selbst treu zu bleiben.

Was in der Form angemessen ist, hängt zwar von der jeweiligen Situation ab; für jede Situation gilt jedoch, daß wir zwischen authentisch und nicht authentisch, zwischen wirklich und unwirklich wählen können. Wenn wir uns dieser Tatsache nicht stellen möchten, leugnen wir natürlich, daß es diese Wahl überhaupt gibt. Und geben vor, hilflos zu sein. Was aber nichts daran ändert, daß wir diese Wahl in jeder Situation haben.

Was Selbstbehauptung ist und nicht ist

1. In einer Klassengesellschaft ist es gang und gäbe, wenn ein Mitglied der Oberschicht mit einem Underdog spricht, daß der Underdog den Blick senkt. Es ist der Sklave, der den Blick senkt, nicht der Herr. In den Südstaaten gab es eine Zeit, in der ein Schwarzer dafür geschlagen werden konnte, wenn er es wagte, eine weiße Frau direkt anzuschauen. *Sehen* hat etwas mit Selbstbehauptung zu tun – und das wurde seit jeher so verstanden.

Selbstbehauptung heißt Selbstbewußtsein. Und Selbstbewußtsein heißt, bewußt sehen, denken, wahrnehmen, das Licht des Bewußtseins in die Welt nach außen und die Welt in unserem Innern abzugeben. Fragen stellen ist ein Ausdruck der Selbstbehauptung. Für sich selbst zu denken – und für das, was man denkt, einzustehen –, ist die Wurzel der Selbstbehauptung. Dieser Verantwortung nicht Rechnung zu tragen, heißt, dem Selbst auf der elementarsten Ebene nicht Rechnung zu tragen.

Selbstbehauptung ist mitnichten mit blinder Rebellion zu verwechseln. »Selbstbehauptung« ohne Bewußtsein hat nichts mit Selbstbehauptung zu tun; sie ist allenfalls mit Trunkenheit am Steuer gleichzusetzen.

Nicht untypisch für Menschen, die sehr abhängig und ängstlich sind, ist es, daß sie eine selbstzerstörerische Form der Selbstbehauptung wählen. Sie sagen reflexartig »Nein!«, wenn ihren Interessen besser damit gedient wäre, »Ja« zu sagen. Die einzige Form, sich selbst zu behaupten, ist für sie der Protest – ob er sinnvoll ist oder nicht. Diese Reaktion können wir oft bei Teenagern sehen – und bei Erwachsenen, die in ihrer Entwicklung nie über diese Teenagerbewußtseinsebene hinausgewachsen sind. Dahinter steht die Absicht, immer wieder aufs neue die eigenen Grenzen abzustecken und zu schützen, was im Prinzip nicht falsch ist, aber durch die Art und Weise, wie es geschieht, verhängnisvoll ist, weil es bewirkt, daß sie sich in ihrer Entwicklung festfahren.

Zu einer gesunden Selbstbehauptung gehört zwar die Fähigkeit, auch nein zu sagen, der entscheidende Maßstab ist jedoch nicht das, wogegen wir sind, sondern das, wofür wir sind. Ein Leben, das nur aus Neinsagen besteht, ist verschwendet und eine Tragödie. Selbstbehauptung setzt voraus, daß wir nicht nur das ablehnen, was wir nicht mögen, sondern daß wir unsere Werte leben und zum Ausdruck bringen. Und in diesem Punkt ist die Frage der Selbstbehauptung eng mit der Frage der Integrität verknüpft.

Selbstbehauptung beginnt mit dem Denken, darf aber nicht dabei stehenbleiben. Zur Selbstbehauptung gehört, daß wir uns in der Welt einbringen. Ambitionen sind nicht unbedingt mit Selbstbehauptung gleichzusetzen, oder selten; ihre Verwirklichung ist aber sehr wohl Selbstbehauptung. Werthaltungen sind nicht unbedingt mit Selbstbehauptung gleichzusetzen, oder selten; nach ihnen zu leben und sie in der Welt zu vertreten ist aber sehr wohl Selbstbehauptung. Eine geläufige Form des Selbstbetrugs ist, daß man sich selbst für einen »Idealisten« oder für jemanden hält, der »Werte hochhält«, in der Realität diese Werte aber nicht lebt. Ein Leben nur zu träumen, ist nicht Selbstbehauptung; wenn man am

Ende sagen kann: »Ich habe mein Leben *gelebt*«, ist aber sehr wohl Selbstbehauptung.

2. Selbstbehauptung praktizieren, in einer vernünftigen und angemessenen Weise, heißt, daß ich mich meinem Recht zu leben verpflichtet fühle, was sich aus der Tatsache ergibt, daß ich weiß, daß mein Leben nicht anderen gehört, und daß ich nicht hier auf Erden bin, um die Erwartungen anderer zu erfüllen. Für viele ist dies eine beängstigende Verantwortung. Denn sie bedeutet nichts anderes, als daß ihr Leben in ihren Händen liegt. Sie bedeutet, daß sie sich nicht darauf verlassen können, daß die Mutter oder der Vater oder eine andere wichtige Person sie vor allem beschützt. Sie bedeutet, daß sie selbst für ihre Existenz verantwortlich sind – und Mittel und Wege finden müssen, um sich selbst ein Gefühl der Sicherheit zu geben. Es ist aber nicht die Furcht vor dieser Verantwortung, die in wesentlichen Teilen das Selbstwertgefühl untergräbt, sondern die Tatsache, daß ich mich *dieser Furcht überlasse*. Wenn ich für mein Recht zu leben nicht eintrete – für mein Recht, mir selbst zu gehören –, wie soll ich dann ein Gefühl der Würde bewahren können? Wie sollte ich dann auch nur ein hinlängliches Selbstwertgefühl empfinden können?

Eine angemessene Selbstbehauptung setzt die Überzeugung voraus, daß meine Ideen und Wünsche wichtig sind. Und diese Überzeugung fehlt leider oft. Als wir jung waren, wurde so manchen von uns signalisiert, daß das, was wir dachten und fühlen oder wünschten, *nicht* wichtig war. Uns wurde beigebracht: »Was du willst, ist nicht wichtig; wichtig ist, was *andere* wollen.« Und im Zweifel ließen wir uns von dem Vorwurf, »egoistisch zu sein«, einschüchtern, wenn wir denn wirklich mal versuchten, für uns selbst einzutreten.

Es erfordert oft Mut, das, was wir wollen, umzusetzen und dafür zu kämpfen. Vielen fällt es leichter, selbst zu verzichten und sich aufzuopfern. Und sie verzichten damit auf die Integrität und Verantwortung, die Voraussetzung für einen gesunden Egoismus sind.

Ein Mann, achtundvierzig Jahre alt, der seit Jahren hart arbeitet, um seine Frau und seine drei Kinder zu ernähren, träumt davon, mit Fünfzig seinen jetzigen anstrengenden und stressigen Job aufzugeben und sich eine Stelle zu suchen, wo er zwar weniger verdient, aber mehr Freizeit hat, die er sich bisher nie gönnte. Er wollte seit jeher mehr Zeit zum Lesen, Reisen und Nachdenken haben, ohne, wenn er sich denn mal diesen Luxus leistete, unter den Druck des Gefühls zu geraten, er sollte sich lieber um Wichtigeres, um seine Arbeit kümmern. Als er seine Absicht beim Essen im Kreis der Familie bekanntgibt, reagiert jeder aufgebracht und hat nur eine Sorge: Wie soll jeder seinen Lebensstandard wahren können, wenn er weniger verdient? Seine Interessen, Bedürfnisse oder Gefühle interessieren in diesem Zusammenhang niemanden. »Ich kann mich doch nicht gegen meine eigene Familie stellen!?« fragt er. »Hat ein Mann nicht zunächst einmal die Pflicht, ein guter Ernährer zu sein?« Er will, daß seine Familie gut von ihm denkt, und wenn der Preis dafür der Verzicht auf die Erfüllung seiner eigenen Sehnsüchte ist, so ist er bereit, ihn zu zahlen. Keine Frage. Darüber muß er nicht einmal nachdenken. Im Laufe seines Lebens ist ihm das Pflichtgefühl in Fleisch und Blut übergegangen. Und im Verlauf eines Tischgespräches überschreitet er eine Schwelle, die, die das Alter einläutet. Als Trostpflaster für den Schmerz, den er dennoch nicht vollends begraben kann, sagt er sich: »Ich bin zumindest nicht egoistisch. Egoismus ist verwerflich, oder?«

Die traurige Ironie, wenn Menschen ihren innersten Bedürfnissen und Wünschen nicht mehr Rechnung tragen oder sie nicht einmal mehr würdigen, ist, daß sie nicht in einem achtbaren, sondern in einem kleinlichen Sinne egoistisch werden, sich an Kleinlichkeiten aufhängen, nachdem sie ihre innersten Sehnsüchte preisgegeben haben – und nur selten wissen, was sie in Wirklichkeit verraten und aufgegeben haben.

3. Auf unternehmerischer Ebene ist das Vermögen, sich selbst zu behaupten, nicht nur Voraussetzung, um gute Ideen zu haben, sondern auch, um sie zu entwickeln, dafür zu kämpfen, Unterstützer zu werben und alles zu tun, was in meiner Kraft steht, um sie praktisch zu verwirklichen. Und es ist ebendieses Unvermögen, das bewirkt, daß so viele positive Beiträge sterben, noch ehe sie geboren werden.

Ohne eine angemessene Selbstbehauptung sind wir Zuschauer, nicht Beteiligte. Ein gesundes Selbstwertgefühl verlangt, daß wir in die Arena springen – daß wir bereit sind, uns die Hände schmutzig zu machen.

4. Und zur Selbstbehauptung gehört schließlich die Bereitschaft, sich den Herausforderungen des Lebens zu stellen statt ihnen auszuweichen, und sich zu bemühen, diese Herausforderungen zu meistern. Wenn wir die Grenzen unserer Fähigkeit, Dinge zu bewältigen, erweitern, erweitern wir auch unsere Selbst-Wirksamkeit und unsere Selbstachtung. Wenn wir uns in die Pflicht nehmen, neue Dinge zu lernen, und Aufgaben übernehmen, die unseren Horizont erweitern, gewinnen wir an Macht und Stärke. Und damit stoßen wir weiter ins Universum vor. Wir behaupten unsere Existenz.

Wenn wir versuchen, etwas zu verstehen, und geraten an einen Punkt, an dem wir nicht weiterkommen, so ist es ein Zeichen der Selbstbehauptung, nicht aufzugeben. Wenn wir versuchen, neue

Fertigkeiten zu lernen, neue Kenntnisse zu erwerben und uns auf unbekanntes Terrain vorzuwagen, das heißt, wenn wir uns in die Pflicht nehmen, in unserer Kompetenz zu wachsen, dann behaupten wir uns selbst.

Wenn wir lernen, wie wir in einer intimen Beziehung leben können, ohne unser Selbstgefühl aufzugeben, wenn wir lernen, wie wir freundlich sein können, ohne uns selbst zu opfern, wenn wir lernen, wie wir mit anderen zusammenarbeiten können, ohne unsere Maßstäbe und Überzeugungen zu verraten, dann haben wir es gelernt, uns selbst zu behaupten.

Die Angst, sich selbst zu behaupten

Wir leben in einer individualistischen Kultur. Was zur Folge hat, daß manche Formen der Selbstbehauptung bei uns eher als in einigen anderen Kulturen akzeptiert werden. Der Einzelne hat nicht in allen Kulturen einen gleich hohen Stellenwert. Und entsprechend wird der Ausdruck der eigenen Persönlichkeit nicht in allen Kulturen gleich hochgeschätzt. Aber selbst bei uns gilt, daß in puncto Selbstbehauptung in vieler Hinsicht unterschiedliche Maßstäbe angelegt werden, was für Frauen und was für Männer schicklich ist. Frauen werden noch immer häufig bestraft, wenn sie von ihrem natürlichen Recht, sich als Mensch zu behaupten, Gebrauch machen.

Aber für unsere wie jede andere Gesellschaft gilt, daß wir auf die Tugend der Selbstbehauptung verzichten, wenn wir es für erstrebenswerter halten, uns anzupassen, als aus der Reihe zu tanzen. Wenn das, was uns Sicherheit gibt, im wesentlichen unsere Stammeszugehörigkeit ist, unsere Zugehörigkeit zur Familie, Gruppe, Gemeinde, zum Unternehmen oder Kollektiv, dann kann selbst unser Selbstwertgefühl als etwas Bedrohliches und Erschreckendes empfunden werden – da es ein Zeichen von Individuation (Selbstverwirklichung, Entfaltung der persönlichen Identität), also von Isoliertheit ist.

Individuation ist für all diejenigen mit dem Schreckgespenst der Isolation verbunden, die sie nicht erreicht und noch nicht begriffen haben, daß sie nicht nur kein Feind von Gemeinschaft, sondern die unabdingbare Voraussetzung dafür ist. Eine gesunde Gesellschaft ist ein Zusammenschluß von Individuen, die sich selbst achten. Sie ist kein Korallenstrauch.

Selbstverwirklichung setzt eine erfolgreiche zweigleisige Entwicklung voraus – zwei Ebenen, die sich gegenseitig fördern und ergänzen: die Ebene der Individuation und die Ebene von Beziehungen. Autonomie einerseits – und die Fähigkeit zu Intimität und Verbundenheit andererseits.

Personen mit einem mangelhaft entwickelten Identitätsgefühl machen sich oft weis: Wenn ich meine Persönlichkeit zum Ausdruck bringe, provoziere ich vielleicht Ablehnung. Wenn ich mich liebe und mich bejahe, wecke ich vielleicht Ressentiments. Wenn ich zu glücklich mit mir selbst bin, wecke ich vielleicht Eifersucht. Wenn ich aus der Reihe tanze, stehe ich gezwungenermaßen vielleicht alleine da. Mit dem Ergebnis, daß sie angesichts dieser Möglichkeiten gelähmt verharren – und mit dem Verlust des Selbstwertgefühls einen entsetzlichen Preis zahlen.

Wir verstehen als Psychologen diese durchaus weitverbreiteten Ängste; wir sehen sie allerdings (oder zumindest manche von uns) als ein Zeichen von Unreife. Und wir sagen: Haben Sie den Mut zu sein, wer Sie sind.

Der Begriff »Individuation« ist zwar ein moderner Begriff, die Idee als solche ist jedoch mindestens so alt wie Aristoteles. Wir verbinden damit das menschliche Streben nach Ganzheit, nach Erfüllung, den inneren Drang nach Selbstverwirklichung oder Selbstaktualisierung – ein Konzept, das an das Aristotelessche Konzept der Entelechie erinnert. Der Drang, sich selbst zu verwirklichen, hängt eng mit unserem künstlerischen und wissenschaftlichen Genie zusammen, das nach höchsten Ausdrucksformen sucht. Und in der heutigen modernen Welt wird er auch mit politischer Freiheit und mit der Befreiung der Menschheit aus einer jahrhundertelangen Knechtschaft assoziiert.

Beispiele

Manche Menschen leben und bewegen sich, als hätten sie kein Recht auf den Platz, den sie in Anspruch nehmen. Manche sprechen, als wollten sie verhindern, daß man sie hört; sie nuscheln oder sprechen sehr leise oder beides. Manche signalisieren geradezu überdeutlich, daß sie nicht an ihr Recht zu leben glauben. Sie verkörpern die extremste Form mangelnder Selbstbehauptung. Und ebenso offensichtlich ist ihr mangelhaftes Selbstwertgefühl. Wenn diese Männer und Frauen es in der Therapie lernen, sich selbstsicher zu bewegen und selbstsicher zu sprechen, erhöht sich unweigerlich (nachdem anfängliche Ängste überwunden wurden) auch ihr Selbstwertgefühl.

Mangelnde Selbstsicherheit kommt jedoch nicht immer in so augenscheinlicher Weise zum Ausdruck. Das durchschnittliche Leben ist geprägt von Tausenden längst vergessener Situationen, in denen wir schwiegen statt zu reden, uns ergaben, kapitulierten und unsere wahren Gefühle und Überzeugungen nicht wirklich zum Ausdruck brachten – und die unsere Würde und unsere Selbstachtung untergruben. Wenn wir unser Selbst nicht zum Ausdruck bringen, unser Sein nicht behaupten, nicht in angemessenem Rahmen für unsere Werte eintreten, verletzen wir unser Selbstgefühl. Nicht die Welt tut uns das an – wir tun es uns selbst an.

Ein junger Mann sitzt in der Dunkelheit eines Kinosaals und ist tief beeindruckt und bewegt von dem Film, der vor seinen Augen abläuft. So tief, daß ihm Tränen in die Augen steigen. Er weiß, er möchte diesen Film noch einmal sehen, vielleicht in einer Woche. Beim Hinausgehen begegnet er im Foyer einem Freund, der im gleichen Film war. Während sie sich begrüßen, sucht er im Gesicht seines Freundes nach Zeichen, ob er wohl ähnlich bewegt war. Er verrät jedoch mit keiner Miene, wie er den Film gefunden haben könnte. »Und, hat er dir gefallen?« fragt der Freund. Der junge Mann merkt, wie plötzlich Angst in ihm aufsteigt; er will sich nicht nachsagen lassen, er sei nicht »cool«. Und so will er auch nicht die Wahrheit sagen, die gelautet hätte: »Sehr. Und er hat mich sehr berührt.« Statt dessen zuckt er gleichgültig mit den Schultern und sagt: »Nicht schlecht.« Er weiß nicht, daß er sich gerade eine Ohrfeige gegeben hat – bzw. er weiß es zumindest nicht bewußt. Aber sein in Mitleidenschaft gezogenes Selbstwertgefühl weiß es.

Bei einer Cocktailparty hört eine Frau, wie jemand eine häßliche rassistische Bemerkung fallenläßt. Sie zuckt innerlich zusammen und möchte sagen: »Ich finde das ungeheuerlich.« Sie weiß, solche Übel gewinnen an Boden, wenn sie unwidersprochen bleiben. Sie hat jedoch Angst, sich unbeliebt zu machen. Also schluckt sie und schweigt. Später, um ihr Unbehagen zu beschwichtigen, das nicht weichen will, sagt sie sich: »Welchen Unterschied hätte es schon gemacht? Der Mann war ein Verrückter.« Ihr Selbstwertgefühl weiß aber um den Unterschied, den es gemacht hätte.

Ein Student geht zu einer Lesung einer Autorin, deren Werke er sehr bewundert. Nach der offiziellen Veranstaltung stellt er sich zu denen, die sie umringen und ihr Fragen stellen. Er möchte ihr gerne sagen, wie viel ihre Bücher ihm bedeuten, wie viel sie ihm gegeben und welche Rolle sie in seinem Leben gespielt haben. Aber er schweigt – und sagt sich: »Wie wichtig sollte meine Reaktion schon für so eine berühmte Schriftstellerin sein?« Sie schaut ihn einen Augenblick erwartungsvoll an, er wird verlegen, bleibt aber weiterhin stumm. Wenn ich etwas sage, denkt er, ...wer weiß, was passiert? Vielleicht würde sie ja darauf eingehen. Aber die Angst siegt, und er sagt sich: »Ich will mich nicht aufspielen.«

Ein Mann äußert eine Meinung, die seine Frau für falsch und ablehnenswert hält. Sie kämpft mit dem Impuls, sich mit ihm darüber auseinanderzusetzen und ihm zu sagen, wie sie die Dinge sieht. Sie hat jedoch

Angst, ihre Ehe zu »gefährden«; sie hat Angst, die Zuneigung ihres Mannes zu verlieren, wenn sie anderer Meinung ist als er. »Eine gute Frau«, hatte ihre Mutter sie gelehrt, »hält immer zu ihrem Mann – ob er recht hat oder unrecht hat.« Und außerdem hat sie noch immer die Worte des Pfarrers bei einer Predigt im Ohr: »Die Beziehung einer Frau zu ihrem Mann sollte so sein wie die Beziehung des Mannes zu Gott.« Diese beiden Stimmen sind ihr allgegenwärtig. Also schweigt sie, wie sie in der Vergangenheit bei solchen Gelegenheiten geschwiegen hat – und merkt nicht, daß die Wurzel ihres unterschwelligen Schuldgefühls das Wissen um den Umstand ist, daß sie sich selbst verrät.

Ein persönliches Beispiel

Ich habe meine Beziehung mit Ayn Rand bereits erwähnt, die einen Monat vor meinem zwanzigsten Geburtstag begann und achtzehn Jahre später mit einem bösen Knall endete. Zu den vielen positiven Dingen, die sie mir in den ersten Jahren gab, gehörte die Erfahrung, wirklich und umfassend von einem Menschen wahrgenommen zu werden. Ich fühlte mich von ihr verstanden und geschätzt, wie noch nie zuvor in meinem Leben. Daß ihre Reaktion mir so wichtig war, lag an der enormen Wertschätzung, die ich ihr entgegenbrachte; ich bewunderte sie.

Erst mit der Zeit merkte ich, daß sie nicht sonderlich gut mit Kritik umgehen konnte. Zumindest nicht, wenn sie von Personen kam, die ihr nahestanden. Bei Bekannten konnte sie durchaus Widerspruch hinnehmen; wer ihr aber wirklich nahe sein wollte, von dem wurde erwartet, daß er ihr für jede Tat und Äußerung ungeteilten und begeisterten Beifall zollte. Ich merkte nicht, wie ich es schrittweise lernte, meine Reaktionen auf Verhaltensweisen zu zensieren, die mir bei ihr mißfielen – wenn ich ihr Eigenlob zum Beispiel manchmal reichlich übertrieben fand, oder wenn ich mich über ihr mangelndes Mitgefühl ärgerte, oder wenn ich das Gehabe, das sie an den Tag legte, ihrer für unwürdig empfand. Ich verzichtete darauf, ihr das Korrektiv zu sein, das jeder von Zeit zu Zeit braucht; ohne dieses Korrektiv können wir uns zu weit von der Wirklichkeit entfernen, wie es bei ihr der Fall war.

Später, nachdem wir uns getrennt hatten, dachte ich oft darüber nach, warum ich nicht öfter meine Meinung gesagt hatte – wo es für mich doch einfacher (relativ zumindest) als für jeden anderen in unserem Kreis gewesen wäre. Die einfache Wahrheit ist: Ihre Wertschätzung war mir zu wichtig, um sie aufs Spiel zu setzen. Ich war, und auch das ist die Wahrheit, süchtig danach geworden. Rückblickend denke ich sogar, daß sie ein geniales Talent hatte, solche Abhängigkeiten zu schaffen – mit der Feinfühligkeit, dem besonderen Geschick und dem erstaunlichen Verständnis, das sie aufbringen konnte, so daß jeder sich besser als je zuvor verstanden und gewürdigt fühlte. Ich bestreite meine eigene Verantwortung dabei nicht; niemand kann ohne seine Einwilligung verführt werden. Als Gegenleistung für diese verhängnisvolle Belohnung, als Halbgott von der Person behandelt zu werden, die ich mehr als alle anderen schätzte und deren Meinung mir wichtiger als die aller anderen war, verzichtete ich darauf, mich selbst zu behaupten – was im Laufe der Zeit an meiner Selbstachtung zehrte.

Diese Erfahrung war für mich eine wichtige Lektion. Ich lernte, daß Selbstaufgaben dieser Art nicht funktionieren; sie schieben die Auseinandersetzungen, die unausweichlich und notwendig sind, nur auf. Ich lernte, daß die Versuchung, sich selbst zu verraten, gerade bei denjenigen am größten sein kann, auf deren Meinung wir am meisten Wert legen. Ich lernte, daß keine Bewunderung des anderen, wie groß sie auch sein mag, den Verzicht auf das eigene Urteil rechtfertigen kann.

Satzergänzungsübungen: Sich selbstsicher behaupten

Nachfolgend finden Sie einige Satzstämme, die Ihnen zu einem besseren Verständnis verhelfen sollen, was es heißt, sich selbstsicher zu behaupten:

1. WOCHE:
Selbstbehauptung heißt für mich,...
Wenn ich mich heute 5 Prozent mehr selbst behaupten würde,...
Wenn jemand mir gesagt hätte, meine Wünsche seien wichtig,...
Wenn ich den Mut hätte, meine eigenen Wünsche wichtig zu nehmen,...

2. WOCHE:
Wenn ich meine innersten Bedürfnisse und Wünsche bewußter wahrnähme,...
Wenn ich meine innersten Sehnsüchte ignoriere,...
Wenn ich bereit wäre, ja zu sagen, wenn ich ja sagen möchte, und nein zu sagen, wenn ich nein sagen möchte,...
Wenn ich bereit wäre, meine Gedanken und Meinungen häufiger zu äußern,...

3. WOCHE:
Wenn ich meine Gedanken und Meinungen unterdrücke,...
Wenn ich bereit bin, das einzufordern, was ich haben möchte,...
Wenn ich schweige und nicht sage, was ich möchte,...

Wenn ich bereit bin, andere die Musik hören zu lassen, die in mir ist,...

4. WOCHE:
Wenn ich bereit bin, selbst die Musik zu hören, die in mir ist,...
Wenn ich heute 5 Prozent mehr von mir selbst zum Ausdruck bringe,...
Wenn ich verberge, wer ich wirklich bin,...
Wenn ich ganzheitlicher leben möchte,...

Und an den Wochenenden, wenn Sie das, was Sie die Woche über geschrieben haben, nachgelesen haben, ergänzen Sie folgenden Satzstamm mit sechs bis zehn verschiedenen Endungen: **Wenn irgend etwas von dem, was ich geschrieben habe, wahr ist, wäre es hilfreich, wenn ich...**

Es gibt natürlich noch andere Möglichkeiten, wie man mit diesen Satzstämmen arbeiten kann. Bei meiner Gruppenarbeit gehen wir beispielsweise die ganze vorgenannte Liste in einer dreistündigen Sitzung durch. Wir ergänzen die Sätze laut und besprechen die einzelnen Endungen und was sie in der Praxis bedeuten.

Mut

Auch in diesem Kapitel dürfte wiederum klargeworden sein, daß die Handlungen, die ein gesundes Selbstwertgefühl fördern, gleichzeitig auch Ausdruck eines gesunden Selbstwertgefühls sind. Sich selbstsicher behaupten fördert das Selbstwertgefühl und ist zugleich ein Ausdruck des Selbstwertgefühls.

Einem Irrtum unterliegt der, der sich selbst damit beruhigen will, daß er sich sagt: »Kein Wunder, daß sie sich so selbstsicher behaupten kann; sie hat ein gutes Selbstwertgefühl.« Unser Selbstwertgefühl wird unter anderem dadurch aufgebaut, daß wir uns in Situationen behaupten, in denen es uns nicht leichtfällt. Und wir werden immer wieder in Situationen kommen, wo es eine Frage des Mutes ist, sich selbst zu behaupten.

Sich selbstsicher behaupten ist die vierte Säule des Selbstwertgefühls.

10. Zielgerichtet leben

Ein Freund, Ende Sechzig und einer der brillantesten und gefragtesten Unternehmensberater in den Vereinigten Staaten, ging vor einigen Jahren neuerlich eine Beziehung mit einer Frau ein, die er schon lange kannte, vor vielen Jahren geliebt, aber seit dreißig Jahren nicht mehr gesehen hatte. Auch sie war inzwischen über sechzig. Sie verliebten sich leidenschaftlich ineinander.

Ich hatte ihn nie glücklicher gesehen als bei dem Abendessen, bei dem er mir davon erzählte. Es war ein Vergnügen, ihn so zu erleben und ihn in seiner Begeisterung zu sehen. »Gott, ich hoffe, ich mache es dieses Mal richtig«, sagte er nach einer Weile grüblerisch. Er dachte wohl an die zwei Scheidungen, die hinter ihm lagen. »Ich wünsche mir so sehr, daß diese Beziehung klappt. Ich wünsche, ich meine, ich möchte ... ich hoffe ... Du weißt schon, daß ich nicht wieder alles vermassele.« Ich sagte nichts, und so fragte er schließlich: »Gibt's irgendeinen Rat?«

»Ja, schon«, sagte ich. »Wenn du willst, daß es klappt, dann muß es dein *bewußtes Ziel* sein, daß es klappt.« Er beugte sich neugierig etwas vor. »Ich kann mir genau deine Reaktion vorstellen«, fuhr ich fort, »wenn du bei IBM säßest, und ein Manager würde sagen: ›Nun, ich *hoffe*, wir haben das richtige Marketing-Konzept für dieses neue Produkt. Ich möchte, daß wir Erfolg damit haben, und ich wünsche mir ...‹ Du würdest ihm sofort nach einer Minute ins Wort fallen und sagen: ›Was soll das, *hoffen*? Was meinen Sie, wenn Sie sagen, ich *wünsche* mir?‹ Mein Rat ist, wende das, was du über die Wichtigkeit von Zielsetzungen – und Aktionsplänen – weißt, in deinem Privatleben an. Und überlaß das ›Hoffen‹ und ›Wünschen‹ den Kindern.«

Er lächelte, und das zeigte mir, daß er verstanden hatte. Und damit komme ich zum Thema: zielgerichtet leben.

Ohne Ziel leben heißt, mein Leben auf Gedeih und Verderb dem Zufall zu überlassen. Wir überlassen, was wir tun, dem zufälligen Ereignis, dem zufälligen Telefonanruf, der zufälligen Begegnung – weil uns der Maßstab fehlt, um zu beurteilen, was lohnenswert ist und was nicht. So wie ein Korken auf den Wellen hüpft, werden wir zum Spielball äußerer Kräfte – ohne Initiative, unseren eigenen Kurs festzulegen. Wir reagieren statt zu agieren. Wir lassen uns treiben.

Zielgerichtet leben heißt, unsere Fähigkeiten zu nutzen, um die Ziele zu erreichen, die wir gewählt haben: das Ziel zu studieren, eine Familie zu gründen, meinen eigenen Lebensunterhalt zu verdienen, ein neues Geschäft aufzumachen, ein neues Produkt auf den Markt zu bringen, ein wissenschaftliches Problem zu lösen, ein Ferienhaus zu bauen, in einer glücklichen Liebesbeziehung zu leben. Es sind unsere Ziele, die uns weiterbringen, die unsere Fähigkeiten mobilisieren, die uns Auftrieb geben.

Produktivität und Zielgerichtetheit

Zielgerichtet leben heißt unter anderem produktiv leben, was wiederum die Voraussetzung ist, um lebenstüchtig zu sein. Produktivität ist das, womit wir für unseren Unterhalt sorgen – indem wir unsere Gedanken in die Praxis umsetzen, uns Ziele setzen und darauf hinarbeiten, sie zu erreichen, Wissen, Waren oder Dienstleistungen verfügbar machen.

Männer und Frauen, die eigenverantwortlich leben, bürden nicht anderen die Last auf, für ihren Unterhalt zu sorgen. Es sind nicht die Fähigkeiten, die hier entscheidend sind; entscheidend ist, wie der Einzelne sich entscheidet, seine Fähigkeiten zu nutzen. Entscheidend ist ebensowenig die Art der Arbeit, die er wählt, vorausgesetzt, sie ist nicht ausgesprochen asozial, als vielmehr, ob er – sofern er die Möglichkeit hat – eine Arbeit wählt, die seiner Intelligenz entspricht.

Männer und Frauen, die zielgerichtet leben, setzen sich produktive Ziele, die ihren Fähigkeiten entsprechen – oder versuchen dies zumindest. Ihr Selbst-Konzept zeigt sich unter anderem an den Zielen, die sie sich setzen. Natürlich bedarf es angesichts der Komplexität der individuellen Gegebenheiten schon einiger Entzifferungskünste. Dennoch: Wenn wir wissen, welche Ziele Personen wählen, wissen wir bereits eine Menge über ihr Selbstbild und ihre Visionen und darüber, was sie für sich für möglich und angemessen halten.

Effizienz und Zielgerichtetheit

Wenn zum Selbstwertgefühl das Gefühl gehört, daß ich mich kompetent (oder wirksam) fühle, wie ist diese Kompetenz dann in Zusammenhang mit der spezifischen Kompetenz zu sehen, die auf einem bestimmten Gebiet verlangt wird?

Ein grundlegendes Gefühl der Wirksamkeit wird dadurch aufgebaut, daß wir in Zusammenhang mit der Erfüllung bestimmter Aufgaben bestimmte Formen der Wirksamkeit beherrschen lernen.

Eine grundlegende Wirksamkeit kann nicht in einem Vakuum entstehen; sie muß durch spezifische Aufgaben, die man beherrscht, geschaffen und zum Ausdruck gebracht werden. Es sind nicht die Leistungen, die unseren Wert »beweisen«; es ist der Prozeß, der zu diesen Leistungen führt, der bewirkt, daß wir Effektivität, Kompetenz in unserem Leben entwickeln. Ich kann nicht auf der abstrakten Ebene wirksam sein, wenn ich nicht in einem bestimmten Bereich wirksam bin. Das heißt also, daß produktive Arbeit ein wirksames Mittel zum Aufbau des Selbstwertgefühls ist.

Ziele, die uns ein Anliegen sind, müssen konkret sein, wenn sie verwirklicht werden sollen. Wie soll ich mein Verhalten optimal auf etwas ausrichten, wenn mein Ziel lediglich darin besteht, daß ich »mein Bestes tun« will? Diese Aufgabenstellung ist zu vage. Mein Ziel muß lauten: jeweils dreißig Minuten viermal in der Woche zu laufen; meine (präzise definierte) Aufgabe innerhalb von zehn Tagen zu erledigen; mein Team bei der nächsten Sitzung genau zu informieren, was im einzelnen für dieses Projekt getan werden muß; bis zum Jahresende mit meinen Provisionen eine bestimmte Summe zu verdienen; bis zu einem bestimmten Stichtag mit bestimmten Mitteln eine bestimmte Marktlücke zu erschließen. Mit diesen konkreten Zielvorgaben kann ich sehen, welche Fortschritte ich mache, ursprüngliche Absichten mit den Ergebnissen vergleichen, meine Strategie oder Taktik auf der Grundlage von neuen Informationen ändern und für die Ergebnisse, mit denen ich schließlich aufwarte, zur Verantwortung gezogen werden.

Zielgerichtet leben heißt, sich folgende Fragen vor Augen zu halten: Was versuche ich zu erreichen? Wie versuche ich, es zu erreichen? Warum halte ich diese Mittel für angemessen? Sagt das Feedback aus meiner Umwelt mir, daß ich Erfolg habe oder daß ich scheitere? Gibt es neue Informationen, die ich berücksichtigen muß? Muß ich meinen Kurs oder meine Strategie korrigieren oder an meinen Praktiken etwas ändern? Muß ich meine Ziele und Absichten neu überdenken? Zielgerichtet leben heißt also, sehr bewußt zu leben.

Es fällt so manchem leichter, diese Ideen im Beruf als in persönlichen Beziehungen zu berücksichtigen. Was vielleicht erklärt, warum mehr Menschen in ihrem Berufsleben erfolgreicher als in ihren Ehen sind. Jeder weiß, daß es nicht genügt zu sagen: »Ich liebe meine Arbeit.« Ich muß im Büro erscheinen und etwas tun. Ansonsten ist der Untergang des Unternehmens vorprogrammiert.

In intimen Beziehungen hält sich demgegenüber die Vorstellung, daß die »Liebe« genügt, das Glück von selbst kommt – und wenn nicht, so heißt das, daß wir nicht zueinander passen. Hier wird nur selten die Frage gestellt: »Wenn es mein Ziel ist, in einer glücklichen Beziehung zu leben, was muß ich tun? Was muß konkret getan werden, um Vertrauen und Intimität zu schaffen und zu wahren, um dafür zu sorgen, daß es so bleibt, daß wir uns gegenseitig offenbaren, daß die Erregung bleibt und die Beziehung weiter wächst?«

Es ist sinnvoll, ein jungverheiratetes und sehr glückliches Paar zu fragen: »Habt ihr einen Aktionsplan, um dafür zu sorgen, daß diese Gefühle bleiben?«

Wenn Partnerschaftskonflikte auftreten und der Wunsch da ist, eine Lösung zu finden, ist es sinnvoll zu fragen: »Wenn es euer Ziel ist, wieder harmonisch miteinander zu leben, was seid ihr bereit zu unternehmen, um das zu erreichen? Was wünschst du dir konkret, was dein Partner tun soll? Was trägt jeder von euch konkret dazu bei, um Dinge zu verbessern?«

Ziele, die nicht konkret an einen Aktionsplan gebunden sind, werden nicht verwirklicht. Sie existieren nur als enttäuschte Sehnsüchte.

Tagträume führen nicht zu einem Gefühl der Wirksamkeit.

Selbstdisziplin

Ein zielgerichtetes und produktives Leben setzt voraus, daß wir in uns die Fähigkeit der Selbstdisziplin kultivieren. Selbstdisziplin ist die Fähigkeit, unser Verhalten so auszurichten, daß wir zeitlich bestimmten Aufgaben gerecht werden. **Wer** nicht über die Fähigkeit der Selbstdisziplin verfügt, kann sich nicht kompetent im Umgang mit den Herausforderungen des Lebens fühlen. Selbstdisziplin setzt die Fähigkeit voraus, zugunsten eines entfernteren Ziels auf unmittelbare Belohnungen verzichten zu können. Die Fähigkeit also, Konsequenzen für die Zukunft absehen zu können – langfristig zu denken und zu planen und nicht nur kurzsichtig zu leben. Ohne diese Fähigkeiten kann weder ein Individuum noch ein Unternehmen effizient funktionieren, geschweige denn sich zu Spitzenerfolgen aufschwingen.

Wie alle dem Selbstwertgefühl förderlichen Tugenden oder Praktiken ist auch die Selbstdisziplin eine überlebenswichtige Tugend – das heißt, sie ist eine notwendige Voraussetzung für einen erfolgreichen Lebenslauf. Eine der großen Aufgaben, die sich Eltern oder Lehrer stellen, ist, Kindern beizubringen, die Gegenwart zu respektieren, ohne die Zukunft außer acht zu lassen. Und dieser Balanceakt ist eine für uns alle allgegenwärtige Herausforderung.

Er ist entscheidend dafür, ob wir uns des Gefühls erfreuen können, unser Leben unter Kontrolle zu haben.

Sicherheitshalber sei angemerkt, daß ein zielgerichtetes, selbstdiszipliniertes Leben nicht gleichzusetzen ist mit einem Leben, in dem keine Zeit und kein Platz ist für Muße, Entspannung, Erholung, spontane oder auch frivole Aktivitäten. Es heißt nur, daß solche Aktivitäten bewußt und in dem Wissen unternommen werden, daß sie angemessen sind und Grundsätzlichkeiten nicht gefährden. Und im übrigen gilt, daß ein vorübergehendes Loslassen von zielgerichteten Bestrebungen auch einem Ziel dient, ob bewußt beabsichtigt oder nicht: dem Ziel, sich zu regenerieren.

Was gehört zu einem zielgerichteten Leben?

Zu einem zielgerichteten Leben gehören folgende Kernpunkte:

Bewußt die Verantwortung für die Formulierung der eigenen Ziele und Absichten zu übernehmen.

Sich zu bemühen zu erkennen, was im einzelnen getan werden muß, um die eigenen Ziele zu erreichen.

Das eigene Verhalten zu beobachten, um zu erkennen, ob es in Einklang mit den eigenen Zielsetzungen ist.

Auf die Ergebnisse des eigenen Handelns zu achten, um zu erkennen, ob sie dahin führen, wo wir hin möchten.

Bewußt die Verantwortung für die Formulierung der eigenen Ziele und Absichten übernehmen: Um unser Leben selbst kontrollieren zu können, müssen wir wissen, was wir wollen und wohin wir kommen möchten. Wir müssen uns einige Fragen vor Augen halten – etwa: Wo möchte ich in fünf, zehn, zwanzig Jahren stehen? Was möchte ich aus meinem Leben machen? Was möchte ich beruflich erreichen? Was wünsche ich mir auf der Ebene persönlicher Beziehungen? Habe ich den Wunsch zu heiraten, wenn ja, warum? Welche Absichten verfolge ich? Im Rahmen einer bestimmten Beziehung, was sind meine Ziele? Wenn ich meine Kinder nehme, was sind meine Ziele? Sofern ich intellektuelle oder spirituelle Ambitionen habe, welche konkret? Habe ich meine Ziele klar vor Augen, oder sind sie vage und undefinierbar?

Sich bemühen zu erkennen, was im einzelnen getan werden muß, um die eigenen Ziele zu erreichen: Wenn unsere Ziele Ziele und nicht Tagträume sein sollen, müssen wir uns fragen: Wie erreiche ich mein Ziel? Welche Schritte sind notwendig? Welche Zwischenziele muß ich auf dem Weg zu meinem endgültigen Ziel ansteuern? Sofern neue Kenntnisse erforderlich sind, wie will ich sie erwerben? Sofern anderweitige Unterstützung erforderlich ist, wie will ich sie mir sichern? Sofern unsere Ziele langfristig sind, wird es notwendig sein, unsere Aktionspläne mit entsprechenden Zwischenplänen zu ergänzen, die festhalten, wie wir unsere Zwischenziele erreichen wollen.

Nehmen wir uns in die Verantwortung, diese Schritte im einzelnen zu durchdenken?

Der Erfolg gehört denen, die das tun.

Das eigene Verhalten beobachten, um zu erkennen, ob es in Einklang mit den eigenen Zielsetzungen ist: Wir können klar definierte Ziele und einen entsprechend vernünftigen Aktionsplan haben und dennoch vom Kurs abkommen, weil wir uns ablenken lassen, unerwartete Probleme auftauchen, andere Werte in den Vordergrund rücken, unbewußt neue Prioritäten gesetzt werden, die erforderliche Konzentration fehlt oder innere Widerstände verhindern, daß wir das tun, was wir uns vorgenommen haben. Wenn wir unser Tun in Zusammenhang mit unseren erklärten Zielsetzungen bewußt beobachten, können wir solchen Problemen Rechnung tragen. Manchmal werden wir sie damit lösen, daß wir uns auf unsere ursprünglichen Absichten zurückbesinnen. Ein andermal werden wir unsere Ziele überdenken und möglicherweise neu formulieren müssen.

Auf die Ergebnisse des eigenen Handelns achten, um zu erkennen, ob sie dahin führen, wo wir hin möchten: Unsere Ziele können klar und unsere Handlungen im Einklang mit unseren Aktionsplänen sein, und dennoch kann sich herausstellen, daß wir uns verrechnet haben und unsere Schritte nicht dahin führen, wo wir hin möchten. Vielleicht aufgrund von Faktoren, die wir übersehen haben. Vielleicht aufgrund von Entwicklungen, die die Rahmenbedingungen geändert haben. Wir müssen uns also immer wieder fragen: Sind meine Strategie und Taktik richtig? Komme ich dahin, wo ich hin möchte? Führt mein Handeln zu den erwarteten Ergebnissen?

In der Geschäftswelt scheitert so mancher daran, daß er sich blind immer wieder darauf beruft: »Aber was wir tun, hat in der Vergangenheit immer funktioniert.« Und vergißt, daß in einem dynamischen Wirtschaftsgefüge die Strategie und Taktik von gestern heute schon überholt sein können.

Zu berücksichtigen ist also, daß unsere Handlungen vielleicht nicht die beabsichtigten Konsequenzen zeitigen; möglich ist aber auch, daß sie andere Konsequenzen zeitigen, die weder vorhergesehen wurden noch erwünscht sind. Und möglich ist auch, daß das, was wir tun, in mancher Hinsicht funktioniert und in anderer Hinsicht dennoch negativ ist. Ein Beispiel: Ständiges Nörgeln und

Schimpfen mögen zwar eine kurzfristige Lösung sein, können langfristig aber zu Ablehnung und Rebellion führen. Ein Unternehmen kann mit dem Verkauf minderwertiger Ware schnell Gewinne machen und den Betrieb innerhalb eines Jahres in den Ruin treiben, weil die Kunden weglaufen. Wenn wir darauf achten, was bei dem, was wir tun, herauskommt, sehen wir nicht nur, ob wir unsere Ziele erreichen, sondern auch, was sich vielleicht unbeabsichtigter- und unerwünschterweise aus unseren Bemühungen ergibt.

Auch hier wiederum gilt: Zu einem zielgerichteten Leben gehört, daß wir bewußt leben.

Einige Klarstellungen

1. Als Beispiel für so manche befremdlichen Thesen, die in Zusammenhang mit der Frage eines zielgerichteten Lebens vertreten werden, sei nur auf die ungewöhnliche Feststellung des Psychiaters Irvin D. Yalom verwiesen, der in seinem Buch *Existentielle Psychotherapie* erklärt: »Der Glaube, daß das Leben ohne Zielerfüllung unvollständig sei, ist nicht so sehr eine tragische existentielle Tatsache des Lebens, sondern ein westlicher Mythos, ein kulturelles Artefakt.«[1]

Wenn es etwas gibt, was wir wissen, dann, daß ein Leben »ohne Zielerfüllung« *unmöglich* ist – unmöglich auf jeder Stufe der Evolution, von der Amöbe bis zum Menschen. Und das ist ebensowenig »eine tragische existentielle Tatsache« wie ein »westlicher Mythos«, als vielmehr eine einfache naturgemäße – und oft faszinierende – Tatsache des Lebens.

Die Alternative zur »Zielerfüllung« wäre eine Lebenseinstellung, die auf Passivität und Ziellosigkeit beruht. Ist es nun eine Tragödie, daß eine derartige Lebensführung nicht genauso viel Freude bringt, wie wenn wir etwas erreicht haben?

Im übrigen sei daran erinnert, daß die Frage der »Zielerfüllung« nicht auf »weltliche« Ziele beschränkt ist. Ein Leben, das Studien oder der Meditation gewidmet ist, erfüllt seinen eigenen Zweck – oder kann es zumindest erfüllen. Aber ein Leben ohne Ziel und Zweck kann wohl kaum als menschlich betrachtet werden.

2. Die Feststellung, daß zielgerichtet leben eine wesentliche Voraussetzung für ein gesundes Selbstwertgefühl ist, heißt nicht, daß die erkennbaren Leistungen des Einzelnen der Maßstab für seinen Wert sind. Wir bewundern Leistungen – bei anderen und bei uns selbst, das ist ebenso natürlich wie angemessen. Damit sagen wir jedoch nicht, daß unsere Leistungen der Maßstab oder

die Grundlage für unser Selbstwertgefühl sind. Die Wurzel unseres Selbstwertgefühls liegt nicht in unseren Leistungen, sondern in den in unserem Innern erzeugten Praktiken, die uns – unter anderem – *unsere Leistungen ermöglichen.* Leistungen, zu denen auch die Verwirklichung all der hier besprochenen und für unser Selbstwertgefühl essentiellen Tugenden gehört.

Der Stahlmulti Andrew Carnegie sagte einmal: »Ihr könnt uns unsere Fabriken wegnehmen, unsere Handelsverbindungen wegnehmen, unsere Transportmittel und unser Geld wegnehmen – und uns nichts weiter als unsere Organisation lassen – und in vier Jahren hätten wir alles wieder auf die Beine gestellt.« Was er damit sagen wollte, war, daß die Macht in der Quelle des Reichtums und nicht im Reichtum selbst liegt. Und das gleiche Prinzip gilt für das Verhältnis zwischen Selbstwertgefühl und äußeren Leistungen.

3. Produktive Leistungen können Ausdruck eines hohen Selbstwertgefühls sein. Das Selbstwertgefühl muß jedoch nicht der Hauptgrund für die positive Leistungsbilanz sein. Ein sehr talentierter und beruflich erfolgreicher, aber in seinem Privatleben irrationaler und unverantwortlicher Mensch mag glauben *wollen*, daß das einzige Kriterium der Tugendhaftigkeit produktive Leistungen sind und daß alles andere – moralisch oder gemessen am Selbstwertgefühl – unwichtig ist. Dieser Mensch versteckt sich im Zweifel hinter seiner Arbeit, um Scham- und Schuldgefühlen auszuweichen, die aus anderen Lebensbereichen resultieren (oder aus schmerzlichen Kindheitserfahrungen). So daß die produktive Arbeit weniger eine gesunde Leidenschaft, als vielmehr eine Vermeidungsstrategie ist, eine Flucht vor Realitäten, denen er sich nicht stellen möchte, weil sie zu beängstigend für ihn sind.

Hinzu kommt: Wenn eine Person den Fehler macht, ihr Selbst mit ihrer Arbeit zu identifizieren (statt mit den inneren Tugenden, die diese Arbeit ermöglichen) und das Selbstwertgefühl in erster Linie an Leistungen, Erfolg, Einkommen oder daran geknüpft ist, daß man ein guter Familienernährer ist, besteht die Gefahr, daß diese Person in Depressionen verfällt oder völlig demoralisiert ist, wenn das Unternehmen aufgrund wirtschaftlicher Umstände, auf die sie keinen Einfluß hat, in Konkurs geht, oder wenn sie ihren Arbeitsplatz verliert. Als eine große Fluggesellschaft ihre Niederlassung in einer Stadt schloß, liefen bei der örtlichen Telefonseelsorge die Drähte heiß – Selbstmordgefährdete suchten einen Strohhalm. (Von diesem Problem sind vor allem Männer betroffen, die dazu erzogen wurden, ihren Wert – und ihre Männlichkeit – daran zu messen, ob sie ein guter Familienernährer sind. Bei Frauen ist es demgegenüber unwahrscheinlicher, daß sie ihren persönlichen Wert – oder gar ihre Weiblichkeit – an Verdienstmöglichkeiten messen.)

Bei einem Vortrag, den ich vor einigen Jahren in Detroit, unter anderem vor Vertretern der Automobilindustrie, hielt, sagte ich: »In Washington wird derzeit überlegt, ob man Chrysler mit einem großen staatlichen Darlehen aus der Misere boxen soll. Es ist im Augenblick unwichtig, wie Sie dazu stehen und ob Sie diese staatliche Maßnahme für angemessen halten; ich halte sie nicht für angemessen, und dafür habe ich meine Gründe. Der Punkt ist, wenn Sie für Chrysler arbeiten und Ihr Selbstwertgefühl daran knüpfen, daß Sie in diesem Unternehmen eine wichtige Rolle spielen oder daß Sie in diesem Jahr ein hohes Einkommen haben, so bedeutet dies praktisch, daß Sie bereit sind, Ihre Seele in die Hände irgendwelcher Leute in Washington zu legen, die dann voll und ganz über Ihr Wertgefühl befinden können. Dieser Gedanke empört Sie? Ich hoffe, er empört Sie. Mich würde er empören.«

Es ist schwierig genug, wenn man sich in wirtschaftlich schwierigen Zeiten mit Geldsorgen herumschlagen und sich um das Wohlergehen der Familie und die Zukunft sorgen muß. Aber schlimmer ist es noch, wenn wir zulassen, daß unser Selbstwertgefühl dabei untergraben wird – indem wir uns weismachen, unsere Effizienz und unser Wert hingen von unseren Verdienstmöglichkeiten ab.

Gelegentlich kommen ältere Männer und Frauen zu mir in die Beratung, die arbeitslos wurden, weil man wesentlich Jüngeren den Vorzug gegeben hatte, auch wenn sie nicht besser oder nicht einmal ebenso qualifiziert waren. Ebenso arbeite ich immer wieder mit hochtalentierten jungen Menschen, die unter dem umgekehrten Vorurteil leiden – die Diskriminierung der Jugend zugunsten des Alters, wo dann ebensowenig Kompetenz- und Qualifikationsmaßstäbe angelegt werden. Was für die Betroffenen zum Ergebnis hat, daß sie oft anfangen, an ihrer persönlichen Effektivität zu zweifeln. Und dieses Gefühl ist nur um Haaresbreite von einem geminderten Selbstwertgefühl entfernt – und endet oft damit. Um nicht in diese Falle zu geraten, muß eine Person schon außergewöhnlich gerüstet sein. Und das ist derjenige, der wirklich seine Mitte gefunden hat und der begreift, daß manche Dinge sich seiner persönlichen Kontrolle entziehen und, genaugenommen, nichts mit seinem Selbstwertgefühl zu tun haben (oder zu tun haben sollten). Was natürlich nicht heißt, daß diese Person nicht auch leidet und Zukunftsängste hat; der Unterschied ist, daß sie das Problem nicht zu einer Frage ihres persönlichen Wertgefühls macht.

Wenn es um die Frage des Selbstwertgefühls geht, muß ich mir die Frage stellen: »Liegt diese Angelegenheit innerhalb meiner direkten, willentlichen Kontrolle? Oder gibt es zumindest ursächlich eine direkte Verbindung zu Dingen, die meiner direkten, willentlichen Kontrolle unterliegen?« Wenn nicht, so hat dieses Problem nichts mit dem Selbstwertgefühl zu tun, und es sollte, wie schmerzlich oder niederschmetternd es auch ist, auf einer anderen Ebene eingeordnet werden.

Dieser Grundsatz wird eines Tages zu den Dingen gehören, die Eltern ganz selbstverständlich als Teil einer ordentlichen Kindererziehung ihren Kindern beibringen. Und er wird eines Tages an den Schulen gelehrt werden.

4. Ich fragte einen Freund, einen Geschäftsmann, der auf die Sechzig zuging, welche Ziele er noch in seinem Leben habe. »Ich habe keine Ziele«, antwortete er. »Mein Leben lang habe ich immer nur auf Kosten der Gegenwart auf die Zukunft hin gelebt. Ich habe mir kaum einmal die Muße genommen, um meine Familie, die Natur oder andere schöne Dinge zu genießen, die die Welt zu bieten hat. Ich habe aufgehört, immer alles vorauszudenken oder -zuplanen. Ich kümmere mich noch um mein Geld, keine Frage, und mache gelegentlich noch Geschäfte. Mein Hauptziel ist jedoch, an jedem Tag mein Leben zu genießen – alles, was ich nur kann, wirklich wahrzunehmen. In dem Sinne könntest du dann wohl auch sagen, daß ich noch immer zielgerichtet lebe.«

Was er gesagt hatte, klang, so sagte ich ihm, als habe er es nie gelernt, beides ausgewogen miteinander zu verbinden: Ziele in der Zukunft anzuvisieren und dennoch voll und ganz in der Gegenwart zu leben. »Das war immer ein Problem für mich«, pflichtete er mir bei.

Das ist, wie wir wissen, nicht mit einem zielgerichteten Leben gemeint. Wir dürfen weder blind gegenüber der Zukunft noch gegenüber der Gegenwart sein, sondern müssen beides in unsere Erfahrungen und Wahrnehmungen integrieren.

Soweit es unser Ziel ist, uns zu »beweisen« oder Versagerängste abzuwehren, ist dieses Gleichgewicht allerdings schwierig zu erreichen. In dem Falle stehen wir zu sehr unter Druck. Der Motor dieses Drucks ist aber nicht Freude, sondern Angst.

Wenn unser Ziel demgegenüber der Ausdruck der eigenen Persönlichkeit und nicht die Selbstrechtfertigung ist, kommt dieses Gleichgewicht auf natürlichere Weise zustande. Was natürlich nicht heißt, daß wir uns nicht dennoch an jedem einzelnen Tag damit auseinandersetzen müssen; diese Aufgabe wird aber wesentlich leichter zu erfüllen sein, da sie nicht durch die Angst vor einem verletzten Selbstwertgefühl nahezu unlösbar gemacht wird.

Beispiele

Zeit seines Lebens hatte Jack den Traum, Schriftsteller zu werden. Er sah sich vor der Schreibmaschine sitzen, er sah sich, wie er Kapitel für Kapitel schrieb, und er sah sein Bild als Titelfoto der *Time*. Er hatte jedoch nur vage Vorstellungen, worüber er schreiben wollte. Er hätte nicht sagen können, was er vermitteln und ausdrücken wollte. Das beeinträchtigte jedoch in keiner Weise seine angenehmen Träumereien. Er machte sich nie Gedanken darüber, wie er es lernen könnte zu schreiben. Kurz: Er schrieb nicht. Er träumte nur vom Schreiben. So driftete er von einem schlechtbezahlten Job zum nächsten und sagte sich immer wieder, er wolle nicht angebunden sein oder sich ablenken lassen, sein »wahrer« Beruf sei schließlich das Schreiben. Die Jahre vergingen, und das Leben erschien ihm zunehmend leerer. Und seine Angst, mit dem Schreiben anzufangen, wurde zunehmend stärker. Denn: Jetzt, mit Vierzig, hätte er längst angefangen haben sollen. »Eines Tages«, sagte er sich, »wenn ich soweit bin...« Wenn er sich die Leute um sich herum so ansah, dann fand er, daß sie im Vergleich zu ihm ein ausgesprochen gesetztes bürgerliches Leben führten. »Sie haben keine großen Visionen«, dachte er, »keine großen Träume. Das reicht mir nicht, ich strebe nach wesentlich mehr.«

Mary war als Abteilungsleiterin bei einer Werbeagentur beschäftigt. Sie war im wesentlichen verantwortlich für das Marketing – neue Kunden zu werben. Sie war jedoch ein sehr mitfühlender Mensch und genoß es sehr, anderen helfen zu können. So ermutigte sie Kollegen und Kolleginnen, bei ihr im Büro vorbeizukommen, und über ihre Probleme zu sprechen, nicht nur über Firmenprobleme, sondern auch über private Probleme. Sie genoß es, wenn sie in Witzen als die »Büro-Psychiaterin« bezeichnet wurde. Sie merkte nicht, daß sie einen Großteil ihrer Zeit mit Beschäftigungen verbrachte, für die sie nicht bezahlt wurde. Und reagierte aufgebracht, als in ihrer Leistungsbeurteilung ihre Arbeitsleistungen bemängelt wurden. Es fiel ihr jedoch schwer, ihr Verhaltensmuster zu ändern; die Ego-Streicheleinheiten, die sie dadurch erhielt, »anderen zu helfen«, waren zur Sucht geworden. Mit dem Ergebnis, daß ihre bewußt gesetzten Arbeitsziele und ihr Verhalten kollidierten – gemessen an ihren erklärten Absichten und der Tatsache, wie sie mit ihrer Zeit umging. Ein Ziel, das sie nicht bewußt gewählt hatte, gewann die Oberhand gegenüber einem Ziel, das sie bewußt gewählt hatte. Da sie sich im übrigen nicht daran hielt, ihr Handeln zu beobachten, um etwa solche Fälle zu erkennen, wurde ihr die Realität in der ganzen Tragweite ihres Fehlers nicht bewußt – bis ihr gekündigt wurde.

Mark wollte ein guter Vater sein. Er wollte seinem Sohn Selbstachtung und Eigenverantwortlichkeit beibringen. Und das gedachte er damit zu erreichen, daß er ihm Vorträge hielt. Und er merkte nicht, daß sein Sohn, je mehr er predigte, um so eingeschüchterter und verunsicherter reagierte. Wenn der Junge irgendwelche Ängste zeigte, sagte der Vater: »Hab' keine Angst!« Als der Sohn dann anfing, seine Gefühle zu verbergen, um Vorwürfe zu vermeiden, sagte der Vater: »Nimm kein

Blatt vor den Mund! Wenn du etwas zu sagen hast, sag's!« Als der Sohn immer weniger aus sich herausging, sagte der Vater: »Ein richtiger Mann nimmt am Leben teil!« Und er fragte sich: »Was ist nur los mit dem Jungen? Warum hört er mir nie zu?« Wenn der Vater in seinem Geschäft etwas versuchte, und es klappte nicht, dann probierte er es mit etwas anderem. Er gab weder den Kunden noch dem Universum die Schuld; er überlegte, was er tun könnte, das effektiver sei. Er achtete darauf, was bei seinen Aktionen herauskam. Wenn demgegenüber zu Hause weder Vorträge noch Vorwürfe noch Schreien fruchteten, dann war die Lösung für ihn die, das alles nur noch häufiger und intensiver bzw. heftiger zu wiederholen. Hier kam er nicht auf die Idee, darauf zu achten, was bei seinen Aktionen herauskam. Was er auf der beruflichen Ebene wußte, hatte er auf der persönlichen vergessen: Daß etwas, was nicht funktioniert, auch dann nicht funktioniert, wenn's doppelt und dreifach versucht wird.

Persönliche Beispiele

Wenn ich mein eigenes Leben nehme und mich frage, was zielgerichtet leben für mich heißt, dann fällt mir als erstes ein, daß ich mich in die Verantwortung nehmen muß, die Schritte zu unternehmen, die notwendig sind, um meine Ziele zu erreichen. Zielgerichtet leben heißt in vieler Hinsicht eigenverantwortlich leben.

Ich denke an eine Zeit zurück, in der ich mir etwas wünschte, was ich mir nicht leisten konnte, das aber eine erhebliche Verbesserung in meinem Auskommen und damit in meinem Leben darstellen würde. Es hätte eine stattliche Summe investiert werden müssen. Über mehrere Jahre hinweg blieb ich passiv, was eigentlich untypisch für mich ist, und unternahm nichts, um eine Lösung zu finden. Eines Tages hatte ich dann plötzlich ganz klar einen Gedanken in mir, der sicherlich nicht neu für mich war, aber dennoch eine durchschlagende Wirkung hatte: Wenn ich nichts tue, ändert sich nichts. Er riß mich aus meiner Lethargie, die mir schon irgendwie seit langem bewußt gewesen war, der ich mich aber nie gestellt hatte.

Mit dem Ergebnis, daß ich mich nun aufraffte, das Projekt, das mir vorschwebte, konkret entwickelte und verwirklichte – ein Projekt, das mir Auftrieb gab, eine Herausforderung darstellte, höchst befriedigend und lohnenswert war und das mir im übrigen das zusätzliche Einkommen sicherte, das ich brauchte.

Im Prinzip hätte ich es schon Jahre früher in Angriff nehmen können. Aber erst als mich meine eigene Lethargie störte und nervte, erst als ich mir sagte: »Ich nehme mich in die Pflicht, in den nächsten Wochen eine Lösung zu finden«, erst als ich das, was ich über Zielgerichtetheit im Leben wußte, auf meine eigene Situation übertrug – erst dann raffte ich mich auf zu handeln und eine Lösung zu finden.

Und als ich es tat, merkte ich, daß ich nicht nur glücklicher war, sondern daß auch mein Selbstwertgefühl stieg.

Als ich diese Geschichte in einer Gruppe erzählte, sagte ein Mann: »Sie können das, klar. Aber nicht jeder ist in der Lage, neue Projekte zu entwickeln. Und was sollen wir tun?« Ich bat ihn, über seine eigene Lethargie zu sprechen und über den Wunsch, der wegen dieser Lethargie unerfüllt blieb. »Wenn Sie es sich *bewußt zum Ziel* machten, sich diesen Wunsch zu erfüllen«, fragte ich ihn, »was könnten Sie tun?« Nachdem ich ihm noch etwas weiter auf die Sprünge geholfen hatte, fing er an zu erzählen und wurde konkret.

Noch ein weiteres persönliches Beispiel, das etwas mit Selbstdisziplin zu tun hat:

Meine Frau Devers ist ausgesprochen gutmütig, großzügig und freundlich anderen und vor allem auch mir gegenüber. Sie ist so – sehr bewußt und sehr konsequent. Ich hatte in dieser Hinsicht zwar auch immer gute Absichten, war in diesem Punkt aber nie so diszipliniert wie sie. Meine Großzügigkeit war eher impulsiv. Das heißt, daß ich bisweilen unbeabsichtigterweise unfreundlich und gefühllos sein konnte, weil ich einfach zu sehr mit meinen eigenen Dingen beschäftigt war.

Eines Tages sagte Devers etwas, was mich tief beeindruckte. »Du bist sehr nett, großzügig und fürsorglich – wenn du nur einmal lange genug deine eigenen Sachen sein läßt, damit dieser Zug sich bei dir durchsetzen kann. Was du nie gelernt hast, ist *die Disziplin, freundlich zu sein.* Eine Freundlichkeit, die nicht von Lust und Laune abhängt. Eine Freundlichkeit als Lebensprinzip. Du hast das Potential dazu in dir, aber es wird ohne Bewußtsein und Disziplin nicht genutzt. Und darüber hast du vielleicht noch nie nachgedacht.«

Diese Diskussion hatten wir in den verschiedensten Versionen mehr als nur einmal geführt. Ein wichtiger Schritt für mein Wachstum war, als ich diese Diskussionen schließlich Teil meines Prinzips, zielgerichtet zu leben, werden ließ – *so daß Freundlichkeit nicht mehr nur eine Neigung, sondern ein bewußtes Ziel war.*

Für das Selbstwertgefühl ist eine gezielte, konsequente Freundlichkeit eine völlig andere Erfahrung als eine Freundlichkeit, die nur impulsiv zutage tritt.

Satzergänzungen: Zielgerichtet leben

Nachfolgend finden Sie einige Satzstämme, die meine Klienten hilfreich finden, um die Ideen, die wir in diesem Kapitel besprochen haben, in der Praxis noch besser zu verstehen.

Zielgerichtet leben heißt für mich,...
Wenn ich 5 Prozent zielgerichteter lebe,...
Wenn ich 5 Prozent zielgerichteter arbeite,...
Wenn ich mich bemühe, 5 Prozent zielgerichteter in meinen Botschaften zu sein,...
Wenn ich 5 Prozent zielgerichteter in meinem Umgang mit Kollegen und Kolleginnen bin,...
Wenn ich 5 Prozent zielgerichteter in meiner Ehe bin,...
Wenn ich 5 Prozent zielgerichteter mit meinen Kindern umgehe,...
Wenn ich 5 Prozent zielgerichteter mit meinen Freunden umgehe,...
Wenn ich 5 Prozent zielgerichteter mit meinen innersten Sehnsüchten umgehe,...
Wenn ich mich 5 Prozent zielgerichteter um meine eigenen Bedürfnisse kümmere,...
Wenn ich mich mehr in die Verantwortung nähme, um mir meine Wünsche zu erfüllen,...
Wenn irgend etwas von dem, was ich geschrieben habe, wahr ist, wäre es hilfreich, wenn ich...

Zielgerichtet leben ist eine grundsätzliche Einstellung, die auf jeder Ebene unseres Lebens zum Tragen kommt. Zielgerichtet leben heißt, daß wir *zweckbestimmt* leben und *vorsätzlich* handeln. Zielgerichtetheit ist das entscheidende Merkmal derer, die ihr Leben in wesentlichen Teilen selbst kontrollieren.

Zielgerichtet leben ist die fünfte Säule des Selbstwertgefühls.

11. Persönliche Integrität

Wenn wir reifer werden und unsere eigenen Wertvorstellungen und Maßstäbe entwickeln (oder von anderen übernehmen), gewinnt die Frage der persönlichen Integrität bei unserer Selbsteinschätzung zunehmend an Gewicht.

Integrität ist die Integration von Idealen, Überzeugungen, Maßstäben, Einstellungen – und von Verhalten. Wenn unser Verhalten mit unseren Wertvorstellungen übereinstimmt, wenn unsere Ideale in Einklang mit unserem Handeln sind, dann haben wir Integrität.

Wichtig ist jedoch der Punkt, daß wir die Frage der Integrität erst stellen können, wenn eine Voraussetzung erfüllt ist: Wir brauchen Verhaltensprinzipien – moralische Überzeugungen, was angemessen ist und was nicht – und Werturteile, was richtig und was falsch ist. Wenn wir in dieser Hinsicht noch keine Maßstäbe haben, so haben wir noch nicht die Entwicklungsstufe erreicht, auf der uns etwa Scheinheiligkeit vorgeworfen werden könnte. Und in dem Fall sind unsere Probleme im Zweifelsfall zu schwerwiegend, um mit der Diagnose mangelnder Integrität abgetan zu werden. Die Integrität ist eine Frage, die sich nur für diejenigen stellt, die Maßstäbe und Werte vertreten – was natürlich für die Mehrzahl der Menschen gilt.

Wenn wir uns in einer Weise verhalten, die unserem eigenen Urteil, was richtig ist, zuwiderläuft, verlieren wir vor uns selbst das Gesicht. Wir achten uns selbst weniger. Und wenn diese Strategie zur Gewohnheit wird, vertrauen wir uns selbst weniger oder verlieren vollends unser Selbstvertrauen.

Nein, wir wollen unsere Selbstannahme nicht einbüßen, in dem grundlegenden Sinne wie wir an früherer Stelle über dieses Thema gesprochen und festgestellt haben, daß die Selbstannahme Voraussetzung für jede Veränderung oder Verbesserung ist. Was aber zwangsläufig geschieht, ist, daß das Selbstwertgefühl Schaden nimmt. Mangelnde Integrität verletzt das Selbstwertgefühl, und diese Wunde kann nur durch Integrität heilen.

Vereinfacht ausgedrückt beinhaltet die Frage der Integrität folgende Fragen: Bin ich ehrlich, zuverlässig und vertrauenswürdig? Halte ich meine Versprechen? Tue ich das, was ich vermeintlich bewundere, und vermeide ich das, was ich vorgeblich verabscheue? Bin ich fair und gerecht im Umgang mit anderen?

Wir werden immer wieder in Konfliktsituationen kommen, in

denen verschiedene Werte aufeinanderprallen und die Lösung keineswegs auf der Hand liegt. Und die Integrität ist keine Garantie, daß wir die beste Entscheidung treffen; sie sorgt nur dafür, daß wir uns bemühen, eine Lösung zu finden, die gewährleistet, daß wir authentisch bleiben – unser *Bewußtsein wahren*, unser Wissen einbringen, an die Klarheit unseres Verstandes appellieren, die Verantwortung für unsere Entscheidung und ihr Konsequenzen übernehmen und nicht versuchen, uns in geistige Umnachtung zu flüchten.

Übereinstimmung

Integrität heißt Übereinstimmung. Worte und Verhalten stimmen überein.

Es gibt Menschen, denen wir vertrauen, und anderen vertrauen wir nicht. Wenn wir uns fragen, warum, werden wir feststellen, daß diese Frage, ob Worte und Verhalten übereinstimmen, ein wichtiger Punkt ist. Wir vertrauen Personen, bei denen beides übereinstimmt, und sind mißtrauisch gegenüber denjenigen, denen diese Übereinstimmung fehlt.

Untersuchungen belegen, daß viele Menschen in Organisationen und Unternehmen denen nicht vertrauen, die über ihnen stehen. Warum? Mangelnde Übereinstimmung zwischen Worten und Verhalten. Schöne hochtrabende Worte, die von der Praxis nicht unterstützt werden. Die Lehre von der Achtung des Individuums, die in der Praxis mit Füßen getreten wird. Werbesprüche auf riesigen Plakatwänden vom Dienst am Kunden, die mit der Realität im praktischen Alltag nichts zu tun haben. Moralpredigten über Ehrlichkeit, die durch Betrügereien verhöhnt werden. Fairneßversprechungen, die durch Günstlingswirtschaft ad absurdum geführt werden.

In den meisten Organisationen und Unternehmen gibt es jedoch Männer und Frauen, denen andere vertrauen. Warum? Sie halten ihr Wort. Sie nehmen sich in die Pflicht. Sie versprechen nicht nur, sich für ihre Leute einzusetzen, sie tun es. Sie predigen nicht Fairneß, sie praktizieren sie. Sie propagieren nicht nur Ehrlichkeit und Integrität, sie leben beides.

Eine Gruppe von Managern bat ich, folgenden Satzstamm zu ergänzen: **Wenn ich möchte, daß man mich für vertrauenswürdig hält,...** Was dabei herauskam? Etwa folgendes: » ...*dann muß ich mein Wort halten*«; »...*dann muß ich jeden gleich behandeln*«; »...*dann muß ich tun, was ich sage*«; »...*dann muß ich mich in jeder Hinsicht in die Pflicht nehmen*«; »...*dann muß ich mich für* *meine Leute gegenüber Höherstehenden einsetzen*«; »...*dann muß ich konsequent sein.*« Jeder Manager, der für vertrauenswürdig gehalten werden möchte, weiß, wie er das ereichen kann.

Wenn wir unsere Maßstäbe verraten

Um zu verstehen, warum mangelnde Integrität so verheerende Folgen für das Selbstwertgefühl hat, müssen Sie sich vor Augen halten, was mangelnde Integrität im einzelnen heißt. Wenn ich einem moralischen Wert zuwiderhandele, der von anderen, aber nicht von mir hochgehalten wird, kann ich mit meiner Haltung richtigliegen oder auch nicht; in jedem Fall kann man mir aber nicht vorwerfen, ich hätte meine eigenen Überzeugungen verraten. Wenn ich jedoch meinen eigenen Maßstäben, was ich für richtig halte, zuwiderhandele, wenn mein Handeln mit den von mir vertretenen Werten kollidiert, dann *handele ich meinen eigenen Urteilen zuwider, ich verrate meinen Verstand.* Scheinheiligkeit, das sagt bereits das Wort, ist nicht haltbar. Sie lehnt den Verstand ab. Mangelnde Integrität untergräbt mein Selbstverständnis und verseucht mein Selbstgefühl. Sie schadet mir, wie keine äußere Zurückweisung oder Ablehnung mir schaden kann.

Wenn ich meinen Kindern Ehrlichkeit predige, selbst aber meine Freunde und Nachbarn belüge, wenn ich aufgebracht und empört reagiere, wenn andere ihre Verpflichtungen mir gegenüber nicht einhalten, meine eigenen Pflichten anderen gegenüber aber mißachte, wenn ich selbst predige, Qualität sei alles, meinen Kunden aber wie selbstverständlich minderwertige Ware verkaufe, wenn ich Wertpapiere, von denen ich weiß, daß ihre Kurse fallen, an einen Kunden abstoße, der auf mein Ehrgefühl vertraut, wenn ich vorgebe, die Meinungen meiner Beschäftigten seien mir wichtig, meinen Standpunkt aber bereits vorgefaßt habe, wenn ich eine Kollegin im Büro ausmanövriere und mich mit ihren Leistungen profiliere, wenn ich um ehrliche Meinungsäußerungen bitte, dann aber den Angestellten bestrafe, der mir widerspricht, wenn ich angesichts der wirtschaftlich schwierigen Lage von anderen finanzielle Opfer verlange, mir selbst aber einen gigantischen Bonus zugestehe – dann kann es sein, daß ich meiner eigenen Scheinheiligkeit ausweiche, daß ich alle möglichen rationalen Erklärungen finde, was aber bleibt, ist die Tatsache, daß ich damit meine Selbstachtung angreife, und diese Tatsache ist mit keiner noch so geschickten Erklärung wegzudiskutieren.

Wenn es einzig in meiner Hand liegt, mein Selbstwertgefühl zu erhöhen, so liegt es auch einzig in meiner Hand, es zu mindern.

Es ist eine verhängnisvolle Selbsttäuschung, wenn wir uns sagen: »Nur ich weiß,...« Nur ich weiß, daß ich ein Lügner bin. Nur ich weiß, daß ich unmoralisch mit Leuten umgehe, die mir vertrauen. Nur ich weiß, daß ich nicht die Absicht habe, mein Versprechen zu halten. Das heißt nichts anderes, als daß *mein Urteil unwichtig ist, und nur das Urteil anderer zählt*. Wenn es aber um das Selbstwertgefühl geht, habe ich mehr mein eigenes Urteil als das anderer zu fürchten. Im Gerichtssaal meines Verstandes *gibt es nur ein Urteil, das zählt: meins*. Mein Ego, das »Ich« im Zentrum meines Bewußtseins ist der Richter, vor dem es kein Entkommen gibt. Ich kann Personen meiden, die die demütigende Wahrheit über mich erfahren haben. Mich selbst kann ich nicht meiden.

Ich erinnere mich an einen Zeitungsartikel, den ich vor einigen Jahren über einen renommierten medizinischen Forscher las, bei dem man dahintergekommen war, daß er seine Daten manipuliert hatte, während er fleißig Zuschüsse und Fördermittel kassiert und Ehrung um Ehrung entgegengenommen hatte. Wie hätte sein Selbstwertgefühl bei einem solchen Verhalten nicht Schaden nehmen sollen, selbst ehe der Betrug aufflog? Er hatte sich wissentlich dafür entschieden, in einer irrealen Welt zu leben, in der seine Leistungen und sein Prestige gleichermaßen irreal waren. Lange, ehe die anderen wußten, wußte *er*. Hochstapler wie er, die für ein Trugbild in den Köpfen anderer leben, das für sie wichtiger ist als ihre eigene Kenntnis der Wahrheit, können sich keines guten Selbstwertgefühls erfreuen.

Die meisten Fragen, die sich uns auf der Ebene der Integrität stellen, sind keine großen, sondern kleine Fragen, aber in der Summe haben unsere Entscheidungen nachdrückliche Folgen für unser Selbstwertgefühl. Ich arbeite ständig mit »Gruppen zur Erhöhung des Selbstwertgefühls«, die sich einmal wöchentlich treffen. Bei den Teilnehmern und Teilnehmerinnen handelt es sich um Personen, die in ihrer Selbst-Wirksamkeit und Selbstachtung wachsen möchten. An einem Abend gab ich der Gruppe folgenden Satzstamm: **Wenn ich 5 Prozent integerer lebte,...** Als ich mir ansah, was die einzelnen geschrieben hatten, las ich:

Wenn ich 5 Prozent integerer lebte,...

...würde ich anderen sagen, wenn sie Dinge tun, die mich stören.

...würde ich meine persönlichen Ausgaben nicht beschönigen.

...würde ich meinem Mann ehrlich sagen, was meine Kleider kosten.

...würde ich meinen Eltern sagen, daß ich nicht an Gott glaube.

... würde ich zugeben, wenn ich flirte.

... würde ich mich nicht so schmeichlerisch gegenüber Personen verhalten, die ich ablehne.

... würde ich nicht über Witze lachen, die ich für dumm und vulgär halte.

... würde ich mich in meinem Beruf mehr anstrengen.

... würde ich meiner Frau, wie versprochen, mehr bei der Hausarbeit helfen.

... würde ich Kunden wahrheitsgetreu über die Produkte aufklären, die sie kaufen.

... würde ich Leuten nicht nach dem Mund reden und das sagen, was sie hören wollen.

... würde ich meine Seele nicht verkaufen, um beliebt zu sein.

... würde ich nein sagen, wenn ich nein sagen möchte.

... würde ich anderen gegenüber, die ich verletzt habe, eingestehen, daß es meine Schuld war.

... würde ich Dinge ändern.

... würde ich meine Versprechen halten.

... würde ich darauf verzichten, Zustimmung vorzutäuschen.

... würde ich mich dazu bekennen, wenn ich wütend bin.

... würde ich mich sehr anstrengen, fair zu sein, und nicht nur einfach wütend werden.

... würde ich zugeben, wenn andere mir geholfen haben.

... würde ich meinen Kindern gegenüber zugeben, wenn ich mich geirrt habe.

... würde ich nicht Material aus dem Büro mit nach Hause nehmen.

Die Leichtigkeit und Schnelligkeit, mit der diese Antworten zu Papier gebracht wurden, zeigten, daß diese Dinge durchaus unmittelbar unterhalb der Oberfläche des Bewußtseins schlummern, obgleich es natürlich verständlich ist, daß man sich vor ihnen drücken will. (Ein Grund, warum ich diese Satzergänzungsübungen so hilfreich finde, ist, daß sie das Potential haben, die meisten Blockaden und herkömmlichen Vermeidungsstrategien zu umgehen.) Die Tragik im Leben vieler ist, daß die Kosten und Konsequenzen, die Scheinheiligkeit und Unehrlichkeit für das Selbstwertgefühl haben, bei weitem unterschätzt werden. Sie gehen davon aus, daß das Ganze schlimmstenfalls mit einem gewissen Unbehagen verbunden ist. In Wahrheit ist es aber der Geist, der vergiftet wird.

Umgang mit Schuldgefühlen

Der Kern von Schuldgefühlen, ob größere oder kleinere, sind moralische Selbstvorwürfe. Ich habe falsch gehandelt, als es mir möglich war, auch anders zu handeln. Schuld hat immer etwas mit Wahl und Verantwortung zu tun, ob wir uns dessen bewußt sind oder nicht. Aus diesem Grunde *müssen* wir klar vor Augen haben, was in unserer Macht steht und was nicht – was einen Bruch unserer Integrität darstellt und was nicht. Andernfalls laufen wir Gefahr, uns unnütze Schuldgefühle aufzuladen.

Angenommen, jemand, den wir lieben – mein Mann, meine Frau, mein Kind –, wird bei einem Unfall getötet. Obwohl wir wissen, daß der Gedanke irrational ist, sagen wir dennoch möglicherweise: »Ich hätte es irgendwie verhindern müssen.« Dieses Schuldgefühl wird vielleicht zum Teil durch unser Bedauern bestimmter Dinge genährt, die wir getan oder unterlassen haben, als die Person noch lebte. Bei scheinbar sinnlosen Todesfällen, wenn etwa jemand durch den Leichtsinn eines Autofahrers oder bei einer banalen Operation zu Tode kommt, kann der Überlebende von dem unerträglichen Gefühl befallen werden, er habe die Kontrolle verloren und sei auf Gedeih und Verderb einem rational nicht faßbaren Ereignis ausgeliefert. In diesem Falle können Selbstanklagen und Selbstbezichtigungen den überwältigenden Schmerz lindern und das Gefühl der Ohnmacht etwas mindern. Der Überlebende hat das Gefühl: »Wenn ich nur das und das anders gemacht hätte, dann wäre dieser schreckliche Unfall nicht passiert.« So können »Schuldgefühle« dem Wunsch, wirksam zu sein, dienlich sein, indem sie die *Illusion* von Wirksamkeit schaffen. Das gleiche Prinzip erleben wir, wenn Kinder sich die Schuld für die Vergehen ihrer Eltern geben. (»Wenn ich nicht so schlecht wäre, würde Papa Mama nicht schlagen.« »Wenn ich nicht so schlecht wäre, hätte Mama sich nicht betrunken und das Haus in Brand gesteckt.«) In *Honoring the Self* gehe ich im einzelnen auf dieses Problem ein.

Zum Schutz des Selbstwertgefühls ist es notwendig, klar die Grenzen der eigenen Verantwortung vor Augen zu haben. Wo etwas nicht in unserer Macht steht, kann es keine Verantwortung geben; und wo es keine Verantwortung gibt, kann es keine gerechtfertigten Selbstvorwürfe geben. Bedauern – ja; Schuld – nein.

Die Idee der Erbsünde läuft im Grundsatz dem Selbstwertgefühl zuwider. Erbsünde heißt Schuld ohne die Möglichkeit der Unschuld, ohne die Freiheit der Wahl, ohne die Verfügbarkeit einer Alternative. Die Vorstellung von Schuld ohne Willen oder

Verantwortung ist eine Schmähung der Vernunft wie auch der Moral.

Angenommen, wir haben Schuldgefühle wegen einer Situation, für die wir tatsächlich verantwortlich *sind*. Wie können wir damit umgehen? Es sind im Prinzip fünf Schritte, die wir unternehmen müssen, um das Gefühl der Integrität wiederherzustellen:

1. Wir müssen die Tatsache anerkennen, daß wir diejenigen waren, die *das* gemacht haben. Wir müssen uns der ganzen Realität dessen, was wir getan haben, stellen und sie akzeptieren, ohne Vorbehalte und Ausweichmanöver. Wir erkennen dies an, wir akzeptieren, wir übernehmen die Verantwortung.
2. Wir bemühen uns zu verstehen, warum wir das getan haben, was wir getan haben. In mitfühlender Weise (wie wir es im Kapitel über die Selbstannahme besprochen haben), aber ohne Ausflüchte zu suchen.
3. Wenn, wie so oft, andere betroffen sind, bekennen wir uns diesen Personen gegenüber zu dem Schaden, den wir ihnen zugefügt haben. Wir geben ihnen zu verstehen, daß wir uns der Konsequenzen unseres Verhaltens bewußt sind. Wir gestehen, daß wir wissen, wie böse wir ihnen mitgespielt haben. Wir geben ihnen zu verstehen, daß wir ihre Gefühle nachempfinden können.
4. Wir tun alles, was in unseren Kräften steht, um den angerichteten Schaden zu begrenzen und/oder zu beheben.
5. Wir nehmen uns fest vor, uns in Zukunft anders zu verhalten.

Ohne diese Schritte werden wir uns im Zweifel weiterhin wegen eines Fehlverhaltens schuldig fühlen, obwohl es Jahre zurückliegt, obwohl unser Psychotherapeut uns vielleicht versichert hat, daß jeder Fehler macht, und obwohl die geschädigte Person uns vielleicht längst angeboten hat, uns zu vergeben. All das reicht nicht; all das ist für das Selbstwertgefühl unbefriedigend.

Manchmal versuchen wir auch, etwas an der Situation zu ändern, ohne das, was wir getan haben, anzuerkennen oder uns dem zu stellen. Oder wir sagen immer wieder: »Tut mir leid.« Oder wir sind einfach nicht mehr wie gewohnt freundlich zu der Person, der wir Unrecht getan haben, ohne jemals konkret auf dieses Unrecht einzugehen. Oder wir ignorieren den Umstand, daß wir durchaus konkret etwas tun könnten, um den von uns angerichteten Schaden zu beheben. Manchmal gibt es natürlich auch keinen Weg, den Schaden zu beheben, und wir müssen die Situation akzeptieren und Frieden damit schließen; wir können nicht mehr tun, als uns möglich ist. Aber wenn wir das, was möglich und angezeigt ist, nicht tun, werden die Schuldgefühle in der Regel anhalten.

Wenn Schuldgefühle das Ergebnis mangelnder Integrität sind, so kann das Problem durch nichts Geringeres als einen Akt der Integrität gelöst werden.

Was, wenn unsere Werte irrational sind?

Für den gesunden Menschenverstand ist der Zusammenhang zwischen Selbstwertgefühl und Integrität offensichtlich; demgegenüber ist die Frage, unseren Maßstäben entsprechend zu leben, nicht immer einfach. Was, wenn unsere Maßstäbe irrational oder falsch sind?

Denkbar ist, daß wir eine Reihe von Werten übernehmen oder verinnerlichen, die unserer Natur und unseren Bedürfnissen zuwiderläuft. Bestimmte religiöse Lehren verurteilen zum Beispiel Sexualität, sie verurteilen Vergnügen, sie verurteilen den Körper, verurteilen Ambitionen, verurteilen materielle Erfolge und verurteilen (in jeder praktischen Hinsicht) die Freude am Leben auf dieser Erde. Wenn Kinder mit diesen Lehren indoktriniert werden, was wird dann der Maßstab der »Integrität« in ihrem Leben bedeuten? Eine gewisse »Scheinheiligkeit« ist dann im Zweifel alles, was sie am Leben hält.

Wenn wir sehen, daß die Maßstäbe, nach denen wir leben, uns offensichtlich in die Selbstzerstörung treiben, so ist es an der Zeit, unsere Maßstäbe in Frage zu stellen, statt einfach zu resignieren und uns mit einem Leben ohne Integrität abzufinden. Wir müssen den Mut aufbringen, einige unserer innersten Annahmen zu hinterfragen, Dinge, die wir gelehrt wurden, als das Gute zu betrachten. Daß dazu Mut erforderlich ist, zeigen die nachfolgenden Satzergänzungen, die ich in meiner Praxis immer wieder höre. Und jeder Psychotherapeut, der mit diesen Satzstämmen arbeitet, wird feststellen, wie typisch diese Endungen sind.

Wenn ich mir vorstelle, daß ich mich den Werten meiner Eltern widersetze,…

…überfällt mich Angst und Schrecken.

…fühle ich mich verloren.

…sehe ich mich als Aussätziger.

…dann gehöre ich nicht mehr zu meiner Familie.

…fühle ich mich allein.

…dann müßte ich für mich selbst denken.

…dann müßte ich mich auf meinen eigenen Verstand verlassen.

…was würde ich dann tun?

…würde ich die Liebe meiner Eltern verlieren.

…dann müßte ich erwachsen werden.

Wenn ich eigenständig über die Werte nachdenken würde, nach denen ich leben möchte,...

...so würde meine Mutter einen Herzanfall bekommen.

...dann wäre ich frei.

...dann müßte ich meinen Eltern sagen, daß sie meines Erachtens bei vielen Dingen falschliegen.

...wäre das dann das, was Erwachsene tun?

...so bräuchte ich sehr viel Nerven.

...wäre das nicht überheblich?

...dann müßte ich auf meinen eigenen Füßen stehen.

...dann könnte ich nicht mehr Papis kleines Mädchen sein.

Wie Trugschlüsse und Konflikte in Zusammenhang mit der Integrität sich im praktischen Alltagsleben äußern können, mögen folgende Beispiele verdeutlichen:

Betroffen sind Frauen, die mit den moralischen Konflikten zu kämpfen haben, die durch die Katholische Kirche geschaffen wurden mit dem Verbot von Empfängnisverhütung und Abtreibung.

Betroffen sind Staatsbedienstete, die, entsetzt über die Ausmaße des bürokratischen Filzes und der Korruption unter Kollegen und Vorgesetzten, selbst in Konflikt geraten – zwischen ihrer Loyalität gegenüber den staatstragenden Organen auf der einen und den Forderungen ihres persönlichen Gewissens auf der anderen Seite.

Betroffen sind hartarbeitende ehrgeizige Geschäftsleute, die, als sie in ihrem Beruf anfingen, ermutigt wurden, fleißig zu sein und Leistung zu zeigen, um dann aber, als sie schließlich die »Sünde« begingen, Erfolg zu haben, mit der verwirrenden Bibelerklärung konfrontiert wurden, wonach ein Kamel eher durch ein Nadelöhr als ein Reicher ins Himmelreich eingeht.

Betroffen sind Ehefrauen, für die die traditionelle Sicht, wonach die Frau die Dienerin des Mannes zu sein hat, eine selbstzerstörerische Moralvorstellung ist.

Betroffen sind junge Männer, die mit der Gewissensfrage kämpfen, ob sie ihren Wehrdienst leisten oder verweigern sollen.

Betroffen sind ehemalige Nonnen und Priester, die desillusioniert von den religiösen Institutionen sind, in deren Dienst sie ihr Leben gestellt hatten, und nunmehr um eine neue Definition ihrer Werte jenseits der Traditionen ringen, die sie nicht mehr akzeptieren können.

Betroffen sind Rabbis und ehemalige Rabbis, die das gleiche Problem haben.

Betroffen sind junge Menschen, die gegen die Werte ihrer Eltern rebellieren, aber nicht wissen, welchen Visionen vom Guten sie statt dessen folgen sollen.

Bei solchen Konflikten sehen wir, wie wichtig auch andere grundsätzliche Lebenseinstellungen – wie bewußt zu leben und eigenverantwortlich zu leben – für die Integrität sind. Integrität ist in einem intellektuellen Vakuum nicht praktizierbar.

Um die vorgenannten oder auch zahllose andere, ähnliche Konflikte lösen zu können, kommt man nicht umhin, die eigenen innersten Werte, Überzeugungen und Prioritäten zu überdenken – oder vielleicht auch zum erstenmal überhaupt darüber nachzudenken. Was die Bereitschaft einschließt, gegebenenfalls diese oder jene Autorität – oder auch jede – in Frage zu stellen.

Ein Punkt, bei dem sich die beiden Aspekte, bewußt leben und Integrität, eindeutig überschneiden, ist die Notwendigkeit, über die Werte nachzudenken, die wir gelehrt wurden, über die in unserer Familie oder Kultur allgemein vertretenen Überzeugungen und über die Rollen, die uns zugewiesen wurden – und zu hinterfragen, ob sie unseren eigenen Vorstellungen und unserem Verständnis entsprechen, oder ob sie unseren innersten Überzeugungen und dem Besten in uns, »unserer wahren Natur«, wie es manchmal heißt, zuwiderlaufen. Einer der positivsten Aspekte der Frauenbewegung ist die Hartnäckigkeit, mit der darauf gedrängt wird, daß Frauen für sich selbst denken und sagen, wer sie sind und was sie wollen (und nicht, was andere wollen, daß sie wollen). Aber Männer müssen diese Art von selbständigem Denken ebensosehr wie Frauen lernen. Für beide Geschlechter gilt, daß die Strafe für eine unbewußte Lebensweise ein dauerhaft unlohnenswertes Leben im Dienst unsinniger Ziele ist, da die betreffende Person diese Ziele nie bewußt untersucht oder gewählt hat.

Je bewußter wir leben, desto mehr leben wir nach unserer eigenen *Wahl*, und desto eher ergibt sich die Integrität als eine natürliche Konsequenz.

Dem Stern und Geist des eigenen Lebens auf eigene Faust folgen

Bei einer Diskussion über die Komplexität moralischer Entscheidungen wurde ich gefragt, was ich von Joseph Campbells Rat halte, wonach »es jedem von uns überlassen bleibt, dem Stern und dem Geist seines eigenen Lebens auf eigene Faust zu folgen«.[1] Die Frage war, ob ich ihn ethisch für vertretbar hielt. Ich antwortete, daß ich im Prinzip damit sympathisiere, was Campbell damit im Grunde wohl sagen wollte, daß diese Aussage aus dem Zusammenhang herausgerissen jedoch gefährlich sein könnte. Als Alternative (sofern ich gezwungen wäre, meine Moralvorstellungen in einem einzigen Satz zusammenzufassen) schlug ich folgende Änderung vor: »Lebe bewußt – übernimm die Verantwortung für deine Entscheidungen und Handlungen – achte die Rechte anderer – und folge dem Stern und dem Geist deines eigenen Lebens auf eigene Faust.« Und fügte als kleinen moralischen Rat hinzu, daß ich auch das spanische Sprichwort liebe: »Nimm, was du willst, sagte Gott, und zahle dafür.«

Komplexe moralische Entscheidungen können aber natürlich nicht nur auf der Grundlage solcher Aussagen getroffen werden, wie hilfreich sie auch manchmal sein mögen. Ein moralisches Leben erfordert ernsthaftes Nachdenken.

Beispiele

Philip ist eng mit einem berühmten Schauspieler befreundet. Er ist der Vertraute des Schauspielers. Mitfühlend hört er seinem Freund zu, wenn er ihn – manchmal mitten in der Nacht – anruft, um stundenlang über seine persönlichen und beruflichen Probleme zu sprechen. Philips Selbstwertgefühle werden durch die intimen Dinge genährt, die dieser berühmte Mann ihm anvertraut. Wenn Philip mit seinen anderen Freunden zusammen ist, kann er zeitweilig, um die Nähe ihrer Verbundenheit zu betonen, der Versuchung nicht widerstehen, gewisse Bemerkungen fallenzulassen. »Ich weiß, Millionen Frauen bewundern ihn, aber ihr wäret erstaunt, wie unsicher er in Wirklichkeit ist. Ständig fragt er: ›Wollen sie mich oder meinen Ruhm?‹« Oder: »Er hat das entsetzliche Gefühl, ein Hochstapler zu sein. Ist das nicht traurig? Er ist so ein wunderbarer Mensch.« Oder: »Manchmal... aber das ist natürlich vertraulich... hat er Erektionsprobleme.« Philip sagt, er liebt seinen Freund, und er sei ihm treuergeben. Was sagt er sich wohl, etwa morgens um drei, zu den Dutzenden Malen, wo er ihn aus einer Statussucht heraus verraten hat, um in den Augen seiner Freunde etwas Besonderes zu sein? Merkt er, daß jeder einzelne Verrat eher dazu angetan ist, sein Selbstwertgefühl zu schwächen, statt es zu erhöhen? Sieht er diese Verbindung?

Sally ist Mitglied eines Lesezirkels und nimmt begeistert an den monatlichen Treffen teil. Sie kommen ihrem Wunsch sehr entgegen, als gebildet dazustehen. Die Vorsitzende ist eine charismatische, sehr gelehrte Person, die von jedem bewundert wird. Die meisten Frauen sind stolz, wenn ihre literarischen Beurteilungen ihren Beifall finden. Sie möchten bei ihr »gut angeschrieben« sein, weil es ihr persönliches Wertigkeitsgefühl erhöht. Eines Tages hat die Vorsitzende eine Auseinandersetzung mit einem Mitglied des Lesezirkels, einer Frau, mit der Sally seit Jahren gut befreundet ist. Niemand kennt den Hintergrund des Streits. Die Vorsitzende zieht es vor, nicht im einzelnen darauf einzugehen, sondern nur kurz allgemein den Vorfall zu erwähnen. Wobei sie allerdings nicht darauf verzichtet, jedem zu verdeutlichen, daß das ausgeschiedene Mitglied zur *persona non grata* erklärt wurde. Was zur Folge hat, daß jetzt mit dieser Frau denn auch niemand mehr sprechen will. Als sie Sally anruft, um ihr ihre Sicht des Konfliktes zu schildern, sucht Sally einen Vorwand, um sie abzuwimmeln. Sie fürchtet, wenn sie die Position ihrer Freundin hört und dadurch angerührt wird, daß sie in einen entsetzlichen Konflikt gerät. Sie möchte weder die Gunst ihrer anderen Freundinnen noch die der Vorsitzenden verlieren. Und so verzichtet sie darauf, ihre Freundin, wie versprochen, zurückzurufen. Außerdem, so stellt Sally jetzt fest, hat ihre Freundin Fehler, und diese werden von Tag zu Tag mehr, je länger sie darüber nachdenkt. So daß sie alsbald ihre eigene empörende Beschwerdeliste hat, über die sie in der Vergangenheit nur nie gesprochen hat. Sie wird dafür mit dem gefälligen Lächeln der Vorsitzenden und einer fortan wachsenden Intimität mit ihr belohnt. Sie ist sich der Belohnung, nicht aber des Preises bewußt: geminderte Selbstachtung.

Bis sein Elektronikunternehmen anfing, unter ausländischer Konkurrenz zu leiden, war Irving stets ein Befürworter der freien Marktwirtschaft, die keine Handelsbeschränkungen kennt. Er verachtete Unternehmer, die sich um staatliche Subventionen, Privilegien, Vergünstigungen oder protektionistische Maßnahmen bemühten. »Das ist doch kein echter Kapitalismus«, sagte er, korrekterweise. Jetzt hat er Angst. Er weiß, seine Produkte können mit denen der ausländischen Konkurrenz nicht mithalten, die eine Neuerung nach der anderen auf den Markt bringen. In seiner Not engagiert er ein Public-Relations-Unternehmen, das ihm helfen soll, Reden zugunsten von Importrestriktionen zu schreiben. Und in Washington engagiert er ein Unternehmen, das ihm die nötige Lobby für eine entsprechende Gesetzgebung verschaffen soll. Den Einwand von Geschäftspartnern, die ihn zu bremsen versuchen, die Geschichte habe gelehrt, daß protektionistische Wirtschaften schwach bleiben, wischt er vom Tisch. Er will sich damit nicht auseinandersetzen, sich das bewußt zu machen, irritiere nur. »Das ist etwas anderes«, sagt er nur, ohne zu sagen, was, wie und warum es anders ist. Als man ihm schließlich vorhält, die Leute sollten das Recht und die Möglichkeit haben, für ihr Geld das beste auf dem Markt erhältliche Produkt zu kaufen, antwortet er kurzangebunden und ausweichend: »Der Kapitalismus hat da seine Grenzen, wo es ums Wohlergehen der Allgemeinheit geht.« Und wenn ihm vorgehalten wird, daß er selbst ausländische Produkte kauft, wenn sie den heimischen überlegen sind, antwortet er lapidar: »Habe ich nicht das Recht, das Beste für mein Geld zu bekommen?« Als er wenig später die Einladung erhält, bei einer Abschlußfeier an der Universität, an der er sein Studium absolvierte, die Begrüßungsrede zu halten, sagt er zu und wählt das Thema: »Integer leben.«

Ein persönliches Beispiel

Ich habe gesagt, daß moralische Entscheidungen nicht immer leicht sind, und daß wir unsere Wahl manchmal, zu Recht oder Unrecht, als quälend, kompliziert und schwierig empfinden.

Vor vielen Jahren war ich mit einer Frau verheiratet, der ich mich sehr verbunden fühlte, die ich aber nicht mehr liebte. Parallel dazu war meine Romanze mit Ayn Rand so gut wie, aber noch nicht »offiziell« beendet. Beide Beziehungen waren auf schmerzhafte Weise ungelöst, als ich eine dritte Frau, die ich später heiratete, kennenlernte und mich leidenschaftlich in sie verliebte: Patrecia, die mit siebenunddreißig sterben sollte. Mein Kopf war lange Zeit ein einziges Chaos von widerstreitenden Loyalitäten, und ich ging denkbar schlecht mit dem Ganzen um. Ich sagte weder meiner Frau noch Ayn die Wahrheit – aus welchen Gründen auch immer. Aber: »Gründe« ändern nichts an den Tatsachen.

Es war ein langer Weg, an dessen Ende die schmerzliche Erkenntnis stand, die ich auch am Anfang schon gehabt hatte: Daß die Wahrheit gesagt werden mußte, und daß ich mit meiner Verschleppungs- und Verzögerungstaktik alles für alle Beteiligten nur schlimmer gemacht hatte. Ich schaffte es, daß niemand ungeschoren davonkam, am wenigsten ich selbst. Wenn mein Motiv unter anderem das gewesen war, anderen nicht weh zu tun, so hatte ich in Wahrheit erreicht, daß ich allen einen viel schlimmeren Schmerz zufügte, als es ansonsten der Fall gewesen wäre. Wenn mein Motiv unter anderem das gewesen war, mein Selbstwertgefühl zu schützen, indem ich einen Konflikt zwischen meinen Werten und Loyalitäten zu vermeiden suchte, so hatte ich in Wahrheit erreicht, daß ich mein Selbstwertgefühl demolierte. Lügen funktionieren nicht.

Satzergänzungen: Persönliche Integrität

Wenn wir uns selbst erforschen, stellen wir vielleicht fest, daß unser Leben in puncto Integrität zu wünschen übrigläßt. Es gibt Bereiche, in denen wir konsequenter sind, und andere, in denen wir weniger konsequent sind. Statt dieser Tatsache aus dem Weg zu gehen, ist es sinnvoll, sie zu untersuchen. Und wir sollten uns fragen: Was steht dem im Wege, daß ich in meinem Leben in jeder Hinsicht integer bin? Was wäre, wenn ich meine Werte konsequent leben würde?

Folgende Satzstämme sind vielleicht eine Hilfe, um diese Fragen zu untersuchen:

Integrität heißt für mich,...
Wenn ich über die Bereiche nachdenke, in denen es mir schwerfällt, mich wirklich integer zu verhalten,...
Wenn ich mich bewußter den Bereichen stelle, in denen es mir schwerfällt, mich wirklich integer zu verhalten,...
Wenn ich 5 Prozent mehr Integrität in mein Leben bringe,...
Wenn ich meiner Arbeit mit 5 Prozent mehr Integrität nachgehe,...
Wenn ich meinen Beziehungen 5 Prozent mehr Integrität entgegenbringe,...
Wenn ich meinen Werten treu bleibe, die ich wirklich für richtig halte,...
Wenn ich mich weigere, nach Werten zu leben, die ich nicht achte,...
Wenn ich meinem Selbstwertgefühl einen hohen Stellenwert beimesse und entsprechend handele,...

Vorschlag: Arbeiten Sie in der ersten Woche mit den ersten vier Satzstämmen und in der zweiten Woche mit den restlichen vier. Und an den Wochenenden lesen Sie das Geschriebene wie gewohnt nach und ergänzen folgenden Satzstamm: **Wenn irgend etwas von dem, was ich geschrieben habe, wahr ist, wäre es hilfreich, wenn ich...** Wenn Sie das, was bei Ihren Satzendungen herauskommt, bewußt wahrnehmen, werden Sie feststellen, daß es realistischer geworden ist, mit mehr Integrität zu leben.

Integrität in der Praxis

»Ist es wirklich so schlimm, wenn ich meine persönlichen Ausgaben beschönige?« fragte mich ein Klient. »Jeder macht es doch.«

»Ich glaube«, antwortete ich ihm, »daß Sie irgend etwas daran stört, sonst würden Sie es nicht ansprechen.«

»Ich habe diese Satzstämme ergänzt, ›Wenn ich 5 Prozent mehr Integrität in mein Leben bringe‹ und so, und als ich dann am nächsten Tag meine persönlichen Ausgaben nicht so ganz wahrheitsgetreu aufschrieb, merkte ich, daß ich mich irgendwie nicht ganz wohl dabei fühlte.«

»Das schlechte Gefühl kam vom Lügen«, bemerkte ich.

»Ja, und so schrieb ich sie dann wahrheitsgetreu auf und fragte mich dann später, ob ich nicht ein Trottel sei.«

»Sie fragten sich, warum Sie sich um die Integrität scheren sollten, wenn alle anderen es nicht tun, oder?«

»Nein, verdammt, wenn ich das dächte, dann...« Mitten im Satz brach er ab und starrte nachdenklich vor sich hin.

»Was?«

»Ja, was Sie gesagt haben, darauf läuft es wohl letzten Endes hinaus, oder?«

»Und wenn es so ist, dann ist die natürliche Frage: Gebe ich was drauf, was ich eigentlich als akzeptables Verhalten betrachte?«

»Aber bei meinen Ausgaben zu lügen ist *falsch*!« sagte er fast bestürzt.

»Also, wo ist dann das Problem...?«

»Wenn ich etwas tue, was nicht in Ordnung ist, dann bleibt ein schlechter Geschmack.«

»Dann frage ich mich, welche Konsequenzen Sie für die Zukunft daraus ziehen?«

»Ich fühle mich anständiger, wenn ich ehrlich bin.«

»Wollen Sie damit sagen, daß man aus der Sicht des Selbstwertgefühls mit Ehrlichkeit am besten fährt?«

»Sieht wohl so aus, ja.«

»Ich glaube, da haben Sie etwas Wichtiges festgestellt.«

Integrität in einer korrupten Welt bewahren

In einer Welt, in der wir von uns selbst und von anderen für unser Handeln verantwortlich gemacht werden, ist es etwas leichter, Integrität zu wahren als in einer Welt, in der das Prinzip der persönlichen Verantwortung fehlt. Eine Kultur, die Wert auf Verantwortlichkeit legt, unterstützt unsere moralischen Bestrebungen.

In einer Gesellschaft, in der Unternehmer, Spitzenfunktionäre, Politiker, religiöse Führer und andere öffentliche Persönlichkeiten sich an hohe moralische Maßstäbe halten, ist es für den Durchschnittsbürger etwas leichter, der Integrität Rechnung zu tragen, als in einer Gesellschaft, in der Korruption, Zynismus und Amoralität die Norm sind. Im letzteren Fall hat der Einzelne eher das Gefühl, daß die Forderung nach persönlicher Integrität unsinnig und unrealistisch ist – sofern er nicht außergewöhnlich selbständig und autonom ist.

Die Herausforderung, vor der wir heute stehen, und die alles andere als leicht ist, ist, ungeachtet des Gefühls, daß wir in einem moralischen Sumpf leben, persönlich hohe Maßstäbe zu wahren. Dieses Gefühl wird zweifellos durch das Verhalten unserer öffentlichen Persönlichkeiten genährt, durch die entsetzlichen weltweiten Ereignisse und auch durch unsere sogenannte Kunst und die Unterhaltungsbranche, wo Entartungen, Grausamkeiten und sinnlose Gewalt so oft verherrlicht werden. All das trägt dazu bei, daß die Wahrung der persönlichen Integrität zu einem einsamen und heldenhaften Unterfangen gerät.

Wenn Integrität eine Quelle des Selbstwertgefühls ist, dann ist sie auch – und heute erst recht – ein *Ausdruck* dieses Gefühls.

Das Prinzip der Wechselseitigkeit von Ursache und Wirkung

Damit kommen wir zu einer wichtigen Frage. Denn bei allen sechs Säulen könnte die Frage gestellt werden: Muß man nicht, um sie zu praktizieren, bereits über ein Selbstwertgefühl verfügen? Wie können sie dann also die Grundlage des Selbstwertgefühls sein?

Um diese Fragen zu beantworten, muß ich auf das *Prinzip der Wechselseitigkeit von Ursache und Wirkung* zu sprechen kommen. Dahinter steht das Prinzip, daß Verhaltensweisen, die ein gutes Selbstwertgefühl erzeugen, zugleich auch Ausdruck eines guten Selbstwertgefühls sind. Bewußt leben ist zugleich Ursache und die Wirkung von Selbst-Wirksamkeit und Selbstachtung. Und das gleiche gilt für die Selbstannahme, die Eigenverantwortlichkeit und alle anderen Praktiken, die ich beschrieben habe.

Je bewußter ich lebe, desto mehr vertraue ich meinem Verstand und achte meinen Wert; und wenn ich meinem Verstand vertraue und meinen Wert achte, empfinde ich es als natürlich, bewußt zu leben. Je integerer ich lebe, desto besser ist mein Selbstwertgefühl; und wenn ich ein gutes Selbstwertgefühl habe, empfinde ich es als natürlich, integer zu leben.

Ein weiterer bemerkenswerter Aspekt der Dynamik, die hier im Spiel ist, ist, daß aus dem Praktizieren dieser Tugenden im Laufe der Zeit das Bedürfnis wächst, sich gewohnheitsmäßig daran zu halten. Wenn ich gewohnheitsmäßig sehr bewußt lebe, bewirkt eine unklare und umnebelte Bewußtheit, daß ich mich unwohl fühle. So daß ich das Bedürfnis verspüre, diesen Nebel zu vertreiben. Wenn Eigenverantwortlichkeit mir zur zweiten Natur geworden ist, finde ich Passivität und Abhängigkeit unerträglich. So daß ich den inneren Druck verspüre, selbst wieder die Kontrolle über meine Existenz zu übernehmen, was nur mit Autonomie möglich ist. Wenn ich mich konsequent an den Maßstab der Integrität halte, empfinde ich Unehrlichkeit meinerseits als quälend und werde den Drang verspüren, diese Unstimmigkeit auszuräumen, um meinen inneren moralischen Frieden wiederzufinden.

Wenn wir die Praktiken verstehen, die ich beschrieben habe, dann steht es (zumindest in gewisser Hinsicht) in unserer Macht, sie zu wählen. Und die Macht, sie zu wählen, ist die Macht, unser Selbstwertgefühl zu erhöhen – an welchem Punkt wir auch immer anfangen mögen und wie schwierig das Vorhaben in den Anfangsphasen auch sein mag.

Eine Analogie zur körperlichen Betätigung mag das Prinzip veranschaulichen helfen. Wenn unsere körperliche Kondition zu wünschen übrigläßt, fällt es uns schwer, uns körperlich zu betätigen. Wenn unsere Kondition sich verbessert, fällt es uns leichter, und wir haben mehr Freude daran. Wir beginnen da, wo wir sind – und bauen von diesem Ausgangspunkt unsere Kraft auf. Für die Erhöhung des Selbstwertgefühls gilt das gleiche Prinzip.

Die beschriebenen Praktiken sind Ideale, die uns leiten sollen. Und – und dieser Punkt kann nicht genug betont werden – sie müssen nicht hundert Prozent der Zeit »perfekt« gelebt werden, um einen nutzbringenden Effekt für unser Leben zu haben. Bereits kleinere Verbesserungen machen einen Unterschied.

Als Leser oder Leserin können Sie sich vielleicht des Eindrucks nicht erwehren, daß diese Liste der Praktiken zum Selbstwertgefühl sehr nach einem Moralkodex klingt – oder was man unter anderem darunter versteht. Das stimmt. Die Tugenden, die das Selbstwertgefühl von uns verlangt, sind auch die, die das Leben von uns verlangt.

Persönliche Integrität ist die sechste Säule des Selbstwertgefühls.

12. Die Philosophie des Selbstwertgefühls

In dem Maße, wie wir die sechs Praktiken in unser Leben im Alltag integrieren, wird unser Selbstwertgefühl unterstützt und gestärkt. Und in dem Maße, wie wir darauf verzichten, wird unser Selbstwertgefühl untergraben und zerstört. Das ist die soweit in Teil II beschriebene zentrale These. Aber was ist zu den Überzeugungen, Grundsätzen und Ideen des Einzelnen zu sagen? Spielen nur die Praktiken oder auch die Überzeugungen bei der Förderung des Selbstwertgefühls eine Rolle?

Die Antwort ist: Überzeugungen sind wichtig, weil sie die Grundlage unserer Emotionen und unseres Handelns (Praktiken) sind. Sie sind ein entscheidender Faktor in der Entwicklung des individuellen Selbstwertgefühls. Was Menschen denken, was sie glauben, was sie sich selbst sagen, hat Einfluß auf das, was sie fühlen und was sie tun. Und was sie fühlen und tun, hat wiederum Bedeutung für ihr Empfinden, wer sie sind.

Teil II begann mit einem Kapitel über »Unser Handeln«. Handeln hat das letzte Wort, denn ohne Handeln sind Werte nicht denkbar und haben keinen Bestand. Überzeugungen, die in einem Vakuum gehalten werden, die losgelöst von Handlungen sind, bedeuten nichts. Da Überzeugungen jedoch das Handeln beeinflussen und Überzeugungen über das Handeln Folgewirkungen haben, müssen wir unsere Überzeugungen als solche untersuchen.

Es gibt Überzeugungen, die uns zu den beschriebenen Praktiken anhalten, und es gibt solche, die uns davon abhalten. Wenn ich von Überzeugungen spreche, so sind damit Überzeugungen gemeint, die tief in uns verankert sind. Und gemeint sind nicht etwa Lippenbekenntnisse oder Ideen, die wir uns selbst erzählen in der Hoffnung, daß sie uns in irgendeiner Hinsicht motivieren. Gemeint sind Grundsätze, die die Macht haben, Emotionen zu wecken, Verhaltensweisen hervorzurufen und uns in unserem Verhalten zu leiten.

Unsere Überzeugungen sind uns nicht immer voll bewußt. Sie existieren nicht unbedingt als präzise Formulierungen in unserem Kopf. Sie sind so sehr ein Teil unseres Denkens, daß wir sie kaum bewußt oder zumindest nicht alle bewußt wahrnehmen. Dennoch bestimmen sie eindeutig unser Handeln.

Zusammenfassend können wir sie als die »Philosophie des

Selbstwertgefühls« betrachten – ein Gefüge zusammenhängender Grundsätze, das Verhaltensweisen fördert, die zu einem starken Gefühl persönlicher Wirksamkeit und Wertigkeit führen. Und wir können sie auch als Erläuterung der grundlegenden Philosophie sehen, die diesem Buch zugrunde liegt.

Bei den Überzeugungen, die maßgebend für das Selbstwertgefühl sind, unterscheide ich zwischen zwei Kategorien: Überzeugungen in bezug auf das Selbst und Überzeugungen in bezug auf die Realität. In beiden Fällen ist die Bedeutung für das Selbstwertgefühl offensichtlich.

Dem Selbstwertgefühl förderliche Überzeugungen in Zusammenhang mit dem Selbst

Allgemein:

Ich habe ein Recht zu leben.

Ich bin mir selbst sehr viel wert.

Ich habe ein Recht, meinen Bedürfnissen und Wünschen Rechnung zu tragen und sie wichtig zu nehmen.

Ich bin nicht hier auf Erden, um die Erwartungen anderer zu erfüllen; mein Leben gehört mir. (Und das gilt auch für jeden anderen Menschen. Jedem gehört sein Leben selbst; niemand ist hier auf Erden, um nach meinen Erwartungen zu leben.)

Ich betrachte mich nicht als Besitz einer anderen Person, und ich betrachte niemanden als meinen Besitz.

Ich bin liebenswert.

Ich bin bewundernswert.

Menschen, die ich mag und achte, werden auch mich in der Regel mögen und achten.

Ich sollte mit anderen fair und gerecht umgehen, und andere sollten mit mir fair und gerecht umgehen.

Ich verdiene es, von jedem höflich und mit Respekt behandelt zu werden.

Wenn andere mich unhöflich oder respektlos behandeln, so zeigt das, wer sie sind, nicht wer ich bin. Es betrifft mich nur, wenn ich ihre Behandlung als richtig akzeptiere.

Wenn jemand, den ich mag, mein Gefühl nicht erwidert, so mag das enttäuschend oder sogar schmerzlich sein, es hat jedoch nichts mit meinem Selbstwertgefühl zu tun.

Keine andere Person oder Gruppe hat die Macht zu bestimmen, wie ich über mich denke und welches Selbstgefühl ich habe.

Ich vertraue meinem Verstand.

Ich sehe, was ich sehe, und weiß, was ich weiß.

Mir ist besser gedient, wenn ich mich an die Wahrheit halte, als wenn ich mich auf Kosten der Fakten »rechtfertige«.

Mit Beharrlichkeit kann ich die Dinge verstehen lernen, die ich verstehen muß.

Ich habe die Fähigkeiten, meine Ziele, sofern sie realistisch sind, zu erreichen, wenn ich nur beharrlich bin.

Ich habe die Fähigkeiten, die grundlegenden Herausforderungen des Lebens zu bewältigen.

Ich bin es wert, glücklich zu sein.

Ich bin »genug«. (Das heißt nicht, daß ich nichts mehr lernen und nicht mehr weiter wachsen muß; es heißt, daß ich das Recht habe, mich so anzunehmen, wie ich bin.)

Ich bin in der Lage, mich von einer Niederlage wieder zu erholen.

Ich habe ein Recht, Fehler zu machen; Fehler sind ein Weg, um daraus zu lernen. Fehler sind kein Grund zur Selbstverurteilung.

Ich opfere nicht mein eigenes Urteilsvermögen und gebe vor, meine Überzeugungen wären andere, als sie tatsächlich sind, um mich beliebt zu machen oder Beifall zu finden.

Entscheidend ist nicht, was »sie« denken, sondern was ich weiß. Was ich weiß, ist wichtiger für mich als eine Fehlannahme im Kopf anderer.

Niemand hat das Recht, mir Ideen und Werte aufzuzwängen, die ich nicht akzeptiere, genau wie ich nicht das Recht habe, anderen meine Ideen und Werte aufzuzwängen.

Wenn meine Ziele vernünftig sind, verdiene ich es, daß ich Erfolg habe, wenn ich versuche, sie zu erreichen.

Glück und Erfolg sind selbstverständlich für mich – genau wie die Gesundheit – und nicht nur vorübergehende Abweichungen von der Norm; genau wie die Krankheit ist auch die Katastrophe die Abweichung von der regulären Ordnung der Dinge.

Die Entwicklung meines Selbst und die Selbst-Erfüllung sind angemessene moralische Ziele.

Mein Glück und meine Selbstverwirklichung sind ein hehrer Lebenszweck.

Bewußt leben:

Je bewußter ich mir der Dinge bin, die mit meinen Interessen, Werten, Bedürfnissen und Zielen zusammenhängen, desto besser wird mein Leben sein.

Es macht Spaß, meinen Verstand zu nutzen.

Mir ist besser gedient, wenn ich meine Fehler korrigiere, als wenn ich so tue, als existierten sie nicht.

Mir ist besser gedient, mich bewußt statt unbewußt an Werte zu halten – und sie zu untersuchen, statt sie unkritisch als nicht in Frage zu stellende »Grundsätze« hochzuhalten.

Ich muß auf die Versuchungen achten, unangenehmen Tatsachen auszuweichen; ich muß meine Meidungsimpulse steuern und darf mich nicht von ihnen beherrschen lassen.

Wenn ich den größeren Zusammenhang verstehe, in dem ich lebe und handele, werde ich effektiver sein; es ist in meinem eigenen Interesse zu versuchen, meine Umwelt und die Welt, die mich umgibt, zu verstehen.

Um effizient zu bleiben, muß ich ständig mein Wissen erweitern; Lernen muß ein Lebensmodus sein.

Je besser ich mich selbst kenne und verstehe, desto besser wird das Leben sein, das ich gestalten kann. Selbsterforschung ist ein Muß für ein erfülltes Dasein.

Sich selbst annehmen:

Auf der fundamentalsten Ebene bin ich für mich selbst da.

Auf der fundamentalsten Ebene nehme ich mich selbst an.

Ich akzeptiere die Realität meiner Gedanken, auch wenn sie mir nicht gefallen und ich nicht nach ihnen handeln würde; ich leugne oder bestreite sie nicht.

Ich kann meine Gefühle und Emotionen akzeptieren, ohne sie unbedingt zu mögen, gutzuheißen oder von ihnen kontrolliert zu werden; ich leugne oder bestreite sie nicht.

Ich kann akzeptieren, daß ich das getan habe, was ich getan habe, selbst wenn ich es bedauere oder verurteile. Ich leugne oder bestreite mein Verhalten nicht.

Ich akzeptiere, daß das, was ich denke, fühle oder tue, ein Ausdruck meiner selbst ist, zumindest in dem Augenblick, wo es geschieht. Ich lasse mich nicht von Gedanken, Gefühlen oder Handlungen fesseln, die ich nicht absegnen kann; aber ebensowenig weiche ich ihrer Realität aus oder gebe vor, nichts damit zu tun zu haben.

Ich akzeptiere die Realität meiner Probleme, sie definieren mich aber nicht. Meine Probleme sind nicht das Wesentliche an mir. Meine Ängste, Schmerzen, Verwirrungen oder Fehler sind nicht das Wesentliche an mir.

Eigenverantwortlich leben:

Ich bin verantwortlich für meine Existenz.

Ich bin verantwortlich für die Erfüllung meiner Wünsche.

Ich bin verantwortlich für meine Entscheidungen und für mein Handeln.

Ich bin verantwortlich dafür, wieviel Bewußtsein ich meiner Arbeit und anderen Beschäftigungen entgegenbringe.

Ich bin verantwortlich dafür, wieviel Bewußtsein ich meinen Beziehungen entgegenbringe.

Ich bin verantwortlich für mein Verhalten anderen gegenüber – Kollegen, Geschäftspartnern, Kunden, Kindern, Freunden, meinem Mann oder meiner Frau.

Ich bin verantwortlich, wie ich meine Zeit schwerpunktmäßig nutze.

Ich bin verantwortlich für die Qualität meiner Botschaften.

Ich bin verantwortlich für mein persönliches Glück.

Ich bin verantwortlich für die Werte, die ich für mein Leben wähle oder übernehme.

Ich bin verantwortlich für die Erhöhung meines Selbstwertgefühls; denn niemand kann mir mein Selbstwertgefühl geben.

Ich akzeptiere letzten Endes, daß ich alleine bin. Das heißt, ich akzeptiere, daß niemand kommt, um mein Leben zu richten oder mich zu retten oder meine schlechten Kindheitserfahrungen wiedergutzumachen oder um mich von den Konsequenzen meiner Entscheidungen und Handlungen zu bewahren. Bei bestimmten Problemen helfen andere mir vielleicht; aber keine andere Person kann die Hauptverantwortung für meine Existenz übernehmen. Ebensowenig wie ein anderer für mich atmen kann, kann ein anderer mir meine grundlegenden Lebensfunktionen abnehmen – etwa Selbst-Wirksamkeit und Selbstachtung zu gewinnen.

Eigenverantwortlich zu leben ist eine natürliche Notwendigkeit, die ich nicht als Tragödie betrachte.

Sich selbstsicher behaupten:

Es ist im allgemeinen angemessen, daß ich meine Gedanken, Überzeugungen und Gefühle ausdrücke, sofern es sich nicht um eine Situation handelt, in der es nach meinem objektiven Urteil nicht erstrebenswert ist.

Ich habe ein Recht, mich in angemessener Weise in entsprechendem Rahmen selbst zum Ausdruck zu bringen.

Ich habe das Recht, für meine Überzeugungen einzutreten.

Ich habe ein Recht, meine Werte und Gefühle wichtig zu nehmen und entsprechend zu handeln.

Es ist in meinem eigenen Interesse, wenn andere sehen und wissen, wer ich bin.

Zielgerichtet leben:

Nur ich kann wirklich die Ziele und den Zweck wählen, für die und den ich lebe. Keine andere Person kann angemessen über meine Existenz befinden.

Um Erfolg zu haben, muß ich es lernen, wie ich meine Ziele erreichen und den Zweck meines Lebens erfüllen kann. Ich muß einen Aktionsplan erstellen und in die Tat umsetzen.

Um Erfolg zu haben, muß ich darauf achten, was bei meinem Handeln herauskommt.

Es ist in meinem Interesse, die Realität im Auge zu behalten – das heißt, daß ich nach Informationen und Feedback Ausschau halte, nach Dingen, die relevant für meine Überzeugungen, mein Handeln und meinen Zweck sind.

Ich muß Selbstdisziplin üben, nicht im Sinne eines »Opfers«, sondern einer natürlichen Voraussetzung, die es mir ermöglicht, mir meine Wünsche zu erfüllen.

Persönliche Integrität:

Ich sollte mich selbst an das halten, was ich predige.

Ich sollte meine Versprechen halten.

Ich sollte meinen Verpflichtungen nachkommen.

Ich sollte mit anderen Menschen fair, gerecht, wohlwollend und mitfühlend umgehen.

Ich sollte mich bemühen, moralisch konsequent zu leben.

Ich sollte mich bemühen, mein Leben zum Spiegel meiner inneren Vision vom Guten zu machen.

Mein Selbstwertgefühl ist wertvoller als irgendeine kurzfristige Belohnung dafür, daß ich es verrate.

Dem Selbstwertgefühl förderliche Überzeugungen in Zusammenhang mit der Realität

Was ist, ist; eine Tatsache ist eine Tatsache.

Selbstgewählte Blindheit macht weder das Unwirkliche wirklich noch das Wirkliche unwirklich.

Den Tatsachen der Realität (so wie ich sie nach bestem Wissen verstehe) Rechnung zu tragen, führt zu befriedigenderen Ergebnissen, als die Tatsachen der Realität zu leugnen.

Überleben und Wohlbefinden hängen von der angemessenen Inanspruchnahme des Bewußtseins ab. Wenn wir die Verantwortung zu Bewußtheit meiden, können wir uns nicht anpassen.

Im Prinzip gilt: Das Bewußtsein ist zuverlässig; Wissen ist erwerbbar; die Realität ist erkennbar.

Werte, die das Leben und die Erfüllung des Individuums auf Erden fördern und unterstützen, sind Werten überlegen, die beides gefährden oder bedrohen.

Jeder Mensch hat einen Selbstzweck und ist nicht für die Zwecke anderer da, und er sollte entsprechend behandelt werden. Der Mensch gehört weder der Familie noch der Gemeinschaft noch der Kirche noch dem Staat noch der Gesellschaft noch der Welt. Ein Mensch ist kein Besitz.

Jede Mitgliedschaft Erwachsener in Verbänden und Vereinigungen sollte gewählt und freiwillig sein.

Wir sollten unser Selbst weder anderen noch andere unserem Selbst opfern; wir sollten uns von der Idee verabschieden, Selbstaufopferung als moralisches Ideal zu betrachten.

Beziehungen, die auf dem Austausch von Werten basieren, sind denen überlegen, die darauf basieren, daß der eine sich dem anderen opfert.

Eine Welt, in der wir uns und andere für unsere Entscheidungen und Handlungen für verantwortlich halten, funktioniert besser als eine Welt, in der solche Verantwortlichkeiten bestritten werden.

Ein Leugnen persönlicher Verantwortlichkeit ist niemandes Selbstwertgefühl dienlich; am wenigsten dem der Person, die sie leugnet.

Eine Anmerkung

Wenn jemand diesen Ideen erklärtermaßen zustimmt, so heißt das noch nicht, daß sie integraler Bestandteil der festen Überzeugungen desjenigen sind, der sie bejaht. Von Überzeugungen kann erst die Rede sein, wenn diese Ideen auf einer tieferen Ebene als wahr empfunden werden und fest im Verhalten verankert sind.

Die von mir soweit angebotene Liste von Überzeugungen erhebt keinen Anspruch auf Vollständigkeit. Möglicherweise gibt es noch andere, die ebenso zu einem gesunden Selbstwertgefühl beitragen. Die von mir genannten sind diejenigen, die nach meinem Bewußtsein am eindeutigsten die sechs Säulen in der Praxis unterstützen. Und soweit sie der aufrichtigen Überzeugung des Einzelnen entsprechen, fördern sie das Bewußtsein, die Selbstannahme, Eigenverantwortlichkeit, die Praxis, sich selbstsicher zu behaupten und zielgerichtet zu leben sowie die persönliche Integrität.

Offensichtlich sein dürfte, daß ich diese Überzeugungen als rational abgesichert betrachte. Sie sind mitnichten nur willkürliche »Postulate«, also Forderungen, die aufgrund bestimmter Umstände für unabdingbar gehalten werden. Da es den Rahmen hier sprengen würde, jeden einzelnen Punkt stichhaltig zu verteidigen, möchte ich mich darauf beschränken festzuhalten, daß sie ein starker Motor für jene Art von Handlungen sind, die das psychische Wohlbefinden fördern. Aus der Sicht der sechs Säulen betrachtet erfüllen sie unbestritten eine funktionale Zweckmäßigkeit. Sie sind anpassungsfähig; sie sind der Treibstoff des Selbstwertgefühls.

Ein Wertmaßstab

Genau wie die sechs Säulen einen Bezugsrahmen für die Auseinandersetzung mit den eigenen Überzeugungen liefern, so liefern sie auch einen Maßstab für die Beurteilung von Kindererziehungsmethoden, Erziehungspraktiken im allgemeinen, der Politik von Organisationen, der Wertsysteme verschiedener Kulturen und die Arbeit von Psychotherapeuten. Und bei jedem einzelnen Punkt können wir fragen: Unterstützt und fördert diese Praxis, Politik, dieser Wert oder diese Lehre die sechs Säulen – oder ist diese Praxis, Politik, dieser Wert oder diese Lehre ihnen abträglich und untergräbt sie? Sind diese Kriterien eher dazu angetan, das Selbstwertgefühl zu erhöhen oder zu mindern?

Das soll natürlich nicht heißen, das Selbstwertgefühl sei das einzige Kriterium, nach dem Fragen beurteilt werden sollten. Wenn es uns in diesem Zusammenhang jedoch um die Förderung des Selbstwertgefühls geht, dann ist es angemessen zu wissen, wie das Selbstwertgefühl von den verschiedenen politischen Maßgaben und Lehren beeinflußt wird.

Die bisher angesprochenen Praktiken und Überzeugungen gehören zu den »inneren« Faktoren, die für das Selbstwertgefühl relevant sind; jene Faktoren also, die in unserem Innern existieren oder erzeugt werden. Wir wollen uns nun mit den »äußeren« Faktoren beschäftigen; mit jenen Faktoren also, die von unserer Umwelt ausgehen.

Welche Rolle spielen andere Personen und welchen Beitrag leisten sie? Welchen Einfluß können Eltern nehmen, Lehrer, Manager, Psychotherapeuten und die Kultur, in der wir leben? Das sind die Fragen, auf die ich in Teil III eingehen werde.

Teil III

Äußere Einflüsse: Das Selbst und Andere

13. Das Selbstwertgefühl des Kindes fördern

Ziel der elterlichen Erziehung sollte es sein, dem Kind das Rüstzeug zu geben, daß es als Erwachsener selbständig überleben kann. Ein Kind befindet sich zunächst in einem Zustand vollständiger Abhängigkeit. Bei einer erfolgreichen Erziehung entwickelt sich der junge Mann oder die junge Frau aus dieser Abhängigkeit heraus zu einem Menschen, der sich selbst achtet, eigenverantwortlich lebt und in der Lage ist, kompetent und mit Begeisterung die Herausforderungen des Lebens anzunehmen. Zu einem Menschen, der sich »selbstversorgt« – nicht nur finanziell, sondern auch intellektuell und psychisch.

Ein neugeborenes Kind hat noch kein persönliches Identitätsgefühl; es hat noch keine Bewußtheit von Getrenntsein, zumindest nicht in dem Sinne, wie wir als Erwachsene diese Bewußtheit erfahren. Sich zu einer eigenen Persönlichkeit zu entwickeln, ist die Hauptaufgabe des Menschen. Und sie ist auch die größte Herausforderung des Menschen, denn der Erfolg ist keineswegs garantiert. Der Entwicklungsprozeß kann jederzeit unterbrochen, gehemmt oder blockiert oder fehlgeleitet werden, so daß der Betreffende fragmentiert, gespalten oder sich selbst entfremdet auf irgendeiner geistigen oder emotionalen Reifestufe stehenbleibt. Es ist unschwer zu erkennen, daß die meisten Menschen irgendwo auf dem Weg ihrer Entwicklung steckengeblieben sind. Dennoch: Das zentrale Ziel des Reifeprozesses ist die *Entwicklung zur Autonomie*; ein Thema, das ausführlich in *Honoring the Self* behandelt wurde.

Das Ziel der elterlichen Erziehung sollte sein, wie es in einem alten Spruch so treffend heißt, dem Kind zunächst Wurzeln zu geben (damit es wachsen kann) und dann Flügel (damit es fliegen kann). Die Sicherheit einer festen Basis – und das Selbstvertrauen, diese eines Tages zu verlassen. Kinder wachsen nicht in einem Vakuum auf. Sie wachsen in einem gesellschaftlichen Gefüge auf. Und das Drama der sich entfaltenden Individuation und Autonomie kann sich nur in der Begegnung und durch die Begegnung mit anderen Menschen vollziehen. Die ersten Begegnungen in der Kindheit können dem Kind ein Gefühl der Sicherheit und Geborgenheit geben, in dem das Selbst wachsen kann – oder sie sind so entsetzlich und instabil, daß das kindliche Selbst gespalten wird, noch ehe es sich voll herausbilden konnte. Die Begegnungen, die das Kind in der Folge erlebt, können ihm das Gefühl geben, daß es akzeptiert und respektiert oder daß es abgelehnt und herabgewürdigt wird. Diese Erfahrungen können ihm ein angemessen ausgewogenes Gefühl von Schutz und Freiheit geben, oder sie können 1. durch eine Überfürsorglichkeit bewirken, daß es in einer infantilen Abhängigkeit steckenbleibt – oder 2. es durch mangelnde Fürsorglichkeit in seinen Möglichkeiten und Fähigkeiten überfordern. Diese und andere Erfahrungen, auf die wir noch eingehen, tragen zur Entwicklung des Selbst und des Selbstwertgefühls bei.

Die Vorgeschichte des Selbstwertgefühls

Zu den bemerkenswertesten Arbeiten, die Psychologen in Zusammenhang mit dem Selbstwertgefühl geleistet haben, gehört die Untersuchung der Eltern-Kind-Beziehungen. Ein Beispiel ist Stanley Coopersmiths herausragende Studie *The Antecedents of Self-Esteem*. Coopersmith wollte herausfinden, welche elterlichen Verhaltensweisen am häufigsten feststellbar waren, wenn Kinder ein gesundes Selbstwertgefühl zeigten. Was er im wesentlichen feststellte, möchte ich in Kurzform meinen weiteren Ausführungen voranstellen.[1]

Die Vermögenssituation der Familie, Bildung der Eltern, Wohnort, die gesellschaftliche Schichtenzugehörigkeit, Beruf des Vaters oder auch die Frage, ob die Mutter ständig zu Hause ist, spielten als Faktoren, so Coopersmith, keine nennenswerte Rolle. Eine wichtige Rolle spielte hingegen die Qualität der Beziehungen zwischen dem Kind und den Erwachsenen, die in seinem Leben wichtig sind.

Im einzelnen identifizierte er fünf Faktoren, die bei Kindern mit einem hohen Selbstwertgefühl zu assoziieren sind:

1. Das Kind fühlt sich mit seinen Gedanken, Gefühlen und mit seinem Wert als Person absolut angenommen.

2. Das Kind bewegt sich in einem klar definierten Rahmen und innerhalb von Grenzen, die fair, nicht erdrückend und verhandelbar sind. Das Kind genießt keine uneingeschränkte »Freiheit«. So erfährt das Kind ein Gefühl der Sicherheit; und es hat eine klare Basis, um sein Verhalten zu bewerten. Die Grenzen sind außerdem in der Regel mit hohen Maßstäben wie auch mit dem Vertrauen in das Kind verbunden, daß es in der Lage ist, ihnen gerecht zu werden. Was zur Folge hat, daß das Kind ihnen für gewöhnlich tatsächlich gerecht wird.

3. Das Kind fühlt sich in seiner Würde als Mensch geachtet. Die

Eltern verzichten auf Gewalt oder das Mittel der Demütigung oder auch darauf, es lächerlich zu machen, um es zu kontrollieren und zu manipulieren. Die Eltern nehmen die Bedürfnisse und Wünsche des Kindes ernst – unabhängig davon, ob sie ihnen im Einzelfall gerecht werden können. Die Eltern sind bereit, die familiären Regeln innerhalb sorgsam gezogener Grenzen zu verhandeln. Mit anderen Worten: Sie nutzen ihre Autorität, ohne autoritär zu sein.

Diese Gesamteinstellung der Eltern kommt auch darin zum Ausdruck, daß sie weniger zu Strafmaßnahmen neigen (und offensichtlich auch seltener Anlaß haben, auf dieses Mittel der Disziplinierung zurückzugreifen) und sich mehr an das Prinzip der Belohnung und Verstärkung positiven Verhaltens halten. Sie konzentrieren sich auf das, was sie möchten, und weniger auf das, was sie nicht möchten – auf das Positive statt das Negative.

Die Eltern zeigen Interesse am Kind, an seinem gesellschaftlichen und schulischen Leben. Und sie stehen dem Kind in der Regel, sofern es das möchte, für Gespräche zur Verfügung.

4. Die Eltern setzen hohe Maßstäbe und hohe Erwartungen an das Verhalten und die Leistungen des Kindes. Sie haben nicht die Einstellung, daß »alles geht«. Sie haben sowohl moralische als auch leistungsspezifische Erwartungen, die sie dem Kind respektvoll, wohlwollend und ohne Repressalien verdeutlichen. Die besten Seiten des Kindes werden gefordert.

5. Die Eltern zeichnen sich in der Regel selbst durch ein hohes Selbstwertgefühl aus. Sie sind ein Modell der Selbst-Wirksamkeit und Selbstachtung (wie ich es nenne). Sie leben dem Kind beispielhaft vor, was es zu lernen hat. Als Fazit seiner Untersuchungen von Faktoren, die quasi als Vorgeschichte des Selbstwertgefühls zum Tragen kommen, stellt Coopersmith fest: »Anzumerken bleibt jedoch, daß es keine elterlichen Verhaltensmuster oder Einstellungen gibt, die per se auf Eltern von Kindern mit einem hohen Selbstwertgefühl zutreffen.«

Und diese Feststellung unterscheidet im Prinzip unseren bisherigen Erkenntnisstand, wonach das elterliche Verhalten nicht einzig und allein über den Verlauf der psychologischen Entwicklung des Kindes entscheidet. Abgesehen davon, daß der wichtigste Einflußfaktor im Leben des Kindes auch ein Lehrer, ein Großelternteil oder ein Nachbar sein kann, bleibt, wie bereits mehrfach wiederholt, daß äußere Faktoren nie die ganze, sondern nun ein Teil der Geschichte sind. Wir sind selbst auch Ursache, nicht nur Wirkung. Als Menschen, deren Bewußtsein eine Frage des Willens ist, treffen wir, beginnend mit der Kindheit und zeit unseres ganzen Lebens, Entscheidungen, die Auswirkungen darauf haben, welche Art von Person wir werden und wieviel Selbstwertgefühl wir entwickeln.

Wenn wir sagen, daß Eltern es einem Kind erleichtern oder erschweren können, ein gesundes Selbstwertgefühl zu entwickeln, so sagen wir damit, daß Eltern es einem jungen Menschen erleichtern oder erschweren können, die sechs Säulen in der Praxis zu lernen und sie zu einem natürlichen und integralen Bestandteil seines Lebens zu machen. Und diese sechs Säulen sind ein Maßstab, um die elterlichen Erziehungsmethoden zu bewerten: Fördern oder hemmen diese Erziehungsmethoden das Bewußtsein, die Selbstannahme, Eigenverantwortlichkeit, Selbstbehauptung, Zielgerichtetheit und persönliche Integrität? Erhöhen oder mindern sie die Wahrscheinlichkeit, daß ein Kind Verhaltensweisen lernt, die dem Selbstwertgefühl förderlich sind?

Grundlegende Sicherheit und Geborgenheit

Ein Kind, das sein Leben in einem Zustand völliger Abhängigkeit beginnt, hat – was das elterliche Verhalten angeht – nur einen grundlegenden Anspruch: Es braucht Sicherheit und Geborgenheit. Dazu gehören die Befriedigung seiner körperlichen Bedürfnisse, der Schutz vor den Elementen sowie eine in jeder Hinsicht grundlegende Fürsorge. Und dazu gehört, daß eine Umwelt geschaffen wird, in der es sich versorgt und sicher fühlt.

Unter diesen Rahmenbedingungen kann der botmäßige Prozeß der Loslösung und Individuation sich entfalten. Und hier kann sich ein Geist entwickeln, der es später lernt, sich selbst zu vertrauen. Und eine Person, die ihre festen Grenzen kennt.

Auf dieser Ebene werden die Grundlagen dafür gelegt, daß ein Kind es lernt, anderen Menschen zu vertrauen und mit der Zuversicht durchs Leben zu gehen, daß dieses nicht nur Widrigkeiten bereithält.

Dieses Bedürfnis nach Sicherheit und Geborgenheit ist natürlich nicht auf die ersten Lebensjahre beschränkt. Das Selbst entwickelt sich auch in der Jugend noch weiter. Und ein Elternhaus, das von Chaos und Ängsten geprägt ist, kann ein gravierendes Hindernis für die normale Entwicklung des Jugendlichen darstellen.

Bei meiner Arbeit mit Erwachsenen sehe ich oft die Langzeitfolgen eines Traumas, das auf die Nichtbefriedigung dieses Bedürfnisses zurückzuführen ist – auf die Tatsache, daß ein Kind wiederholt Angst und Schrecken in den Händen von Erwachsenen erlebte. Bei manchen Klienten scheint diese Furcht oder Angst bis in die ersten Lebensmonate zurück- und bis in die tiefsten Strukturen der Psyche zu gehen. Das Entscheidende bei diesen Klienten ist nicht nur die Intensität ihrer Angst und ebensowenig ihre Allgegenwärtigkeit, als vielmehr die Tatsache, daß man spürt, daß die Person, die diese Angst erfährt, in Wirklichkeit nicht der Erwachsene, sondern ein Kind oder vielmehr ein Kind im Körper eines Erwachsenen ist – oder noch präziser: in der Psyche des Erwachsenen. Und diese Ur-Ängste haben sie, wie sie sagen, solange sie zurückdenken können.

Jenseits der Möglichkeit eines Geburtstraumas sind in solchen Fällen zwei Faktoren zu berücksichtigen: Der erste sind die objektiven Umstände ihrer Umwelt und die Behandlung, die sie als Kinder erfuhren. Der zweite ist die Frage einer etwaigen angeborenen Disposition zu Angstzuständen. Bei manchen Personen ist die Angstschwelle niedriger als bei anderen, so daß etwas für ein Kind traumatisch sein kann, was ein anderes nicht als traumatisch empfindet.

Diese panische Angst kann auf einen körperlich gewalttätigen Vater zurückzuführen sein, auf eine launische, unberechenbare und emotional gestörte Mutter, auf ein anderes Mitglied der Familie, das als bedrohlich empfunden wird und dessen finsterer Blick automatisch Bilder unvorstellbarer Folter weckt – ein Terror, vor dem es kein Entkommen gibt und der das Kind in unerträgliche Gefühle der Hilflosigkeit stürzt.

Sonia, eine achtunddreißigjährige Krankenschwester, würde unweigerlich zurückschrecken, wenn ich unabsichtlich die Stimme etwas heben würde, zumal, wenn ich dabei gleichzeitig auch noch die Haltung auf meinem Stuhl veränderte. Sie behauptet, ihre frühesten Erinnerungen gingen auf ihren Vater und ihre Mutter zurück, wie sie aufeinander einschreien, während sie in der Wiege liegt und ihr Weinen ignoriert wird. Sie ist grundlegend von dem Gefühl beherrscht, daß die Welt ein feindseliger und gefährlicher Ort ist. Fast alle Entscheidungen und Handlungen wurden durch Furcht motiviert – mit entsprechend negativen Konsequenzen für ihr Selbstwertgefühl. Sie kam, wie ich vermute, mit einer überdurchschnittlich hohen Disposition für Angstzustände in die Welt, die von Eltern, gefangen in ihrer eigenen Unvernunft, in dramatischer Weise verschlimmert wurden.

Edgar, ein vierunddreißigjähriger Professor der Philosophie, sagt, seine frühesten Erinnerungen gingen auf Bilder zurück, wo er gezwungen wurde, sich aufs Bett zu stellen und sein Vater – ein örtlich renommierter und geachteter Arzt – mit einem Lederriemen brutal auf ihn einschlug. »Mein Weinen konnte ihn nie dazu bewegen, daß er aufhörte. Er war dabei wie von Sinnen. Ich hatte immer das Gefühl, er könnte mich totschlagen, und ich könnte nichts dagegen tun. Dieses Gefühl habe ich nie verloren. Ich bin heute vierunddreißig, und ich habe heute noch immer das Gefühl, daß ich mich angesichts irgendeiner Gefahr nicht wehren kann. Ich habe Angst. Ich hatte immer Angst. Ich kann mir gar nicht vorstellen, wer ich wäre ohne meine Angst.«

Je größer die entsetzliche Angst des Kindes und je früher es sie erfährt, desto schwieriger die Aufgabe, ein starkes und gesundes Selbstgefühl aufzubauen. Es ist sehr schwierig, ausgehend von diesem alles verzehrenden Gefühl der Machtlosigkeit – einer *traumatischen* Machtlosigkeit –, die sechs Säulen in der Praxis zu lernen. Entscheidend für eine gute elterliche Erziehung ist, daß es gelingt, das Kind vor diesem destruktiven Gefühl zu schützen.

Körperkontakt

Wir wissen heute, wie wichtig Körperkontakt für die gesunde kindliche Entwicklung ist. Ohne Körperkontakt kann ein Kind sterben, selbst wenn andere Bedürfnisse befriedigt werden.

Durch unsere Berührungen wird das Kind sinnlich in einer Weise stimuliert, die der Entwicklung des Gehirns förderlich ist. Durch unsere Berührungen vermitteln wir ihm Liebe, Fürsorge, Wohlbehagen, Unterstützung und Geborgenheit. Durch Berührungen stellen wir den Kontakt zwischen einem Menschen und einem anderen her. Es ist wissenschaftlich erwiesen, daß Berührung, genau wie Massage, einen tiefgreifenden gesundheitlichen Einfluß haben kann. In gewisser Weise wird dem intuitiv Rechnung getragen, denn in nichtwestlichen Teilen der Welt ist gemeinhin üblich, Säuglinge zu massieren. Im Westen nicht, was sich vielleicht unter anderem mit der körperfeindlichen Haltung des Christentums erklären läßt.

Berührungen sind ein denkbar wirksamer Weg, wie Eltern ihre Liebe vermitteln können. Lange ehe ein Kind Worte versteht, versteht es die Berührung. Liebeserklärungen ohne Berührung sind nicht überzeugend und hohl. Unser Körper ruft nach der Wirklichkeit der Körperlichkeit. Wir wollen erfahren, daß wir als *Person* geliebt – geschätzt – umarmt werden, und nicht irgendeine körperlose Abstraktion.

Kinder, die mit sehr wenig Körperkontakt großwerden, tragen oft tief in ihrem Innern eine Wunde davon, die nie ganz vernarbt. In ihrer Selbstachtung bleibt ein Loch. »Warum durfte ich nie bei meinem Vater auf dem Schoß sitzen?« fragt dann später ein Klient. »Warum war meine Mutter so zurückhaltend, und warum gab sie mir sogar das Gefühl, daß sie sich vor körperlichen Berührungen ekelt?« Unausgesprochenerweise steht dahinter: »Warum liebten sie mich nicht genug, um mich in den Arm zu nehmen?« Und manchmal auch: »Wenn nicht einmal meine eigenen Eltern mich berühren wollten, wie kann ich dann erwarten, daß irgendein anderer das möchte?«

Der Schmerz dieser Kindheitserfahrung, der Deprivation, ist schwer zu ertragen. In der Regel wird er unterdrückt. Das Bewußtsein wird eingeschränkt und die Psyche betäubt – eine Überlebensstrategie, um das Dasein erträglich zu machen. Und entsprechend wird die Selbst-Bewußtheit gemieden. Was dann oft der Anfang eines Musters ist, das ein Leben lang Bestand hat.

Dieser Mangel an Körperkontakt (Deprivation) kann sich, je nach dem, welche anderen psychologischen Faktoren hinzukommen, später in zwei unterschiedlichen Reaktionen äußern, die oberflächlich betrachtet zwar gegensätzlich erscheinen, aber dennoch beide ein Ausdruck von Entfremdung und schädlich für das Selbstwertgefühl sind. Zum einen können wir einen Erwachsenen sehen, der jeden intimen Kontakt mit anderen Menschen meidet, menschlichen Begegnungen ausweicht, Angst- und Minderwertigkeitsgefühle zum Ausdruck bringt, sich nicht behaupten kann und vieles andere mehr. Zum anderen können wir einen Erwachsenen sehen, der aus einem unbewußten Bemühen heraus, die Wunde seines Berührungshungers zu heilen, zwanghaft promiskuitiv ist; was sein Problem aber nicht nur nicht löst, sondern im Innern sein Ehrgefühl verletzt – und seine persönliche Integrität und seine Selbstachtung sind nur zwei der Dinge, die dabei auf der Strecke bleiben. Bei beiden Reaktionen bleibt der Betreffende von jedem authentischen menschlichen Kontakt isoliert.

Liebe

Ein Kind, das mit Liebe behandelt wird, verinnerlicht in der Regel dieses Gefühl und empfindet sich selbst als liebenswert. Liebe wird mit Worten zum Ausdruck gebracht, mit fürsorglichen Handlungen sowie mit der Freude und dem Vergnügen, das wir angesichts der bloßen Tatsache zeigen, daß das Kind da ist.

Geschickte Eltern können Wut oder Enttäuschung auch ohne Liebesentzug verdeutlichen. Geschickte Eltern können Dinge lehren, ohne auf das Mittel der Zurückweisung zurückzugreifen. Der Wert des Kindes als Mensch wird nie in Frage gestellt.

Liebe wird nie als wirklich empfunden, wenn sie immer nur an Leistungen geknüpft ist; daran geknüpft ist, daß das Kind den Erwartungen der Mutter oder des Vaters gerecht werden muß, und wenn sie von Zeit zu Zeit aus Disziplinierungsgründen entzogen wird. Liebe wird nicht als wirklich empfunden, wenn das Kind subtil oder weniger subtil die Botschaft erhält: »Du bist nicht genug.«

Leider haben viele von uns solche Botschaften erhalten. Die besagten: Du hast vielleicht das Potential, aber so wie du bist, bist du inakzeptabel. Bei dir muß noch einiges geändert werden. Eines Tages bist du vielleicht genug, heute aber noch nicht. Und du wirst nur dann genug sein, wenn du unsere Erwartungen erfüllst.

»Ich bin genug« heißt nicht: »Ich muß nichts mehr lernen und nicht mehr wachsen.« Es heißt: »Ich sehe meinen Wert, so wie ich bin, und nehme mich so an.« Auf der Grundlage von »Ich bin nicht genug« können wir kein Selbstwertgefühl aufbauen. Einem Kind zu vermitteln, »Du bist nicht genug«, heißt, sein Selbstwertgefühl von Grund auf zu untergraben. Kein Kind, das solche Botschaften erhält, fühlt sich geliebt.

Annahme

Ein Kind, das sich mit seinen Gedanken und Gefühlen angenommen weiß, verinnerlicht in der Regel diese Reaktion und lernt, sich selbst anzunehmen. Diese Annahme wird nicht durch Zustimmung vermittelt (die nicht immer möglich ist), sondern durch Zuhören und Eingehen auf die Gedanken und Gefühle des Kindes – und den Verzicht auf Beschimpfungen, Auseinandersetzungen, Vorträge, Psychologisierungen oder Beleidigungen.

Wenn einem Kind immer wieder vorgehalten wird, daß es dieses nicht fühlen darf und jenes nicht fühlen darf, wird es ermutigt, diese Gefühle oder Emotionen zu leugnen und auszuklammern, um seine Eltern zu beschwichtigen, oder um ihnen zu gefallen. Wenn der normale Ausdruck von Erregung, Wut, Glück, Sexualität, Sehnsucht und Angst als etwas behandelt wird, was für die Eltern inakzeptabel oder falsch oder sündig oder anderweitig ablehnenswert ist, so kann das Kind dazu gebracht werden, daß es mehr und mehr von seinem Selbst leugnet und ablehnt, um dazuzugehören, um geliebt zu werden, und um die panische Angst vor dem Verlassenwerden zu meiden. Wir erweisen der Entwicklung des Kindes keinen Dienst, wenn wir Selbstablehnung zum Preis unserer Liebe machen.

Nur wenige Einstellungen der Eltern können der gesunden Entwicklung des Kindes so förderlich sein wie die Erfahrung des Kindes, daß es mit seiner Natur, seinem Temperament, seinen Interessen und seinen Bestrebungen angenommen wird – *ob die Eltern diese teilen oder nicht*. Es wäre höchst unrealistisch, davon auszugehen, Eltern könnten sich über jede Form, wie das Kind sich zum Ausdruck bringt, freuen oder sich damit einverstanden erklären. Das hier beschriebene Gefühl der Annahme setzt aber weder voraus, daß sie sich darüber freuen, noch, daß sie sich wohl dabei fühlen – noch daß sie damit einverstanden sind.

Die Eltern können sportlich sein, das Kind vielleicht nicht – oder umgekehrt. Die Eltern können künstlerisch begabt sein, das Kind vielleicht nicht – oder umgekehrt. Die Eltern können von Natur aus vielleicht schnell sein, das Kind ist vielleicht langsam – oder umgekehrt. Die Eltern können ordentlich sein, das Kind ist vielleicht chaotisch – oder umgekehrt. Die Eltern können extravertiert sein, das Kind ist vielleicht introvertiert – oder umgekehrt. Die Eltern können sehr »gesellig« sein, das Kind vielleicht weniger – oder umgekehrt. Die Eltern können konkurrenzorientiert sein, das Kind vielleicht nicht – oder umgekehrt. *Wenn die Unterschiede akzeptiert werden, kann das Selbstwertgefühl wachsen.*

Achtung

Ein Kind, das von Erwachsenen Achtung erfährt, lernt in der Regel, sich selbst zu achten. Achtung wird dem Kind dadurch vermittelt, daß es mit der gleichen Höflichkeit behandelt wird, mit der normalerweise andere Erwachsene behandelt werden. (Bei einem Gast, der versehentlich etwas aus seinem Glas verschüttet, sagen wir auch nicht, wie der Kinderpsychologe Haim Ginott beobachtete: »Oh, du schlabberst immer! Was ist los mit dir?« Warum glauben wir dann also, daß solche Äußerungen bei unseren Kindern angemessen sind, die uns doch soviel mehr bedeuten als der Gast? Angebrachter wäre es sicherlich, zu dem Kind etwa zu sagen: »Du hast etwas verschüttet. Würdest du Papiertücher aus der Küche holen?«)

Ich erinnere mich, daß ein Klient mir einmal sagte: »Mein Vater spricht mit jedem Hilfskellner höflicher, als er es mir gegenüber je war.« »Bitte« und »danke« sind Worte, die einer Würde Rechnung tragen – der des Redners und der des Zuhörers.

Eltern müssen eines wissen: »Sie müssen vorsichtig sein mit dem, was Sie zu Ihren Kindern sagen. Sie könnten nämlich ganz Ihrer Meinung sein.« Ehe Sie ein Kind »dumm« oder »tapsig« oder »böse« oder »eine Enttäuschung« nennen, sollten Sie sich die Frage stellen: »Will ich, daß mein Kind sich *so* fühlt?«

Wenn ein Kind demgegenüber in einem Elternhaus aufwächst, in dem jeder mit jedem mit einer natürlichen, wohlwollenden Höflichkeit umgeht, lernt das Kind, nach diesem Prinzip mit sich selbst und mit anderen zu verfahren. Achtung sich selbst und anderen gegenüber wird dann als ganz selbstverständlich empfunden.

Die Tatsache, daß wir ein Kind lieben, ist keine Garantie, daß wir es automatisch auch achten. Ungeachtet unserer liebevollen Gefühle ist es immer möglich, daß wir situativ nicht das nötige Bewußtsein aufbringen. Als meine Enkelin Ashley fünf war, spielte ich einmal ausgelassen mit ihr. Ich wirbelte sie lachend herum und hatte selbst soviel Spaß dabei, daß ich nicht aufhörte, als sie sagte: »Ich möchte wieder runter, Opa.« Als sie dann einen Augenblick später todernst hinzufügte: »Opa, du hörst mir nicht zu«, merkte ich, was mir passiert war. »Tut mir leid, Süße«, sagte ich und gehorchte.

Sichtbarkeit

Besonders wichtig für die Förderung des kindlichen Selbstwertgefühls ist die Erfahrung, die ich als *psychologische Sichtbarkeit* bezeichne. Über dieses menschliche Bedürfnis, sichtbar zu sein, das bei allen Beziehungen zum Tragen kommt, habe ich in meinem Buch *Liebe für ein ganzes Leben. Psychologie der Zärtlichkeit* geschrieben. So möchte ich hier nur auf einige Grundsätzlichkeiten eingehen, die zu den Interaktionen zwischen Kind und Eltern festzuhalten sind. Zunächst aber noch einige allgemeine Anmerkungen zur Sichtbarkeit.

Wenn ich etwas sage oder tue, und Sie reagieren darauf in einer Weise, die ich als passend zu meinem Verhalten wahrnehme, so fühle ich mich von Ihnen gesehen und verstanden – wenn ich etwas Verspieltes tue, und Sie reagieren mit einem verspielten Verhalten; oder ich drücke meine Freude aus, und Sie zeigen mir, daß Sie meinen Zustand verstehen; oder ich drücke Traurigkeit aus, und Sie vermitteln mir Ihr Mitgefühl; oder ich tue etwas, worauf ich stolz bin, und mit Ihrem Lächeln zeigen Sie Ihre Bewunderung. Dann fühle ich mich sichtbar. Wenn ich im Gegensatz dazu etwas tue, und Ihre Reaktion ist für mich vor dem Hintergrund meines Verhaltens unverständlich, dann fühle ich mich nicht gesehen und nicht verstanden – wenn ich zum Beispiel etwas Verspieltes tue, und Sie reagieren, als ob ich etwas Feindseliges täte; oder wenn ich meine Freude äußere, und Sie reagieren ungeduldig und sagen mir, ich solle nicht herumalbern; oder wenn ich Traurigkeit ausdrücke, und Sie werfen mir heuchlerisches Getue vor; oder wenn ich etwas tue, worauf ich stolz bin, und Sie verurteilen mich deswegen. Dann fühle ich mich unsichtbar.

Um mich sichtbar zu fühlen, brauche ich nicht Ihre Zustimmung zu dem, was ich sage. Wir können über ein philosophisches oder politisches Problem diskutieren und völlig anderer Meinung sein. Solange wir jedoch Verständnis zeigen für das, was der andere sagt, und solange unsere Reaktionen im Rahmen des Gespräches zueinander passen, solange werden wir uns auch gegenseitig sichtbar fühlen, selbst inmitten heftigster Debatten, und eine insgesamt positive Erfahrung miteinander machen.

Wenn wir uns sichtbar fühlen, haben wir das Gefühl, daß wir uns mit der anderen Person in der gleichen Realität befinden, im gleichen Universum, um es metaphorisch auszudrücken. Wenn dieses Gefühl fehlt, haben wir den Eindruck, wir befänden uns in verschiedenen Realitäten. Voraussetzung für jeden befriedigenden mitmenschlichen Umgang ist diese Übereinstimmung: Wenn wir nicht das Gefühl haben, daß wir uns in der gleichen Realität befinden, ist ein für beide Seiten befriedigender mitmenschlicher Umgang unmöglich.

Der Wunsch nach Sichtbarkeit ist der Wunsch nach einer Form der Objektivität. Ich kann mich selbst, meine Person nicht »objektiv« wahrnehmen, nur aus meiner inneren völlig abgeschiedenen Sicht. Wenn Ihre Reaktionen jedoch meinen inneren Wahrnehmungen entsprechen, werden Sie zum Spiegel, der es mir erlaubt, mich als Person objekt zu erfahren. Ich sehe mich im Spiegel Ihrer (angemessenen) Reaktionen.

Die Sichtbarkeit ist eine Frage der Verhältnismäßigkeit. Von Kindheit an erfahren wir von anderen ein gewisses Maß an Rückkoppelung; ohne diese Rückkoppelung könnten wir nicht überleben. Zeit unseres Lebens wird es Menschen geben, deren Reaktionen es uns erlauben, uns oberflächlich sichtbar zu fühlen, und wenn wir Glück haben, wird es einige geben, bei denen wir uns in einer tiefgreifenderen Weise sichtbar fühlen.

Bei der romantischen Liebe wird diese psychologische Sichtbarkeit, nebenbei bemerkt, im Idealfall im allgemeinen am umfassendsten verwirklicht. Jemand, der uns leidenschaftlich liebt, ist motiviert, uns besser kennenzulernen und auf einer tieferen Ebene zu verstehen als jemand, den wir eher beiläufig kennen. Wie sagen Verliebte doch so oft: »Er (sie) *versteht* mich, wie ich mich noch nie von jemandem verstanden gefühl habe.«

Ein Kind hat den natürlichen Wunsch, gesehen, gehört und verstanden zu werden, und daß ihm angemessen geantwortet wird. Für ein Selbst, das sich noch in der Entwicklung befindet, ist dieses Bedürfnis besonders dringend. Und es ist einer der Gründe, warum ein Kind auf die Reaktion des Vaters oder der Mutter wartet und/oder achtet, wenn es irgend etwas getan hat. Ein Kind, das seine eigene Erregung als gut und als einen Wert empfindet, dafür von Erwachsenen aber bestraft oder getadelt wird, hat unweigerlich das Gefühl, nicht wirklich gesehen zu werden, und es fühlt sich auf befremdliche Weise verwirrt. Und ein Kind, das »immer als Engel« gelobt wird, aber sehr wohl weiß, daß das nicht stimmt, hat ebenso das Gefühl, nicht wirklich gesehen zu werden, und reagiert verwirrt.

Bei meiner psychotherapeutischen Arbeit mit Erwachsenen sehe ich, wie oft der Schmerz der Unsichtbarkeit, den sie als Kinder zu Hause erfuhren, entscheidend für die Probleme in ihrer Entwicklung war und für ihre Unsicherheiten in ihren Erwachsenenbeziehungen ist. Also:

Wenn ich mich meinen Eltern gegenüber sichtbar gefühlt hätte,...

...würde ich mich anderen gegenüber heute nicht so entfremdet fühlen.

...hätte ich mich als Mitglied der Menschheit gefühlt.

...hätte ich mich sicher gefühlt.

...hätte ich mich für mich selbst sichtbar gefühlt.

...hätte ich mich geliebt gefühlt.

...hätte ich das Gefühl gehabt, daß es Hoffnung gibt.

...hätte ich mich als vollwertiges Mitglied der Familie gefühlt.

...hätte ich mich verbunden gefühlt.

...dann wäre ich psychisch gesund.

...so hätte es mir geholfen, mich selbst zu verstehen.

...so hätte ich das Gefühl gehabt, ich habe ein Zuhause.

...dann hätte ich ein Gefühl der Zugehörigkeit gehabt.

Wenn ein Kind unglücklich ist und sagt: »Ich habe die Rolle in dem Theaterstück in der Schule nicht bekommen«, und die Mutter antwortet mitfühlend: »Ich weiß, das tut weh«, so hat das Kind das Gefühl, gesehen zu werden. Und welches Gefühl hat das Kind, wenn die Mutter schroff reagiert und antwortet: »Glaubst du etwa, du kriegst im Leben immer das, was du willst?«

Wenn das Kind freudig und erregt ins Haus stürmt und die Mutter sagt lächelnd: »Du bist aber glücklich heute«, dann hat das Kind das Gefühl, gesehen zu werden. Und welches Gefühl hat das Kind, wenn die Mutter brüllt: »Mußt du einen solchen Lärm machen!? Du kennst nur dich und sonst nichts! Was ist los mit dir?«

Wenn ein Kind sich nach Kräften bemüht, im Garten ein Baumhaus zu bauen, und der Vater sagt bewundernd: »Ich weiß, daß es schwer ist, aber du schaffst das schon«, dann fühlt sich das Kind sichtbar. Und wie fühlt es sich, wenn der Vater ungehalten fragt: »Gott, schaffst du denn gar nichts?!«

Wenn ein Kind mit dem Vater einen Spaziergang macht und dabei über alles mögliche spricht, was es sieht, und der Vater sagt: »Du siehst wirklich eine ganze Menge«, dann fühlt sich das Kind sichtbar. Und wie fühlt es sich, wenn der Vater gereizt feststellt: »Kann dein Mund denn nie stillstehen?!«

Wenn wir dem Kind unsere Liebe, Wertschätzung, unsere Anteilnahme und unseren Respekt vermitteln und ihm das Gefühl geben, angenommen zu sein, so machen wir das Kind sichtbar. Geben wir ihm demgegenüber das Gefühl, es sei uns gleichgültig, wir verachteten es und verurteilten es als Person und machten uns über es lustig, so treiben wir das kindliche Selbst in den Untergrund, wo es sich einsam und unsichtbar fühlt.

Psychologen und Pädagogen, die sich mit den Elementen beschäftigen, die in der Kindheit das Selbstwertgefühl fördern, betonen immer wieder, wie wichtig es ist, dem Kind das Gefühl der Wertschätzung seiner Einmaligkeit und ebenso ein Gefühl der Zugehörigkeit, des Dazugehörens (das Gefühl von Wurzeln) zu geben. Beide Ziele werden erreicht, soweit man dem Kind die Erfahrung der Sichtbarkeit gibt.

Sichtbarkeit ist nicht mit Lob gleichzusetzen. Wenn man sieht, wie ein Kind mit einer Hausaufgabe zu kämpfen hat, und man sagt: »Mathe scheint dir schwerzufallen«, dann ist das kein Lob. Oder wenn man sagt: »Du siehst richtig mitgenommen aus – möchtest du darüber reden, was dich bedrückt?«, dann ist das kein Lob. Oder wenn man sagt: »Ich weiß, du würdest lieber nicht zum Zahnarzt gehen«, dann ist das kein Lob. Oder wenn man sagt: »Dir scheint Chemie wirklich Spaß zu machen«, dann ist das kein Lob. Aber diese Äußerungen geben dem Kind das Gefühl, gesehen und verstanden zu werden.

Wenn wir jemandem wirklich unsere Liebe zeigen möchten – ob es sich dabei um unser Kind, unseren Partner oder unseren Freund handelt –, so spielt die Fähigkeit, dem anderen das Gefühl der Sichtbarkeit zu geben, eine wichtige Rolle. Und das setzt die Fähigkeit zu sehen voraus. Und das wiederum setzt die Inanspruchnahme des Bewußtseins voraus.

Und wenn wir das unserem Kind geben – Sichtbarkeit und Bewußtsein –, so sind wir das praktische Rollenmodell, dem es nacheifern kann.

Altersgerechte Fürsorge

Kinder brauchen Fürsorge, keine Frage. Weniger klar ist allerdings mitunter der Punkt, daß diese Fürsorge altersgerecht bzw., präziser, dem Entwicklungsniveau des Kindes entsprechen muß.

Formen der Fürsorge, die bei einem drei Monate alten Säugling richtig sind, sind im Zweifelsfall bei einem sechsjährigen Kind nicht mehr angebracht. Der Säugling wird von einem Erwachsenen angezogen; das Sechsjährige hat kein Problem, sich selbst anzuziehen. Ebenso gilt, daß manche Formen der Fürsorge, die für ein Sechsjähriges richtig sind, bei einem Sechzehnjährigen ein Wachstum in seiner Autonomie untergraben würden. Wenn ein Sechsjähriges eine Frage stellt, kann es sinnvoll sein, diese Frage konkret zu beantworten. Bei einem Jugendlichen, der eine Frage stellt, kann es hingegen sinnvoller sein, ihn dazu anzuhalten, sich selbst Gedanken über dieses Thema zu machen, ihm ein Buch zu empfehlen oder ihm zu sagen, er solle in eine Bibliothek gehen, um sich sachkundig zu machen.

Ich erinnere mich an eine sechsundzwanzigjährige Frau, die in einem Krisenzustand zu mir kam, weil ihr Mann sie verlassen hatte *und sie nicht wußte, wie sie für sich selbst einkaufen sollte.* Bis zu ihrem neunzehnten Lebensjahr hatte ihre Mutter die Kleidung für sie gekauft; als sie mit neunzehn heiratete, übernahm ihr Mann diese Verantwortlichkeit – und nicht nur für die Kleidung, sondern für alle Dinge, die im Haushalt anzuschaffen waren, einschließlich Einkauf der Lebensmittel. Emotional fühlte sie sich als Kind, so eigenständig wie ein Kind. Der Gedanke, selbständig wählen und entscheiden zu müssen, versetzte sie selbst bei den einfachsten, banalsten Dingen in Angst und Schrecken.

Wenn Eltern das Ziel haben, die Selbständigkeit des Kindes zu fördern, so können sie das unter anderem damit erreichen, daß sie dem Kind Wahlmöglichkeiten überlassen, die seinem jeweiligen Entwicklungsstand entsprechen. Es ist vielleicht nicht ratsam, wenn eine Mutter ihr fünfjähriges Kind fragt, ob es einen Pullover anziehen möchte; sie kann ihm aber zwei Pullover zur Wahl anbieten. Manche Kinder suchen auch den Rat von Erwachsenen, wenn es nicht notwendig ist. In dem Falle ist es dann sinnvoll zu fragen: »Was denkst *du*?«

Es ist ratsam, ein Kind jeweils selbst wählen und entscheiden zu lassen, sobald es den Punkt erreicht hat, an dem es problemlos mit den entsprechenden Dingen umgehen kann. Hier ist das Urteilsvermögen und damit das Bewußtsein und Einfühlungsvermögen auf seiten der Erwachsenen gefordert. Entscheidend ist die Bewußtheit von dem ultimativen Ziel.

Lob und Kritik

Liebevolle Eltern, denen es um die Unterstützung des Selbstwertgefühls bei ihren Kindern geht, glauben im Zweifel, dieses Ziel sei am ehesten mit Lob zu erreichen. Unangemessenes Lob kann dem Selbstwertgefühl jedoch ebenso abträglich wie unangemessene Kritik sein.

Vor vielen Jahren machte Haim Ginott mich auf eine wichtige Unterscheidung aufmerksam: die zwischen wertendem Lob und anerkennendem Lob. Wertendes Lob ist nicht im Interesse des Kindes. Anerkennendes Lob kann im Gegensatz dazu sowohl zur Unterstützung des Selbstwertgefühls als auch zur Verstärkung erwünschter Verhaltensweisen zweckdienlich sein.

In seinem Buch *Takt und Taktik im Klassenzimmer* schreibt Haim Ginott hierzu:

> In der Psychotherapie wird einem Kind nie gesagt: »Du bist ein braver kleiner Junge.« »Das machst du sehr gut.« »Mach weiter so, das ist sehr gut.« Wertendes Lob wird vermieden. Weshalb? Weil es nicht weiterbringt. Es bewirkt Angst, führt zu Abhängigkeit und Abwehrhaltungen. Es fördert weder Selbstgefühl, noch Selbstkontrolle, noch selbständiges Handeln. Diese Fähigkeiten verlangen Unabhängigkeit von Fremdurteilen. Sie erfordern Zutrauen zu eigener Motivation und Evaluation. Um sich so zu geben, wie man ist, muß man frei sein von dem Druck, den wertendes Lob ausüben kann.[2]

Wenn wir demgegenüber sagen, was uns an den Handlungen und Leistungen des Kindes gefällt und was wir schätzen, bleiben wir bei den Tatsachen und bei der Beschreibung; und wir überlassen es dem Kind zu bewerten. Ginott veranschaulicht diesen Vorgang mit folgenden Beispielen:

> Die zwölfjährige Marcia war der Lehrerin behilflich, die Bücher in der Klassenbücherei neu zu ordnen. Die Lehrerin vermied ein persönliches Lob. (»Du hast gute Arbeit geleistet. Du hast schwer geschuftet. Du bist eine gute Bibliothekarin.«) Statt dessen beschrieb sie, was Marcia geschafft hatte: »Die Bücherei ist nun in Ordnung. Für jedes Kind ist es nun ganz einfach, jedes gewünschte Buch zu finden. Es war eine schwierige Arbeit. Aber du hast es geschafft. Danke.« Die anerkennenden Worte der Lehrerin gestatteten Marcia, eigene Schlußfolgerungen zu ziehen. »Meine Lehrerin war mit meiner Arbeit zufrieden, ich bin eine gute Arbeitskraft.«

> Die zehnjährige Phyllis verfaßte ein Gedicht, in dem sie ihre Empfindungen beim ersten Schnee des Winters beschrieb. Die Lehrerin sagte: »Dein Gedicht hat meine eigenen Gefühle wiedergegeben; es hat mir sehr gefallen, daß meine Gedanken über den Winter einen so poetischen Ausdruck gefunden haben.« Ein Lächeln zog über das Gesicht

der kleinen Dichterin. Sie wandte sich ihrer Freundin zu und sagte: »Frau A. gefällt mein Gedicht *wirklich*. Sie meint, ich bin Klasse.«

Der siebenjährige Ruben hatte sich sehr um eine saubere Handschrift bemüht. Es fiel ihm schwer, seine Buchstaben nicht aus der Reihe tanzen zu lassen. Schließlich gelang ihm eine sauber geschriebene Seite mit ordentlichen Buchstaben. Der Lehrer schrieb in sein Heft: »Die Buchstaben sind sauber. Es war eine Freude, deine Seite zu lesen.« Als die Hefte zurückgegeben wurden, sahen die Kinder eifrig nach, was der Lehrer geschrieben hatte. Plötzlich hörte der Lehrer Kußlaute: Ruben hatte seine Seite *geküßt*! »Ich kann gut schreiben!« verkündete er stolz.[3]

Je präziser wir mit unserem Lob sind, desto mehr bedeutet es dem Kind. Bei einem verallgemeinerten und abstrakten Lob fragt das Kind sich nur, wofür es überhaupt gelobt wurde. Diese Art von Lob ist nicht hilfreich.

Aber Lob muß nicht nur präzise sein, es muß situativ auch angemessen sein. Allzu überschwengliches und übertriebenes Lob kann überwältigend wirken und Angst auslösen – weil das Kind weiß, daß es nicht zu seinen eigenen Wahrnehmungen paßt (ein Problem, das bei der reinen Beschreibung des Verhaltens sowie bei dem Ausdruck der Anerkennung vermieden wird, da hier keine unrealistischen Wertungen vorgenommen werden).

Manche Eltern möchten das Selbstwertgefühl ihrer Kinder fördern, sie loben jedoch global, pauschal und übertrieben. Was bestenfalls nichts bringt. Schlimmstenfalls jedoch das Gegenteil bewirkt: Das Kind hält sich für unsichtbar und reagiert verängstigt. Hinzu kommt, daß diese Strategie »Zustimmungsabhängige« erzeugt – Kinder, die dann keinen Schritt mehr tun können, ohne auf Lob zu warten, und die sich abgewertet fühlen, wenn es ausbleibt. Viele Eltern, die es besonders gut meinten, denen es aber an dem nötigen Gespür fehlte, haben ihre Kinder ungewollterweise zu solchen Zustimmungsabhängigen gemacht, indem sie übertrieben mit ihren »liebevollen« Wertungen um sich warfen.

Wenn wir die Eigenständigkeit eines Kindes fördern möchten, sollten wir uns darauf beschränken, das Verhalten zu beschreiben und *ihm stets Platz für seine eigenen Wertungen zu lassen.* Wir sollten das Kind nicht mit dem Druck unserer Urteile belasten. Und wir sollten dazu beitragen, einen Rahmen zu schaffen, der selbständiges Denken ermöglicht.

Wenn wir unsere Freude über die Fragen, Beobachtungen und Gedanken des Kindes zeigen und unsere Anerkennung dafür zum Ausdruck bringen, fördern wir die Inanspruchnahme des Bewußtseins. Wenn wir positiv und respektvoll auf die Bemühungen des Kindes, sich selbst zum Ausdruck zu bringen, reagieren, fördern wir seine Selbstbehauptung. Wenn wir dem Kind zeigen, daß wir seine Wahrheitsliebe registrieren und anerkennen, fördern wir seine persönliche Integrität. Kurz: Wenn Sie sehen, daß das Kind etwas richtig macht, zeigen Sie ihm, daß Sie sich darüber freuen. Und vertrauen Sie darauf, daß das Kind seine eigenen angemessenen Schlußfolgerungen zieht. Das ist die einfachste Form einer wirksamen Verstärkung.

Wichtig bei der Frage der Kritik ist, daß sie sich nur auf das Verhalten des Kindes und nie auf das Kind selbst bezieht. Das Prinzip lautet: Beschreiben Sie das Verhalten (Schlagen eines Geschwisterteils, Brechen eines Versprechens), beschreiben Sie Ihre Gefühle dazu (Wut, Enttäuschung), beschreiben Sie, was aus Ihrer Sicht zu tun ist (falls überhaupt etwas) – wobei Sie aber »*weder des Kindes Persönlichkeit noch seinen Charakter angreifen*«.[4]

Wenn ich sage, Sie sollten Ihre Gefühle beschreiben, so meine ich damit Erklärungen wie »Ich bin enttäuscht«, oder »Ich bin entsetzt«, oder »Ich bin wütend«. Was ich nicht meine, sind Äußerungen wie »Ich denke, du bist der verdorbenste Balg, der je auf der Welt war«, womit kein Gefühl beschrieben, sondern unter dem Deckmantel der Gefühlssprache ein Gedanke, ein Urteil oder eine Wertung geäußert wird. Es gibt keine Emotion wie »Du bist der verdorbenste Balg, der je auf der Welt war.« Die Emotion, die hier dahintersteht, ist Zorn und der Wunsch zu verletzen.

Mit der Verletzung des kindlichen Selbstwertgefühls wurde jedoch noch nie etwas Positives erreicht. Und das ist die erste Regel, die bei einer wirksamen Kritik zu beachten ist. Wir fördern kein besseres Verhalten, wenn wir den Wert, die Intelligenz, die Moral, den Charakter, die Absichten oder die Mentalität des Kindes massiv in Frage stellen. Es wurde noch niemand damit »gebessert«, daß er darüber aufgeklärt wurde, er sei »schlecht«. (Ebensowenig dadurch, daß ihm vorgehalten wurde: »Du bist genau wie... [jemand absolut Verwerfliches].«) Im Gegenteil: Angriffe auf das Selbstwertgefühl erhöhen in der Regel die Wahrscheinlichkeit, daß sich das unerwünschte Verhalten wiederholt. Nach dem Motto: »Wenn ich schlecht bin, verhalte ich mich auch schlecht.«

In der Psychotherapie klagen Erwachsene häufig darüber, daß sie noch immer die verinnerlichte Stimme der Mutter oder des Vaters hören, die ihnen sagt, wie »schlecht«, »verdorben«, »dumm« oder »nichtsnutzig« sie seien. Mit dem Ergebnis, daß sie oft hart um ein besseres Leben ringen und mühsam versuchen, sich gegen die magische Kraft dieser Ausfälligkeiten zu stemmen und dem düsteren Bild nicht zu erliegen, das ihre Eltern von ihnen zeichneten. Nicht immer erfolgreich. Da das Selbstkonzept durch das

Prinzip der selbsterfüllten Prophezeiung in der Regel zum Schicksal wird, müssen wir uns überlegen, welches Selbstkonzept wir bei unserem Kind fördern möchten.

Wenn wir tadeln können, ohne die Würde des Kindes zu verletzen oder es zu erniedrigen, wenn wir das Selbstwertgefühl des Kindes respektieren können, auch wenn wir wütend sind, dann meistern wir eine der größten und wichtigsten Herausforderungen, vor die die elterliche Erziehung uns stellt.

Elterliche Erwartungen

Coopersmiths Erkenntnisse zur Frage der elterlichen Erwartungen habe ich bereits erwähnt. Wir erweisen Kindern keinen Dienst, wenn wir nichts von ihnen erwarten. Vernünftige Eltern halten ethische Maßstäbe hoch, die auch für die Kinder gelten. Ebenso setzen sie Leistungsmaßstäbe: Sie erwarten von Kindern, daß sie lernen, Kenntnisse erwerben und Fertigkeiten beherrschen – und zusehends reifer werden.

Wichtig ist, daß diese Erwartungen dem Entwicklungsstand des Kindes angepaßt sind und die einmaligen Eigenschaften des Kindes respektieren. Das heißt, daß wir ein Kind nicht mit Erwartungen überfordern, die seine Rahmenbedingungen und Bedürfnisse außer acht lassen. Und ebensowenig sollten wir davon ausgehen, daß ein Kind aus einem rein emotionalen Impuls heraus ganz »von selbst« immer hohen Maßstäben folgt.

Kinder möchten wissen, was von ihnen erwartet wird, und sie fühlen sich verunsichert, wenn die Antwort »nichts« lautet.

Literaturhinweise zu Kindererziehungsfragen

Von allen Büchern, die über die Kunst der Kindererziehung geschrieben wurden, finde ich vor allem sechs sehr hilfreich, da sie ebenso klug wie klar die grundsätzlichen Probleme, die sich im Alltag stellen, auf den Punkt bringen. Auch wenn die Frage des Selbstwertgefühls nur selten ausdrücklich erwähnt wird, so sind diese Bücher dennoch ausgezeichnete Wegweiser für die Förderung des Selbstwertgefühls der Kleinen. Ich möchte vor allem deswegen darauf hinweisen, weil sie so treffend und geschickt vor dem Hintergrund der zahllosen Herausforderungen, die Kinder für Eltern und andere Erwachsene darstellen, die Vermittlung von Liebe, Annahme und Respekt sowie einen angemessenen Umgang mit Lob und Kritik erläutern.

Drei der Bücher sind von Haim Ginott: *Eltern und Kinder, Eltern und Teenager* und *Takt und Taktik im Klassenzimmer. Ein psychologischer Leitfaden für Eltern und Erzieher.** Die übrigen drei sind von zwei Ginott-Schülerinnen, Adele Faber und Elaine Mazlish: *Liberated Parents, Liberated Children, Nun hör doch mal zu! Elternsprache – Kindersprache* und *Hilfe, meine Kinder streiten. Ratschläge für erschöpfte Eltern.*

Ein weiteres bemerkenswertes Buch ist *Familienkonferenz in der Praxis* von Thomas Gordon. Was diesem Buch insbesondere zugute zu halten ist, ist, daß es recht detaillierte Prinzipien in der Kombination mit bestimmten Fertigkeiten und Methoden zur Lösung einer Vielzahl von Eltern-Kinder-Konflikten anbietet. Mit gewissen Abstrichen ist Gordons Ansatz weitestgehend dekkungsgleich mit dem Ginotts. Was sie zum Beispiel unterscheidet, ist, daß Ginott darauf beharrt, Eltern müßten unter bestimmten Umständen Grenzen ziehen und Regeln aufstellen – und Gordon diese Idee kritisiert und offenkundig die These vertritt, alle Konflikte sollten »demokratisch« gelöst werden. In diesem Punkt würde ich Ginott beipflichten, wobei ich mir allerdings nicht einmal sicher bin, ob hier wirklich von einem Unterschied die Rede sein kann, da wohl auch Gordon einem kleinen Kind nicht erlauben würde, je nach Lust und Laune auf der Straße zu spielen. Gemeinsam ist beiden Autoren (und auch Faber und Mazlish) ihre leidenschaftliche Aversion gegen körperliche Bestrafung als Disziplinierungsmaßnahme. Und diese Leidenschaft teile ich, denn die Angst vor körperlicher Bestrafung ist tödlich für das Wachstum des kindlichen Selbstwertgefühls.

Der Umgang mit Fehlern

Wie Eltern auf die Fehler ihrer Kinder reagieren, kann schicksalhaft für das Selbstwertgefühl sein.

Ein Kind lernt über eine Reihe falscher Bewegungen gehen. Nach und nach klammert es die Bewegungen aus, die nicht funktionieren, und hält an denen fest, mit denen es vorwärtskommt. Fehler sind ein integraler Bestandteil des Lernprozesses. Sie gehö-

* Einige Vorbehalte habe ich nur bei den ersten zwei Büchern. (1) teile ich einige psychoanalytische Meinungen nicht; (2) ist die rätselhaft flüchtige Behandlung des Themas Masturbation für mich ein Kritikpunkt; (3) ist die überholte traditionelle Sicht der herkömmlichen Verteilung der Geschlechterrollen zu beanstanden. Es sind letzten Endes jedoch banale Punkte angesichts dessen, was die Bücher zu bieten haben.

ren zum Gehenlernen mit dazu. Fehler gehören bei einem Großteil des Lernens mit dazu.

Ein Kind, das ausgeschimpft wird, weil es einen Fehler gemacht hat, oder das lächerlich gemacht oder gedemütigt oder bestraft wird – oder ungeduldig von Vater oder Mutter angefahren wird: »Komm, laß mich das machen!« – hat nicht die Möglichkeit, sich selbst durchzukämpfen und zu lernen. In dem Falle wird ein natürlicher Wachstumsprozeß sabotiert. Der Anspruch, Fehler zu vermeiden, erhält sodann einen höheren Stellenwert als der, neue Herausforderungen zu meistern.

Ein Kind, das sich von seinen Eltern nicht angenommen fühlt, wenn es einen Fehler macht, lernt als Reaktion auf diese Fehler möglicherweise die *Selbst*ablehnung. Das Bewußtsein wird gedämpft, die Selbstannahme untergraben, die Eigenverantwortlichkeit unterbunden und die Fähigkeit, sich selbst zu behaupten, unterdrückt.

Wenn man ihnen die Chance beläßt, lernen Kinder in der Regel ganz natürlich und spontan aus ihren Fehlern. Hilfreich kann gegebenenfalls die – allerdings sachlich und werturteilsfrei gestellte – Frage sein: »Was hast du dabei gelernt? Was könntest du nächstes Mal anders machen?«

Es ist erstrebenswerter, ein Kind dazu anzuhalten, nach Antworten zu suchen, als selbst die Antworten zu geben. Das Kind zur Nutzung seines Verstandes anzuhalten, verlangt in der Regel von den Eltern allerdings ein höheres Bewußtsein (und mehr Geduld) als die praktische Darbietung fertiger Lösungen. Ungeduld ist oft der Feind guter elterlicher Erziehungsmethoden.

Bei meiner Arbeit mit Erwachsenen, die als Kinder bei Fehlern destruktive Botschaften erhielten, greife ich oft auf die Satzergänzungsmethode zurück. Typische Satzstämme und Endungen, die dabei herauskommen, sind:

Wenn meine Mutter sah, daß ich einen Fehler machte,...

...wurde sie ungeduldig.

...vermittelte sie mir, daß ich ein hoffnungsloser Fall war.

...nannte sie mich ihr großes Baby.

...wurde sie wütend und sagte: »Komm, ich zeig es dir!«

...lachte sie und schaute mich verächtlich an.

...dann schrie sie nach meinem Vater.

Wenn mein Vater sah, daß ich einen Fehler machte,...

...wurde er wütend.

...hielt er mir eine Strafpredigt.

...fluchte er.

...dann verglich er mich mit meinem mir in allem überlegenen Bruder.

...verspottete er mich.

...dann fing er mit einem halbstündigen Vortrag an.

...dann erzählte er mir, wie glänzend er immer alles machte.

...dann sagte er: »Du bist ganz der Sohn der Mutter.«

...dann ging er aus dem Zimmer.

Wenn ich merke, daß ich einen Fehler mache,...

...dann sage ich mir, wie dumm ich bin.

...dann bezeichne ich mich selbst als Trampel.

...dann fühle ich mich als Versager.

...dann erschrecke ich.

...dann habe ich Angst, was geschieht, wenn andere es merken.

...dann sage ich mir, es ist zwecklos, daß ich überhaupt etwas versuche.

...dann finde ich das unverzeihlich.

...dann verachte ich mich selbst.

Wenn jemand mir gesagt hätte, daß es durchaus in Ordnung ist, Fehler zu machen,...

...dann wäre ich heute ein anderer Mensch.

...dann würde ich nicht so viele Fehler machen.

...dann hätte ich nicht soviel Angst, Dinge auszuprobieren.

...dann wäre ich nicht so selbstkritisch.

...dann wäre ich offener.

...dann wäre ich abenteuerlustiger.

...dann würde ich mehr leisten.

Was ich mir immer wieder sage, ist...

...daß ich all das mit mir mache, was meine Mutter und mein Vater früher mit mir gemacht haben.

...daß meine Eltern immer noch in meinem Kopf sind.

...daß ich nicht mehr Mitgefühl für mich habe, als mein Vater es hatte.

...daß ich mich selbst schlimmer beschimpfe, als meine Mutter es tat.

...daß ich nicht wachsen kann, wenn ich keine Fehler machen darf.

...daß ich mich selbst unterdrücke.

...daß mein Selbstwertgefühl durch Fehler ruiniert wird.

Wenn ich den Mut hätte, mir zu erlauben, daß ich Fehler mache,...

... würde ich nicht so viele Fehler machen.

... dann würde ich aufpassen, würde aber lockerer an alles herangehen.

... dann könnte ich meine Arbeit genießen.

... würde ich die Chancen mehr nutzen, die neue Ideen bieten.

... dann hätte ich mehr Ideen.

... dann könnte ich kreativer sein.

... dann wäre ich glücklicher.

... dann wäre ich damit noch lange nicht verantwortungslos.

Wenn ich verständnisvoller mit meinen Fehlern umginge,...

... würde ich mich nicht von vornherein zum Scheitern verurteilt fühlen und mich mehr anstrengen.

... dann würde ich mehr geben.

... würde ich mich selbst mehr lieben.

... dann wäre ich nicht so deprimiert.

... dann würde ich bewußter leben.

... dann hätte ich nicht mit all diesen Ängsten zu kämpfen.

... dann würde ich meinen Mann stehen und wäre nicht mehr nur der kleine Junge meiner Eltern.

Wenn ich eine bessere Einstellung zum Umgang mit Fehlern gewinne,...

... werde ich mich nicht so angespannt fühlen.

... wird meine Arbeit besser werden.

... dann werde ich wohl auch neue Dinge ausprobieren.

... dann werde ich mich von einem alten Drehbuch verabschieden müssen.

... dann werde ich mich selbst besser bemuttern.

... dann werde ich mich schwertun.

... dann werde ich lernen müssen, daß das nichts mit Sichgehenlassen zu tun hat.

... dann werde ich erst üben müssen.

... dann wird es einige Zeit brauchen, bis ich mich daran gewöhnt habe.

... dann werde ich hoffnungsvoller sein.

... so werde ich das aufregend finden.

Die letzten sechs Satzstämme halten uns vor Augen, wo wir ansetzen können, um unsere negative Programmierung zu korrigieren. In der Einzel- wie auch in der Gruppentherapie bitte ich Klienten immer wieder, diese Satzstämme – oder einige davon – täglich zwei oder drei Wochen lang jeweils mit sechs bis zehn Endungen zu ergänzen. Ein wirksames Umprogrammierungsmittel. Dahinter steht das Prinzip, diese destruktiven Ideen mit sehr konzentrierter Bewußtheit immer wieder »abzuklopfen« (was etwas völlig anderes ist, als sich darüber den Kopf zu zerbrechen oder darüber »zu brüten« oder sich zwanghaft damit zu beschäftigen oder darüber zu klagen).

Die Notwendigkeit der Zurechnungsfähigkeit

Es gibt vielleicht nichts Wichtigeres, was man über Kinder wissen muß, als die Tatsache, daß es ihnen immer und in jedem Fall möglich sein muß, ihre Erfahrungen einzuordnen. Das heißt: Sie müssen wissen, daß das Universum logisch erfaßbar ist – und daß das menschliche Dasein überschaubar, vorhersehbar und eine stabile Größe ist. Auf dieser Grundlage können sie ein Gefühl der Wirksamkeit aufbauen; ohne diese Grundlage ist diese Aufgabe mehr als schwierig.

Die physikalische Realität ist im allgemeinen weitaus »zuverlässiger« als der Mensch. Was zur Folge hat, daß Kinder, die sich im mitmenschlichen Bereich nicht so recht zurechtfinden, sich oft, um ein Gefühl der Macht zu gewinnen, der Natur oder Maschinen oder der Technik oder der Physik oder der Mathematik zuwenden, die alle ein Maß an Berechenbarkeit bieten, das beim Menschen selten anzutreffen ist.

Diese Berechenbarkeit oder »Zurechnungsfähigkeit« ist im Familienleben jedoch eine der wichtigsten Voraussetzungen, die für eine gesunde Entwicklung des Kindes erfüllt sein muß.

Was heißt nun *Zurechnungsfähigkeit* in diesem Zusammenhang? Es heißt, daß Erwachsene meistenfalls das sagen, was sie meinen, und meinen, was sie sagen. Es heißt, daß Regeln verständlich, konsequent und fair sein müssen. Es heißt, daß ein Verhalten nicht heute bestraft wird, über das gestern hinweggesehen wurde oder das gestern sogar belohnt wurde. Es heißt, daß Kinder von Eltern erzogen werden, deren emotionales Leben mehr oder weniger nachvollziehbar und vorhersehbar ist – im Gegensatz zu einem emotionalen Leben, das von Angst- oder Wut- oder euphorischen Anfällen durchsetzt ist, ohne daß entsprechende Ursachen oder Muster erkennbar wären. Es heißt, daß das Kind ein Zuhause hat, in dem der Realität angemessen Rechnung getragen wird – im Gegensatz zu einem Zuhause, wo der betrunkene Vater zum Beispiel den Stuhl verfehlt, auf den er sich setzen wollte, und auf den Boden kracht, derweil die Mutter weiter ißt und redet, als wäre nichts geschehen. Es heißt, daß die Eltern sich selbst an das halten, was sie predigen. Daß sie bereit sind, Fehler, die sie gemacht haben, zuzugeben und sich zu entschuldigen, wenn sie wissen, daß sie unfair oder unvernünftig gehandelt haben. Daß sie den Wunsch des Kindes zu verstehen fördern statt den Wunsch, Schmerz zu vermeiden. Daß sie Bewußtsein beim Kind belohnen und verstärken, statt dem entgegenzuwirken und es zu bestrafen.

Wenn wir uns statt Gehorsam Kooperation von unseren Kindern wünschen, und wenn wir uns statt Konformität Eigenverantwortlichkeit wünschen, so können wir das mit einer häuslichen Umwelt erreichen, die den *Verstand* des Kindes unterstützt. Wir können es nicht mit einer Umwelt erreichen, die der Inanspruchnahme des Verstandes mit Feindseligkeit begegnet.

Die Notwendigkeit von Strukturen

Die Sicherheits- und Wachstumsbedürfnisse von Kindern werden zum Teil bereits mit einer angemessenen Struktur befriedigt.

»Struktur« bezieht sich auf die – stillschweigenden oder ausdrücklichen – Regeln, die in einer Familie gelten. Regeln, die besagen, was akzeptiert und erlaubt ist und was nicht, was erwartet wird, wie auf welches Verhalten reagiert wird, wer was machen kann, wie familieninterne Entscheidungen getroffen werden, und welche Werte hochgehalten werden.

Eine gute Struktur respektiert die Bedürfnisse, Individualität und Intelligenz jedes Mitgliedes der Familie. Offenheit in der Kommunikation wird sehr geschätzt. Es ist eine Struktur, die flexibel statt starr, offen und diskutierbar statt geschlossen und autoritär ist. In dieser Struktur geben Eltern Erklärungen und keine Befehle. Sie setzen auf Vertrauen statt auf Furcht. Sie fördern den Ausdruck der eigenen Persönlichkeit. Sie schätzen Werte, die wir mit Individualität und Eigenständigkeit verbinden. Und sie setzen Maßstäbe, die inspirierend statt einschüchternd wirken.

Kinder wünschen sich keine grenzenlose »Freiheit«. Die meisten Kinder fühlen sich sicherer und geborgener in einer Struktur; und selbst wenn sie etwas autoritär ist, ist sie immer noch besser als keine. Kinder brauchen Grenzen und reagieren verängstigt, wenn sie fehlen. Und einer der Gründe, warum sie ihre Grenzen immer wieder testen, ist, daß sie sich vergewissern wollen, daß sie da sind. Sie müssen wissen, daß *jemand das Flugzeug steuert.*

Allzu »tolerante« Eltern ziehen oft hochgradig verängstigte Kinder groß. Gemeint sind Eltern, die vor jeder Führungsrolle zurückschrecken; die alle Mitglieder der Familie gleich behandeln, aber nicht nur am Maßstab der Würde, sondern auch am Maßstab des Wissens und der Autorität; und die bewußt darauf verzichten, ihren Kindern Werte beizubringen und Maßstäbe zu setzen, aus Furcht, ihnen ihre »vorgefaßten Ansichten aufzuzwängen«. »Meine Mutter«, sagte eine Klientin einmal zu mir, »hätte es ›undemokratisch‹ gefunden, mir zu sagen, daß es keine gute Idee ist, schon mit dreizehn schwanger zu werden. Haben Sie eine Vorstellung, wie entsetzlich es ist, in einem Haus groß zu werden, wo jeder so tut, als wüßte er nicht, was richtig oder wahr ist?«

Wenn Kindern rationale Werte und Maßstäbe angeboten werden, wird das Selbstwertgefühl gefördert. Wenn nicht, bleibt das Selbstwertgefühl auf der Strecke.

Ein Familienessen

Wenn beide Elternteile berufstätig sind und vielleicht auch noch Überstunden machen müssen, ist es ihnen oft nicht möglich, soviel Zeit mit den Kindern zu verbringen, wie sie eigentlich gerne möchten. Manchmal gelingt es nicht einmal, daß Eltern und Kinder die Mahlzeiten zusammen einnehmen. Ohne jetzt auf diese Frage in ihrer ganzen Vielschichtigkeit und die problematischen Aspekte der heutigen Lebensform einzugehen, möchte ich mich auf einen Vorschlag beschränken, den manche Klienten als hilfreich empfunden haben.

Ich lege den Eltern, die ratsuchend zu mir kommen, nahe: Nehmen Sie sich fest vor, es einzurichten, daß es wenigstens einmal in der Woche ein Essen gibt, bei dem alle Familienmitglieder anwesend sind.

Dieses Essen sollte gemächlich und in lockerem Rahmen verlaufen, so daß jeder animiert wird, über die Dinge zu sprechen, die er macht und die ihn beschäftigen. Keine Vorträge, keine Predigten, kein herablassendes Gehabe; ein einfaches Teilen und Mitteilen von Erfahrungen, in einem Rahmen, in dem jeder mit Liebe und Respekt behandelt wird. Das Thema, um das es geht, ist die Möglichkeit zum Ausdruck der eigenen Persönlichkeit und zur Selbstoffenbarung – und die Aufrechterhaltung der Verbundenheit.

Viele Eltern, die dem Vorschlag im Prinzip zustimmen, stellen dennoch am Ende fest, daß es ein beachtliches Maß an Disziplin braucht, um ihn tatsächlich umzusetzen. Und sei es, daß das Problem darin besteht, daß die Neigung, die eigene Unfehlbarkeit hervorzukehren und herablassend und gönnerhaft mit den Kindern umzugehen, sich als sehr stark erweist. So können sie den Selbstausdruck der Kinder ersticken, noch während sie ihn andererseits »verlangen«. Wenn sie diesen Impuls, als »Autorität« aufzutreten, jedoch überwinden können, wenn sie einfach und natürlich ihre Gedanken und Gefühle gegenüber ihren Kindern äußern können und diese, umgekehrt, zum Ausdruck ihrer Persönlichkeit animieren können, dann machen sie damit ihren Kindern und sich selbst ein unschätzbares psychologisches Geschenk. Sie schaffen damit ein Gefühl der »Zugehörigkeit« im positivsten Sinne des Wortes – sie schaffen ein Gefühl von *Familie.* Und sie schaffen damit eine Umwelt, in der das Selbstwertgefühl wachsen kann.

Kindesmißbrauch und -mißhandlung

Bei diesen Begriffen denken wir an Kinder, die körperlich mißhandelt oder sexuell mißbraucht werden. Daß solche Mißhandlungen und sexueller Mißbrauch katastrophale Folgen für das Selbstwertgefühl des Kindes haben können, ist unbestritten. Dahinter steht die Erfahrung einer traumatischen Machtlosigkeit; das Gefühl, nicht Herr des eigenen Körpers zu sein, sowie ein Gefühl quälender Wehrlosigkeit, das ein Leben lang bleiben kann.

Bei einer umfassenden Untersuchung, was im einzelnen alles unter Mißbrauch und Mißhandlung zu verstehen ist, wären zum Beispiel auch die nachfolgend genannten Punkte anzuführen, die sämtlich gravierende Hindernisse für das Wachstum des kindlichen Selbstwertgefühls darstellen. Eltern vergehen sich an ihrem Kind, wenn sie...

...dem Kind vermitteln, daß es nicht »genug« ist.

...das Kind beschimpfen, weil es »unakzeptable« Gefühle äußert.

...das Kind demütigen oder lächerlich machen.

...dem Kind vermitteln, daß seine Gedanken oder Gefühle unwichtig sind oder keinen Wert haben.

...das Kind mit Scham- oder Schuldgefühlen zu kontrollieren versuchen.

...das Kind übermäßig beschützen und damit den normalen Lernprozeß und ein wachsendes Selbstvertrauen behindern.

...das Kind zuwenig beschützen und damit die normale Ego-Entwicklung behindern.

...das Kind bar jeder Regeln und somit ohne jede unterstützende Struktur erziehen; oder mit Regeln, die widersprüchlich, befremdlich, indiskutabel und schikanös sind – und damit in beiden Fällen das normale Wachstum hemmen.

...die Rechtmäßigkeit der kindlichen Wahrnehmung der Realität bestreiten und damit das Kind dazu veranlassen, seinen Verstand anzuzweifeln.

...das Kind mit körperlicher Gewalt oder mit der Androhung körperlicher Gewalt terrorisieren und dem Kind damit eine akute Furcht einflößen, die zu einer bleibenden Eigenschaft wird.

...das Kind als Sexualobjekt behandeln.

...dem Kind beibringen, daß es von Natur aus schlecht, nichtsnutzig oder sündig ist.

Wenn den Grundbedürfnissen des Kindes in keiner Hinsicht Rechnung getragen wird, wie dies bei der vorgenannten Art der Behandlung unterschiedslos der Fall ist, so ist das Ergebnis akuter Schmerz. Und eingeschlossen in diesen Schmerz ist oft das Gefühl: *Mit mir stimmt etwas nicht. Ich bin irgendwie unzulänglich.* Und die Tragödie einer selbstzerstörerischen, selbsterfüllenden Prophezeiung nimmt ihren Lauf.

Wichtige Fragen

Mein Ziel in diesem Kapitel ist es nicht, Ihnen einen Kursus über Kindererziehung anzubieten. Mein Ziel ist es vielmehr, bestimmte Fragen aufzugreifen, die, wie meine Erfahrung als Psychotherapeut mich lehrte, dem kindlichen Selbstwertgefühl oft zum Verhängnis werden.

Wenn Erwachsene in der Therapie ihre Geschichten erzählen und über die Hintergründe sprechen, vor denen tragische Entscheidungen getroffen wurden, ist unschwer zu erkennen, was in ihrer Kindheit fehlte und nötig gewesen wäre. Wenn wir die Ursachen dieser Wunden untersuchen, werden wir besser verstehen, wie wir sie vermeiden können.

In meinem Buch *Breaking Free*, das ich vor mehr als zwanzig Jahren veröffentlichte, ist eine Liste von Fragen enthalten, die ich in der Psychotherapie verwendete, um möglichen Ursprüngen mangelnden Selbstwertgefühls in der Kindheit auf den Grund zu gehen. Nachfolgend finden Sie eine überarbeitete und leicht erweiterte Version dieser Liste, die zugleich quasi eine Zusammenfassung der bisher behandelten Punkte, wenn auch nicht aller, darstellt. Sie kann sowohl hilfreich für die Selbsterforschung als auch ein zweckdienlicher Leitfaden für Eltern sein.

1. Als Sie ein Kind waren, hatten Sie bei dem Verhalten Ihrer Eltern und wie sie mit Ihnen umgingen den Eindruck, in einer überschaubaren, vorhersehbaren und logisch erfaßbaren Welt zu

leben? Oder in einer Welt, die widersprüchlich, befremdlich und verstandesmäßig unübersehbar war? **Hatten Sie zu Hause das Gefühl, daß die gegebenen Tatsachen gesehen und respektiert oder daß sie gemieden und geleugnet wurden?**

2. Wurden Sie gelehrt, wie wichtig es ist, denken zu lernen und Ihre Intelligenz zu nutzen? Haben Ihre Eltern Sie intellektuell inspiriert und Ihnen die Vorstellung vermittelt, daß die Inanspruchnahme Ihres Verstandes ein erregendes Abenteuer sein kann? Wurden Sie in Ihrer Familie durch irgend etwas, und sei es auf subtile Weise, in dieser Hinsicht animiert? **Wurde Bewußtsein geschätzt?**

3. Wurden Sie ermutigt, eigenständig zu denken, sich selbst eine kritische Meinung zu bilden? Oder wurden Sie dazu erzogen, sich zu fügen statt geistig aktiv zu sein und Dinge zu hinterfragen? (Zusätzliche Fragen: Verdeutlichten Ihre Eltern, es sei wichtiger, sich der Meinung anderer anzupassen, als selbst herauszufinden, was wahr ist? Wenn Ihre Eltern wollten, daß Sie etwas Bestimmtes tun, appellierten sie dann an Ihre Einsicht und begründeten – soweit möglich und angezeigt – ihren Wunsch? Oder stand dahinter: »Du tust es, weil ich es dir sage!«?) **Wurden Sie vorrangig zu Gehorsam oder zu Eigenverantwortlichkeit erzogen?**

4. Fühlten Sie sich frei, Ihre eigene Meinung offen zu äußern, ohne Furcht vor Strafe? **Waren der Ausdruck der eigenen Persönlichkeit und Selbstbehauptung etwas Selbstverständliches?**

5. Wenn Ihre Eltern mit Ihren Gedanken, Wünschen oder Ihrem Verhalten nicht einverstanden waren, brachten sie ihr Mißfallen mit Lächerlichmachen, Sticheln oder Sarkasmus zum Ausdruck? **Wurde Ihnen beigebracht, den Ausdruck Ihrer Persönlichkeit mit Demütigung zu verbinden?**

6. Haben Ihre Eltern Sie mit Respekt behandelt? (Zusätzliche Fragen: Wurden Ihre Gedanken, Bedürfnisse und Gefühle beachtet? Wurde Ihrer Würde als Mensch Rechnung getragen? Wenn Sie Ideen oder Meinungen äußerten, wurden sie ernst genommen? Wurden Ihre Vorlieben und Abneigungen, ungeachtet der Frage, ob sie den Beifall Ihrer Eltern fanden, mit Respekt behandelt? Wurden Ihre Wünsche ernst genommen und – auch hier wieder die Frage – mit Respekt behandelt?) **Wurden Sie alles in allem ermutigt, sich selbst zu achten, Ihre Gedanken ernst zu nehmen und die Inanspruchnahme Ihres Verstandes ernst zu nehmen?**

7. Hatten Sie das Gefühl, daß Sie für Ihre Eltern psychologisch sichtbar waren, daß Sie gesehen und verstanden wurden? Empfanden Sie sich ihnen gegenüber als real? (Zusätzliche Fragen: Gaben Ihre Eltern sich offensichtlich aufrichtig Mühe, Sie zu ver-

stehen? Schienen Ihre Eltern aufrichtig an Ihnen als Person interessiert zu sein? Konnten Sie mit Ihren Eltern über wichtige Fragen sprechen, und fanden Sie entsprechend Verständnis bei Ihnen?) **Stimmte Ihr Gefühl, wer Sie waren, mit dem Gefühl überein, das Ihre Eltern Ihnen zu Ihrer Person vermittelten?**

8. Fühlten Sie sich von Ihren Eltern geliebt und geschätzt in dem Sinne, daß Sie das Gefühl hatten, Sie seien ihnen eine Quelle der Freude? Oder fühlten Sie sich unerwünscht, vielleicht sogar als Last? Fühlten Sie sich gehaßt? Oder hatten Sie das Gefühl, daß Sie ihnen als Objekt einfach gleichgültig waren? **Wurden Sie alles in allem dazu ermutigt, sich selbst als liebenswert zu erfahren?**

9. Haben Ihre Eltern Sie fair und gerecht behandelt? (Zusätzliche Fragen: Flüchteten Ihre Eltern sich in Drohungen, um Ihr Verhalten zu kontrollieren – sei es, daß sie drohten, Sie unmittelbar zu bestrafen, sei es, daß sie mit langfristigen Folgen für Ihr Leben drohten, oder daß sie mit einer übernatürlichen Strafe drohten, etwa, daß am Ende die Hölle wartet? Fanden Sie Anerkennung, wenn Sie etwas gut gemacht hatten, oder wurden Sie nur kritisiert, wenn Sie etwas schlecht gemacht hatten? Waren Ihre Eltern bereit zuzugeben, wenn sie sich geirrt hatten? Oder widersprach es ihren Erziehungsmethoden einzugestehen, wenn sie sich geirrt hatten?) **Hatten Sie das Gefühl, in einer rational überschaubaren, gerechten und »zurechnungsfähigen« Umwelt zu leben?**

10. War es üblich, daß Ihre Eltern Sie bestraften oder Sie mit Ohrfeigen oder Schlägen disziplinierten? **Wurde absichtlich Furcht oder Schrecken in Ihnen geweckt, um Sie in Ihrem Verhalten zu manipulieren oder kontrollieren?**

11. Verdeutlichten Ihre Eltern, daß sie an Ihre grundsätzliche Kompetenz und Ihr grundsätzliches Gutsein glaubten? Oder daß sie Sie als Enttäuschung empfanden und Sie als unfähig, nichtsnutzig oder schlecht betrachteten? **Hatten Sie das Gefühl, daß Ihre Eltern auf Ihrer Seite waren und das Beste in Ihnen unterstützten?**

12. Gaben Ihre Eltern Ihnen das Gefühl, daß Sie an Ihre intellektuellen und kreativen Fähigkeiten glaubten? Oder zeigten sie Ihnen, daß Sie in ihren Augen mittelmäßig oder dumm oder unzulänglich waren? **Hatten Sie das Gefühl, daß Ihr Verstand und Ihre Fähigkeiten anerkannt wurden?**

13. Bei den Erwartungen, die Ihre Eltern an Ihr Verhalten und Ihre Leistungen stellten, trugen sie dabei Ihren Kenntnissen, Bedürfnissen, Interessen und den Umständen Rechnung, in denen Sie sich befanden? Oder wurden Sie mit Erwartungen und Ansprüchen konfrontiert, die überwältigend waren, und die Sie, ge-

messen an Ihren Fähigkeiten, nicht erfüllen konnten? **Wurden Sie ermutigt, Ihre Wünsche und Bedürfnisse wichtig zu nehmen?**

14. Wurden durch das Verhalten Ihrer Eltern und die Art, wie sie mit Ihnen umgingen, Schuldgefühle in Ihnen geweckt? **Wurden Sie stillschweigend (oder ausdrücklich) dazu angehalten, sich als schlecht zu betrachten?**

15. Wurde durch das Verhalten Ihrer Eltern und die Art, wie sie mit Ihnen umgingen, Furcht in Ihnen geweckt? **Wurde in Ihnen der Glaube gefördert, es gehe in Ihrem Leben weniger um die Umsetzung von Werten oder um Befriedigung, als vor allem um die Vermeidung von Schmerz oder Ablehnung?**

16. Respektierten Ihre Eltern Ihre geistige und körperliche Intimsphäre? **Wurden Ihre Würde und Rechte respektiert?**

17. Gaben Ihre Eltern Ihnen das Gefühl, es sei erstrebenswert, daß Sie gut von sich denken – also ein Selbstwertgefühl haben? Oder wurden Sie gewarnt, sich selbst zu schätzen und dazu angehalten, »demütig« zu sein? **Wurde das Selbstwertgefühl in Ihrer Familie als Wert gesehen?**

18. Vermittelten Ihre Eltern Ihnen das Gefühl, daß das, was jemand aus seinem Leben machte, und daß insbesondere das, was Sie aus Ihrem Leben machen, wichtig sei? (Zusätzliche Fragen: Gaben Ihre Eltern Ihnen das Gefühl, daß Menschen Großes bewerkstelligen können und daß insbesondere auch Sie Großes bewerkstelligen können? Gewannen Sie durch Ihre Eltern den Eindruck, das Leben könne ein aufregendes, herausforderndes und lohnendes Abenteuer sein?) **Wurde Ihnen eine beflügelnde Vision hinsichtlich der Möglichkeiten vermittelt, die das Leben bereithält?**

19. Flößten Ihre Eltern Ihnen eine Furcht vor der Welt und eine Furcht vor anderen Menschen ein? **Wurde Ihnen das Gefühl gegeben, die Welt sei ein feindseliger Ort?**

20. Wurden Sie nachdrücklich dazu angehalten, offen Ihre Gefühle und Wünsche zu äußern? Oder hatten Sie aufgrund des Verhaltens Ihrer Eltern und der Art, wie sie Sie behandelten, Angst, offen Ihre Emotionen zu zeigen und Ihre Anliegen geltend zu machen – oder hielten das für unangemessen? **Wurden emotionale Offenheit, der Ausdruck der eigenen Persönlichkeit und Selbstannahme unterstützt?**

21. Wurden Ihre Fehler als normaler Bestandteil des Lernprozesses akzeptiert? Oder wurden Sie gelehrt, sie als etwas zu betrachten, das mit Verachtung, Lächerlichmachen und Bestrafung verbunden war? **Wurden Sie dazu ermutigt, angstfrei an neue Herausforderungen und neue Lerninhalte heranzugehen?**

22. Förderten Ihre Eltern bei Ihnen eine gesunde, bejahende

Einstellung zur Sexualität und zu Ihrem eigenen Körper? Oder eine negative Einstellung? Oder taten sie so, als sei das ganze Thema nicht existent? **Fühlten Sie sich in Ihrer positiven Haltung und in Ihrer Freude an Ihrem Körper und Ihrer erwachenden Sexualität unterstützt?**

23. Wurde durch die Art, wie Ihre Eltern mit Ihnen umgingen, ein Gefühl für Ihre Männlichkeit oder Weiblichkeit in Ihnen geweckt oder verstärkt? Oder wurde es unterbunden und gehemmt? **Sofern Sie ein Mann sind, gaben Ihre Eltern Ihnen das Gefühl, es sei erstrebenswert, ein Mann zu sein? Und sofern Sie eine Frau sind, gaben Ihre Eltern Ihnen das Gefühl, es sei erstrebenswert, eine Frau zu sein?**

24. Förderten Ihre Eltern in Ihnen das Gefühl, daß Ihr Leben Ihnen gehört? Oder wurde in Ihnen die Überzeugung genährt, Sie hätten nur für die Familie dazusein, und Ihre Leistungen seien nur insoweit relevant, als daß sie Ihren Eltern zur Ehre gereichten? (Zusätzliche Frage: Wurden Sie behandelt, als seien Sie für die Familie da, oder als seien Sie für sich selbst da?) **Wurde in Ihnen das Selbstwertgefühl gefördert, daß Sie nicht hier auf Erden sind, um den Erwartungen anderer gerecht zu werden?**

Strategische innere Distanzierung

Viele Kinder sind Erfahrungen ausgesetzt, die gewaltige Hindernisse für die Entwicklung des Selbstwertgefühls darstellen. Das ist jedem bekannt. So manches Kind empfindet die Welt der Eltern und anderer Erwachsener als unverständlich und bedrohlich. Das Selbst wird nicht gefördert, sondern angegriffen. Der Wille, Bewußtsein und Wirksamkeit zu zeigen, wird konterkariert. Nach vielen erfolglosen Versuchen, die Strategien, Äußerungen und das Verhalten der Erwachsenen zu verstehen, geben viele Kinder auf – und geben sich selbst die Schuld dafür, daß sie sich so hilflos fühlen.

Sie spüren oft in ihrem Leid, in ihrer Verzweiflung und ohne es in Worte fassen zu können, daß irgend etwas absolut nicht in Ordnung ist – mit ihren Eltern, mit sich selbst oder mit *irgend etwas*. Und so gelangen sie oft zu dem Gefühl: »Ich werde andere Menschen nie verstehen. Ich werde nie imstande sein, das zu tun, was sie von mir erwarten. Ich weiß nicht, was richtig oder falsch ist, und ich werde es nie wissen.«

Das Kind, das demgegenüber heldenhaft weiterhin darum kämpft, die Welt und die Menschen zu verstehen, entwickelt als Ergebnis dessen eine starke Kraftquelle, trotz der Qualen und Befremdlichkeiten, denen es ausgesetzt ist. Da es jedoch in einer besonders grausamen, frustrierenden und irrationalen Umwelt gefangen ist, wird es sich dabei von vielen Menschen in seiner unmittelbaren Umgebung entfremdet fühlen. Und das ist legitim. Es wird sich aber nicht der Realität entfremdet fühlen, und es wird tief in seinem Innern nicht das Gefühl haben, lebensuntüchtig zu sein – oder es hat zumindest eine gute Chance, diesem Schicksal zu entgehen. Auch angesichts von Hindernissen an dem Willen festzuhalten, Dinge verstehen zu wollen, ist das Heldentum des Bewußtseins.

Kinder, die eine extrem schwierige Kindheit überleben, lernen oft eine bestimmte Überlebensstrategie, die ich als »strategische innere Distanzierung« bezeichne. Diese Distanzierung hat nichts mit dem Rückzug aus der Realität zu tun, der zu psychischen Störungen führt. Dahinter steht vielmehr ein intuitiv austariertes *Ausklinken* gegenüber ungesunden Aspekten ihres Familienlebens oder anderen Aspekten ihrer Welt. Sie wissen irgendwie: *Das ist nicht alles. Es gibt auch noch etwas anderes.* Sie glauben fest, daß es *irgendwo* eine bessere Alternative gibt, und daß *sie den Weg dorthin eines Tages finden werden.* Sie halten an dieser Idee fest. Sie wissen irgendwie: *Meine Mutter steht nicht für alle Frauen. Mein Vater steht nicht für alle Männer. Mit dieser Familie sind die Möglichkeiten mitmenschlicher Beziehungen nicht erschöpft. – Jenseits dieser Nachbarschaft gibt es auch ein Leben.* Diese Überzeugung erspart ihnen nicht das Leid in der Gegenwart, sie verhindert aber, daß sie daran zugrunde gehen. Ihre strategische innere Distanzierung ist keine Garantie, daß sie nie Gefühle der Machtlosigkeit kennenlernen, sie hilft ihnen jedoch, daß sie nicht darin gefangen bleiben.

Wir bewundern solche Kinder. Als Eltern möchten wir unseren Kindern jedoch glücklichere Optionen bieten.

Elternschaft als Vehikel für die persönliche Entwicklung

In einem früheren Kapitel habe ich die Schlüsselkriterien für das Selbstwertgefühl beschrieben. In einer Familie, in der diese grundlegenden Ideen vermittelt und von den Erwachsenen in der Praxis vorgelebt werden, wird das Selbstwertgefühl der Kinder automatisch gefördert. Ein Kind, das unter diesen philosophischen Rahmenbedingungen aufwächst, ist in seiner Entwicklung enorm bevorteilt.

Ideen und Werte werden am nachdrücklichsten vermittelt,

wenn sie ein selbstverständlicher Teil des Familienlebens und im Sein der Eltern verwurzelt sind. Egal, was wir zu lehren glauben, wir lehren das, was wir sind.

Eine Tatsache, die auch umgekehrt und aus einer anderen Perspektive betrachtet werden kann.

Fast jede wichtige Aufgabe kann als Vehikel für die persönliche Entwicklung genutzt werden. Die Arbeit kann ein Weg für das persönliche Wachstum und die persönliche Entwicklung sein. Ebenso die Ehe. Und ebenso die Kindererziehung. Wir können jeden dieser Bereiche zu einer geistigen Disziplin machen – zu einer Disziplin im Dienste unserer eigenen Entwicklung. Wir können die dem Selbstwertgefühl förderlichen Prinzipien praktisch bei unserer Arbeit anwenden – mit dem Ergebnis, daß sich sowohl unsere Leistungen als auch unser Selbstwertgefühl erhöhen. Ebenso können wir diese Prinzipien praktisch in unserer Ehe anwenden – mit dem Ergebnis, daß davon sowohl unsere Beziehung (soweit andere Dinge im Lot sind) als auch unser Selbstwertgefühl profitieren. Und wir können diese Prinzipien, die unser eigenes Selbstwertgefühl erhöhen, im Umgang mit unseren Kindern anwenden.

Wir müssen bei unseren Kindern nicht so tun, als seien wir »perfekt«. Wir können ihnen gegenüber unsere Kämpfe und unsere Fehler eingestehen. Und davon wird aller Wahrscheinlichkeit nach das Selbstwertgefühl eines jeden in der Familie profitieren.

Wenn wir uns entschließen, dem Umgang mit unseren Kindern (5 Prozent!) mehr Bewußtsein entgegenzubringen – hinsichtlich der Dinge, die wir sagen, und wie wir reagieren –, was könnten wir anders machen?

Wenn wir uns entschließen, uns in unserem Leben mehr selbst anzunehmen, was könnten wir unseren Kindern zur Frage der Selbstannahme vermitteln?

Wenn wir uns entschließen, unsere Mutter- oder Vaterschaft eigenverantwortlicher zu sehen (statt immer unserem Partner bzw. unserer Partnerin oder den Kindern irgendwelche Schuld in die Schuhe zu schieben), welches beispielhafte Zeichen könnten wir damit setzen?

Wenn wir uns selbstsicherer behaupten und authentischer sind, was könnten unsere Kinder daraus in puncto Aufrichtigkeit lernen?

Wenn wir zielgerichteter leben, was könnten unsere Kinder daraus in puncto Zielerfüllung und einer aktiven Lebenseinstellung lernen?

Wenn wir der Aufgabe der Mutter- oder Vaterschaft mit mehr

Integrität begegnen, in welcher Hinsicht könnten unsere Kinder davon profitieren?

Und wenn wir all das tun, inwieweit könnten *wir* davon profitieren?

Die Antwort auf diese letzte Frage ist einfach: Indem wir das Selbstwertgefühl unserer Kinder unterstützen und fördern, unterstützen und fördern wir unser eigenes Selbstwertgefühl.

14. Selbstwertgefühl und Schule

Für viele Kinder ist die Schule eine »zweite Chance« – die Chance, ein besseres Selbstgefühl und eine bessere Einstellung zum Leben zu erwerben, als es ihnen zu Hause möglich war. Ein Lehrer, der dem Kind Vertrauen entgegenbringt und zeigt, daß er es für kompetent und gut hält, kann einen wirksamen Gegenpol zu einem Elternhaus darstellen, in dem es an diesem Vertrauen mangelt und das vielleicht eine gegenteilige Sicht des Kindes vermittelt. Ein Lehrer, der Jungen und Mädchen mit Respekt behandelt, kann zum Aha-Erlebnis für ein Kind werden, das die zwischenmenschlichen Beziehungen verstehen lernen möchte und aus einem Elternhaus kommt, in dem ein derartiger Respekt fehlt. Ein Lehrer, der sich weigert, das negative Selbstbild eines Kindes zu akzeptieren und hartnäckig an seinem Glauben an die Fähigkeit des Kindes festhält und dies entsprechend vermittelt, hat – so manches Mal – die Macht, auf diese Weise ein Leben zu retten. »Es war meine Lehrerin, die ich im vierten Schuljahr hatte«, sagte einmal eine Klientin zu mir, »die mir bewußt machte, daß es auch noch eine andere Menschlichkeit als die in meiner Familie gab. Sie vermittelte mir eine Einstellung, die mich beflügelte.«

Aber für manche Kinder ist die Schule auch die per Gesetzeskraft verfügte Auslieferung an Lehrer, denen es an Selbstwertgefühl oder an pädagogischen Fähigkeiten oder an beidem fehlt, um ihre Aufgabe angemessen erfüllen zu können. Dies sind dann Lehrer, die nicht inspirierend wirken, sondern demütigen. Sie beherrschen weder die Sprache der Höflichkeit noch des Respektes, sondern nur die des Sarkasmus und des Lächerlichmachens. Mit boshaften Vergleichen schmeicheln sie einem Schüler auf Kosten der anderen. Durch die Ungeduld, die sie an den Tag legen, vertiefen sie die entsetzliche Furcht des Kindes, Fehler zu machen. Das einzige Disziplinierungsmittel, das sie kennen, sind Drohungen, die das Kind verletzen. Sie motivieren nicht durch Werte, die sie setzen, sondern durch Furcht, die sie erzeugen. Sie glauben nicht an die Möglichkeiten eines Kindes, sondern nur an seine Grenzen. Sie entzünden kein Feuer in den Köpfen der Kinder, sie ersticken jedes Feuer. Wer erinnert sich nicht wenigstens an einen Lehrer aus der eigenen Schulzeit, der in diese Kategorie paßte?

Die meisten Lehrer möchten einen positiven Beitrag zur Entwicklung der Kinder leisten, die ihrer Obhut anvertraut sind. Und wenn sie manchmal verletzen, dann nicht mit Absicht. Denn heute sind sich die meisten bewußt, daß ein solcher positiver Beitrag darin besteht, das Selbstwertgefühl des Kindes zu fördern. Sie wissen, daß Kinder, die an sich selbst glauben und deren Lehrer ihnen eine positive Sicht ihrer Fähigkeiten vermitteln, in der Schule besser zurechtkommen als Kinder, denen diese Vorteile vorenthalten werden. Von allen Berufsgruppen haben sich die Lehrer als am empfänglichsten für die Einsicht erwiesen, wie wichtig das Selbstwertgefühl ist. Was aber nicht in jedem Fall heißt, daß es auch klar ist, was das Selbstwertgefühl in der Schule fördert.

Daß »Ich-fühle-mich-gut«-Suggestionen eher schädlich denn hilfreich sind, habe ich bereits betont. Wenn man aber einmal das untersucht, was den Lehrern an Vorschlägen angeboten wird, wie sie das Selbstwertgefühl der Schüler erhöhen können, dann handelt es sich bei vielem, genaugenommen, um trivialen Unsinn, bei dem das Selbstwertgefühl schlecht davonkommt, wenn ein Kind etwa buchstäblich für alles, was es tut, hochgelobt wird und übertriebenen Beifall erntet, egal, wie wichtig objektiv gesehen seine Leistungen waren. Oder wenn einem Kind bei jeder nur denkbaren Gelegenheit »Goldmedaillen« verliehen werden und so ein »berechtigter Anspruch« auf ein Selbstwertgefühl suggeriert wird, der sowohl mit dem Verhalten als auch mit dem Charakter des Kindes nichts zu tun hat. Mit solchen pädagogischen Ansätzen wird im Prinzip nur eines erreicht, daß nämlich das pädagogische Ziel, das Selbstwertgefühl der Kinder in der Schule zu fördern, insgesamt lächerlich gemacht wird.

Um die Problematik zu veranschaulichen, sei nur auf folgenden Artikel (vom 5. Februar 1990) in der *Time* verwiesen:

> Im vergangenen Jahr wurde in sechs verschiedenen Ländern mit Dreizehnjährigen ein einheitlicher Mathematiktest durchgeführt. Am besten schnitten die Koreaner ab, am schlechtesten die Amerikaner, hinter Spanien, Irland und Kanada. Jetzt die schlechte Nachricht. Neben den Dreiecken und Gleichungen, mit denen die Kinder sich zu beschäftigen hatten, wurde ihnen auch die Aussage vorgelegt: »Ich bin gut in Mathematik.« ... Hier waren die Amerikaner die Nummer eins, mit beeindruckenden 68 Prozent »Ja«-Kreuzchen.
> Die amerikanischen Schüler beherrschen vielleicht ihre Mathematik nicht, was sie aber offensichtlich glänzend beherrschen, ist der Stoff der neuerdings in Mode gekommenen Selbstwertgefühl-Lehrpläne, wonach Kindern beigebracht wird, daß sie sich selbst gut zu fühlen haben.

Manche US-amerikanischen Pädagogen halten diese Zahlen für irreführend. Sie argumentieren, in den anderen Ländern seien lediglich die Leistungen der oberen 10 Prozent der Schüler gemessen worden, während sich die US-Zahlen auf eine weitaus breitere Erhebung stützten, was die US-amerikanischen Durchschnittswerte gedrückt habe. Im übrigen sei es in der koreanischen Kultur weitaus weniger akzeptabel, sich selbst zu loben, als in der US-amerikanischen Kultur. Jenseits seines offensichtlich recht naiven und primitiven Verständnisses des Selbstwertgefühls, das der Autor dieses Artikels erkennen läßt, ist seine Kritik an den »Selbstwertgefühl-Lehrplänen« jedoch absolut berechtigt. Was er beanstandet, ist der »Ich-fühle-mich-gut«-Ansatz, und diese Beanstandung ist gerechtfertigt.

Wenn ich von Selbst-Wirksamkeit oder Selbstachtung spreche, das möchte ich hier nochmals betonen, so ist dies immer in einem realitätsgebundenen Sinne zu verstehen – und nicht im Sinne von Gefühlen, die aus einem Wunschdenken heraus oder durch Affirmation oder durch Goldmedaillen geweckt werden, mit denen man sich für alles mögliche selbst auszeichnet. Wenn ich mit Lehrern spreche, betone ich immer wieder, daß ich von einem *realitätsgebundenen* Selbstwertgefühl spreche. Denn was Personen mit einem gesunden Selbstwertgefühl auszeichnet, ist, daß sie ihre Fähigkeiten und Leistungen im allgemeinen realistisch einschätzen können und beides weder unter- noch überschätzen.

Kann ein Kind ein schlechter Schüler oder eine schlechte Schülerin sein und dennoch ein gutes Selbstwertgefühl haben? Natürlich. Mangelhafte schulische Leistungen können viele Ursachen haben, angefangen von einer allgemeinen Lese- und Lernschwäche bis hin zu einer mangelnden Forderung und Stimulation des Kindes. Noten sind keineswegs ein zuverlässiger Indikator für die Selbst-Wirksamkeit und Selbstachtung des einzelnen Kindes. Schüler mit einem rationalen Selbstwertgefühl machen sich jedoch selbst nicht vor, daß sie gut sind, wenn sie in Wahrheit schlecht sind.

Wir erweisen der gesunden Entwicklung junger Menschen keinen Dienst, wenn wir ihnen beibringen, ein Selbstwertgefühl ließe sich dadurch erreichen, daß man sich jeden Tag immer wieder vorsagt: »Ich bin was Besonderes«, oder daß man liebevoll das eigene Gesicht streichelt und sagt: »Ich liebe mich«, oder daß man die Selbstwertigkeit mit der Zugehörigkeit zu einer bestimmten Gruppe (»ethnischer Stolz«) statt mit persönlichem Charakter gleichsetzt. Denn das Selbstwertgefühl hängt, wie bereits verschiedentlich gesagt, *von den Dingen ab, die unsere willentliche Entscheidung sind.* Und es kann in dem Sinne nicht das Ergebnis der Frage unserer familiären Herkunft, unserer Rasse, unserer Hautfarbe oder der Leistungen unserer Vorfahren sein. Letzteres sind Werte, an die manche Personen sich klammern, um sich vor der Verantwortung zu drücken, ein authentisches Selbstwertgefühl aufbauen zu müssen. Sie sind die Quellen eines Pseudo-

Selbstwertgefühls. Kann man sich über diese Werte legitimerweise tatsächlich jemals richtig freuen? Natürlich. Können sie einem zerbrechlichen, wachsenden Ego jemals vorübergehend die nötige Unterstützung bieten? Möglich. Sie sind aber kein Ersatz für Bewußtsein, Verantwortung oder Integrität. Sie sind keine Quellen der Selbst-Wirksamkeit oder Selbstachtung. Sie können jedoch Quellen der Selbsttäuschung werden.

Andererseits kann natürlich das Prinzip der Selbstannahme gerade in diesem Zusammenhang sehr wichtig sein. Dann nämlich, wenn Schüler anderer ethnischer Abstammung zu der Gesellschaft, in der sie leben, »dazugehören« möchten und ihren eigenen ethnischen Hintergrund leugnen oder sich dessen schämen. In solchen Fällen ist es natürlich erstrebenswert, diesen Schülern zu helfen, daß sie die einmaligen Aspekte ihrer Rasse oder Kultur schätzen lernen, sich zu ihrer Geschichte »bekennen« und sich ihres Erbes nicht schämen oder sich davon distanzieren.

Die Frage der Förderung des Selbstwertgefühls der Kinder ist heute besonders dringlich, da so viele in einem derart emotional gestreßten Zustand in die Schule kommen, daß gravierende Konzentrationsstörungen und entsprechende Lernschwächen das Ergebnis sind.

Von Schulen kann nicht erwartet werden, daß sie Lösungen für alle Probleme der Schüler und Schülerinnen bereithalten. Gute Schulen – das heißt gute Lehrer – können aber einen gewaltigen Unterschied machen. Was ist im einzelnen zu berücksichtigen, wenn es um die Förderung des Selbstwertgefühls im Klassenzimmer geht? In diesem Kapitel möchte ich – zumindest in groben Zügen – auf einige Grundsätzlichkeiten eingehen.

Die Ziele der Erziehung

Vielleicht sollten wir damit beginnen, was der Lehrer als Ziele der Erziehung betrachtet.

Besteht das Hauptziel darin, junge Menschen zu »guten Bürgern« zu erziehen? In dem Falle wird möglicherweise nicht die Förderung von Selbständigkeit und eigenständigem Denken im Vordergrund stehen, als vielmehr das Eintrichtern eines bestimmten Allgemeinwissens und bestimmter Überzeugungen, die Verinnerlichung der gesellschaftlichen »Regeln« und der Pflicht zum Gehorsam gegenüber Autoritäten. Was früher ganz klar das Ziel unseres Erziehungssystems war.

Viele brillante Köpfe haben von ihren gräßlichen Erfahrungen in der Schule berichtet, wie langweilig der Unterricht war, wie wenig sie intellektuell gefördert und angeregt wurden, und daß nach ihrem Gefühl das Letzte, worauf das Erziehungssystem abzielte, die Förderung ihres Verstandes war. Die Schulen waren nicht an Eigenständigkeit, sondern am Drill zu »guten Bürgern« interessiert.

»Unser Bildungswesen«, schrieb Carl R. Rogers in *Entwicklung der Persönlichkeit*, »fördert Konformisten, Stereotypen, Individuen, deren Bildung ›abgeschlossen‹ ist, und nicht so sehr frei kreative und originale Geister.«[1]

Über diese Neigung der Lehrer (und Eltern), die als wichtigste Werte Gehorsam und Konformität verlangen und eine normale und gesunde Entwicklung zu Eigenständigkeit behindern statt unterstützen, schrieb auch Jean Piaget in seinem Buch *Das moralische Urteil beim Kinde*: »Wenn man den systematischen Widerstand der Schüler gegenüber der autoritären Methode und die in allen Ländern von den Kindern, um dem Zwang der Disziplin zu entrinnen, aufgewandte bewundernswerte Einfallskraft sieht, kann man nicht umhin, ein System, das so viele Energien verschwendet, anstatt sie für die Zusammenarbeit auszunutzen, als mangelhaft anzusehen.«[2]

Es gibt Grund zur Hoffnung, daß diese Einstellung sich allmählich ändert. Das Fließband ist längst nicht mehr das treffende Symbol des Arbeitsplatzes, da wir inzwischen von einer Manufaktur- zu einer Informationsgesellschaft übergegangen sind, in der Geistesarbeit weitgehend an die Stelle der Muskelarbeit getreten ist. Was heute, im Zeitalter des Geistesarbeiters, verlangt wird und vonnöten ist, ist nicht roboterhafter Gehorsam, sondern sind Personen, die denken können. Personen, die innovativ und erfinderisch sind und eigenverantwortlich handeln. Personen, die in der Lage sind, sich selbst zu regieren, die Individuen bleiben, während sie als Teammitglieder effektive Arbeit leisten. Personen, die auf ihre Stärke und auf ihre Fähigkeit vertrauen, einen Beitrag leisten zu können. Was auf dem Arbeitsmarkt heute gebraucht wird, ist Selbstwertgefühl. Und was auf dem Arbeitsmarkt verlangt wird, wird früher oder später der Lehrstoff der Schulen.

Im Rahmen früherer Firmenorganisationen, wo ein Großteil der Arbeit aus der Wiederholung bestimmter Handgriffe bestand und der Verstand kaum gefordert wurde, mag Gehorsam ein löblicher Wert gewesen sein. Er ist aber kaum die Eigenschaft, der heute das Hauptaugenmerk eines Managers gilt. Als herausragende Lehrerin von Lehrern und Spezialistin einer erziehungswissenschaftlichen Technologie, die auf Autonomie setzt, erklärt Jane Bluestein in ihrem Buch *21st Century Discipline*: »Es gibt Belege dafür, daß Kinder, die zu gehorsam sind, in der heutigen Arbeitswelt Schwierigkeiten haben können, darin zurechtzukommen.«[3] Was heute einen hohen Stellenwert hat, sind Eigeninitiative und Eigenverantwortlichkeit. Denn das sind die Eigenschaften, die eine sich ständig und schnell verändernde und äußerst konkurrenzorientierte Wirtschaft verlangt.

Wenn Schulen die Anpassungsfähigkeit fördern sollen, muß ihr Erziehungsziel über das der Vermittlung eines bestimmten Wissensschatzes hinausgehen, den Schüler dann bei ihren Examen wiederzukäuen haben. Das Ziel muß darin bestehen, Kindern Denken beizubringen, ihnen beizubringen, wie sie Unlogik erkennen können, wie sie kreativ sein *und wie sie lernen* können. Letzteres ist hervorgehoben, weil es so wichtig ist angesichts der Geschwindigkeit, mit der das Wissen von gestern den heutigen Anforderungen schon nicht mehr genügt: Die meiste Arbeit verlangt heute die Bereitschaft, ein Leben lang zu lernen. Für junge Menschen ist es heute beispielsweise unabdingbar, zu lernen, wie sie Computer und Bibliotheken nutzen können, um an das ständig wachsende neue Wissen heranzukommen, wenn sie in ihrem Beruf weiterkommen wollen.

Die Förderung des Selbstwertgefühls muß folglich in die Lehrpläne der Schulen aufgenommen werden. Aus mindestens zwei Gründen: Zum einen, um jungen Menschen die Unterstützung zu geben, daß sie in ihrem Studium durchhalten, daß sie die Finger von Drogen lassen, Schwangerschaften verhüten, sich von Vandalismus fernhalten und die Bildung erreichen, die sie brauchen. Zum anderen, um sie psychologisch für eine Welt zu rüsten, in der *der Verstand* das Hauptkapital eines jeden ist.

Ich muß gestehen, daß ich immer wieder etwas erschrecke, wenn ich höre, daß Kollegen beim Thema Selbstwertgefühl/Erziehung erklären, Lehrer müßten jungen Menschen helfen, auf ihre »Intuition« zu vertrauen – und kein Wort darüber verlieren, wie wichtig es ist, ihnen das Denken beizubringen, oder ihnen beizubringen, die Prinzipien der Logik zu verstehen oder die Vernunft zu respektieren. So daß ihnen signalisiert wird, »Intuition« sei alles, was sie brauchen. Die »Intuition« hat ihren Platz im Rahmen der Dinge, keine Frage, aber ohne Rationalität ist sie gefährlich unzuverlässig. Bestenfalls genügt sie nicht, und es ist unverantwortlich, jungen Menschen weiszumachen, sie genüge. Niemand hat bisher behauptet, Charles Manson sei (bei dem wahnwitzigen Menschenmassaker 1969) nicht seiner »Intuition« gefolgt.

Sofern die Erziehung Schülern eine Grundlage dafür liefern soll, daß sie effektiv in der modernen Welt zurechtkommen, dann gibt es nichts Wichtigeres, als in jeden Schullehrplan Kurse über die Kunst des kritischen Denkens einzubauen. Und wenn Selbstwertgefühl das Vertrauen auf unsere Fähigkeit bedeutet, mit den Herausforderungen des Lebens fertig zu werden, gibt es dann irgend etwas Wichtigeres als es zu lernen, wie man den eigenen Verstand benutzt?

Wir sind denkende Wesen, und wir sind kreative Wesen. Die Anerkennung dieser Tatsache muß im Mittelpunkt jeder Erziehungsphilosophie stehen. Wenn wir diesen beiden Funktionen, dem Denken und der Kreativität, in unseren Lehrplänen Priorität beimessen, so fördern wir damit das Selbstwertgefühl.

Lehrer und diejenigen, die für die Aufstellung der Lehrpläne verantwortlich sind, müssen sich fragen: Inwieweit trage ich mit meiner Arbeit dazu bei, daß junge Menschen sich zu denkenden, innovativen und kreativen Wesen entwickeln?

Das Selbstwertgefühl des Lehrers

Was für die Eltern gilt, gilt auch für den Lehrer. Derjenige, der selbst ein gesundes, positives Selbstgefühl verkörpert und als Rollenmodell dienen kann, kann Schülern leichter zu einem Selbstwertgefühl verhelfen. Und dieser Punkt ist, wie einige Untersuchungen belegen, der entscheidende Faktor bei der Frage, inwieweit es dem Lehrer möglich ist, zum Selbstwertgefühl eines Schülers beizutragen.[4]

Lehrer mit einem mangelnden Selbstwertgefühl bestrafen in der Regel häufiger, sie sind ungeduldiger und autoritärer. Sie konzentrieren sich auf die Schwächen des Kindes statt auf seine Stärken. Sie wecken bei den Kindern Ängstlichkeit und eine Abwehrhaltung. Und statt Selbständigkeit fördern sie Abhängigkeit.[5]

Lehrer mit einem mangelnden Selbstwertgefühl sind in der Regel übermäßig abhängig von der Zustimmung anderer. Für sie sind andere die Quelle ihres »Selbstwertgefühls«. So daß wohl kaum von ihnen zu erwarten ist, daß sie anderen beibringen können, daß das Selbstwertgefühl im wesentlichen im Innern erzeugt werden muß. Sie nutzen ihre Zustimmung und Mißfallensbekundungen, um Schüler zu Gehorsam und Konformität anzuhalten, da das der Ansatz ist, den sie im Umgang mit anderen kennen und für sich selbst verwenden. Sie lehren, daß das Selbstwertgefühl durch die »Zustimmung der Erwachsenen und Gleichaltrigen« entsteht. Und sie vermitteln auf diese Weise, daß das Selbstwertgefühl etwas ist, das von außen statt von innen kommt, um den Preis, daß sie damit etwaige bei den Schülern bereits vorliegende Probleme mit dem Selbstwertgefühl im übrigen noch verschärfen.

Lehrer mit einem mangelnden Selbstwertgefühl sind außerdem

in der Regel unglückliche Lehrer. Und typisch für unglückliche Lehrer ist, daß sie oftmals demütigende und destruktive Taktiken bevorzugen, um im Klassenzimmer für Ordnung und Disziplin zu sorgen.

Kinder beobachten die Lehrer, um von ihnen zum Teil auch ein angemessenes Erwachsenenverhalten zu lernen. Wenn ihnen Lächerlichmachen und Sarkasmus vorgelebt werden, lernen sie im Zweifel, das auch für sich zu übernehmen. Wenn sie eine Sprache hören, die von fehlendem Respekt und sogar von Grausamkeit geprägt ist, so findet das in der Regel auch seinen Niederschlag in ihren eigenen verbalen Äußerungen. Wenn ihnen demgegenüber Wohlwollen und die Betonung positiver Dinge vorgelebt werden, so lernen sie es möglicherweise auch, diese Züge in ihren eigenen Reaktionen zu übernehmen. Wenn sie Fairneß erleben, verinnerlichen sie im Zweifel diese Haltung der Fairneß. Wenn ihnen Mitgefühl entgegengebracht wird und sie erleben, daß es auch anderen entgegengebracht wird, lernen sie in der Regel, dieses Mitgefühl zu internalisieren. Und wenn ihnen Selbstwertgefühl vorgelebt wird, so gelangen sie möglicherweise zu dem Schluß, daß dies ein erwerbenswerter Wert ist.

Hinzu kommt, wie Robert Reasoner erklärt, daß

> Lehrer mit einem hohen Selbstwertgefühl... eher in der Lage sind, Kindern bei der Entwicklung von Problemlösungsstrategien zu helfen, statt ihnen nur Ratschläge zu geben oder auch die Bedeutung der Dinge zu bestreiten, die Kinder als Probleme empfinden. Solche Lehrer fördern ein Vertrauensgefühl bei Schülern. Bei ihrer Unterrichtsmethode stehen Verständnis, Zusammenarbeit und Engagement, Fürsorge, gegenseitige Achtung und das gemeinsame Durcharbeiten von Problemen im Vordergrund. Durch diese positive Beziehung können Kinder Selbstvertrauen und Selbständigkeit lernen und wachsen.[6]

Bezeichnend für einen großen Lehrer, eine große Mutter oder einen großen Vater, einen großen Psychotherapeuten oder einen großen Trainer ist der feste Glaube an die Fähigkeiten der Person, mit der sie zu tun haben – eine Überzeugung hinsichtlich der Dinge, die diese Person sein oder tun kann – sowie die Fähigkeit, diese Überzeugung im Umgang mit dieser Person zu vermitteln. »Ich war in der Schule in Mathematik immer schlecht«, sagte eine Klientin zu mir. »Und ich wußte, ich würde nie gut sein – bis ich schließlich eine Lehrerin hatte, die sich weigerte, mir das zu glauben. Sie *wußte*, ich konnte Mathematik, und ihre Gewißheit hatte eine solche Kraft, man konnte ihr nicht widerstehen.« Die Fähigkeit, so inspirierend auf Schüler zu wirken, ist für gewöhnlich nicht bei Lehrern zu finden, die kaum an sich selbst glauben.

Lehrer mit einem guten Selbstwertgefühl wissen in der Regel:

Wenn sie das Selbstwertgefühl anderer fördern möchten, muß in ihrem Umgang mit dieser Person die Wertigkeit und der Wert zum Ausdruck kommen, den diese Person in ihren Augen hat, und sie muß das Gefühl bekommen, angenommen und respektiert zu werden. Sie wissen, daß die meisten von uns dazu neigen, ihre inneren Ressourcen zu unterschätzen; und das Wissen um diese Tatsache steht ständig im Mittelpunkt ihrer Bewußtheit. Die meisten von uns sind zu mehr imstande, als wir selbst glauben. Wenn Lehrer dies unmißverständlich verdeutlichen, kann diese Überzeugung ansteckend wirken, so daß sie übernommen wird.

Manchmal kann es schwierig sein, an dem Glauben an eine andere Person festzuhalten, wenn diese Person offensichtlich überhaupt nicht an sich glaubt. Eines der größten Geschenke, das ein Lehrer einem Schüler machen kann, ist, daß er sich weigert, das von Minderwertigkeitsgefühlen geprägte negative Selbstbild des Schülers zu akzeptieren und hinter dieser Fassade auf einer tieferen Ebene das stärkere Selbst zu sehen, das, wenn auch nur als Potential, in seinem Innern existiert. (Was sich zum Teil dadurch erreichen läßt, daß dem Schüler Wahlmöglichkeiten und Optionen bewußt gemacht und Probleme in kleinere, eher zu bewältigende Einheiten aufgelöst werden, die der Schüler von seiner Kompetenz her bewältigen kann; so erhält er eine Grundlage, auf der er aufbauen kann.) Das Selbstwertgefühl des Lehrers kann diese Aufgabe erleichtern.

Dieser Zusammenhang erklärt, warum ich, wenn ich bei Lehrerkonferenzen spreche, einen Großteil der Zeit vor allem darüber referiere, wie die Pädagogen ihr eigenes Selbstwertgefühl erhöhen können und weniger darüber, was sie für das Selbstwertgefühl der Schüler tun können. Hier sei an den Guru mit der Schwäche für Süßigkeiten erinnert.

Erwartungen

Einem Kind das Gefühl zu geben, daß es angenommen ist, heißt, wie wir bereits feststellten, nicht, ihm zu signalisieren: »Ich erwarte nichts von dir.« Lehrer, die möchten, daß Kinder ihr Bestes geben, müssen ihnen vermitteln, daß sie ebendas von ihnen erwarten.

Aus wissenschaftlichen Untersuchungen wissen wir, daß die Erwartungen eines Lehrers im allgemeinen zu selbsterfüllenden Prophezeiungen werden. Wenn ein Lehrer von einem Kind eine Eins – oder eine Fünf – erwartet, so erweisen sich seine Erwartungen im allgemeinen als Realitäten. Wenn ein Lehrer weiß, wie er dem Kind vermitteln kann: »Ich bin absolut überzeugt, daß du diese Sache beherrschst, und das erwarte ich von dir, und ich gebe dir jede Hilfe, die du brauchst«, so fühlt das Kind sich gefördert, unterstützt und inspiriert.

Eine Klasse, in der es erwünscht ist und erwartet wird, daß man sein Bestes gibt, ist eine Klasse, in der sowohl gut gelernt als auch das Selbstwertgefühl entwickelt wird.

Die Umwelt des Klassenzimmers

Wenn das Erziehungsziel ein Faktor ist, der Konsequenzen für das Selbstwertgefühl des Kindes hat, und wenn das Selbstwertgefühl des Lehrers ein weiterer Faktor ist, so bleibt noch ein dritter: die Umwelt des Klassenzimmers. Das heißt, die Art und Weise, wie das Kind vom Lehrer behandelt wird und wie andere Kinder aus seiner Sicht behandelt werden.

1. Die Würde des Kindes. Zu den schmerzlichen Erfahrungen des Kindseins gehört, daß man in der Regel von den Erwachsenen nicht ernst genommen wird. Ob man unhöflich abgespeist oder als »clever« gelobt wird, für die meisten Kinder gilt, daß sie es nicht gewöhnt sind, daß ihre Würde als Menschen geachtet wird. Ein Lehrer, der alle Schüler mit Höflichkeit und Respekt behandelt, signalisiert demgegenüber der Klasse: Ihr seid jetzt in einer Umgebung, in der andere Regeln gelten als die, an die ihr vielleicht gewöhnt seid. In dieser Welt spielen eure Würde und eure Gefühle eine Rolle. So einfach kann ein Lehrer eine Umwelt schaffen, die dem Selbstwertgefühl förderlich ist.

Warum ist Unhöflichkeit akzeptabel, wenn sie sich gegen einen jungen Menschen richtet? Welche Botschaft wird damit vermittelt? Daß Respekt nur gegenüber älteren Personen angezeigt ist?

2. Gerechtigkeit in der Klasse. Kinder haben ein besonders feines Gespür für Fairneß. Wenn sie sehen, daß für alle die gleichen Regeln gelten, daß der Lehrer zum Beispiel mit der gleichen Haltung zu allen spricht, ob es sich dabei um einen Jungen, ein Mädchen, ein weißes, schwarzes, ein Latino- oder ein asiatisches Kind handelt – dann lernen sie diese Lektion, sie erkennen die Integrität des Lehrers, und ihr Sicherheitsgefühl wird verstärkt. Bevorzugungen (und Benachteiligungen) vergiften demgegenüber die Atmosphäre in einer Klasse. Die Kinder fühlen sich dadurch isoliert und abgelehnt und in ihrem Gefühl verunsichert, daß dies eine Welt ist, in der sie zurechtkommen werden. Natürlich findet ein Lehrer an einem Schüler mehr Gefallen als an einem anderen; ein Profi weiß jedoch, wie er mit seinen Gefühlen umzugehen hat.

Der Maßstab ist, sich objektiv zu verhalten. Das Kind braucht das Gefühl, daß in der Klasse Gerechtigkeit waltet. Ein Lehrer, der das nicht begreift, kann aus einem Achtjährigen einen Zyniker machen, der keinen Wert mehr darauf legt, sein Bestes zu geben.

3. Selbst-Würdigung. Wenn Lehrer einem Kind durch das Feedback, das sie ihm geben, helfen, sich sichtbar zu fühlen, fördern sie seine Selbstbewußtheit. Wenn sie nicht urteilen, sondern nur beschreiben, was sie sehen, helfen sie dem Kind, sich selbst zu sehen. Wenn sie die Stärken des Kindes in den Vordergrund stellen, lernt es, sich selbst zu würdigen.

Lehrer neigen jedoch oft dazu, sich auf die Schwächen statt die Stärken zu konzentrieren. Gang und gäbe ist, daß Lehrer Eltern zu sich bestellen, wenn ein Kind schlechte Leistungen zeigt. Es gibt jedoch Grund zu der Annahme, daß es produktiver sein könnte, sie zu bestellen, wenn ein Kind gute Leistungen zeigt; auch in dem Falle könnten Schwächen angesprochen werden, sie würden aber nicht als das Wichtigste der Gesamtsituation behandelt. Wichtig ist, Johnny zu helfen, sich seine positiven Seiten bewußt zu machen und diese würdigen zu lernen. Denn sie können wegweisend für seine wahren Neigungen und damit wegweisend für seine Zukunft sein.

So manches Kind ist sich seiner positiven Seiten nicht wirklich bewußt. Es ist Aufgabe des Lehrers, diese Bewußtheit zu fördern. Das hat nichts mit falschen Komplimenten zu tun. Jedes Kind macht einige Dinge richtig. Jedes Kind hat einige positive Seiten. Diese müssen gefunden, erkannt und gefördert werden. Der Lehrer sollte ein Goldgräber sein, der nach Gold sucht. Versuchen Sie sich vorzustellen, wie es gewesen wäre, in einer Klasse zu sein, wo der Lehrer glaubte, es gäbe keine dringlichere Aufgabe, als das Gute in Ihnen zu entdecken – Ihre Stärken und Tugenden – und Ihnen zu helfen, sich dessen bewußter zu werden. Wäre dadurch das Beste in Ihnen mobilisiert worden? Wäre das eine Atmosphäre gewesen, die Sie motiviert hätte, zu wachsen und zu lernen?

4. Aufmerksamkeit. Jedes Kind braucht Aufmerksamkeit, und einige Kinder mehr als andere. Es gibt einen Schülertypus, der oft übersehen wird. Es ist der Schüler, der ausgezeichnet seine Arbeit macht, der aber schüchtern, zurückhaltend und in der Klasse sehr still ist. Bei diesem Kind muß der Lehrer sich besondere Mühe geben, daß es aus sich herausgeht.

Und Signale braucht und verdient jeder Schüler. Entscheidend ist, daß das Kind die Botschaft erhält, daß das, was es denkt und fühlt, *eine Rolle spielt*. Das Tragische für viele Kinder, wenn sie Jahr für Jahr diese Botschaft von Erwachsenen nicht bekommen, ist, daß das, was sie denken und fühlen, ab irgendeinem Punkt auch für sie selbst weniger wichtig ist. Und das Problem verdichtet sich, wenn Kinder, die sich selbst nicht so wichtig nehmen, dann auch noch für ihre »Selbstlosigkeit« gelobt werden.

5. Disziplin. In jeder Klasse gibt es Regeln, die respektiert werden müssen, um einen angemessenen Unterricht zu gewährleisten. Regeln können kraft der Befugnisse des Lehrers *aufgestellt* oder auch in einer Weise *erklärt* werden, so daß sie dem Schüler einleuchten und er Verständnis dafür hat. Jane Bluestein schreibt hierzu:

> Wenn wir unsere Schüler bitten, etwas zu tun, so haben wir für gewöhnlich einen besseren Grund als den, *weil ich es gesagt habe.* Wenn wir ihnen den wirklichen, logischen und eigentlichen Grund für eine Grenze oder eine Regel nennen – damit die Füller nicht austrocknen; damit niemand gestört wird, wenn wir über den Flur gehen; damit niemand stolpert und hinfällt –, können wir selbst die rebellischsten Schüler dafür gewinnen und uns ihre Zusammenarbeit sichern.[7]

Ein Lehrer kann zu Regeln zwei Einstellungen haben: Er fragt sich entweder: Wie kann ich Schüler dazu *bewegen*, daß sie das tun, was zu tun ist? Oder: Wie kann ich bei Schülern den *Wunsch* wekken, das zu tun, was zu tun ist? Ersteres erfolgt zwangsläufig aus einer oppositionellen Haltung heraus; erreicht wird bestenfalls Gehorsam, gefördert wird statt Selbständigkeit Abhängigkeit. Letzteres erfolgt aus einer wohlwollenden Haltung heraus; erreicht wird Zusammenarbeit, und gefördert wird Eigenverantwortlichkeit. Ersteres droht mit Schmerz. Letzteres bietet Werte – und auch Macht. Welcher Ansatz einem Lehrer mehr behagt, hat eine Menge mit seinem Gefühl der Selbst-Wirksamkeit als Person zu tun.

Manchmal wird ein Lehrer das Gefühl haben, daß er einen Schüler nur ausgehend von seinem Bestreben motivieren kann, das darin besteht, das Negative zu vermeiden statt das Positive zu suchen. Vielleicht zu Recht. Als ausschließliche oder vorherrschende Strategie ist sie psychologisch jedoch abträglich. Sie unterstreicht, daß es wichtiger ist, den Schmerz zu fliehen statt Freude zu erfahren – was zur Verengung des Selbst (der Verengung von Gedanken und Gefühlen) statt zum Ausdruck der eigenen Persönlichkeit und der Entwicklung des Selbst führt.

In seinem Buch *Lehrer-Schüler-Konferenz* schlägt Thomas Gordon vor, die Schüler am Prozeß des Regelnaufstellens zu beteiligen – sie zu animieren, darüber nachzudenken, was für die Gewährleistung eines ordentlichen Unterrichts erforderlich ist. Ein Ansatz, der überdies den Vorteil hat, daß er nicht nur für eine bessere Zusammenarbeit sorgt, sondern auch die Eigenständigkeit fördert.[8]

»Das Wesen der Disziplin besteht darin«, schreibt Haim Ginott in *Takt und Taktik im Klassenzimmer*, »effektive Alternativen zur Strafe zu finden.«[9] Was er in diesem Buch in seinem Kapitel über die Disziplin beschreibt, sind ausgezeichnete Motivationsstrategien, die dem Selbstwertgefühl der Schüler förderlich und nicht abträglich sind.

Disziplinschwierigkeiten sind oft das Ergebnis, wenn Kinder vor dem Hintergrund ihrer häuslichen Erfahrungen mit negativen Erwartungen hinsichtlich des Verhaltens Erwachsener in die Schule kommen. Ohne sich ihrer wirklichen Motive bewußt zu sein, stören sie den Unterricht oder gebärden sich feindselig, um die Strafe zu provozieren, an die sie gewöhnt sind; sie provozieren Ärger, weil sie »wissen«, daß Ärger das ist, was andere für sie auf Lager haben. Die Herausforderung, vor der der Lehrer steht, ist, nicht auf diese Strategie »hereinzufallen« und so die schlimmsten Erwartungen des Schülers zu erfüllen. Natürlich kann es schwierig sein, solchen Schülern immer mit Respekt und Mitgefühl zu begegnen; aber Lehrer, die umsichtig und klug genug sind, dennoch daran festzuhalten, können einen außergewöhnlichen Einfluß haben.

Ich möchte an dieser Stelle jedoch nicht die einzelnen Methoden zur Wahrung der Klassendisziplin untersuchen, jedoch zu guter Letzt auf folgendes verweisen:

Fest steht, daß mangelndes Selbstwertgefühl manche Lehrer zu strengen, strafenden, sogar sadistischen Verhaltensweisen veranlassen kann. Ebenso kann es andere zu jener fragwürdigen Art von »Toleranz« veranlassen, bei der jede Autorität fehlt – und Anarchie in der Klasse das Ergebnis ist. Mitgefühl und Respekt stehen nicht für einen Mangel an Entschlossenheit. Ein Lehrer, der vor den Unruhestiftern in der Klasse kapituliert, kommt seiner Verantwortung nicht nach. Kompetente Lehrer wissen, daß es notwendig ist, Maßstäbe für akzeptables Verhalten zu setzen. Und sie wissen auch, daß hartes Durchgreifen weder Beleidigungen noch Reaktionen beinhalten muß oder sollte, die darauf abzielen, das Selbstwertgefühl eines Schülers zu untergraben. Was einen herausragenden Lehrer auszeichnet, ist, daß er dieser Herausforderung gewachsen ist.

Um die gewünschten Ergebnisse zu erzielen, müssen Lehrer so manches Mal ihre Phantasie ins Spiel bringen. Für die Probleme, mit denen sie konfrontiert werden, gibt es keine Liste mit Patentstrategien, die für jede Situation die passende Lösung bereithält.

Emotionen verstehen

Zu einer ordentlichen Erziehung gehört, daß der Lehrer die Wichtigkeit des Denkens versteht, und dazu gehört auch, daß er die Wichtigkeit von Gefühlen versteht.

Viele Eltern lehren ihre Kinder leider, ihre Gefühle und Emotionen zu unterdrücken – oder zumindest solche, die die Eltern störend finden. »Hör auf zu weinen, oder ich gebe dir etwas, worüber du weinen kannst!« »Trau dich nur nicht, wütend zu werden!« »Sei nicht so ängstlich! Oder willst du, daß die Leute dich für einen Waschlappen halten?« »Kein anständiges Mädchen hat solche Gefühle!« »Sei nicht so aufgeregt! *Was ist los mit dir?*«

Emotional gehemmte und von ihren Emotionen abgespaltene Eltern bringen in der Regel emotional gehemmte und von ihren Emotionen abgespaltene Kinder hervor. Daß das so ist, ist nicht nur das Ergebnis offener verbaler Äußerungen, sondern auch ihres Verhaltens, das dem Kind signalisiert, was »richtig«, »angemessen« und »gesellschaftlich akzeptabel« ist.

Außerdem gibt es die Eltern, die vor dem Hintergrund bestimmter religiöser Lehren dem Kind die unglückliche Vorstellung vermitteln, wonach es so etwas wie »böse Gedanken« und »böse Emotionen« gibt. »Es ist eine Sünde, so etwas zu empfinden!« Mit dem Ergebnis, daß das Kind womöglich panische moralische Ängste gegenüber seinem Innenleben entwickelt.

Eine Emotion ist zugleich ein geistiger und ein körperlicher Vorgang. Es handelt sich dabei um eine automatische psychologische Reaktion, bei der zugleich geistige und physiologische Faktoren im Spiel sind; eine Reaktion infolge unserer unterbewußten Bewertung von Dingen, die wir als nutzbringend oder schädlich für uns empfinden.* Emotionen reflektieren die wertende Reaktion des Einzelnen auf verschiedene Aspekte der Realität – die besagt: etwas ist »für mich oder gegen mich«, »gut für mich oder schädlich«, »erstrebenswert oder zu meiden«.

Nicht mehr zu wissen, was wir fühlen, heißt, nicht mehr zu erfahren, was Dinge für uns bedeuten. Diese Unbewußtheit wird oft aktiv bei Kindern gefördert. So kann bei einem Kind der Glaube geweckt werden, Emotionen seien potentiell gefährlich, und es sei manchmal notwendig, sie zu leugnen und sie nicht wahrzunehmen. Somit lernt das Kind, bestimmte Emotionen abzuspalten, und sie nicht mehr bewußt zu erfahren. Das Kind verfälscht auf der

* Nicht einbezogen in diese Definition sind bestimmte Ängste und Depressionen, deren Wurzeln biologischer Natur sein können und auf die diese Definition nicht unbedingt paßt.

psychologischen Ebene seine Bewußtheit, so daß es bestimmte Gefühle nicht mehr erkennt oder anerkennt. Und auf der körperlichen Ebene hemmt es seine Atmung, verspannt seinen Körper, verstärkt die Muskelspannung und blockiert den freien Fluß von Gefühlen – so daß in Teilen ein Zustand der Taubheit eintritt.

Um nicht mißverstanden zu werden: Ich sage nicht, Eltern seien die einzige Quelle, die maßgebend für die Unterdrückung von Gefühlen in der Kindheit ist. Mitnichten. Kinder können es auch aus sich heraus lernen, ihr Gleichgewicht durch Ausklammern bestimmter Gefühle zu schützen. Es ist aber dennoch keine Frage, daß zu viele Eltern die Unterdrückung von Gefühlen fördern, indem sie dies stillschweigend zur Voraussetzung für ihre Zustimmung machen.

Um akzeptiert, geliebt und nicht verlassen zu werden, klammert das Kind im Zuge des Heranwachsens möglicherweise mehr und mehr Gefühle, mehr und mehr Teile des Selbst aus. So daß die Selbst-Ablehnung vielleicht zur Überlebensstrategie wird. Wobei man von dem Kind nicht erwarten kann, daß es die verheerenden langfristigen Folgen seiner Strategie sieht.

Ein Lehrer ist in der Lage, Kindern einen rationalen Respekt gegenüber ihren Gefühlen beizubringen; ein Respekt, der an die Bewußtheit gekoppelt ist, daß man ein Gefühl akzeptieren kann, ohne sich von ihm beherrschen zu lassen.

Wir können es lernen, uns dazu zu bekennen, wenn wir Angst haben, und diese Angst zu akzeptieren und dennoch (zum Beispiel) zum Zahnarzt zu gehen, wenn es notwendig ist. Wir können es lernen zuzugeben, wenn wir wütend sind, und darüber zu sprechen, statt von unseren Fäusten Gebrauch zu machen. Wir können es lernen anzuerkennen, wenn wir verletzen und uns zu diesen Gefühlen zu bekennen, und nicht eine gespielte Gleichgültigkeit an den Tag zu legen. Wir können es lernen wahrzunehmen, wenn wir ungeduldig und aufgeregt sind, diese Gefühle aufzusaugen und dennoch nicht nach draußen spielen zu gehen, bis wir unsere Hausaufgaben fertig haben. Wir können es lernen, unsere sexuellen Gefühle anzuerkennen und sie zu akzeptieren, und uns dennoch nicht von ihnen in einer destruktiven Form kontrollieren zu lassen. Wir können es lernen, unsere Emotionen zu erkennen und zu akzeptieren, *ohne unseren Verstand zu verlieren.* Wir können es lernen, uns zu fragen: Was versuchen meine Gefühle mir zu sagen? Was könnte es sein, was ich berücksichtigen oder worüber ich nachdenken muß?

Wir können es lernen, daß Ängste oder Schmerzen, denen wir uns stellen, weitaus weniger gefährlich sind als Ängste oder Schmerzen, die wir leugnen.

Wir können es lernen, daß wir verantwortlich sind für das, was wir wählen und was wir tun, daß die Gefühle als solche aber weder moralisch noch unmoralisch, sondern einfach nur *sind*.

Diese Dinge lernen manche Personen heute nur noch über die Psychotherapie verstehen. Aber in den Schulen der Zukunft wird niemand mehr seinen Abschluß machen, ohne diesen Ideen begegnet zu sein. Sie werden integraler Bestandteil jeder Erziehung sein – weil man die Bedeutung erkennt, die ihnen zukommt, um ein anständiges Leben führen zu können.

Es muß wohl kaum hinzugefügt werden, daß ein Lehrer, der Schülern beibringen will, sich selbst anzunehmen, selbst die Gefühle der Schüler annehmen und eine Atmosphäre schaffen muß, in der jeder sich angenommen fühlt. Kindern, die sich angenommen fühlen, fällt es leichter, sich selbst anzunehmen.

Dieser Punkt wurde bereits an früherer Stelle in Zusammenhang mit erfolgreichen Erziehungspraktiken der Eltern angesprochen; und aus gegebener Veranlassung muß er hier neuerlich zur Sprache gebracht werden. Wobei im übrigen generell gilt, daß alle im vorhergehenden Kapitel behandelten Prinzipien auch im Klassenzimmer gelten. Wichtig ist zum Beispiel der wohlwollende statt Beschämen einflößende Umgang mit Fehlern; jeder dürfte wohl wissen, daß die Art und Weise, wie ein Lehrer auf die Fehler eines Schülers reagiert, nachdrücklich Einfluß auf das ganze Leben dieses Schülers haben kann.

Nur wenige Schulen lehren heutzutage die Kunst des Denkens, und noch weniger lehren die Dinge, die ich über Emotionen gesagt habe. Die Schulen der Zukunft werden jedoch nicht darum herumkommen.

Der Umgang mit anderen

Noch ein weiteres Thema wird an den Grund-, Haupt- und Hochschulen zu berücksichtigen sein: die Kunst eines kompetenten zwischenmenschlichen Umgangs.

Wenn das Selbstwertgefühl das Vertrauen auf unsere Fähigkeit ist, mit den grundlegenden Herausforderungen des Lebens fertig zu werden, so schließt das auch die Herausforderung des effizienten Umgangs mit anderen Menschen mit ein. Das heißt, daß wir in einer Weise mit anderen umgehen, die sowohl aus unserer Sicht als auch aus der Sicht der anderen Person(en) als positiv und erfolgreich empfunden wird. Etwa 95 Prozent aller Menschen, die heute ihren Lebensunterhalt verdienen, verdienen ihn im Rahmen von Unternehmen oder Organisationen – das heißt: sie arbeiten mit anderen Menschen zusammen. Wenn ihnen die Sicherheit und das Geschick zu einem kompetenten Umgang fehlt, so sind ihnen bei dem, was sie erreichen können, für gewöhnlich enge Grenzen gesetzt. Jede Liste der vier oder fünf wichtigsten Attribute, die Voraussetzung für jeden beruflichen Erfolg innerhalb eines Unternehmens oder einer Organisation sind, beinhaltet die Fähigkeit einer guten kollegialen Zusammenarbeit. Natürlich gibt es auch die Personen, die schlecht mit anderen umgehen können und dennoch erfolgreich sind; es ist aber die harte Tour, und die Aussichten auf Erfolg sind in der Regel denkbar gering.

Wir wissen sehr viel über die Fertigkeiten, die Voraussetzung für einen kompetenten zwischenmenschlichen Umgang sind, und dieses Wissen muß Teil der Erziehung junger Menschen sein.

Wir wissen zum Beispiel, daß die besten Beziehungen die sind, die auf der Grundlage der Selbstachtung und der Achtung vor dem anderen beruhen. Wir wissen, daß Verhandlungen, in denen beide Seiten gewinnen (und die für beide Seiten nutzbringend sind), solchen vorzuziehen sind, in denen eine Seite gewinnt und die andere verliert, in denen der Gewinn des einen der Verlust des anderen ist (ein Thema, dem man im übrigen heute zunehmend häufiger in der betriebswirtschaftlichen Literatur begegnet). Wir wissen, daß der faire und gerechte Umgang Menschen die Sicherheit gibt, die sie brauchen, um ihr Bestes zu geben. Wir wissen, daß ein Geist, der von Wohlwollen, Mitgefühl und Hilfsbereitschaft – nicht von Selbstaufopferung – geprägt ist, den Interessen aller dient. Wir wissen, daß Menschen, die ihr Wort und ihre Versprechungen halten und ihren Verpflichtungen nachkommen, Vertrauen und Kooperationsbereitschaft wecken, und daß dies bei denen, die das nicht tun, nicht der Fall ist. Wir wissen, daß Gewinner nach Lösungen suchen und Verlierer jemanden suchen, dem sie die Schuld geben können. Wir wissen, daß verbale und schriftliche Kommunikationsfertigkeiten – insbesondere am Arbeitsplatz – von höchster Wichtigkeit und entscheidend für jeden beruflichen Erfolg sind. Wir wissen um die Bedeutung des Zuhörenkönnens und einer angemessenen Rückkoppelung und um die Rolle des Mitgefühls – und ebenso, was geschieht, wenn diese Elemente fehlen. Wir wissen, daß Eigenverantwortlichkeit und die Bereitschaft, sich in die Verantwortung nehmen zu lassen, Teams eine Stärke verleihen, die anderweitig nicht erreichbar ist. Wir wissen, daß die Fähigkeit einer angemessenen Selbstbehauptung die Arbeit eines Teams bereichert und nicht konterkariert, und daß die Angst, sich zu behaupten, sie sabotieren kann. Wir wissen, daß *kein* zwischenmenschlicher Umgang wirklich erfolgreich sein kann, wenn eine der beiden Parteien (oder auch beide Parteien)

Angst hat, sich, wie es normal wäre, selbst zu behaupten und die eigene Persönlichkeit zum Ausdruck zu bringen.

Ist dieses Wissen für die Erziehung eines jungen Menschen weniger wichtig als beispielsweise geographisches Wissen?

Wenn wir Schülern beibringen, wie sie effektiv mit anderen umgehen können, erreichen wir damit gleichzeitig zwei Ziele: Wir fördern das Selbstwertgefühl, und wir bauen ein Gefühl der Kompetenz bei all den Dingen auf, die das Leben von uns verlangt.

Kompetenz und Fertigkeiten

Was Schüler, die in ihrem Selbstwertgefühl wachsen sollen, von Lehrern also brauchen, ist Respekt, Wohlwollen, positive Motivation und eine Erziehung, im Rahmen derer ihnen lebenswichtige Kenntnisse und Fertigkeiten vermittelt werden.

Natürlich unterscheiden sich die Schüler einer Klasse in ihren Fähigkeiten. Gute Lehrer wissen, daß man nur lernen kann, wenn man auf den Stärken aufbaut, und nicht, indem man sich auf die Schwächen konzentriert. Und so fördern sie das Kompetenzgefühl (und Selbstwertgefühl) des Schülers, indem sie ihm Aufgaben geben, die auf den jeweiligen Stand seiner Fähigkeiten zugeschnitten sind. Mit den Erfolgen, die dieser Ansatz ermöglicht, kann der Schüler dann zum nächsten Schritt weitergehen.

Aufgabe des Lehrers ist es, Siege zu ermöglichen – und dann auf diesen Siegen aufzubauen.

Da die Erfahrung, neue Herausforderungen meistern zu können, wesentlich für das Wachstum des Selbstwertgefühls ist, kommt der Geschicklichkeit des Lehrers, diese Fortschritte jeweils genau ermessen und nutzen zu können, eine entscheidende Bedeutung zu.

Die Notenkurve

Eine der denkbar unglücklichsten Gepflogenheiten in der heutigen schulischen Praxis ist, daß Schüler an einer Notenkurve festgemacht werden. Womit jeder in Opposition zu jedem gesetzt wird. Statt des Wunsches, inmitten intelligenter Schüler zu sein, wird so der Wunsch genährt, möglichst inmitten dummer Schüler zu sein – da die Kompetenz der anderen die eigenen Noten gefährdet. Natürlich muß es Kriterien geben, an denen Fortschritte gemessen werden und an denen ablesbar ist, inwieweit ein Thema beherrscht wird. Ich kritisiere Noten nicht als solche. Entscheidend ist, daß diese Kriterien objektiv sind. Was ich kritisiere, sind Maßstäbe, denen der objektive Bezug zu dem in Frage stehenden Wissen oder der Beherrschung eines Themas fehlt und die, indem sie jeden zum Feind des anderen machen, kein Freund des Selbstwertgefühls sind.

Wenn ich keinen zweiseitigen Aufsatz ohne ein halbes Dutzend Grammatikfehler schreiben kann, so macht die Tatsache, daß alle anderen in der Klasse mehr als dutzend Fehler machen, aus mir noch keinen glänzenden Schüler. Wenn ich wachsen und das lernen soll, was ich lernen muß, muß ich an vernünftigen Kompetenzmaßstäben gemessen werden. Und diese Maßstäbe zu setzen, gehört zu den Verantwortlichkeiten des Erziehers. Mit dem Verweis auf die Notenkurve wird er dieser Verantwortung nicht gerecht.

Kognitive Individualität

Früher wurde angenommen, daß jeder auf die gleiche Art und Weise lernt und daß eine Lehrmethode für jeden richtig ist. Heute wissen wir, daß Menschen unterschiedlich lernen, unterschiedliche »kognitive Methoden« haben, und daß jede Lehrmethode den spezifischen Lernbedürfnissen der einzelnen Schüler optimal angepaßt werden sollte.[10]

Howard Gardner, ein Pionier kognitiver Lerntheorien, erklärte in diesem Zusammenhang:

> Jede Person verfügt über eine einmalige Mischung von Intelligenzen oder Arten und Weisen, wie er die Welt, wie er andere und wie er sich selbst versteht – linguistisch, logisch, mathematisch, räumlich, musikalisch, physisch (die Nutzung des Körpers, um Probleme zu lösen oder Dinge zu machen).
> Ebenso hat jede Person eine andere Lernmethode. Einige reagieren am besten auf visuelle Informationen, andere bevorzugen die Sprache (Vorträge, Lesen), und noch wiederum andere brauchen die Berührung oder die Beschäftigung mit der physischen Welt, um Dinge zu begreifen.
> Wenn wir das einmal begriffen haben, wird es verpönt sein, Kinder so zu behandeln, als hätten sie alle den gleichen Verstand.[11]

Zwischenzeitlich wurden Systeme entwickelt, wonach die drei oder vier wichtigsten Lernmethoden identifiziert werden können, so daß der Unterrichtsstoff möglichst wirksam präsentiert werden kann. Und eines läßt sich schon heute sagen: daß dies enorm wichtig für das Selbstwertgefühl junger Menschen sein wird, die bisher mit kognitiven Lernmethoden zu kämpfen hatten, die ihren eigenen natürlichen weniger entgegenkamen.

Gehorsamer Schüler versus verantwortlicher Schüler

Wir wollen nun einmal vergleichsweise die traditionelleren Lehrmethoden den Methoden gegenüberstellen, die das Selbstwertgefühl fördern. Was wir dabei vergleichen, sind die Merkmale, die den gehorsamen Schüler von einem verantwortlichen Schüler unterscheiden – den Schüler, der die »Kontrollinstanz« als außerhalb seines Selbst liegend empfindet, versus dem Schüler, der die »Kontrollinstanz« als innerhalb seines Selbst liegend empfindet. Die Gegenüberstellung dieser Charakteristika hilft uns, einige der Ziele »der neuen Erziehung« besser zu verstehen. Bei der nachfolgenden Aufstellung habe ich mich an Jane Bluesteins *21st Century Discipline* orientiert.

Typisch für den gehorsamen Schüler sind folgende Eigenschaften:	**Typisch für den verantwortlichen Schüler sind folgende Eigenschaften:**
1. Wird durch äußere Faktoren motiviert; etwa dem Bedürfnis, Autoritäten zu gefallen oder von außen Zustimmung zu gewinnen.	1. Wird durch innere Faktoren motiviert; etwa dem Bedürfnis, Wahlmöglichkeiten gegeneinander abzuwägen und persönlich die Konsequenzen zu tragen.
2. Gehorcht Befehlen.	2. Trifft eigene Entscheidungen.
3. Möglicher Mangel an Vertrauen, auch in Abwesenheit autoritativer Figuren effektiv zurechtzukommen; Mangel an Initiativbereitschaft; wartet auf Befehle.	3. Mehr Vertrauen, auch in Abwesenheit von Autoritäten effektiv zurechtzukommen; übernimmt selbst die Initiative.
4. Selbstwertgefühl wird als etwas Von-außen-Kommendes definiert; empfindet seinen Wert nur, wenn er Zustimmung findet.	4. Selbstwertgefühl wird als etwas Von-innen-Kommendes definiert; empfindet seinen Wert mit oder ohne Zustimmung (und selbst wenn er auf Kritik stößt).
5. Hat das Gefühl: »Ich bin mein Verhalten« (und wahrscheinlich hat jemand anders mich so gemacht).	5. Weiß: »Ich bin nicht mein Verhalten, auch wenn ich dafür verantwortlich bin, wie ich mich verhalte.«

6. Hat Schwierigkeiten, die Verbindung zwischen Verhalten und den Konsequenzen dieses Verhaltens zu sehen.	6. Kann besser die Verbindung zwischen Verhalten und den Konsequenzen dieses Verhaltens sehen.
7. Hat Schwierigkeiten, Wahlmöglichkeiten und Optionen zu sehen; es fällt ihm schwer, Entscheidungen zu treffen.	7. Kann eher Wahlmöglichkeiten und Optionen sehen und Entscheidungen treffen.
8. Gefühle der Hilflosigkeit und Abhängigkeit vom Lehrer sind an der Tagesordnung.	8. Gefühle für die eigene Stärke und Selbständigkeit sind an der Tagesordnung.
9. Handelt nach einem äußeren Wertesystem (für gewöhnlich dem einer anderen Person, die ihm »wichtig« ist), das persönlich unangemessen und sogar schädlich sein kann.	9. Handelt nach einem inneren Wertesystem (danach, was am besten oder sichersten für ihn ist), wobei er die Bedürfnise und Werte anderer mitberücksichtigt.
10. Gehorcht; denkt möglicherweise.	10. Denkt; gehorcht möglicherweise.
11. Mangel an Vertrauen auf die inneren Signale und die Fähigkeit, im Eigeninteresse handeln zu können.	11. Vertraut auf innere Signale und die Fähigkeit, im Eigeninteresse handeln zu können.
12. Hat Schwierigkeiten, die Ergebnisse oder Konsequenzen von Handlungen vorabzusehen.	12. Kann die Ergebnisse oder Konsequenzen von Handlungen eher voraussehen.
13. Hat Schwierigkeiten, die eigenen Bedürfnisse zu verstehen oder zum Ausdruck zu bringen.	13. Kann die eigenen Bedürfnisse besser verstehen und zum Ausdruck bringen.
14. Nur bedingt in der Lage, den eigenen Bedürfnissen Rechnung zu tragen, ohne sich selbst oder andere zu verletzen.	14. Kann besser den eigenen Bedürfnissen Rechnung tragen, ohne sich selbst oder andere zu verletzen.
15. Nur begrenztes Verhandlungsgeschick; geht von der Einstellung aus: »Du gewinnst – ich verliere.«	15. Besseres Verhandlungsgeschick; geht von der Einstellung aus: »Du gewinnst – ich gewinne.«

16. Unterwürfig.	16. Kooperativ.
17. Wichtig ist, Strafe zu vermeiden und daß »der Lehrer mir im Rücken steht«.	17. Hat vorrangig die Aufgabe vor Augen; wichtig ist die Erfahrung, die sich als Ergebnis einer positiven Wahlentscheidung ergibt.
18. Empfindet möglicherweise einen Konflikt zwischen inneren und äußeren Bedürfnissen (was ich möchte gegenüber dem, was der Lehrer möchte); empfindet möglicherweise Schuld- oder rebellische Gefühle.	18. Besser in der Lage, Konflikte zwischen inneren und äußeren Bedürfnissen zu lösen (was ich möchte gegenüber dem, was der Lehrer möchte); neigt weniger zu Schuld- und rebellischen Gefühlen.
19. Trifft möglicherweise schlechte Entscheidungen, um Ablehnung oder Verlassenwerden zu vermeiden (damit meine Freunde mich mehr mögen).	19. Trifft möglicherweise schlechte Entscheidungen, um persönliche Konsequenzen zu erfahren und die eigene Neugier zu befriedigen.

Moralische Konsequenzen

Um eine der Schlußfolgerungen vorwegzunehmen, auf die ich hinaus möchte, möchte ich einen *moralischen* Aspekt hervorheben, der sich aus der Abkehr vom Ideal des Gehorsams und der Hinwendung zum Ideal der Verantwortlichkeit ergibt.

Während der gehorsame Schüler unter Umständen sein Selbst oder andere opfert (was zeit der menschlichen Geschichte bei gehorsamen Menschen gang und gäbe war), wird dem verantwortlichen Schüler im Idealfall beigebracht, außerhalb dieses Aufopferungsschemas zu operieren. Was beispielsweise möglich ist, wenn man sich an die Philosophie hält, wonach »beide gewinnen«, die als solche allerdings noch viel zu wenig bekannt ist. Der verantwortliche Schüler lernt im Idealfall ein neues Konzept zwischenmenschlicher Beziehungen, *das die Tugend der Aufopferung ablehnt.*

Dieser Schüler wird einerseits weitaus weniger bereit sein hinzunehmen, daß andere sich opfern müssen, damit er seine eigenen Ziele erreichen kann. Und er wird andererseits weitaus weniger bereit sein, sich selbst zum vermeintlichen Nutzen eines vermeintlich höheren Wertes *opfern zu lassen* – also *für die Ziele anderer.* Er wird weitaus weniger bereit sein, sein Leben zum Nutzen des Unternehmens (oder Stammes) zu opfern, und er wird weitaus weniger bereit sein, in einem Krieg zu sterben (oder getötet zu werden), den Führer sich aus Gründen ausgedacht haben, die jeder menschlichen Intelligenz zuwiderlaufen.

Der gehorsame Schüler wurde gelehrt, Autorität nicht in Frage zu stellen. Der verantwortliche Schüler ist bereit, alles in Frage zu stellen – und gegebenenfalls herauszufordern. Und *das ist genau das, was der Arbeitsmarkt heute verlangt* – wie wir im nächsten Kapitel noch deutlicher sehen werden. Und es ist das, was – in einem allgemeineren Sinne – die Zivilisation verlangt.

Die Behandlung von Mädchen

Bisher habe ich in diesem Buch bei der Behandlung der Fragen des Selbstwertgefühls keine Unterscheidung zwischen den Geschlechtern gemacht. Jede Empfehlung, die ich gemacht habe, gilt für Männer und Frauen gleichermaßen, da die Grundsätze des Selbstwertgefühls in meinen Augen allgemeine menschliche Aspekte reflektieren und aufgreifen. Die Frage, bewußt zu leben, ist nicht für ein Geschlecht wichtiger als für das andere. Die sechs Säulen werden als allgemeinverbindlich für beide Geschlechter und für alle Rassen angeboten, wobei natürlich der Tatsache Rechnung zu tragen ist, daß einige *Ausdrucksformen* (etwa die der Selbstbehauptung) von Kultur zu Kultur unterschiedlich sein können.

Die Ergebnisse einer jüngst veröffentlichten Studie über die Selbstwertgefühldefizite bei heranwachsenden Mädchen sind jedoch alarmierend. Die American Association of University Women (AAUW) gab bekannt: Die Analysegruppe schloß unlängst (1990) eine landesweite Erhebung ab, die im Rahmen eines Forschungsprojektes zur Untersuchung der wechselseitigen Beziehung von Selbstwertgefühl und Erziehung sowie der beruflichen Ambitionen bei heranwachsenden Mädchen und Jungen durchgeführt wurde.[12] Einbezogen in diese Untersuchung waren dreitausend Kinder des vierten bis zehnten Schuljahres an zwölf verschiedenen Orten. Zu den wichtigsten Ergebnissen gehört, daß sowohl Jungen als auch Mädchen die Adoleszenz zwar als eine schwierige Zeit empfinden, in der das Selbstwertgefühl im Durchschnitt erheblichen Schaden nimmt, daß dieser Schaden bei den Mädchen aber am dramatischsten und mit den meisten Langzeitfolgen verbunden ist.

Mädchen, die sich mit acht oder neun Jahren durch Selbstvertrauen auszeichnen, sich zu behaupten wissen und Selbstbewußtsein zeigen, stehen nach der Adoleszenz oft mit einem mangelhaften Selbstkonzept da, sie haben sehr beschränkte Vorstellungen von ihrer Zukunft, ein erheblich gemindertes Selbstvertrauen und ein ebenso gemindertes Vertrauen auf ihre Fähigkeiten.

Der größte Unterschied zwischen Jungen und Mädchen zeigt sich, wo es darum geht, »Dinge zu tun«. Die Selbstsicherheit, mit der Jungen darauf vertrauen, viele Dinge gut machen zu können, entspricht ihrem allgemeinen Selbstwertgefühl. Typisch für Mädchen ist demgegenüber, daß sie sich in weitaus weniger Bereichen kompetent fühlen, was einem mangelhafteren Selbstwertgefühl entspricht. (Das Kompetenzgefühl ist ein für das Überleben wichtiger Wert und damit grundlegend dafür, daß man das Gefühl hat, im Leben einen Platz zu haben und zurechtzukommen.)

Im Unterschied zu Mädchen nehmen Jungen im Unterricht weniger ein Blatt vor den Mund und lassen sich eher auf Diskussionen mit dem Lehrer ein, wenn sie das Gefühl haben, im Recht zu sein. Mädchen sind hier weniger geneigt, sich zu behaupten.

Diese Ergebnisse überraschen nicht. Denn die meisten Mädchen werden bekanntlich dazu erzogen, die Fragen der Intelligenz und Kompetenz mit Blick auf ihre Zukunft wesentlich weniger wichtig zu nehmen als die Aspekte, anderen zu gefallen und sich einzufügen. Ein Junge bekommt glatte Einser in der Schule, und seine Eltern jubeln – denn damit hat er alle Aussichten, künftig erfolgreich seinen Lebensunterhalt verdienen zu können. Ein Mädchen bekommt glatte Einser, was ihre Eltern möglicherweise nicht berührt: Was hat die Intelligenz schon damit zu tun, ob sie einen Ehemann abbekommt? Ich kenne zwei Kinder, die beide selbstsicher und selbstbewußt und, wie man so sagt, »schöne« Kinder sind. Der Junge erntet anerkennendes Lächeln für die Art, mit der er sich zu behaupten weiß; niemand käme aber auf die Idee, ihm fortwährend (oder überhaupt einmal) zu sagen, wie schön er ist. Das Mädchen findet demgegenüber kaum oder keine Anerkennung für sein Geschick, sich zu behaupten, bekommt aber ständig zu hören, wie schön es ist. (Gefragt, was sie am meisten an sich liebten, nannten Mädchen in der AAUW-Studie fast doppelt so oft wie Jungen ein äußerliches Charakteristikum. Im Vergleich zu Mädchen verwiesen Jungen bei dieser Frage demgegenüber fast doppelt so oft auf ein Talent.)

Daß das Problem eines so drastisch ungleichen Selbstwertgefühls am ehesten in der Adoleszenz zutage tritt, ist damit zu erklären, daß junge Menschen sich in dieser Zeit auf die Erwachsenenwelt vorbereiten. Im AAUW-Bericht heißt es hierzu:

> Das höhere Selbstwertgefühl der jungen Männer ist mit größeren Berufsträumen zu übersetzen. Jungen beginnen, was ihre Karriereambitionen angeht, auf einer höheren Ebene als Mädchen... Mädchen, denen es schwerfällt zu träumen und die eingeengt durch Geschlechterregeln sind, sehen ihren Karrieren demgegenüber mit geringeren Hoffnungen entgegen und vertrauen weniger auf ihre Talente und Fähigkeiten. Bei Mädchen ist es wesentlich wahrscheinlicher als bei Jungen, daß sie sagen, sie seien »nicht klug genug« oder »nicht gut genug« für ihre Traumberufe.

Die Frage, die sich hier stellt, ist: Welche Rolle können, jenseits von familiären und kulturellen Aspekten (und deren Einfluß ist enorm), Erzieher und Pädagogen bei diesem Problem heranwachsender Mädchen spielen?

Lehrer werden von den gleichen Geschlechterstereotypen wie andere in unserer Kultur beeinflußt. Wenn unserer Kultur zufolge Intelligenz und Leistung für Frauen weniger wichtig als für Männer sind, ist klar, daß Lehrer diese Einstellung oftmals übernehmen (und entsprechend weitervermitteln). Wenn Lehrer von Mädchen erwarten, daß sie im allgemeinen oder in bestimmten Fächern (etwa Mathematik und Naturwissenschaften) schlechter als Jungen sind, so ist absehbar, daß aus dieser Erwartung in der Regel eine selbsterfüllende Prophezeiung wird.

Mathematik und naturwissenschaftliche Fächer nehmen, was nicht überrascht, im AAUW-Bericht einen herausragenden Platz ein. Schließlich sind mathematische und naturwissenschaftliche Qualifikationen eine erfolgversprechende Ausgangsbasis für viele der bei uns angesehensten Berufe.

> Am deutlichsten und leichtesten meßbar ist der Effekt, den Schulen und Lehrer bei den heranwachsenden Schülern mit ihrem Mathematik- und naturwissenschaftlichen Unterricht hinterlassen. Im Rahmen der Studie wurde ein starke Verbindung zwischen Mathematik und den Naturwissenschaften und dem Selbstwertgefühl der Adoleszenten festgestellt. Am nachdrücklichsten kommt dieser Zusammenhang bei jungen Frauen zum Tragen; in dem Zuge, wie sie es »lernen«, daß sie in diesen Fächern nicht gut sind, verschlechtern sich ihr Selbstwertgefühl und die Ambitionen, die sie für sich haben... In der Grundschule lieben 81 Prozent der Mädchen Mathematik. In der High School sagen noch 61 Prozent, sie mögen Mathematik... (aber) wesentlich weniger glauben, sie seien »gut in Mathe«.

Es wäre falschverstandener Feminismus, hier den Fehler in einer Überbewertung solcher »männlichen« Fächer wie Mathematik und Naturwissenschaften suchen zu wollen. Angesichts des objektiven Gewichts, das ihnen in so vielen Beschäftigungen und Berufen zukommt, wäre es eine klägliche Argumentation, wenn

Frauen behaupteten, Mathematik und Naturwissenschaften seien keine »weiblichen« Fächer und damit keine Themen, bei denen Frauen zu Glanzleistungen angespornt werden sollten. Das Problem liegt woanders. Oder würde jemand bezweifeln, der mit der psychologischen Forschungsliteratur vertraut ist, daß, wenn man eine Gruppe von Lehrern über die neuesten Erkenntnisse informierte, wonach einvernehmlich »eine natürliche Überlegenheit der Frauen in Mathematik« nachgewiesen worden sei, ihre nächsten Schülerinnen bei sich selbst eine geradezu wundersame Befähigung zu mathematischen Glanzleistungen entdecken würden?

Die Herausforderung für Lehrer besteht somit darin, sich bewußt von jenen Geschlechterstereotypen zu befreien, die mit unterschiedlichen Erwartungen für Jungen und Mädchen verbunden sind. Was unter anderem die Forderung beinhaltet, beide Geschlechter gleichermaßen zu fordern, beiden Geschlechtern gleichermaßen (und soweit notwendig) zu helfen und beiden Geschlechtern gleichermaßen das Vertrauen auf die eigenen Fähigkeiten zu vermitteln. Dazu gehört ein sehr hohes Maß an Selbstbewußtheit (und möglicherweise ein entsprechendes Feedback aus dem Kollegium). Für einen Lehrer heißt bewußt leben unter anderem, sich der Konsequenzen des eigenen Verhaltens im Unterricht bewußt zu sein, der nonverbalen Botschaften, die er den Schülern hinsichtlich ihrer Fähigkeiten, ihres Potentials und ihres Wertes gibt.

Auf das Thema Frauen und Selbstwertgefühl werden wir nochmals bei der Untersuchung der Rolle der Kultur zu sprechen kommen.

Selbstwertgefühl im Lehrplan

Eine Reihe von Pädagogen haben spezielle Programme für ein Schulsystem entworfen, das das Selbstwertgefühl der Schüler fördern möchte. Ich möchte davon nur zwei erwähnen, die ich persönlich kenne und schätze.

Das von Robert Reasoner konzipierte Programm, *Building Self-Esteem: A Comprehensive Program for Schools*, habe ich bereits genannt. Es wurde von einer ganzen Reihe von Schulen in Kalifornien übernommen – mit beeindruckendem Erfolg. Ein Erfolg, der am Maßstab verbesserter Noten und Anwesenheitsquoten sowie eines erheblichen Rückgangs von Schulabbrüchen, Teenagerschwangerschaften, Drogenabhängigkeiten und Vandalismusakten meßbar ist. Nach dem Urteil eines unabhängigen Gremiums sind die meisten Schulen, die dieses Programm anwenden, den besten in Kalifornien zuzurechnen.

Ein anderes wirksames Programm ist das von Constance Dembrowsky: *Personal and Social Responsibility*.[13] Hierbei ist das Ziel nicht ausdrücklich die Förderung des Selbstwertgefühls, sondern die Förderung der Eigenverantwortlichkeit und die Entwicklung jener Fertigkeiten, die für die Erfahrung der Selbst-Wirksamkeit notwendig sind. Abgesehen vom Namen *ist* dies ein Selbstwertgefühlprogramm. Es ist für Jugendliche konzipiert und kann besonders wirksam für diejenigen sein, bei denen die Gefahr besteht, daß sie mit ihrem Selbstwertgefühl auf der Strecke bleiben. Constance Dembrowsky gehört in der Selbstwertgefühlbewegung in vorderster Front zu denjenigen, die begriffen haben, daß die Wurzeln eines gesunden Selbstwertgefühls im Innern und nicht außen liegen. Und entsprechend konzentriert sie sich darauf, was der junge Mensch lernen und tun muß, um ein Gefühl der Stärke zu erlangen.

Eine Hoffnung, die ich mit diesem Buch verbinde, ist, daß es zur Entstehung neuer Selbstwertgefühlprogramme beiträgt, die speziell für Schulen und dafür konzipiert werden, daß junge Menschen in der Praxis die sechs Säulen des Selbstwertgefühls entwickeln.

Die Frustrationen und Herausforderungen, mit denen Lehrer sich konfrontiert sehen, und der Druck, dem sie ausgesetzt sind, bringen ihr Selbstwertgefühl, ihre Energie und ihr berufliches Engagement jeden Tag aufs neue auf den Prüfstand. Zeit ihres Berufslebens an der Vision festzuhalten, mit der die Besten in ihrem Beruf anfingen – den Idealismus zu bewahren, daß es bei dem, was sie tun, darum geht, den Geist von Kindern zu entzünden –, ist ein Vorhaben, das einiges an Heldenhaftigkeit verlangt.

Die Arbeit, die sie verrichten, ist denkbar wichtig. Dennoch: Um sie gut zu verrichten, müssen sie das, was sie weitergeben möchten, selbst (zumindest in angemessenem Maße) verkörpern.

Ein Lehrer, der nicht selbst in einem angemessenen Maße bewußt lebt, kann seinen Schülern nicht als Rollenmodell für eine bewußte Lebensweise dienen.

Ein Lehrer, der sich selbst nicht annimmt, ist nicht in der Lage, anderen erfolgreich das Prinzip der Selbstannahme zu vermitteln.

Ein Lehrer, der nicht eigenverantwortlich lebt, dürfte sich schwertun, andere von dem Wert einer eigenverantwortlichen Lebensweise zu überzeugen.

Ein Lehrer, der Angst hat, sich selbst zu behaupten, wird andere in der Praxis nicht zur Selbstbehauptung inspirieren.

Ein Lehrer, der selbst nicht zielgerichtet lebt, ist kaum als Propagandist einer zielgerichteten Lebensweise geeignet.

Ein Lehrer, dem es an Integrität mangelt, dürfte nur begrenzte Fähigkeiten haben, andere zu Integrität zu inspirieren.

Wenn ihr Ziel die Förderung des Selbstwertgefühls bei denen ist, die ihrer Obhut anvertraut sind, so müssen Lehrer – genau wie Eltern, wie Psychotherapeuten, wie wir alle – damit beginnen, daß sie an sich selbst arbeiten. Und dafür kann das Klassenzimmer eine geeignete Plattform sein. Was für die Elternschaft gilt, nämlich, daß sie eine geistig beflügelnde Disziplin und ein Pfad für die persönliche Entwicklung sein kann, gilt auch für das Unterrichten. Die Herausforderungen, die Elternschaft und Unterrichten darstellen, können als Vehikel des persönlichen Wachstums genutzt werden.

15. Selbstwertgefühl und Beruf

Dem Selbstwertgefühl, das seit jeher auf der persönlichen Ebene eine immens wichtige Rolle spielt, kommt seit einigen Jahrzehnten eine neue Bedeutung zu. Die veränderten gesellschaftlichen und wirtschaftlichen Bedingungen haben neue Herausforderungen für unser Selbstvertrauen geschaffen.

Halten wir uns nochmals die Grundbedeutung des Selbstwertgefühls vor Augen. Selbstwertgefühl ist das Vertrauen auf die Wirksamkeit unseres Verstandes, auf unsere Fähigkeit zu denken. Des weiteren steht es für das Vertrauen auf unsere Fähigkeit zu lernen, die richtigen Wahlen und Entscheidungen zu treffen und mit Veränderungen fertig zu werden. Der Überlebenswert dieses Vertrauens ist offensichtlich – und ebenso die Gefahren, die damit verbunden sind, wenn dieses Vertrauen fehlt. Aus Untersuchungen wissen wir, daß unternehmerisches Scheitern oft auf die Furcht von Managern zurückzuführen ist, Entscheidungen zu treffen. Aber es sind nicht nur Manager, die auf ihr Urteilsvermögen vertrauen müssen; jeder muß darauf vertrauen – heute mehr denn je zuvor.

Zum Hintergrund

Wir leben in einer Zeit, in der wir unendlich vielen Wahlmöglichkeiten gegenüberstehen. Wir können unsere Werte wählen, unsere religiösen oder philosophischen Überzeugungen sowie unsere Lebensform im allgemeinen. Wir sind alles andere als eine monolithische Kultur, der sich jeder mehr oder weniger konform anpaßt. Je mehr Wahlen und Entscheidungen wir bewußt zu treffen haben, desto dringlicher ist für uns das Selbstwertgefühl. Ich möchte mich hier jedoch nicht mit der Kultur im allgemeinen, als vielmehr mit der Arbeitswelt im besonderen beschäftigen – mit den Herausforderungen, die die wirtschaftliche Anpassungsfähigkeit an den Einzelnen wie an die Unternehmen stellt.

Noch nie zuvor wurden aus wirtschaftlichen Gründen so viele Menschen mit einem hinreichenden Selbstwertgefühl gebraucht, und das stellt einen Wendepunkt in unserer Evolutionsgeschichte dar. Um zu erklären, warum ich das behaupte, möchte ich Sie auf einen kurzen Ausflug durch die Geschichte mitnehmen. Ohne diesen geschichtlichen Hintergrund kann man meines Erachtens nicht wirklich verstehen, an welchem Punkt in der Geschichte wir angekommen sind – und ebensowenig, welche Bedeutung dieser Punkt für das Selbstgefühl hat.

Jeder weiß um die enormen wirtschaftlichen Entwicklungen, die sich in den letzten Jahrzehnten auf nationaler und internationaler Ebene vollzogen. Diese Entwicklungen haben dazu beigetragen, daß das Selbstwertgefühl für all diejenigen eine dringlichere Notwendigkeit wurde, die am Produktionsprozeß beteiligt sind, vom Geschäftsführer bis zum Personal auf der untersten Ebene. Wir wollen kurz auf diese Entwicklungen eingehen.

1. Der Wandel von einer Manufaktur- zu einer Informationsgesellschaft; der rückläufige Bedarf an manueller Arbeit und dem herkömmlichen Arbeiter und der schnell wachsende Bedarf an Fachkräften, die über bestimmte verbale, mathematische und soziale Qualifikationen verfügen.

Heute werden weitaus mehr Produkte als je zuvor in unserer Geschichte hergestellt, aber auch mit weitaus weniger Menschen. In früheren Jahrzehnten waren ungefähr die Hälfte aller Beschäftigten Arbeiter; heute sind es weniger als 18 Prozent, und Schätzungen zufolge wird ihre Zahl in nicht allzu ferner Zukunft die 10-Prozent-Marke erreicht haben. Im Herstellungsprozeß werden weitaus weniger Arbeitskräfte benötigt; der Lohnkostenanteil am gesamten Produktionsprozeß ist gefallen und wird weiter fallen. Das heißt unter anderem, daß die Frage der Verfügbarkeit billiger Arbeitskräfte zunehmend irrelevant für den Aspekt der Wettbewerbsfähigkeit geworden ist. In den Vereinigten Staaten ist der Markt für ungelernte Arbeitskräfte entsetzlich geschrumpft – entsetzlich für die Betroffenen, denen es an Bildung und Ausbildung sowie den Grundqualifikationen wie Lesen, Schreiben und Rechnen fehlt, so daß sie kaum etwas vorzuweisen haben. Gefragt sind heute Personen mit *Wissen*.

Dieser Punkt ist wichtig, um das Problem der Arbeitslosigkeit der ungelernten Arbeitskräfte, der sogenannten Unterschicht unserer Gesellschaft, verstehen zu können. Muskeln genügen heute nicht mehr und ebensowenig all die verschiedenen körperlichen Fertigkeiten, die Hunderte oder gar Tausende von Jahren gebraucht wurden; nicht, wenn man eine gute Arbeitsstelle finden möchte. Heute braucht man Bildung, eine formale Ausbildung. Oder man braucht ein außergewöhnliches autodidaktisches Talent, um sich alles selbst beizubringen. Und man braucht die Einsicht, daß dieser Lernprozeß nie aufhört, da die eigene Ausbildung, sobald sie abgeschlossen ist, durch neues Wissen schon fast wieder überholt ist.

Früher war die Situation in der Geschäftswelt eine völlig andere. Damals wußte der Chef alles, was für die Führung seines Betriebes notwendig war. Er brauchte möglicherweise die Hilfe einiger anderer, um die anfallende Arbeit zu bewältigen, aber nicht, weil sie über Kenntnisse verfügten, von denen er keine Ahnung hatte. Mit wachsender Unternehmensgröße und fortschreitender Technologie ging man dann dazu über, Manager und Ingenieure mit bestimmten Fachkenntnissen einzustellen, die über den Kenntnisstand des Chefs hinausgingen. Aber noch immer war das Wissen auf einige wenige beschränkt.

Gedacht und entschieden wurde an der Spitze der Hierarchie. Und die dort getroffenen Entscheidungen wurden über die Befehlshierarchie nach unten weitergegeben. (Die Armee war das einzige Modell, das man für eine Großorganisation hatte. Bei der Gründung seines ersten modernen Stahlwerkes schickte Andrew Carnegie seinen ersten Mann nach Deutschland, um das Organisations- und Kommunikationssystem des preußischen Militärs zu studieren, und er übernahm viele Prinzipien für den Aufbau seines eigenen Unternehmens. Bei den größten Eisenwerken waren bis dahin sechshundert Personen beschäftigt; Carnegies Zielmarke waren sechstausend.) Einige wenige Manager in Schlüsselpositionen setzten die Ziele und legten die Strategien und Taktiken für das Unternehmen fest. Darüber hinaus leisteten einige wenige intelligente Ingenieure ihren Beitrag. Alle Kenntnisse oder Informationen über das Unternehmen oder den globaleren wirtschaftlichen Rahmen waren dieser kleinen Gruppe vorbehalten.

Was aber die überwältigende Mehrheit der übrigen Beschäftigten innerhalb des Unternehmens anging, so wurde ihnen gesagt, was man von ihnen erwartete, und ihre einzige Verantwortung war die, peinlich genau die ihnen erteilten Anweisungen auszuführen. Der ideale Beschäftigte war der, der ebenso zuverlässig und konsequent wie die Maschinen arbeitete. Was gefragt war, brachte Frederick Winslow Taylor, ein Pionier des wissenschaftlichen Managements, 1909 vor Harvard-Studenten auf den Punkt: Die Aufgabe des Arbeiters besteht darin, »herauszufinden, was der Boss will, und ihm genau das zu geben, was er will«. Unterstellt wurde hierbei, daß der Arbeiter nichts Wertvolles oder Kreatives zum Produktionsprozeß oder zum Marketing beizutragen hatte. Auf dieser betrieblichen Entwicklungsstufe wurden nicht sehr viele Personen mit einem gesunden Selbstwertgefühl verlangt, ebensowenig wie hochgebildete und hochqualifizierte Arbeitskräfte verlangt wurden.

Aus heutiger Sicht fällt es nicht schwer, das »klassische Management« zu kritisieren, wie wir es heute nennen. Unter den damaligen Rahmenbedingungen hatte es jedoch seine Logik und Nützlichkeit. Es ermöglichte dem Mann, der etwa 1912 an einem Montageband stand, vielleicht weder lesen noch schreiben, aber gewissenhaft die ihm zugewiesene Aufgabe erfüllen konnte, für sich und seine Familie einen Lebensunterhalt zu verdienen – einen besseren und zuverlässigeren Lebensunterhalt als je zuvor. Frederick Taylors große Innovation war die, daß er den Produktionsprozeß analysierte, in einfache, einzelne, leicht zu beherrschende Schritte aufschlüsselte, woran noch niemand zuvor gedacht hatte. Mit dem Ergebnis, daß die Arbeiter zur Produktionssteigerung nicht schwerer arbeiten mußten, sondern die Arbeit nun »cleverer« gestaltet werden konnte. Mit der Steigerung der Produktivität der Arbeiter wurden ihre Löhne erhöht. So konnte ein Arbeiter selbst mit einem bescheidenen Selbstwertgefühl es lernen, effektiv in einer Umwelt zurechtzukommen, die diejenigen für ihn geschaffen hatten, die über ein größeres Selbstvertrauen und größere Ambitionen verfügten.

Mit fortschreitender technologischer Entwicklung wurden dann zunehmend qualifiziertere Kräfte für die ordnungsgemäße Bedienung der Maschinen verlangt. Zu den neuen Anforderungen, die nun gestellt wurden, gehörten jedoch weder eine höhere Bildung noch kreatives Denken noch Selbst-Management – noch Autonomie. Das waren Werte, die zwar auf der *persönlichen* Ebene wesentlich zur Lebensfreude und -befriedigung des Durchschnittsmenschen beitragen konnten, sie hatten aber *nichts mit dem Einkommen zu tun*. Nicht in den fünfziger oder sechziger Jahren, auf dem Höhepunkt unserer industriellen Entwicklung, als der Arbeiter auf dem Gipfel seines Erfolges stand. Damals verdienten die meisten Hochschulabsolventen nicht mehr als ein gelernter Maschinenschlosser, der eine höhere Schule abgebrochen und nur eine sehr beschränkte intellektuelle Entwicklung vorzuweisen hatte. Heute haben wir es mit einem völlig anderen Bild zu tun. Wer einen anständigen Arbeitsplatz finden will, braucht Bildung und eine Ausbildung.

Im Rahmen der komplexen Firmenorganisation, in der die Kenntnisse und Fertigkeiten von Finanz-, Marketing- und Verkaufsexperten, von Ingenieuren, Anwälten, Systemanalytikern, Mathematikern, Chemikern, Physikern, Forschern, Computerspezialisten, Designern, von Gesundheits- und anderen Experten gebündelt und dirigiert werden, haben wir es heute nicht mehr mit einem »Management« und mit »Arbeitern«, sondern mit einem Zusammenschluß von *Spezialisten* zu tun. Jeder dieser Spezialisten verfügt über Kenntnisse und Fachkenntnisse, die kein anderer in dem Unternehmen besitzt. Man verläßt sich auf jeden einzelnen, daß er denkt, kreativ und innovativ ist und seinen Beitrag leistet. In einer Atmosphäre, die zunehmend kollegial statt hierarchisch geprägt ist, wird der »Arbeiter« zum »Partner«.

Unter solchen Rahmenbedingungen hat die Kompetenz im mitmenschlichen Umgang einen hohen Stellenwert. Und ein mangelndes Selbstwertgefühl steht dieser Kompetenz im allgemeinen im Wege.

2. Die ständig und explosionsartig wachsenden neuen Erkenntnisse, technologischen Neuerungen, neuen Produkte und Dienstleistungen, die ständig höhere Anforderungen an die wirtschaftliche Anpassungsfähigkeit stellen.

In den Neunzigern weiß heute jedes erfolgreiche Unternehmen, daß es stetiger Innovationen in der Produkt- und Dienstleistungspalette sowie der innerbetrieblichen Systeme bedarf, um auf dem Weltmarkt konkurrenzfähig zu bleiben, und daß diese Innovationen als regulärer Bestandteil des Betriebsablaufs einzuplanen sind. Wer sich der Realitäten bewußt ist, weiß, wenn er im Beruf vorwärtskommen will, daß er sich nicht auf den Lorbeeren seiner Kenntnisse und Qualifikationen von gestern ausruhen darf. Ein übertriebenes Festhalten an Bekanntem und Vertrautem ist kostspielig und gefährlich geworden und stellt, weil es möglicherweise überaltert ist, ein nicht unerhebliches Risiko für das Unternehmen und den einzelnen Beschäftigten dar.

Mit einem noch nie dagewesenen Tempo werden wir aus unseren Laboren und Forschungs- und Entwicklungsabteilungen mit wissenschaftlichen Durchbrüchen und technologischen Entdekkungen überschüttet. Neunzig Prozent der Wissenschaftler, die es je gab, leben heute.

Hunderttausende von Jahren, seit es Menschen auf diesem Planeten gibt, sah der Mensch seine Existenz als etwas, das sich im wesentlichen nicht veränderte. Man glaubte, alles, was der Mensch wissen könne, sei bereits bekannt. Und daran hatte sich bis vor kurzem nichts geändert. Die Idee, das menschliche Leben als einen von Wissen zu neuem Wissen, von Entdeckung zu Entdeckung fortschreitenden Prozeß zu sehen, ist gemessen an der Evolutionsgeschichte erst einige Sekunden alt.

Es kann behauptet werden, daß diese neue Entwicklung nun auch unseren fortlaufenden evolutionären Fortschritt mit der Energie wirtschaftlicher Notwendigkeiten vorantreibt – und uns zwingt, das neu zu überdenken, wozu der Mensch von seinem Potential her imstande ist.

3. Die Entwicklung einer Weltwirtschaft mit einem nie dagewesenen Wettbewerb, der eine weitere Herausforderung für unseren Einfallsreichtum und den Glauben an uns selbst darstellt.

Unmittelbar nach dem Zweiten Weltkrieg waren die Vereinigten Staaten jahrzehntelang unangefochten die weltweit führende Industrienation. Wir waren auf dem Höhepunkt unserer wirtschaftlichen Macht. Da die übrigen Industrienationen mit dem Wiederaufbau und den Reparationen der Kriegsfolgen befaßt waren, hatten wir keine Konkurrenz. Unsere Arbeiter waren die am besten bezahlten. Unser Lebensstandard lag jenseits dessen, was man sich auf dieser Welt vorstellen konnte. Die kommunistischen und sozialistischen Länder versprachen, uns eines Tages zu überholen; aber das war nur ein Versprechen für die Zukunft, das in der Gegenwart durch nichts unterstützt wurde.

Die Veränderungen kamen, ob der Einzelne nun mit seinem Selbstwertgefühl dafür gerüstet war oder nicht.

Anfänglich nahm niemand die Japaner ernst. Lange Zeit wurden japanische Produkte als minderwertiger, absolut unzuverlässiger Schund gesehen, mit dem sie irgend etwas nachzumachen versuchten. In den Fünfzigern und Sechzigern war es unvorstellbar, daß die Japaner die Vereinigten Staaten eines Tages mit ihren Automobilen, Supraleitern und ihrer Elektronik auf dem Verbrauchermarkt überholt – oder die Schweiz als die Nummer eins der Uhrenhersteller ihres Platzes verwiesen haben würden.

In den Achtzigern sahen sich die Vereinigten Staaten dann nicht mehr nur mit der Konkurrenz Japans, sondern auch anderer Pazifik-Nationen konfrontiert: Südkorea, Singapur, Taiwan und Hongkong. Das war die Konkurrenz aus dem Osten. Und auf der anderen Seite gab es das wiedererstandene und erstarkte Europa – insbesondere die industriell starke und schnellwachsende Konkurrenz Westdeutschlands.

Der weltweite Wettbewerb ist eine weitaus stärkere Triebfeder für Innovationen als der inländische Wettbewerb. Andere Kulturen haben andere Perspektiven und andere Schwerpunkte, Dinge zu sehen. Ihre Ideen bereichern die eingefahrenen Strukturen des Geschäftslebens. Und die damit verbundene Herausforderung erklärt, warum ein höheres Selbstwertgefühl – und ein höheres Maß an Kompetenz – notwendig ist, um in dieser Arena bestehen zu können. Die US-amerikanischen Manager und Arbeiter weigerten sich anfänglich, überhaupt in Erwägung zu ziehen, daß die Praktiken der Japaner nachahmenswert sein könnten. Die Vorstellung, von ihnen zu lernen, wurde als erniedrigend empfunden. Man verschanzte sich statt dessen und versteifte sich um so mehr auf den wohlbekannten Weg, es so zu machen, wie man es immer gemacht hatte.[1] Gelegentlich wurden die Japaner auch an den Pranger gestellt und Forderungen nach politischen Schutzmaßnahmen gegen japanische Einfuhren erhoben. Diese Reaktion ist genau das, was wir auch in der Psychotherapie erleben, wenn eine von Selbstzweifeln geplagte, unsichere Person blind an kontraproduktiven Verhaltensweisen festhält, sich an die illusorische Sicherheit zwanghafter Inflexibilität klammert und anderen die Schuld für jedes Unglück gibt.

Die Langsamkeit, mit der erkannt wurde, daß die Rahmenbedingungen sich geändert hatten und nunmehr neue politische Strategien erforderlich waren, war jedoch kein Unikum der US-amerikanischen Industrie. Als man den Schweizern die ersten Digitaluhren zeigte, war ihre Reaktion: »Das ist doch aber keine Uhr; eine Uhr hat Federn und Zahnräder.« Als sie wach wurden, hatten sie ihre Führungsposition verloren.

Der Punkt ist nicht, daß wir uns heute in einer Situation befinden, in der es unwiderruflich abwärtsgeht. Der Punkt ist vielmehr, daß sich weltweit umwälzende Veränderungen mit Folgen für die Geschäftswelt im allgemeinen und die Unabdingbarkeit unseres Selbstwertgefühls im besonderen vollzogen haben, indem wir es heute mit einer Situation *stetig eskalierender Herausforderungen* zu tun haben. Herausgefordert werden unsere Kreativität, Flexibilität, die Schnelligkeit unseres Reaktionsvermögens, die Fähigkeit, mit Veränderungen fertig zu werden, die Fähigkeit, über die eigene Nasenspitze hinauszusehen, die Fähigkeit, das Beste aus anderen herauszuholen. Wirtschaftlich gesehen ist es eine Herausforderung an unsere Innovationsbereitschaft – und darüber hinaus an unsere Managementqualitäten. Psychologisch gesehen ist es eine Herausforderung an unser Selbstwertgefühl.

4. Die wachsenden Anforderungen, die auf jeder Unternehmensstufe an den Einzelnen und nicht nur an die Spitzenkräfte, sondern an alle Beschäftigten gestellt werden; verlangt werden Selbst-Management, Verantwortungsbereitschaft, Selbstbestimmung, ein hohes Bewußtsein sowie Innovations- und Einsatzbereitschaft.

Die alte bürokratische Pyramide von Befehl-und-Kontrolle, die nach der Modellvorlage des Militärs konzipiert wurde, ist peu à peu einfacheren Strukturen (mit weniger Managementebenen) gewichen, flexibleren Netzwerken, funktionsübergreifenden Teams, Ad-hoc-Gruppierungen, in denen Talente für bestimmte Projekte zusammengebracht und die dann wiederum aufgelöst werden. Die Erfordernisse des Wissens- und Informationsflusses bestimmen die Organisation statt vorgefaßte mechanische Autoritätsraster.

Die mittleren Managementränge wurden radikal ausgedünnt, nicht nur aus Kostenersparnisgründen, sondern auch, weil Computer inzwischen die Aufgabe der Informationsweitergabe innerhalb des Systems übernommen und somit die Relaisstation des Managers überflüssig gemacht haben. Das allgemeine Wissen ist heute breiter gestreut und freier zugänglich als je zuvor, so daß es heute für den Einzelnen wesentlich einfacher ist, auf einem höheren Bewußtseinsniveau zu arbeiten und entsprechend produktiver zu sein.

Eine Tatsache ist jedoch, daß viele Manager ohne ihre alte und vertraute Befehlshierarchie in eine Krise geraten, die man als Selbstwertgefühlskrise bezeichnen könnte: Ohne klar umrissene Autoritäts- und Machtstrukturen stehen sie vor der Herausforderung, ihre Rollen neu definieren zu müssen. Sie sind gefordert, sich davon zu verabschieden, ihre Wertigkeitsgefühle aus traditionellen Statussymbolen oder aus einer bestimmten Aufgabenverteilung zu beziehen und diese statt dessen aus ihrer Fähigkeit zu denken zu beziehen, aus ihrer Fähigkeit zu lernen, neue Funktionen zu beherrschen und angemessen auf Veränderungen zu reagieren. Vom Konferenzraum bis in die Fabrikhalle wird Arbeit zunehmend als Ausdruck des Denkens verstanden. Mit ausgeklügelteren Anlagen und komplizierterem Maschinenpark sind auch die Anforderungen gestiegen, was an Kenntnissen und Fertigkeiten verlangt wird, um beides bedienen zu können. Von den Beschäftigten wird erwartet, daß sie die Anlagen überwachen, warten, gegebenenfalls reparieren, Erfordernisse voraussehen, Probleme lösen – mit einem Wort, als Fachkräfte mit Selbstachtung und Verantwortungsbereitschaft damit umgehen können.

Die besseren Unternehmen haben im übrigen begriffen, daß der Mann oder die Frau in der Halle im Zweifel besser wissen, welche Verbesserungen – an Waren, Dienstleistungen, innerbetrieblichen Abläufen – möglich und notwendig sind, als Personen in den höheren Etagen, die etwas weiter weg vom unmittelbaren Geschehen sind. Bücher über Management und Unternehmensführung sind voll von Geschichten über die Beiträge, die Arbeiter zur Verbesserung der Arbeitsprozesse, Dienstleistungen und Produkte leisteten. Geschichten von Männern und Frauen, die sich bei unerwarteten Problemen weit über ihre eigene Arbeitsplatzbeschreibung hinaus in die Verantwortung nahmen und nach Lösungen suchten. Unternehmergeist und Initiativbereitschaft werden nicht länger als das Monopol einiger weniger »Erwählter« betrachtet, sondern als Eigenschaften, die für jeden angemessen sind.

Was nicht heißt, daß jeder sie hat. Noch befinden wir uns in den Anfangsphasen der Wissensrevolution. Dennoch: Inzwischen bietet sich in Unternehmen – zunehmend – die Möglichkeit, sie zu zeigen, und es wird die Hoffnung zum Ausdruck gebracht, daß sie gezeigt werden. Und das ist der Ruf nach einem höheren Selbstwertgefühl.

Bezeichnend für ein modernes Unternehmen ist, daß einerseits die Teamarbeit in nie dagewesene Höhen gehoben und andererseits von jedem Beteiligten im Kern Individualität verlangt wird – denn *Denken* ist eine Aktivität des einzelnen Verstandes, und das gleiche gilt für das *Selbstvertrauen*, für *Hartnäckigkeit*, das *Durchstehvermögen* und alle anderen Eigenschaften des Verstandes, die Leistung ermöglichen.

In seiner Studie über die neuen politischen Strategien und Philosophien einiger führender Großunternehmen, *Team Management – Funktionale Führung statt Hierarchie*, schreibt Charles Garfield:

> In einem Zeitalter, das partnerschaftliche Beziehungen und die Verlagerung unserer Aufmerksamkeit auf Kooperation und gemeinsame Bemühungen erfordert, kommt dem einzelnen paradoxerweise eine steigende Bedeutung zu. Wir können uns keine Unternehmen mehr leisten, in denen das »Fußvolk« chronisch unterbeschäftigt ist, während eine klare »Elite« an der Spitze das Denken besorgt... Wenn wir in unserer heutigen Zeit, die fortwährende Innovation verlangt, im Wettbewerb bestehen wollen, müssen wir das geistige Potential *jedes einzelnen* Unternehmensmitgliedes ausschöpfen und in sinnvolle Bahnen lenken.[2]

Der Konkurrenzdruck zwingt die Unternehmen, jeden Aspekt der innerbetrieblichen Abläufe neu zu überdenken – die Strukturen, Politik, Belohnungssysteme, Verteilung der Verantwortung, Managementpraktiken (geistige Arbeit kann nicht wie Muskelarbeit behandelt werden) und das Beziehungsgeflecht zwischen all denjenigen, die an der Erreichung der Produktionsziele beteiligt sind.

Eine der Lektionen, die die Unternehmen lernen mußten, war die über die Bedeutung der Unternehmensführung – und zwar nicht nur solche, die neu einstiegen, sondern auch hinreichend etablierte Betriebe.

5. Das Unternehmermodell und die Unternehmermentalität, die bei der Frage der wirtschaftlichen Anpassungsfähigkeit zunehmend zum Dreh- und Angelpunkt unseres Denkens werden.

Wenn wir an Unternehmertum denken, denken wir als erstes an den selbständigen Unternehmer, der ein neues Geschäft aufmacht oder sich als Pionier in einem neuen Zweig versucht. Und dieses Unternehmertum ist nach wie vor entscheidend für alle, die im

»großen Geschäft« erfolgreich bleiben wollen. Das war die Lektion der achtziger Jahre.

Um zu verstehen, in welchem Sinne »die Unternehmermentalität« auch nach wie vor in Großunternehmen erforderlich ist, die seit Jahren bestehen, ist es hilfreich, einmal kurz zu den Anfängen der Industrialisierung in den Vereinigten Staaten und den »Neuerern« zurückzugehen, die das meteorhafte Wachstum dieses Landes auslösten.

Verbunden mit dem Aufkommen des Kapitalismus und den ersten amerikanischen Unternehmern waren eine Reihe von Bewußtseinsveränderungen. Die bemerkenswerterweise alle direkt mit der Unabdingbarkeit des Selbstwertgefühls zu tun haben.

Die Frage: »Als was bist du geboren worden?« wurde durch die Frage ersetzt: »Was hast du aus dir gemacht?« Mit anderen Worten: Die Identität war nicht länger etwas, was man erbte, sondern etwas, was man selbst schuf.

Die Idee des *Fortschritts* beflügelte die Phantasie der Menschen. Wobei im Grundsatz davon ausgegangen wurde, daß mit Intelligenz, Erfindungsreichtum und Unternehmertum eine kontinuierliche Verbesserung des Lebensstandards erreicht werden könne – daß mit neuen Entdeckungen, neuen Produkten und neuen Ausdrucksformen der menschlichen Kreativität die Lebensqualität stetig und grenzenlos wachsen könne. Der Verstand wurde zwar noch nicht vollends als das höchste Kapitalvermögen gesehen, man hatte aber – gelegentlich unter Begriffen wie die der »Kompetenz« oder »Fähigkeiten« – begonnen, ihn aus dem Hintergrund in den Vordergrund zu rücken.

Selbstbewußtsein und Eigenverantwortlichkeit wurden im Rahmen der neuen Ordnung der Dinge ein hoher Stellenwert zugesprochen – im Gegensatz zu den Werten, die Konformität und Gehorsam darstellten, die in früheren stammesorientierteren Gesellschaften höher geschätzt wurden. Selbständigkeit wurde eine für die wirtschaftliche Anpassungsfähigkeit unabdingbare Tugend.

Neue kommerziell nutzbare Ideen wurden hochgeschätzt. Die Fähigkeit, neue Wohlstand bringende Möglichkeiten zu sehen und zu erschließen, wurde hochgeschätzt. Die Unternehmermentalität wurde belohnt.

Das heißt nicht, daß diese Perspektiven allenthalben verstanden und von jedermann gleichermaßen begrüßt wurden. Mit Sicherheit nicht. Selbst bei einigen der besten Erneuerer waren die Spuren mancher ererbter, festgefahrener autoritärer Denkstrukturen noch nicht vollends ausgemerzt. Alte Einstellungen und Denkstrukturen verschwinden nicht widerstandslos über Nacht. Der Kampf um die Akzeptanz dieser Sicht auf breiter Basis wird immer noch geführt.

Das neue Wirtschaftssystem hat die alte Ordnung der Dinge gesprengt. Autorität wurde nicht respektiert. Tradition wurde oft ignoriert. Veränderungen wurden nicht gefürchtet, sondern gezielt beschleunigt. Die Freiheit konnte berauschend, sie konnte aber auch beängstigend sein.

Das Unternehmertum ist von seiner Natur her antiautoritär. Es ist »anti-status-quo«. Es arbeitet stets darauf hin, das Bestehende zu überholen. Der Ökonom Joseph Schumpeter sprach eingangs dieses Jahrhunderts in Zusammenhang mit der Arbeit des Unternehmers von der »schöpferischen Zerstörung«.[3]

Das Wesen der unternehmerischen Betätigung besteht darin, Ressourcen für neue wohlstandsfördernde Möglichkeiten zu erschließen – produktive Möglichkeiten zu erkennen und zu verwirklichen, die zuvor noch nicht erkannt und verwirklicht wurden. Das setzt die Fähigkeit zu eigenständigem Denken voraus, die Fähigkeit, die Welt mit eigenen Augen zu sehen, zumindest unter manchen Gesichtspunkten, und sich nicht damit zu bescheiden, einfach die Weltsicht anderer zu übernehmen.

In den Anfängen des Kapitalismus hatte man nichts, worauf man zurückgreifen konnte. Man fing aus dem Nichts heraus an. Alles, was man hatte, waren Hirn und Ehrgeiz, und damit wurden Industrien geschaffen und Vermögen verdient. Fast alle diese Männer hatten als Arbeiter begonnen, und kaum einer hatte eine Hochschule absolviert (oder auch nur von innen gesehen). Für die Statthalter der feudalen Aristokratie, den »alten Geldadel«, der seine gesellschaftliche Stellung aus dem Familienvermögen bezog, Arbeit verabscheute und diesen neuen Wohlstandsproduzenten mit Widerwillen und Ablehnung begegnete, stellten sie zugleich eine Herausforderung und einen Affront dar. Der Unternehmer, darin war man sich einig, war ein arroganter, unverschämter Neureicher, der mit seinen Aktivitäten das gesellschaftliche Gleichgewicht erschütterte. Er stellte in Wahrheit nicht nur eine Bedrohung für ihre gesellschaftliche Stellung, sondern auch für ihr Selbstwertgefühl dar. Was sollte aus ihnen in einem System werden, das auf Verdienst und Leistung zugeschnitten und der Markt anstelle des ererbten Status ausschlaggebend für die gesellschaftliche Beurteilung war?

Der Kapitalismus bot dem Selbstwertgefühl eine Plattform, auf der es mehr denn je zum Tragen kommen konnte. Und er bot auch Herausforderungen, die keine der früheren stammesorientierteren Gesellschaften gekannt hatte: Herausforderungen an das Selbstbewußtsein, die Fähigkeit, sich selbst zu behaupten, eigenverantwortlich zu handeln und sich in die Verantwortung zu nehmen. Der Kapitalismus schuf einen Markt für den selbständigen Geist.

Die Großunternehmen und Konzerne, wie wir sie mit dem modernen Kapitalismus verbinden, kamen in den Vereinigten Staaten erst nach dem Bürgerkrieg (1861–65) und in Europa nach dem Deutsch-Französischen Krieg (1870–71), also erst in den letzten rund einhundertdreißig Jahren auf. Noch während des ganzen 19. Jahrhunderts waren wir im wesentlichen eine Agrargesellschaft: Die Mehrzahl der Menschen lebte von der Landwirtschaft, und Land war wie seit Jahrtausenden die Hauptwohlstandsquelle. Wir waren eine Nation von Farmern und kleinen Geschäftsinhabern. Niemand hätte sich in dieser Zeit die großen Industriekonzerne und die gewaltigen wirtschaftlichen Entwicklungen vorstellen können, die im letzten Viertel des 19. Jahrhunderts angestoßen und grundgelegt wurden – beginnend mit dem Eisenbahnbau und dem Freisetzen bisher ungeahnter menschlicher Energien.

Der durchschnittliche Farmer oder Ladenbesitzer war kein Erneuerer. Er war selbstbewußter als seine Vorfahren, keine Frage. Er war eigenständiger und erfinderischer. Was unter anderem daran ablesbar ist, daß er bereit war, seine Heimat in Europa zu verlassen, um in Amerika ein neues Leben anzufangen. In dieser neuen Welt, wo die gesellschaftlichen Strukturen lockerer waren, war er mehr auf sich selbst gestellt. Und die größere Freiheit, die er hier fand, verlangte von ihm ein höheres Maß an Selbstbestimmung und Selbstwertgefühl. Im Rahmen des damals vorherrschenden Zeitgeistes wurden ihm jedoch weder eine höhere Bildung noch Innovationsbereitschaft abverlangt, um wirtschaftlich anpassungsfähig zu bleiben. Und ebensowenig wurden sein Verstand, seine Lernfähigkeit und seine Fähigkeit, Entscheidungen zu treffen, ständig herausgefordert.

Diejenigen, die sich in dieser Hinsicht herausgefordert sahen und bereit waren, diese Herausforderung anzunehmen – die Unternehmer und Erfinder –, waren eine nahezu verschwindend geringe Minderheit. Aber sie waren für den Wandel von der Agrar- zur Manufakturgesellschaft verantwortlich. Eine Entwicklung, die die Vereinigten Staaten schließlich führend auf dem Stahlsektor sein ließ, in der Elektroindustrie, im Bereich Telefon und Telegraph, Landmaschinen und Agronomie, Büroausstattung, der ersten Haushaltsgeräte und wenig später in der Automobil- und Luftfahrtindustrie.

Auf dem Höhepunkt ihres Erfolges wurde die US-amerikanische Geschäftswelt nun in diesem Jahrhundert durch die ausländische Konkurrenz aus ihrer Selbstgefälligkeit gerissen und – gegen den Widerstand ihrer schwerfälligen Bürokratie – gezwungen, nochmals über die Bedeutung des Unternehmertums nachzudenken. Den Anstoß zu diesem neuerlichen Überdenken gaben zum Teil die Leistungserfolge kleinerer Unternehmen, die mit ihren Strategien zukunftsweisend waren.

In den letzten zwanzig Jahren erlebte das Unternehmertum vor allem auf der Ebene klein- und mittelständischer Unternehmen eine regelrechte Explosion. Ende der achtziger Jahre wurden jährlich zwischen sechshundert- und siebenhunderttausend neue Unternehmen gegründet, also sechs- oder siebenmal so viele verglichen mit den Neugründungen in den Zeiten der Hochkonjunktur in den Fünfzigern und Sechzigern. Während die führenden fünfhundert Unternehmen des Landes seit Anfang der Siebziger ihr Personal ständig weiter abbauen und viele um ihr Überleben kämpfen mußten, konnten in klein- und mittelständischen Unternehmen nahezu achtzehn Millionen neue Arbeitsplätze geschaffen werden; die Mehrzahl davon in Betrieben mit weniger als zwanzig Beschäftigten. Bezeichnend für diese klein- und mittelständischen Unternehmen ist ihre Innovationsbereitschaft und Flexibilität – die Fähigkeit, auf Marktveränderungen und Chancen mit Lichtgeschwindigkeit zu reagieren –, die größeren, schwerfälligeren Unternehmen oftmals fehlen.

Sie sind wegweisend. Sie haben großen Unternehmen den Weg gezeigt, den sie gehen müssen, wenn sie konkurrenzfähig bleiben wollen. Es kämpfen nach wie vor viele Firmen mit den Problemen, das traditionelle administrative Management auf der einen und das unternehmerische Management auf der anderen Seite miteinander in Einklang zu bringen – wobei es bei ersterem im wesentlichen um den Erhalt des Bestehenden und bei letzterem im wesentlichen darum geht, den Status quo zu überholen. Zunehmend setzt sich jedoch die Erkenntnis durch, daß das klassische Unternehmertum nicht auf kleine oder neue Betriebe beschränkt bleiben kann. Es ist ein Muß für alle Unternehmen, bis hin zu denjenigen von der Größenordnung von General Motors – und mit ebendieser Herausforderung setzt sich GM derzeit auseinander.

Für Großbetriebe heißt die Rückbesinnung auf dieses Unternehmertum, denken zu lernen wie kleine Betriebe, mit einem Maximum an Phantasie und Aggressivität: Verzicht auf unnötigen Ballast und auf Schwerfälligkeit; im Vordergrund stehen Beweglichkeit und agiles Reaktionsvermögen, Wachsamkeit gegenüber Entwicklungen, die neue Marktchancen signalisieren. Das heißt unter anderem: radikaler Abbau der Bürokratie und Freisetzen von Kräften, die sich unternehmerisch betätigen.

Als Reaktion auf dieses Erfordernis sind bereits eine ganze Reihe der Großunternehmen dazu übergegangen, innerbetrieblich autonome oder halbautonome Einheiten aufzubauen. Dahinter steht die Absicht, Kräfte für Innovationen freizusetzen, und diese Neuerer von den Hemmnissen des vielschichtigen, veränderungsresistenten, bürokratischen Managements zu befreien.

Allgemeiner ausgedrückt: Sie nehmen sich in die Pflicht, Innovationen zum festen Bestandteil der regulären betrieblichen Planungen und Abläufe zu machen. Und sie lernen, diesen Punkt als Disziplin zu sehen – als etwas, das gelernt, organisiert und in der Praxis umgesetzt werden kann.*

Wenn mangelndes Selbstwertgefühl gleich Widerstand gegenüber Veränderungen und Festklammern an das Bekannte und Vertraute bedeutet, so steht fest, daß mangelndes Selbstwertgefühl noch nie zuvor in der Weltgeschichte eine so große wirtschaftliche Benachteiligung wie heute darstellte. Und wenn ein hohes Selbstwertgefühl umgekehrt dafür steht, daß Veränderungen problemlos bewältigt und die Verhaftungen von gestern problemlos losgelassen werden können, so steht ebenso fest, daß ein hohes Selbstwertgefühl eine Menge zur Konkurrenzfähigkeit beiträgt.

Wir können hier etwas Grundsätzliches erkennen. In früheren Jahren, als die Wirtschaft relativ stabil war und Veränderungen sich relativ langsam vollzogen, funktionierte die bürokratische Unternehmensform recht gut. Als die Wirtschaft instabiler wurde und sich die Geschwindigkeit beschleunigte, mit der sich Änderungen vollzogen, erwies sie sich dann jedoch als zunehmend weniger anpassungsfähig, da sie nicht die Beweglichkeit hatte, schnell auf neue Entwicklungen zu reagieren. Was übertragen auf das Selbstwertgefühl heißt: Je stabiler die Wirtschaft und je langsamer sich Veränderungen vollziehen, desto weniger dringend werden Personen mit einem gesunden Selbstwertgefühl gebraucht. Und: *Je instabiler die Wirtschaft und je rapider sich Veränderungen vollziehen, desto dringlicher werden viele Personen mit einem gesunden Selbstwertgefühl gebraucht.*

6. Die Tatsache, daß der Verstand der zentrale und entscheidende Faktor bei allen wirtschaftlichen Aktivitäten wurde.

Was diese Aussage in der Praxis bedeutet, wurde bei allen vorgenannten Punkten deutlich. Dennoch sind einige weitere Bemerkungen dazu angebracht.

In einer Agrargesellschaft wird Vermögen mit Land gleichgesetzt. In einer Manufakturgesellschaft wird es mit der Fähigkeit, Dinge zu machen, gleichgesetzt: mit Kapitalvermögen und Be-

* Eine klassische Gebrauchsanleitung, wie das in der Praxis umgesetzt werden kann, hat Peter Drucker mit seinem Buch *Innovations-Management für Wirtschaft und Politik*, Düsseldorf 1985, verfügbar gemacht.

triebsausstattung; mit Maschinen und den verschiedenen Materialien, die für die industrielle Produktion erforderlich sind. In beiden Gesellschaften wird Vermögen als etwas Materielles, nicht Geistiges verstanden – physikalisch greifbares Vermögen, nicht Vermögen im Sinne von Wissen und Informationen.

Auch in einer Manufakturgesellschaft ist die Intelligenz die treibende Kraft, die hinter jedem wirtschaftlichen Fortschritt steht. Natürlich. Assoziiert wird hier das Vermögen jedoch mit Rohmaterialien wie Nickel und Kupfer und mit physischem Eigentum wie Stahlwerken und Webereien.

Vermögen wird geschaffen durch die Umwandlung von Naturmaterialien, um menschlichen Zwecken zu dienen – durch die Umwandlung von Saatgut zu erntefähigen Agrarprodukten; durch die Umwandlung der Kraft eines Wasserfalls zu Elektrizität; durch die Umwandlung von Eisenerz, Kalkstein und Kohle zu Stahl – und Stahl zu Trägern, die dann zur Konstruktion von Wohngebäuden verwendet werden. Wenn Vermögen das Produkt geistiger und manueller Arbeit ist, von Gedanken, die das Handeln leiten, dann ist ein Aspekt des Übergangs von der Agrar- zur Industriegesellschaft der, daß sich hier das Gleichgewicht zwischen geistiger und körperlicher Arbeit enorm verschoben hat. Die körperliche Arbeit verlor zunehmend an Bedeutung, *während der Verstand zunehmend an Bedeutung gewann*.

Als Ausdruck und verlängerter Arm der menschlichen Intelligenz steht die Maschine für den Ersatz von Muskelkraft durch Gedankenkraft. Sie senkt den Bedarf an körperlicher Arbeit und macht sie zugleich produktiver. Mit fortschreitender technologischer Entwicklung verlagert sich zusehends das Verhältnis weiter zugunsten des Verstandes. Und in dem Zuge, wie der Verstand wichtiger wird, wird auch das Selbstwertgefühl wichtiger.

Der Höhepunkt dieses Entwicklungsprozesses ist mit der Entstehung der Informationsgesellschaft erreicht, in der materielle Ressourcen immer weniger zählen und Wissen sowie neue Ideen fast alles sind.

Der Wert eines Computers liegt zum Beispiel nicht in seinen materiellen Bestandteilen, sondern in seinem Design, in dem Denken und Wissen, das in ihm steckt – und in den menschlichen Arbeitsleistungen, die er erübrigt. Mikrochips werden aus Sand hergestellt; ihr Wert liegt in der Intelligenz, die in ihnen steckt. Ein Kupferdraht kann achtundvierzig Telefongespräche übermitteln; ein einziges Fiberoptikkabel kann mehr als achttausend Gespräche übermitteln; dennoch sind Fiberoptikkabel billiger, effizienter und in der Herstellung wesentlich energiesparender als Kupfer.

Seit 1979 werden in den Vereinigten Staaten alljährlich mehr

Produkte mit weniger Energie hergestellt. Das weltweite Absakken der Rohstoffpreise ist eine Folge der Macht, die der Verstand in unserem Wirtschaftsleben gewonnen hat.

Seit jeher war der Verstand unser grundlegendes Überlebensinstrument. Eine Tatsache, die als solche in weiten Teilen unserer Geschichte jedoch nicht erkannt wurde. Die heute jedoch (fast) nirgends auf der Welt mehr übersehen wird.

Herausforderungen

In einer Wirtschaft, in der Wissen, Informationen, Kreativität – und deren Umsetzung in Innovation – offensichtlich die Quelle von Vermögen und Wettbewerbsvorteilen ist, wird der Einzelne und das Unternehmen vor ganz bestimmte Herausforderungen gestellt.

Der Einzelne steht, ob als Angestellter oder Selbständiger, unter anderem vor folgenden Herausforderungen:

Sich die erforderlichen Kenntnisse und Fertigkeiten anzuzeignen und sich in die Pflicht zu nehmen, ein Leben lang weiterzulernen, was angesichts des rapide wachsenden Wissens ein absolutes Muß ist.

Effektiv mit anderen Menschen zusammenzuarbeiten, was schriftliches und verbales Kommunikationsgeschick voraussetzt, die Fähigkeit zur Teilhabe an kollegialen Beziehungen sowie die Fähigkeit, durch Geben und Nehmen Einvernehmlichkeit herzustellen, und die Bereitschaft, Führungsrollen zu übernehmen und Mitarbeiter gegebenenfalls zu motivieren.

Mit Veränderungen fertig zu werden und in angemessener Weise darauf zu reagieren.

Die Fähigkeit zu pflegen, für sich selbst zu denken, die Voraussetzung für jede Innovationsbereitschaft ist.

Diese Herausforderungen sind mit der Notwendigkeit verbunden, der eigenen Arbeit ein hohes Bewußtsein entgegenzubringen, den dabei verlangten Kenntnissen und Fertigkeiten – und ebenso den Chancen und Möglichkeiten, die sie für das eigene Wachstum und die eigene Entwicklung bietet. Sich in die Pflicht zu nehmen, ein Leben lang zu lernen, ist ein natürlicher Ausdruck einer bewußten Lebensweise.

Im Umgang mit anderen Menschen ist jenes Maß an Selbstachtung erforderlich, das Voraussetzung für die Achtung ist, die man anderen entgegenbringen kann; erforderlich ist ebenso die Freiheit von unbegründeten Ängsten, von Neid und Feindseligkeit; sowie die Erwartung, fair und anständig behandelt zu werden, und schließlich die Überzeugung, daß man konkret eigene Werte beizutragen hat. Womit wir wiederum bei der Frage der Bedeutung des Selbstwertgefühls wären.

Wir brauchen uns zum Beispiel nur vor Augen zu halten, wie sich ein mangelhaftes Selbstwertgefühl in der Kommunikation äußert. Personen mit einem Selbstwertgefühlproblem schmälern oft ihre Ideen und würdigen sie herab, selbst während sie sie äußern. Sie können aus Tatsachen Meinungen machen, was nur verwirrt, indem sie ihre Sätze mit »Ich denke« oder »Ich glaube« beginnen. Sie entschuldigen sich, ehe sie eine eigene Idee vorbringen. Sie lassen Bemerkungen fallen, mit denen sie die Mißbilligung ihrer Person zum Ausdruck bringen. Sie lachen aus Nervosität und lachen damit in Situationen, in denen es nicht angebracht ist. Sie erstarren plötzlich aus Verwirrung und Unsicherheit, weil sie Widerspruch und »Ablehnung« erwarten. Sie machen Bemerkungen, die sich wie Fragen anhören, weil sie die Stimme am Ende des Satzes heben. Nicht alle Kommunikationsprobleme sind das Ergebnis unzureichender Bildung; manchmal ist die Ursache ein Selbstbild, das zur Selbstsabotage führt.

Oder nehmen wir das Problem, mit Wohlwollen, gutem Willen und konstruktiv mit anderen umzugehen, eine Fähigkeit, die von einem positiven Selbstgefühl abhängt. Männer und Frauen mit einem gesunden Selbstwertgefühl müssen sich ihren Wert nicht beweisen, indem sie andere ins Unrecht setzen. Sie gehen an Beziehungen nicht mit einer unbotmäßigen Feindseligkeit heran. Selbstzweifel und Unsicherheit sind die Grundlage derjenigen, die alle Begegnungen – mit Kollegen, Vorgesetzten, Mitarbeitern, Kunden oder Klienten – als offenen oder verdeckten Krieg sehen.

Kooperative Anstrengungen hängen von der Bereitschaft der Beteiligten ab, Verantwortungsbewußtsein zu zeigen, was eng mit dem Prinzip eigenverantwortlichen Handelns zusammenhängt. Solche Anstrengungen hängen von der Bereitschaft der Einzelnen ab, ihre Versprechen zu halten, ihren Verpflichtungen nachzukommen, über die Folgen des eigenen Handelns für andere nachzudenken und Zuverlässigkeit sowie Vertrauenswürdigkeit an den Tag zu legen – Punkte, die ein Ausdruck der persönlichen Integrität sind.

Wenn wir einerseits sagen, daß uns heute als Individuen mehr Möglichkeiten als je in unserer Geschichte geboten werden, um uns selbst zu verwirklichen, Leistung zu zeigen und unsere Persönlichkeit zum Ausdruck zu bringen, so müssen wir andererseits auch sagen, daß auf der Ebene unserer psychologischen Entwicklung auch mehr denn je von uns verlangt wird.

Das Selbstwertgefühl ist bei weitem nicht alles, was wir als Rüstzeug brauchen. Natürlich nicht – und ich möchte in diesem Punkt nicht mißverstanden werden. Aber ohne Selbstwertgefühl ist der Einzelne schwerwiegend gehandikapt und in seiner Konkurrenzfähigkeit benachteiligt.

Für Unternehmen beinhalten diese Herausforderungen vor allem:

Der Notwendigkeit eines steten Innovationsflusses dadurch Rechnung zu tragen, daß die Prinzipien von Innovationsbereitschaft und Unternehmertum als Disziplin in den Auftrag, die Strategien, die Politik, Praktiken und das Belohnungssystem des Unternehmens übernommen werden.

Über das Lippenbekenntnis von »der Wichtigkeit des Individuums« hinauszugehen und eine Atmosphäre zu schaffen, in der Eigeninitiative, Kreativität, Eigenverantwortlichkeit und Einsatzbereitschaft gefördert und belohnt werden.

Den Zusammenhang zwischen Selbstwertgefühl und Leistung zu erkennen und über Maßnahmen nachzudenken, die das Selbstwertgefühl fördern, und diese einzuführen. Was die Erkenntnis voraussetzt, daß Individuen eine geistig gesunde, verständliche, widerspruchsfreie und mit dem Verstand erfaßbare Umwelt brauchen; daß sie das Bedürfnis haben, zu wachsen und zu lernen, Leistung zu erbringen, angehört und geachtet zu werden sowie (in verantwortlichem Rahmen) Fehler machen zu dürfen.

Da die Nachfrage nach so gesinnten Arbeitskräften in den Neunzigern – und darüber hinaus – größer als das Angebot sein wird, können sie eine entsprechende Behandlung verlangen und Firmen bevorzugen, die ihnen diese Behandlung bieten – und ihnen im Gegenzug einen wirtschaftlichen Vorteil verschaffen. Wenn Stellenbewerber sich fragen: »Ist das ein Unternehmen, in dem ich lernen, wachsen, mich entwickeln und Freude an meiner Arbeit haben kann?«, fragen sie sich bewußt oder unbewußt: »Ist das ein Ort, wo mein Selbstwertgefühl unterstützt oder wo es verletzt wird?«

Es heißt, das erfolgreiche Unternehmen der Zukunft sei das lernende Unternehmen. Ebenso könnte man sagen: Es wird das an das Selbstwertgefühl gekoppelte Unternehmen sein.

Das Beste aus den Leuten herausholen

Geschäftsführer fragen sich in der Regel nicht: »Wie können wir in unserem Unternehmen eine Atmosphäre schaffen, die dem Selbstwertgefühl förderlich ist?« Die Besten (die sehr bewußt an ihre Aufgabe herangehen) fragen sich aber sehr wohl: »Was können wir tun, um die Innovationsbereitschaft und Kreativität zu fördern? Wie können wir dieses Unternehmen zu einem Ort machen, der für die besten Leute attraktiv ist? Und was können wir tun, um sie zu halten?«

Unterschiedliche Fragen, die dennoch mehr oder weniger gleich zu beantworten sind, oder bei denen sich die Antworten zumindest in erheblichen Teilen überschneiden. Es ist undenkbar, daß ein Unternehmen Innovationsbereitschaft und Kreativität fördert, ohne dabei gleichzeitig auch in nennenswertem Maße das Selbstwertgefühl zu fördern. Und ebenso ist es undenkbar, daß ein Unternehmen nach rationalen Überlegungen das Selbstwertgefühl fördert, ohne daß dabei gleichzeitig Innovationsbereitschaft, Kreativität, Begeisterung und die Loyalität der Arbeitnehmer gefördert werden.

Ein Beispiel: Manche Firmen experimentieren damit, daß sie Gehaltserhöhungen an den Erwerb neuer Kenntnisse und Fertigkeiten koppeln; die Beschäftigten werden dafür bezahlt, daß sie lernen und neue Fachgebiete beherrschen lernen. Dahinter steht die Annahme, daß sie, je mehr sie wissen und je qualifizierter sie sind, einen um so größeren Beitrag zum Unternehmen leisten können. Aber wird denn die damit wachsende Kompetenz nicht automatisch auch zu einem Gefühl erhöhter Selbst-Wirksamkeit führen?

Aus Sicht des Individuums liegt es auf der Hand, daß die Arbeit ein Vehikel zur Erhöhung des Selbstwertgefühls sein kann. Und hier kommen alle sechs Säulen zum Tragen. Wenn wir unsere Aufgaben sehr bewußt, verantwortlich und so weiter erfüllen, wird das Selbstwertgefühl gestärkt – und entsprechend geschwächt, wenn wir dies nicht tun.

Wenn ich von Firmen eingeladen werde, darüber zu referieren, inwieweit die Prinzipien des Selbstwertgefühls zur Stimulation höherer Leistungen verwendet werden können, arbeite ich oft mit der Satzergänzungsmethode und bitte die Seminarteilnehmer, über mehrere Wochen hinweg folgende Satzstämme täglich mit jeweils sechs bis zehn Endungen zu ergänzen:

Wenn ich meiner Arbeit heute 5 Prozent mehr Bewußtheit entgegenbringe,...
Wenn ich mich bei allem, was ich heute tue, zu 5 Prozent mehr annehme,...
Wenn ich heute 5 Prozent eigenverantwortlicher handele,...
Wenn ich heute 5 Prozent zielgerichteter handele,...
Wenn ich meine Arbeit heute mit 5 Prozent mehr Integrität verrichte,...

Solche und Dutzende ähnlicher Satzstämme vermitteln anschaulich, was die sechs Säulen in der Praxis bedeuten, nicht nur für das Selbstwertgefühl, sondern auch für die Produktivität und Effizienz auf der interpersonellen Ebene.

Ich möchte mich im folgenden auf das Selbstwertgefühl aus der Sicht des Unternehmens konzentrieren – auf Richtlinien und Praktiken, die, je nachdem, die Selbst-Wirksamkeit und Selbstachtung der Beschäftigten untergraben oder fördern.

Ein Unternehmen, dessen Belegschaft sich dadurch auszeichnet, daß sie ihrer Arbeit ein hohes Bewußtsein entgegenbringt, der Einzelne sich selbst (und andere) annimmt, eigenverantwortlich handelt, sich selbstsicher behauptet (und die Selbstbehauptung anderer respektiert), zielgerichtet und mit persönlicher Integrität handelt, wäre ein Unternehmen mit einer außergewöhnlich fähigen Belegschaft. Diese Eigenschaften werden in einem Unternehmen insoweit unterstützt, wie folgende Voraussetzungen erfüllt werden:

1. Daß der Einzelne sich sicher fühlt: die Sicherheit hat, daß er nicht lächerlich gemacht, herabgewürdigt, erniedrigt oder bestraft wird für seine Offenheit und Ehrlichkeit, oder wenn er zugibt: »Ich habe einen Fehler gemacht«, oder wenn er sagt: »Ich weiß es nicht, aber ich will es herausfinden.«
2. Daß der Einzelne sich akzeptiert fühlt: dazu gehört, daß er höflich behandelt wird, daß man ihm zuhört, daß er animiert wird, seine Gedanken und Gefühle zu äußern, daß er als Individuum behandelt wird, dessen Würde ernst genommen wird.
3. Daß der Einzelne sich herausgefordert sieht: daß ihm Aufgaben gegeben werden, die seine Begeisterung wecken, ihn beflügeln und seine Fähigkeiten auf den Prüfstand bringen und erweitern.
4. Daß der Einzelne sich anerkannt fühlt: daß er das Gefühl hat, daß seine individuellen Talente und Leistungen zur Kenntnis genommen und finanziell und ideell belohnt werden.
5. Daß der Einzelne eine konstruktive Rückkopplung erhält: daß ihm vermittelt wird, wie er seine Leistung verbessern kann – in einer nicht herabwürdigenden Weise, die das Positive statt das Negative betont und die Stärken fördert.
6. Daß der Einzelne sieht, daß Innovationsbereitschaft von ihm erwartet wird: daß Wert auf seine Meinung gelegt, Brainstorming befürwortet und die Entwicklung neuer und brauchbarer Ideen begrüßt wird.
7. Daß der Einzelne problemlos Zugang zu Informationen erhält: daß er nicht nur die Informationen (und Ressourcen) erhält,

die er zur ordnungsgemäßen Erledigung seiner Aufgab braucht, sondern weitreichendere Informationen – über Zi und Fortschritte des Unternehmens –, so daß er den komplexeren Zusammenhang zwischen seinen Aktivitäten und den Zielvorgaben des Unternehmens insgesamt verstehen kann.

8. Daß dem Einzelnen Autorität für das zugestanden wird, für das er verantwortlich ist: daß er ermutigt wird, selbst Initiativen zu ergreifen, Entscheidungen zu treffen und Urteile zu fällen.
9. Daß dem Einzelnen klar umrissene und unmißverständliche Regeln und Richtlinien vorgegeben werden: daß er sich an eine Struktur halten kann, die rational erfaßbar und verläßlich ist und klarmacht, was von ihm erwartet wird.
10. Daß der Einzelne ermutigt wird, möglichst viele der in seinem Aufgabenbereich anfallenden Probleme selbst zu lösen: daß ihm nahegebracht wird, daß von ihm erwartet wird, selbst situativ Lösungen zu finden, statt die Verantwortung dafür an Vorgesetzte weiterzugeben.
11. Daß der Einzelne sieht, daß er für seine Erfolge mit Abstand mehr belohnt als für seine Fehler bestraft wird: in Firmen, wo Fehler weitaus mehr bestraft als Erfolge belohnt werden, haben die Beschäftigten Angst, Risiken einzugehen oder sich ungehemmt einzubringen.
12. Daß der Einzelne ermutigt wird zu lernen und dafür belohnt wird: daß er ermutigt wird, an inner- und außerbetrieblichen Kursen und Seminaren teilzunehmen, mit denen er sein Wissen und seine Fertigkeiten erweitern kann.
13. Daß der Einzelne die offiziellen Verlautbarungen und die Unternehmensphilosophie auf der einen Seite und das Verhalten von Geschäftsführern und Managern auf der anderen als übereinstimmend empfindet: daß er ein Musterbeispiel an Integrität sieht und motiviert wird, dem nachzueifern.
14. Daß der Einzelne das Gefühl hat, fair und gerecht behandelt zu werden: daß er seinen Arbeitsplatz als rationales Universum empfindet, auf das er vertrauen kann.
15. Daß der Einzelne an den Wert dessen, was er produziert, glauben und stolz darauf sein kann: daß er das Ergebnis seiner Anstrengungen wirklich als nützlich und seine Arbeit als sinnvoll empfindet.

Soweit diese Voraussetzungen in einem Unternehmen erfüllt sind, ist es ein Ort, an dem Personen mit einem hohen Selbstwertgefühl arbeiten möchten. Und es ist ein Ort, an dem das Selbstwertgefühl derer erhöht wird, die über ein bescheideneres Selbstwertgefühl verfügen.

Was können Manager tun?

Als ich einmal mit einer Gruppe von Managern zusammensaß und die zuvor genannten Voraussetzungen erläuterte, meinte einer: »Sie sprechen von Selbstwertgefühl. Was Sie aber beschrieben haben, sind genau die Bedingungen, die die aktive und kreative Beteiligung der Beschäftigten fördern – die die Innovation fördern.« Exakt.

Für Geschäftsführer, die ein Unternehmen aufbauen möchten, das sich durch ein hohes Selbstwertgefühl auszeichnet, würde ich eine andere, wenngleich unweigerlich ähnliche Vorschlagsliste erstellen:

1. Arbeiten Sie an Ihrem eigenen Selbstwertgefühl: Nehmen Sie sich in die Pflicht, Ihrer Arbeit und Ihrem Umgang mit anderen – Mitarbeitern, Untergebenen, Kollegen, Vorgesetzten, Kunden und Lieferanten – mehr Bewußtsein, Verantwortung und Integrität entgegenzubringen.
2. Seien Sie wirklich gegenwärtig, da, wenn Sie mit Ihren Leuten sprechen: Stellen Sie Augenkontakt her, hören Sie bewußt zu, geben Sie ein angemessenes Feedback und demjenigen, der etwas sagt, das Gefühl, daß er gehört wird.
3. Zeigen Sie Einfühlungsvermögen: Geben Sie demjenigen, der etwas sagt, das Gefühl, daß Sie seine Gefühle und Äußerungen verstehen – damit geben Sie ihm das Gefühl, sichtbar zu sein.
4. Wahren Sie einen respektvollen Ton, egal, mit wem Sie sprechen: Erlauben Sie sich keinen herablassenden, überheblichen, sarkastischen oder vorwurfsvollen Ton.
5. Bleiben Sie bei allen beruflichen Begegnungen problemorientiert, und gleiten Sie nicht auf die persönliche Ebene ab: Lassen Sie nie zu, daß eine Auseinandersetzung zu einem persönlichen Konflikt ausartet. Maßgebend ist die *Realität*, und darauf müssen Sie sich konzentrieren – »Was ist die Situation?« »Was ist arbeitsmäßig erforderlich?« »Was muß getan werden?«
6. Geben Sie Ihren Leuten Chancen, eigenverantwortlich zu handeln: Geben Sie ihnen Raum, Initiativen zu ergreifen, Ideen einzubringen, sich an neuen Aufgaben zu versuchen, ihren Aktionsbereich zu erweitern.
7. Sprechen Sie das Verständnis Ihrer Leute an: Begründen Sie Regeln und Richtlinien (sofern sie nicht per se einsichtig sind), erklären Sie, warum Sie manchen Bitten nicht entsprechen können; beschränken Sie sich nicht darauf, von oben herab Befehle zu erteilen.

8. Wenn Sie im Umgang mit jemandem einen Fehler machen, unfair oder aufbrausend sind, geben Sie es zu und entschuldigen Sie sich dafür: Gehen Sie nicht (wie einige selbstherrliche Eltern) davon aus, es sei Ihrer Würde oder Position abträglich, ein Handeln zuzugeben, das Sie bedauern.
9. Animieren Sie Ihre Leute, Ihnen per Feedback zu verstehen zu geben, welche Art von Boss Sie sind: Ich gebe demjenigen recht, der einmal sagte: »Du bist der Typ von Manager, der du deinen Leuten zufolge bist.« Checken Sie das ab, und zeigen Sie Ihren Leuten, daß Sie offen für Lernen und Selbstbesserung sind, und geben Sie ein Beispiel einer nichtdefensiven Haltung.
10. Zeigen Sie Ihren Leuten, daß sie einen Fehler machen oder sagen können: »Ich weiß es nicht, aber ich werde es herausfinden«: Wer Angst vor Irrtümern weckt oder dem Eingeständnis, etwas nicht zu wissen, provoziert Täuschungen und Hemmungen und setzt jeder Kreativität ein Ende.
11. Zeigen Sie Ihren Leuten, daß sie anderer Meinung als Sie sein können: Verdeutlichen Sie, daß Meinungsunterschiede zu respektieren sind und andere Ansichten nicht bestraft werden.
12. Beschreiben Sie unerwünschtes Verhalten ohne zu tadeln: Verdeutlichen Sie, wenn ein Verhalten inakzeptabel ist, weisen Sie auf die entsprechenden Konsequenzen hin, teilen Sie dem Betreffenden mit, welche Verhaltensweisen Sie statt dessen wünschen, und verzichten Sie auf jeden persönlichen, charakterlichen Angriff.
13. Zeigen Sie Ihren Leuten, daß Sie aufrichtig über Ihre Gefühle sprechen: Sagen Sie aufrichtig und mit Würde, wenn Sie verletzt oder wütend sind oder sich angegriffen fühlen (und erteilen Sie damit jedem eine Lektion zum Thema Stärke und Selbstannahme).
14. Wenn jemand eine herausragende Arbeit geleistet oder eine exzellente Entscheidung getroffen hat, ermuntern Sie ihn, dem Wieso und Warum nachzugehen: Beschränken Sie sich nicht einfach darauf zu loben; helfen Sie mit entsprechenden Fragen, daß der Betreffende bewußter erkennt, was diese Leistung ermöglichte; so erhöhen Sie die Wahrscheinlichkeit, daß sich Ähnliches wiederholt.
15. Wenn jemand inakzeptable Arbeitsleistungen erbringt oder eine schlechte Entscheidung trifft, halten Sie sich an das gleiche Prinzip: Beschränken Sie sich nicht auf ein korrigierendes Feedback; animieren Sie den Betreffenden, dem nachzugehen, was den Fehler ermöglichte; so schärfen Sie sein Bewußt-

sein und reduzieren die Wahrscheinlichkeit, daß sich der Fall wiederholt.

16. Setzen Sie klare und unmißverständliche Leistungsmaßstäbe: Geben Sie Ihren Leuten zu verstehen, daß Ihre Erwartungen hinsichtlich der Arbeitsqualität nicht verhandelbar sind.
17. Loben Sie öffentlich, und korrigieren Sie unter vier Augen: Erkennen Sie Leistungen an, wenn möglichst viele Leute es hören; korrigieren Sie jemanden aber nur, wenn er sich in der Sicherheit des Vier-Augen-Gespräches wiegen kann.
18. Ihr Lob muß realistisch sein: Genau wie Eltern jedes Kompliment bedeutungslos machen können, indem sie jede Banalität mit überschwenglichem Lob bedenken, können Sie Ihren Anerkennungen, die Sie aussprechen, jede Aussagekraft nehmen, wenn sie übertrieben und nicht auf die Realität der Leistungen abgestimmt sind.
19. Wenn das Verhalten einer bestimmten Person Probleme aufwirft, bitten Sie sie um einen entsprechenden Lösungsvorschlag: Vermeiden Sie es, wann immer möglich, von oben herab Lösungen vorzugeben; konfrontieren Sie statt dessen die verantwortliche Partei mit dem Problem – so fördern Sie zugleich eigenverantwortliches Handeln, die Fähigkeit der Selbstbehauptung und eine erhöhte Bewußtheit.
20. Verdeutlichen Sie in jeder nur denkbaren Hinsicht, daß Sie nicht an Schuldzuweisungen interessiert sind, daß Sie an Lösungen interessiert sind und diese Politik exemplarisch verkörpern: Wenn wir nach Lösungen suchen, wächst unser Selbstwertgefühl; wenn wir Sündenböcke (oder Ausreden) suchen, schwächen wir unser Selbstwertgefühl.
21. Geben Sie Ihren Leuten die Ressourcen, Informationen und Autorität, so daß sie das tun können, was Sie von ihnen verlangen: Denken Sie daran, daß Verantwortungsbewußtsein ohne Machtbefugnisse nicht denkbar ist, und daß nichts die Moral so sehr untergräbt, wie wenn man jemandem nur die Verantwortung, aber keine Machtkompetenzen gibt.
22. Bezeichnend für einen großartigen Manager oder Geschäftsführer ist nicht, daß er mit brillanten Lösungen aufwartet, sondern daß er dafür sorgt, daß seine Leute mit brillanten Lösungen aufwarten, und das sollten Sie sich vor Augen halten: Der Manager ist im Idealfall ein Trainer und kein Problemlöser, zu dem die Kinder bewundernd aufschauen.
23. Übernehmen Sie persönlich die Verantwortung, daß innerbetrieblich eine vom Selbstwertgefühl getragene Kultur geschaffen wird: Unbeschadet jedes »Selbstwertgefühlstrainings«, das Ihre Angestellten vielleicht erhalten, die von mir emp-

fohlenen Verhaltensweisen werden sich kaum durchsetzen, wenn sie von den Vorgesetzten nicht beispielhaft vorgelebt werden.

24. Bemühen Sie sich, all jene Aspekte der Unternehmenskultur zu verändern, die das Selbstwertgefühl untergraben: Traditionelle Verfahrensweisen, die sich auf ein älteres Managementmodell stützen, können nicht nur jedes Selbstwertgefühl, sondern auch jede Kreativität oder Innovationsbereitschaft ersticken (etwa die Erfordernis, daß alle wichtigen Entscheidungen über eine festgelegte Befehlskette getroffen werden, so daß diejenigen, die unmittelbar am Handlungsgeschehen sind, machtlos und gelähmt dastehen).
25. Vermeiden Sie es, alles übermäßig zu dirigieren, zu beobachten und für alles und jedes eine Berichterstattung zu verlangen: Übertriebenes »Management« (»Mikro-Management«) ist der Feind der Autonomie und Kreativität.
26. Planen und budgetieren Sie Innovationen in angemessenem Umfang: Verlangen Sie nicht von den Leuten, innovativ ihr Bestes zu geben, um dann zu verkünden, daß kein Geld da ist (oder andere Ressourcen fehlen), denn dabei laufen Sie Gefahr, daß jede kreative Begeisterung erlischt und einer allgemeinen Demoralisierung weicht.
27. Finden Sie heraus, wo die Interessenschwerpunkte Ihrer Leute liegen, so daß individuelle Neigungen, wann immer möglich, bei den Aufgabenstellungen und Zielsetzungen berücksichtigt werden können: Geben Sie den Leuten Gelegenheit, das zu tun, woran Sie am meisten Spaß haben und was sie am besten können; gehen Sie von den Stärken Ihrer Leute aus.
28. Fragen Sie Ihre Leute, was sie brauchen, um das Gefühl zu haben, um ihre Arbeit besser kontrollieren zu können, und geben Sie es ihnen, wenn möglich: Wenn Sie Autonomie, Elan und ein starkes Engagement für die gemeinsamen Zielsetzungen fördern möchten, geben Sie ihnen die entsprechenden Machtbefugnisse, geben Sie, geben Sie, geben Sie.
29. Belohnen Sie natürliche Ausdrucksformen des Selbstwertgefühls – Selbstbehauptung, (intelligente) Risikofreudigkeit, flexible Verhaltensmuster und nachdrücklich handlungsorientierte Einstellungen: Bei zu vielen Firmen sind diese Werte nichts weiter als Lippenbekenntnisse, und in Wirklichkeit werden diejenigen belohnt, die sich konform verhalten, keine schwierigen Fragen stellen, den Status quo nicht herausfordern und im wesentlichen, sich stur an ihre Arbeitsplatzbeschreibung haltend, passiv bleiben.

30. Verteilen Sie Aufgaben, die das persönliche und berufliche Wachstum fördern: Ohne diese Wachstumserfahrung wird das Selbstwertgefühl – und die Arbeitsbegeisterung – in der Regel untergraben.
31. Fordern Sie Ihre Leute: Weisen Sie ihnen Aufgaben und Projekte zu, die leicht über ihre bekannten Fähigkeiten hinausgehen.
32. Erziehen Sie Ihre Leute dazu, Probleme als Herausforderungen und Chancen zu sehen: Diese Einstellung gehört zu den Dingen, die bezeichnend für Erfolgsmenschen und Personen mit einem hohen Selbstwertgefühl sind.
33. Unterstützen Sie den talentierten Einzel- im Gegensatz zum Mannschaftsspieler: Bei allem, was wir über die Notwendigkeit effektiver Teamarbeit sagen können, bleibt, daß auch der brillante Einzelgänger, der nach einer anderen Musik tanzt, seinen Platz haben muß – und selbst die Mannschaftsspieler profitieren davon, wenn sie sehen, daß Individualität respektiert wird.
34. Lehren Sie, daß Irrtümer und Fehler Chancen darstellen, aus denen man lernen kann: »Was können Sie aus dem, was passiert ist, lernen?« ist eine Frage, die das Selbstwertgefühl fördert; sie erhöht außerdem die Wahrscheinlichkeit, daß sich Fehler nicht wiederholen, und ist manchmal wegweisend für künftige Lösungen.
35. Stellen Sie die alte hierarchische und im Zweifel auf dem Dienstalter aufbauende Tradition in Frage, und befördern Sie Mitarbeiter auf jeder Ebene, ausgehend von ihren Leistungen und Verdiensten: Die Anerkennung von Fähigkeiten ist ein sehr potentes Mittel, die Selbstachtung zu fördern.
36. Belohnen Sie großzügig herausragende Beiträge – etwa in Form von neuen Produkten, Erfindungen, Dienstleistungen oder geldsparenden Projekten: Gewinnbeteiligungsprogramme, Rückstellungspläne für später auszuschüttende Vergütungen, Bonuszahlungen in Form von Barvergütungen und Tantiemenvereinbarungen können nützlich zur Verstärkung des Signals sein, daß Ihr Unternehmen Innovationen will und intelligente Formen der Selbstbehauptung und des Ausdrucks der Persönlichkeit respektiert werden.
37. Sprechen Sie Personen, die herausragende Leistungen zeigen, schriftlich Ihr Lob und Ihre Anerkennung aus, und bitten Sie den Geschäftsführer, das ebenso zu tun: Wenn die Leute sehen, daß der Betrieb ihren *Verstand* würdigt, werden sie motiviert, weiterhin die Grenzen ihrer vermeintlichen Leistungsfähigkeit zu erweitern.

38. Setzen Sie einen Maßstab für persönliche Integrität: Halten Sie Ihre Versprechungen, kommen Sie Ihren Verpflichtungen nach, behandeln Sie jeden fair (nicht nur Insider, sondern auch Lieferanten und Kunden), unterstützen Sie solche Verhaltensweisen bei anderen, und zeigen Sie entsprechend Ihre Anerkennung dafür; lassen Sie Ihre Leute stolz darauf sein, für ein *moralisches* Unternehmen zu arbeiten.

Ich bezweifle, daß die vorgenannte Liste auch nur ein Prinzip enthält, das gewissenhaften leitenden Angestellten nicht bewußt wäre – theoretisch zumindest. Die Herausforderung besteht darin, diese Prinzipien in der Praxis konsequent anzuwenden und sie fest in die Routine des täglichen Ablaufes zu integrieren.

Die Führungsrolle

Das Vorgenannte gilt ebenso für die Firmenleitung – den Geschäftsführer oder Präsidenten – wie für die Manager. Zur Rolle des Firmenleiters möchte ich jedoch noch kurz einige Worte hinzufügen.

Die Hauptfunktion des Leiters eines Unternehmens besteht darin: (1) eine Vision hinsichtlich der erstrebten Leistungsziele des Unternehmens zu entwickeln und überzeugend zu vermitteln; (2) all diejenigen, die für das Unternehmen arbeiten, zu inspirieren und ihnen die entsprechenden Vollmachten zu geben, daß sie einen optimalen Beitrag zur Erfüllung jener Vision leisten und dabei zugleich das Gefühl gewinnen können, daß sie damit auch im Sinne ihres Eigeninteresses handeln. Der Leiter muß inspirierend und überzeugend sein.

Je höher das Selbstwertgefühl des Leiters, desto wahrscheinlicher ist, daß er seine Funktion erfolgreich erfüllt. Ein Kopf, der sich selbst mißtraut, kann andere nicht inspirieren, das Beste aus ihrem Kopf herauszuholen. Und ebensowenig kann ein Leiter andere inspirieren, das Beste aus sich herauszuholen, wenn er aus eigener Unsicherheit heraus ständig das Bedürfnis hat zu beweisen, wie recht er und wie unrecht andere haben.

Es ist ein Irrtum anzunehmen, ein wirklicher Leiter sollte egolos sein. Ein Leiter braucht ein hinreichend gesundes Ego, das sich nicht bei jeder Begegnung auf dem Prüfstand wähnt – so daß der Leiter frei von den entsprechenden Zwängen ist, aufgaben- und ergebnisorientiert sein kann und nicht ständig darauf bedacht ist, sich selbst zu erhöhen oder zu schützen.

Wenn wir uns das Maß des Selbstwertgefühls auf einer Skala

von 1 bis 10 vorstellen, wobei 10 ein optimales Selbstwertgefühl und 1 ein denkbar geringes Selbstwertgefühl darstellt, ist es dann wahrscheinlicher, daß ein Geschäftsleiter, dessen Selbstwertgefühl bei 5 liegt, eine Person mit einem Selbstwertgefühl von 7 oder von 3 einstellt? Aller Wahrscheinlichkeit nach wird er sich mit der 3 wohler fühlen, da die meisten sich von Personen eingeschüchtert fühlen, die selbstsicherer als sie selbst sind. Rechnen Sie dieses Beispiel verhundertfacht und vertausendfacht hoch, und stellen Sie sich die Konsequenzen für ein Unternehmen vor.

Warren Bennis, ein herausragender Experte in Managementfragen, sagt uns, daß das Kennzeichen der besten Leiter, die er untersuchte, ihre Leidenschaft für den Ausdruck der eigenen Persönlichkeit ist.[4] Ihre Arbeit ist ein Vehikel für die Selbstverwirklichung. Sie haben den Wunsch, das, »wer sie sind«, in der Welt, in der Realität einzubringen – was ich die Fähigkeit, sich selbstsicher zu behaupten, nenne.

Geschäftsführer erkennen oft nicht vollends das Ausmaß, mit dem die Frage, »wer sie sind«, buchstäblich jeden Aspekt ihres Unternehmens berührt. Sie verkennen das Ausmaß, mit dem sie Rollenmodelle sind. Ihr Verhalten wird in allen winzigen Einzelheiten registriert und von denjenigen, die um sie herum sind – wenn auch nicht bewußt – absorbiert und entsprechend von allen, die sie beeinflussen, durch das ganze Unternehmen weiterreflektiert. Ein Leiter, der eine unanfechtbare Integrität hat, setzt damit einen Maßstab, dem andere folgen möchten. Wenn ein Leiter seine Leute mit Respekt behandelt – Kollegen, Untergebene, Kunden, Lieferanten, Aktionäre –, so überträgt sich das in der Regel auf die Firmenkultur.

Aus diesem Grund sollte jemand, der an seinen »Führungsqualitäten« arbeiten möchte, an seinem Selbstwertgefühl arbeiten. Sich stets die sechs Säulen vor Augen zu halten und sie in der Praxis im Alltag umzusetzen, ist das denkbar beste Training für eine Führungsfunktion – wie auch für das Leben.

Die Macht, Gutes zu tun

Kann das richtige organisatorische Umfeld eine Person mit mangelndem Selbstwertgefühl in eine Person mit einem hohen Selbstwertgefühl verwandeln? Sehr wahrscheinlich nicht. Obwohl: Ich kann mich durchaus an Fälle erinnern, wo ein guter Manager oder Gruppenleiter aus Personen Dinge herausholen konnte, die bis dahin noch niemand herausgeholt hatte, und damit zumindest die Grundlage für eine verbesserte Selbstachtung schuf.

Klar ist, daß es Personen gibt, die solche Schwierigkeiten haben, daß sie eine konzentriertere Art professioneller Hilfe brauchen – gemeint ist psychotherapeutische Hilfe, die ich im nächsten Kapitel behandeln werde –, und es fällt nicht in den Funktionsbereich eines Unternehmens, die Aufgaben einer psychotherapeutischen Klinik zu übernehmen.

Aber für die Person mit einem durchschnittlichen Selbstwertgefühl verfügt ein Unternehmen, das den Wert und die Bedeutung des Individuums schätzt, über ein immenses Potential, auf der persönlichsten Ebene Gutes zu tun, auch wenn das natürlich nicht der eigentliche Unternehmenszweck ist. Und indem es das tut, trägt es auch zum Leben und zur Vitalität des Unternehmens bei – und zwar in einer Weise, die mitnichten abstrakt und abgehoben, sondern sehr konkret ist. Die politischen Strategien, die das Selbstwertgefühl unterstützen, sind zugleich die Strategien, mit denen Geld zu machen ist. Und die Strategien, die das Selbstwertgefühl untergraben, sind zugleich die, die früher oder später zu finanziellen Verlusten des Unternehmens führen – einfach: Wenn Sie Leute schlecht und respektlos behandeln, können Sie nicht darauf hoffen, daß sie ihr Bestes geben. Und in der heutigen äußerst konkurrenzorientierten und der sich weltweit so schnell verändernden wirtschaftlichen Situation ist nichts weniger als ihr Bestes gut genug.

16. Selbstwertgefühl und Psychotherapie

Als ich in den fünfziger Jahren mit meiner psychotherapeutischen Praxis begann, setzte sich bei mir alsbald die Überzeugung durch, daß mangelndes Selbstwertgefühl letztlich der gemeinsame Nenner aller psychischen Probleme war, denen ich in meiner Praxis begegnete. Mangelndes Selbstwertgefühl war aus meiner Sicht sowohl ein kausaler Faktor psychischer Probleme als auch eine Konsequenz. Eine wechselseitige Beziehung. Und diese Erkenntnis war, wie ich bereits in der Einleitung sagte, ausschlaggebend für meine Faszination an dem Thema.

Manche Probleme konnten als direkter Ausdruck eines unterentwickelten Selbstwertgefühls gesehen werden – zum Beispiel Schüchternheit, Ängstlichkeit und die Angst, sich selbst zu behaupten, oder die Angst vor Intimität. Andere Probleme konnten als Konsequenz des *Leugnens* eines mangelnden Selbstwertgefühls gesehen werden, das aus Selbstschutzgründen gegen die Realität des Problems erfolgte – zum Beispiel im Falle von kontrollierendem und manipulierendem Verhalten, zwanghaften Ritualen, unangemessener Aggressivität, einer von Ängsten getriebenen Sexualität, destruktiven Formen von Ehrgeiz – die alle darauf abzielen, in irgendeiner Form ein Gefühl der Wirksamkeit, Kontrolle und der persönlichen Wertigkeit herzustellen. Und Probleme, die Ausdruck eines mangelnden Selbstwertgefühls waren, trugen klar erkennbarerweise auch zur kontinuierlichen Verschlechterung des Selbstwertgefühls bei.

Infolgedessen war ich von Anfang an der Ansicht, eine Hauptaufgabe der Psychotherapie sei es, dazu beizutragen, ein Selbstwertgefühl aufzubauen. Eine Einstellung, die von meinen Kollegen nicht geteilt wurde. Dem Selbstwertgefühl wurde selten überhaupt Beachtung geschenkt. Und wenn, dann ging man traditionell von der Annahme aus (woran sich im Prinzip noch immer nichts geändert hat), daß das Selbstwertgefühl indirekt und automatisch von den psychotherapeutischen Fortschritten profitieren wird: in dem Zuge nämlich, wie andere Probleme gelöst werden und der Klient sich auf natürliche Weise besser fühlt hinsichtlich seiner Person. Natürlich fühlt sich der Klient stärker, wenn Ängste und Depressionen schwinden. Und ebenso gilt, daß ein erstarkendes Selbstwertgefühl Ängste und Depressionen mindert. Ich war der Auffassung, das Selbstwertgefühl könne und sollte gezielt Ge-

genstand der Behandlung sein; es sollte ausschlaggebend für den Rahmen der gesamten therapeutischen Arbeit sein. Und selbst wenn man nicht direkt daran arbeitet, selbst wenn man sich auf die Lösung spezifischer Probleme konzentriert, kann die Arbeit und der Entwicklungsprozeß dennoch so gestaltet werden, daß dabei speziell das Selbstwertgefühl gestärkt wird. Fast alle Therapieschulen haben das Ziel, dem Klienten zu helfen, sich bis dahin gemiedenen Konflikten und Herausforderungen zu stellen. Im Unterschied zu diesen allgemeinen Ansätzen frage ich in der Regel jedoch: »Wie *fühlen Sie sich selbst*, wenn Sie ein Problem meiden, von dem Sie irgendwie wissen, daß Sie sich darum kümmern müßten? Und wie fühlen Sie sich, wenn Sie Ihre Meidungsimpulse überwinden und sich dem bedrohlichen Problem stellen?« Ich setze den Rahmen des therapeutischen Prozesses ausgehend von den Folgen für das Selbstwertgefühl. Ich will, daß Klienten registrieren, wie ihre Wahlentscheidungen und Handlungen ihre Selbsterfahrung beeinflussen. Und diese Bewußtheit ist aus meiner Sicht ein starker Motor, um zu wachsen, der oft dazu beiträgt, mit Ängsten fertig zu werden und sie zu überwinden.

Ich möchte in diesem Kapitel nicht die Methoden der Psychotherapie als solche diskutieren, sondern lediglich einige allgemeine Punkte zum Aufbau des Selbstwertgefühls im Rahmen der Psychotherapie ansprechen und etwas zu meinem Ansatz sagen. Dieses Kapitel ist nicht nur für Kliniker und angehende Therapeuten, sondern für jeden gedacht, der sich Gedanken über Therapien macht und den Selbstwertgefühlansatz im Sinne eines Bezugsrahmens verstehen möchte.

Die Ziele der Psychotherapie

Die Psychotherapie hat zwei Grundziele. Eines ist die Linderung von Leid. Das andere ist, Wohlbefinden zu ermöglichen und zu fördern. Beide Ziele überschneiden sich zwar, sie sind aber nicht identisch. Ängste zu reduzieren und auszuschalten ist nicht identisch mit der Förderung des Selbstwertgefühls, obwohl ersteres natürlich letztlich zu letzterem beitragen kann. Depressionen zu reduzieren und auszuschalten ist nicht identisch mit der Förderung von Glück, obwohl ersteres auch hier natürlich zu letzterem beitragen kann.

Die Psychotherapie hat einerseits das Ziel, irrationale Ängste, depressive Reaktionen und problematische Gefühle jeder Art (die womöglich das Ergebnis traumatischer Erfahrungen sind) zu reduzieren. Und sie hat andererseits das Ziel, das Erlernen neuer

Fertigkeiten zu fördern, neuer Denkansätze und Lebenseinstellungen, besserer Strategien zum Umgang mit sich selbst und mit anderen und den Blick für die eigenen Möglichkeiten zu erweitern. Beide Ziele stelle ich in den Rahmen, der darauf abzielt, das Selbstwertgefühl zu stärken.

Bei der Erhöhung des Selbstwertgefühls geht es um mehr als nur darum, Negatives auszuschalten; dazu gehört, daß Positives erreicht wird. Dazu gehört ein höheres Bewußtsein hinsichtlich der Art und Weise, wie man funktioniert. Dazu gehört ein höheres Maß an Eigenverantwortlichkeit und Integrität. Dazu gehört die Bereitschaft, sich durch Ängste hindurchzuarbeiten und sich Konflikten und unangenehmen Realitäten zu stellen. Dazu gehört, es zu lernen, sich Dingen zu stellen und sie zu bewältigen, statt sich zurückzuziehen und sie zu meiden.

Wenn jemand eine Therapie beginnt und nach Abschluß der Behandlung nicht bewußter lebt als am Anfang, ist die Arbeit gescheitert. Wenn der Klient es im Laufe der Behandlung nicht lernt, sich selbst mehr anzunehmen, eigenverantwortlicher zu handeln und auch bei den anderen Praktiken, die das Selbstwertgefühl unterstützen, keine Fortschritte erzielt werden, so muß der Erfolg der Therapie in Frage gestellt werden. Bei jeder effektiven Therapie geht es, ungeachtet der jeweiligen Schule, um die Förderung des Wachstums am Maßstab dieser Dimensionen, zumindest in gewissem Rahmen. Ein Therapeut, der die Bedeutung dieser sechs Praktiken versteht und sie bewußt als Zielvorgaben in seine Arbeit integriert, kann eher konsistente Ergebnisse erreichen. Die Herausforderung für ihn heißt, Mittel und Wege zu entwickeln – kognitive, verhaltens- und erlebensspezifische –, die das Selbstwertgefühl fördern.

Wenn das therapeutische Ziel darin besteht, bei dem Klienten ein höheres Bewußtsein zu wecken, so daß er aufmerksamer und mit einem besseren Kontakt zur Realität lebt, so kann mittels Gesprächen, psychologischen Übungen und Prozessen, Körper- und Energiearbeit sowie speziellen Hausaufgaben darauf hingearbeitet werden, einerseits Blockaden der Bewußtheit zu beseitigen, und andererseits ein Bewußtsein zu fördern und zu stärken.

Wenn ein anderes Ziel ist, den Klienten zu einer größeren Selbstannahme zu bewegen, so kann man in der Praxis ein Klima schaffen, in dem man sich angenommen fühlt, und ihn dahin führen, daß er blockierte und abgespaltene Teile des Selbst erkennt und sich neuerlich zu ihnen bekennt, und ihn lehren, wie wichtig es ist, zu sich selbst und zu den einzelnen Teilen des Selbst in einer Beziehung zu stehen, die frei von Feindseligkeiten ist (siehe auch die nachfolgende Diskussion über Teilpersönlichkeiten).

Wenn ein anderes Ziel die Stärkung der Eigenverantwortlichkeit ist, kann man die Manöver des Klienten vereiteln, mit denen er dem Therapeuten die Verantwortung übertragen will, ihn durch spezifische Übungen dahin bringen, daß er die Belohnungen eigenverantwortlichen Handelns schätzen lernt und ihm mit jedem nur denkbaren Mittel verdeutlichen, daß niemand kommt, um ihn zu retten, und daß jeder von uns selbst für seine Wahlentscheidungen und Handlungen und die Erfüllung seiner Wünsche verantwortlich ist.

Wenn ein anderes Ziel die Förderung der Selbstbehauptung ist, kann man ein Umfeld schaffen, in dem der Klient sich sicher fühlt, wenn er sich selbst behauptet. Man kann ihm mittels Übungen wie der Satzergänzungsmethode, mittels Psychodrama, Rollenspielen und ähnlichem beibringen, sich selbstsicher zu behaupten, darauf hinarbeiten, die Ängste, sich selbst zu behaupten, zu zerstreuen oder zu neutralisieren und ihn aktiv ermutigen, sich bedrohlichen Konflikten und Herausforderungen zu stellen und damit auseinanderzusetzen.

Wenn ein anderes Ziel die Förderung einer zielgerichteten Lebensweise ist, kann man dem Klienten die Rolle und die Bedeutung eines Lebenszweckes verdeutlichen, ihm helfen, Klarheit hinsichtlich seiner Ziele zu gewinnen und sie zu artikulieren, ihn dazu anhalten, über entsprechende Aktionspläne, Strategien und Taktiken nachzudenken und ihm deren Notwendigkeit für die Erreichung seiner Ziele klarmachen. Und man kann darauf hinarbeiten, bei dem Klienten ein Bewußtsein für die Belohnungen einer Lebensweise zu wecken, die aktiv und zielgerichtet statt reaktiv und passiv ist.

Wenn ein anderes Ziel die Förderung der persönlichen Integrität ist, ist es notwendig, sich auf die Klärung von Werten und auf innere moralische Verwirrungen und Konflikte zu konzentrieren. Es muß verdeutlicht werden, wie wichtig es ist, Werte zu wählen, die das eigene Leben und Wohlbefinden unterstützen. Und herauszustellen sind die Vorteile einer Lebensweise, die in Einklang mit den eigenen Überzeugungen ist – und entsprechend die Schmerzen, die ein Selbstbetrug mit sich bringt.

Ich möchte diese Punkte nicht weiter ausführen. Ich erwähne sie hauptsächlich, um einen psychotherapeutischen *Denkansatz* zu verdeutlichen, bei dem das Selbstwertgefühl das zentrale Ziel ist.

Das Klima der Therapie

Genau wie für Eltern und Lehrer gilt für den Therapeuten, daß der erste Weg zur Förderung des Selbstwertgefühls eines Klienten der ist, ihm unmißverständlich mit einer Haltung zu begegnen, die verdeutlicht, daß er akzeptiert und respektiert wird. Das ist die Grundlage jeder sinnvollen Therapie.

Diese Haltung wird Klienten durch die Art und Weise verdeutlicht, wie wir sie in der Praxis begrüßen, wie wir sie anschauen, wie wir mit ihnen sprechen und wie wir ihnen zuhören. Dazu gehören Aspekte wie Höflichkeit und Blickkontakt, daß wir nicht herablassend sind, nicht moralisieren, aufmerksam zuhören, Verständnis aufbringen wollen und darauf achten, daß auch wir verstanden werden. Dazu gehört, daß wir, soweit angebracht, Spielraum für Spontaneität lassen, daß wir uns weigern, uns in die Rolle der allwissenden Autorität pressen zu lassen, und uns ebenso weigern, uns zu dem Glauben verleiten zu lassen, der Klient sei außerstande zu wachsen. Dazu gehört, daß wir dem Klienten beharrlich unseren Respekt entgegenbringen, egal, wie er sich verhält. So wird die Botschaft vermittelt: Ein Mensch ist ein Wesen, das Respekt verdient; *du* bist ein Wesen, das Respekt verdient. Ein Klient, für den diese Art der Behandlung eine Seltenheit oder sogar eine einmalige Erfahrung ist, kann so im Laufe der Zeit dazu gebracht werden, daß er sein ganzes Selbstbild rekonstruiert. Nach Carl Rogers' Auffassung haben diese Aspekte der Annahme und des Respektes einen so starken Einfluß auf die Persönlichkeit, daß er sie als Schlüsselelemente bei seinem Therapieansatz übernahm.

Ich erinnere mich, daß ein Klient einmal zu mir sagte: »Wenn ich auf meine Therapie zurückblicke, glaube ich, daß nichts von dem, was geschah, insgesamt so ausschlaggebend war wie die einfache Tatsache, daß ich mich immer von Ihnen respektiert fühlte. Ich habe alle nur denkbaren Register gezogen, um zu erreichen, daß Sie mich verachten und mich rauswerfen. Ich habe nichts unversucht gelassen, damit Sie so reagieren wie mein Vater. Sie haben sich jedoch geweigert mitzuspielen. Irgendwie war das etwas, womit ich fertig werden mußte; ich hatte es hinzunehmen, was am Anfang schwierig war. Aber als ich es dann zuließ, begann die Therapie Früchte zu tragen.«

Wenn ein Klient Gefühle der Angst oder Schmerzen oder Wut beschreibt, ist es kaum hilfreich, in der Form zu reagieren, daß man sagt: »Oh, das sollten Sie aber nicht empfinden!« Ein Therapeut ist kein Stimmungsmacher. Es ist wichtig, daß der Klient seine Gefühle ausdrücken kann, ohne sich mit Kritik, Verurteilungen, Sarkasmus, irritierenden Fragen oder Vorträgen auseinandersetzen zu müssen. Der Prozeß des Ausdrückens von Gefühlen ist als solcher oft bereits heilsam. Ein Therapeut, der sich angesichts von starken Gefühlen unwohl fühlt, muß an sich selbst arbeiten. Die Fähigkeit, gelassen und mitfühlend zuhören zu können, ist grundlegend für die Kunst des Heilens. (Wie es auch grundlegend für eine wahre Freundschaft ist, daß man nicht von Liebe sprechen muß.) Wenn dem Bedürfnis des Klienten, sich emotional zum Ausdruck zu bringen, Rechnung getragen wurde, kann es mitunter nützlich sein, ihn zu einer tieferen Erforschung seiner Gefühle zu animieren und ihn anzuhalten, die diesen Gefühlen zugrundeliegenden Annahmen zu untersuchen, die möglicherweise in Frage gestellt werden müssen.

Man kann den nutzbringenden Effekt des Angenommenseins und Respektierens in der Theorie durchaus einsehen, was aber nicht heißt, daß die Umsetzung in der Praxis auch immer gelingt – nicht einmal Therapeuten, die in dieser Hinsicht die besten Absichten haben. Ich denke dabei nicht unbedingt an so offensichtliche Fehler, wie wenn der Therapeut sich etwa in Sarkasmus flüchtet, moralisch verurteilt oder anderweitig demütigend reagiert. Ich denke an die subtileren Formen, seine Autorität und dem anderen zu zeigen, daß man ihm immer eine Nasenlänge voraus ist. Nach dem Motto: »Ohne meine Führung gehst du unter!« Formen, die dem Klienten eine minderwertige Position zuweisen und die Allwissenheit des Therapeuten verdeutlichen. Die Psychoanalyse, bei der die traditionelle Arzt-Patienten-Beziehung Modell stand, ist möglicherweise besonders anfällig für diesen Fehler, der im Prinzip aber in jeder Therapieschule auftauchen kann. Es ist ein Fehler, der möglicherweise weniger etwas mit der theoretischen Orientierung des Therapeuten als vielmehr etwas mit seiner Fähigkeit zu tun hat, wie er mit seinen persönlichen Bedürfnissen, geschätzt und bewundert zu werden, umgehen kann. Psychologiestudenten sage ich oft: »Das Ziel ist nicht, zu beweisen, daß Sie brillant sind. Das Ziel ist, den Klienten zu helfen, daß sie entdekken, daß *sie* brillant sind.«

Und diese Zielsetzung erklärt unter anderem auch, warum ich das Lernen aus Erfahrung dem ausdrücklichen Lehren vorziehe (was nicht heißt, daß nicht auch das ausdrückliche Lehren mitunter angebracht sein kann). Beim Lernen aus Erfahrung, wozu oft gezielte psychologische Übungen, Prozesse, Hausaufgaben und ähnliches gehören, *entdeckt* der Klient entscheidende Realitäten, statt davon nur von einer Autorität zu hören. Und es liegt in der Natur des Lernprozesses, daß durch Lernen die Autonomie gestärkt wird.

Die »helle« Seite aufdecken

Bei den meisten Menschen, die psychotherapeutische Hilfe suchen, geht es unter anderem um das Selbstverständnis, darum, sich selbst verstehen zu lernen. Sie möchten das Gefühl haben, für ihren Therapeuten sichtbar zu sein, und sie möchten für sich selbst eine klarere Sichtbarkeit gewinnen.

Viele Menschen assoziieren dieses Selbstverständnis – infolge des tiefgreifenden Einflusses der traditionellen Psychoanalyse – zunächst einmal mit der Aufdeckung dunkler Geheimnisse. Freud, der Vater der Psychoanalyse, sagte einmal, der Unterschied zwischen der Psychoanalyse und der Arbeit eines Detektivs bestehe darin, daß im Falle des letzteren das Verbrechen bekannt und die Herausforderung die sei, die Identität des Verbrechers festzustellen, wohingegen dem Psychoanalytiker der Verbrecher bekannt und die Herausforderung die sei, das Verbrechen aufzudecken. Ein illustrer Vergleich, der nicht wörtlich zu nehmen ist, in der Realität aber dennoch unangenehme Folgen nach sich zieht. Denn viele Kliniker, auch solche, die nicht unbedingt Psychoanalytiker sind, teilen diese Einstellung. Ihr ganzer professioneller Stolz begründet sich in ihrer Fähigkeit, den Klienten dahin zu führen, daß er sich seiner »dunklen Seite« stellt (»dem Schatten«, um es mit Jung auszudrücken) und diese integriert statt ablehnt. Das kann ein notwendiges und wichtiges Ziel sein, keine Frage. Eine selbstwertgefühlorientierte Therapie hat jedoch andere Prioritäten – einen anderen Schwerpunkt.

Es gibt kein Bedürfnis, das bei den meisten Menschen weniger erkannt wird als das Bedürfnis, in Kontakt mit ihren unentdeckten (und möglicherweise abgespaltenen) *Ressourcen* zu kommen. Es ist das Bedürfnis, die Stärken kennenzulernen, von denen sie nicht wissen, daß sie sie besitzen, die Potentiale, die sie nie erforschten, die Fähigkeiten der Selbstheilung und zur persönlichen Entwicklung, die sie nie mobilisierten. Was Therapeuten, unabhängig von ihrer theoretischen Orientierung, grundlegend unterscheidet, ist, was sie vorrangig als ihre Aufgabe sehen: Positives oder Schwächen aufzudecken, Tugenden oder Fehler, Defizite oder Ressourcen. Bei der selbstwertgefühlorientierten Psychotherapie steht als oberste Priorität das Positive im Mittelpunkt – das Aufdecken und Aktivieren der Stärken. Sie geht auch auf das anstehende Negative ein, wobei das Positive allerdings immer im Mittelpunkt und der Schwerpunkt bleibt.

Jeder, der auch nur annähernd mit der Psychologie vertraut ist, kennt die Gefahr, sich von dem Mörder im Innern zu distanzieren. Aber weitaus weniger Menschen wissen um die Tragödie, die aus der Distanzierung von dem Helden im Innern erwächst. In der Psychotherapie ist oft unschwer der Teil des Individuums zu erkennen, der neurotisch ist. Die Herausforderung ist jedoch, den Teil zu erkennen – und zu mobilisieren –, der gesund ist.

Wir kennen manchmal unsere positiven Ressourcen einfach nicht. Wir wissen nicht, wozu wir imstande sind. Und manchmal unterdrücken wir auch einfach unser Wissen. Ich erinnere mich an eine junge Frau, mit der ich vor vielen Jahren im Rahmen einer Gruppentherapie arbeitete. Sie hatte überhaupt kein Problem, die ungeheuerlichsten (und ungerechtfertigten) negativen Dinge von sich zu behaupten. Versuchsweise bat ich sie, sich vor die Gruppe zu stellen und laut den Satz zu wiederholen: »Die Wahrheit ist, daß ich in Wirklichkeit hochintelligent bin.« Die Worte blieben ihr im Hals stecken, und sie brachte sie anfänglich einfach nicht heraus. Ich half ihr dann, es zu sagen – und sie brach in Tränen aus. Ich gab ihr sodann den Satzstamm: **Das Schlechte daran, wenn ich meine Intelligenz zugebe, ist,...** Und ihre ersten Endungen waren:

...daß meine Familie mich hassen wird.

...daß niemand in meiner Familie Verstand haben soll.

...daß meine Schwestern und Brüder eifersüchtig sein werden.

...daß ich dann nirgendwo mehr dazugehöre.

...*daß ich dann die Verantwortung für mein Leben übernehmen muß.*

Anschließend gab ich ihr den Satzstamm: **Wenn ich bei meinen Problemen meine Intelligenz ins Spiel bringen und nutzen würde, ...** Den sie unter anderem mit folgenden Endungen ergänzte:

...so wüßte ich, daß ich sowieso verantwortlich für mein Leben bin, ob ich es zugebe oder nicht.

...dann sähe ich, daß ich in der Vergangenheit lebe.

...dann wüßte ich, daß ich kein kleines Mädchen mehr bin.

...dann sähe ich, daß es das kleine Mädchen ist, das sich fürchtet, nicht die Erwachsene.

...dann würde ich mein Leben selbst in die Hand nehmen und mein eigenes Leben leben.

Danach gab ich ihr folgenden Satzstamm: **Das Beängstigende daran, wenn ich meine Stärken zugebe, ist,...** Und hier kamen folgende Endungen zustande:

... daß niemand mich mehr bedauern würde (*sie lachte*).

... daß ich mich damit auf unbekanntes Terrain begeben würde.

... daß ich mir dann meinen Freund noch mal mit neuen Augen anschauen müßte.

... daß ich dann wüßte, daß niemand, außer mir selbst, mich von etwas abhält.

... daß es sein könnte, daß ich dann allein bin.

... daß ich dann lernen müßte, anders zu leben.

... daß die Leute dann wohl Erwartungen an mich stellen würden.

... daß ich lernen müßte, mich selbst zu behaupten.

... Im Moment habe ich gar nicht das Gefühl, daß es beängstigend wäre!

Es gibt zahllose Möglichkeiten, wie geschickte Therapeuten den Klienten in Kontakt mit seinen positiven Ressourcen kommen lassen können, und es ist nicht notwendig, an dieser Stelle im einzelnen weiter darauf einzugehen. Wichtig hier ist einzig die grundlegende Frage: Geht es dem Therapeuten *in erster Linie* darum, die Schwachstellen oder die positiven Seiten herauszustellen? (In dieser Hinsicht kann man sich auch nicht immer auf das Wort des Therapeuten verlassen, denn das Verhalten unterscheidet sich in der Realität oft von den verbalen Bekundungen.) Zu den Geheimnissen, die Virginia Satirs herausragende Begabung als Familientherapeutin ausmachten, gehörten ihre Überzeugung, daß alle Menschen die Ressourcen besaßen, die sie brauchten, um ihre Probleme zu lösen, sowie ihre Fähigkeit, ebendiese Überzeugung den Menschen zu vermitteln, mit denen sie arbeitete. Und das ist mit Blick auf die zu erzielenden Ergebnisse eine der wichtigsten Fähigkeiten, über die ein Psychotherapeut verfügen muß.

Überlebensstrategien

Der Klient muß verstehen, daß der Mensch von Natur aus ein Problemlöser ist. Die Lösungen, die wir für die Schwierigkeiten und Herausforderungen finden, denen wir begegnen, haben bewußt oder unbewußt das Ziel, unsere Bedürfnisse zu befriedigen. Die Mittel, derer wir uns dabei bedienen, sind manchmal denkbar ungeeignet und sogar selbstzerstörerisch – »neurotisch«. Aber auf irgendeiner Ebene ist es auch hierbei unsere Absicht, unseren Bedürfnissen Rechnung zu tragen. Selbst Selbstmord kann als ein tragisches Bemühen der Selbst-Fürsorge verstanden werden, und sei es als Flucht vor unerträglichem Leiden.

Wenn wir jung sind, distanzieren wir uns vielleicht von Gefühlen und Emotionen, die bei anderen, die uns wichtig sind, auf Ablehnung stoßen. Wir unterdrücken diese Gefühle und Emotionen, erschüttern damit aber unser inneres Gleichgewicht und zahlen den Preis dafür in späteren Jahren. Einen Preis in Form von Selbstentfremdung, verzerrten Wahrnehmungen und jeder Menge anderer denkbarer Symptome. Aus Sicht des Kindes ist diese Unterdrückung dennoch funktional zweckmäßig: Sie hat einen Überlebenswert. Dahinter steht die Absicht, dem Kind ein erfolgreicheres Leben zu ermöglichen – oder zumindest Schmerzen auf ein Minimum zu reduzieren. Oder wir erfahren, wenn wir jung sind, vielleicht sehr viele Verletzungen und Ablehnungen und entwickeln eine »Selbstschutz«-Strategie, die darin besteht, daß wir andere als erste ablehnen. Eine Strategie, die alles andere als ein glückliches Leben garantiert. Und dennoch steht nicht die Absicht dahinter, Leid zu verursachen, sondern zu reduzieren. Überlebensstrategien, die unseren Interessen nicht dienlich sind, sondern uns in Wirklichkeit verletzen, an die wir uns aber dennoch um unseres Überlebens willen wie Schiffbrüchige auf stürmischer See klammern, werden von Psychologen als »neurotisch« bezeichnet. Und Strategien, die unseren Interessen dienen, werden entsprechend als »gute Anpassungen« bezeichnet – etwa: gehen, sprechen und denken lernen und es zu lernen, seinen Unterhalt zu verdienen.

Für manche Klienten ist die dysfunktionale, die untaugliche Art und Weise, wie sie auf die Herausforderungen des Lebens reagieren, zutiefst beschämend. Sie sehen in ihrem Verhalten nicht die dahinterstehende beabsichtigte funktionale Zweckmäßigkeit. Sie sind sich ihrer Schüchternheit bewußt oder ihrer unbotmäßigen Aggressivität oder ihrer zwanghaften Sexualität oder daß sie zwischenmenschliche Intimität meiden, aber nicht der Wurzeln, die all diesen Symptomen zugrundeliegen. Sie sind nicht in Kontakt mit den Bedürfnissen, denen sie blind Rechnung zu tragen versuchen. Ihre Scham- und Schuldgefühle erleichtern die Aufgabe nicht, ihren Zustand zu verbessern; sie erschweren sie. Ein Weg, das Selbstwertgefühl der Klienten zu fördern, besteht also darin, ihnen das Prinzip der Überlebensstrategien zu verdeutlichen, sie erkennen zu lassen, daß es sich bei ihren schlimmsten Fehlern im Zweifel um unangemessene Versuche der Selbsterhaltung handelt. Gefühle der Selbstverurteilung müssen untersucht werden, und der Klient muß diese Gefühle verstehen lernen. Sobald das jedoch geschehen ist, erfüllt ein Fortbestehen dieser Gefühle keinen sinnvollen Zweck mehr. Denn je weniger der Klient mit diesen Gefühlen belastet ist, desto freier ist er, über Lösungen nachzudenken, die seinen Bedürfnissen eher gerecht werden. »Wenn Sie selbst erkennen, daß das, was Sie tun, nicht funktioniert, sind Sie dann bereit, nach Alternativen zu suchen, die vielleicht befriedigender sind? Sind Sie dann bereit, versuchsweise etwas anderes auszuprobieren?«

Teilpersönlichkeiten integrieren

Technisch unterscheidet sich mein Therapieansatz von anderen vielleicht am meisten durch die zwei Methoden, die ich anwende: zum einen die Satzergänzungsmethode, die ich in diesem Buch wie auch in früheren Büchern immer wieder beschrieben habe, und zum anderen die gezielte Arbeit mit Teilpersönlichkeiten, worauf ich im folgenden eingehen möchte.*

In Zusammenhang mit der zweiten Säule des Selbstwertgefühls sprachen wir über den Aspekt der Selbstannahme, darüber, wie wichtig es ist, »alle Teile« von uns anzunehmen – Gedanken, Emotionen, Handlungen und Erinnerungen. Zu unseren »Teilen« gehören auch Teile des Selbst mit ihren jeweils eigenen Werten, Perspektiven und Gefühlen. Ich spreche nicht von »multiplen Persönlichkeiten« im pathologischen Sinne. Ich spreche von normalen Bestandteilen der menschlichen Psyche, derer sich die meisten Menschen allerdings nicht bewußt sind. Wenn ein Psychotherapeut die Entwicklung eines gesunden Selbstwertgefühls fördern möchte, ist es von unschätzbarem Wert, wenn er die Dynamiken dieser Teilpersönlichkeiten versteht. Es handelt sich dabei um einen Bereich, den das Individuum in der Regel nicht selbst entdeckt.

Die Idee der Teilpersönlichkeiten ist fast so alt wie die Psychologie selbst. Und in dieser oder jener Form ist bereits viel darüber geschrieben worden. Dahinter steht die These, daß eine monolithische Sicht des Selbst, wonach jedes Individuum eine und nur eine Persönlichkeit mit einem Gefüge bestimmter Werte, Wahrnehmungen und Reaktionen hat, eine übertrieben vereinfachte Vorstellung von der menschlichen Realität darstellt. Jenseits dieser allgemeingültigen Feststellung gibt es jedoch große Unterschiede, wie Psychologen diese Teilpersönlichkeiten im einzelnen verstehen oder wie sie mit ihnen in der Psychotherapie arbeiten.

Meine Frau und Kollegin, Devers Branden, überzeugte mich, wie wichtig die Arbeit mit diesen Teilpersönlichkeiten für das Selbstwertgefühl ist. Jahre, ehe ich mich ernsthaft für dieses Thema interessierte, entwickelte sie innovative Methoden, wie

* Im Anhang finden Sie ein speziell zum Aufbau des Selbstwertgefühls erarbeitetes einunddreißigwöchiges Satzergänzungsprogramm.

diese Teile identifiziert und integriert werden können. Unsere Arbeit beruht auf der Erkenntnis, daß unerkannte oder abgespaltene oder abgelehnte Teile des Selbst in der Regel zu Quellen von Konflikten, unerwünschten Gefühlen und unangemessenen Verhaltensweisen werden. Im Unterschied dazu sind die Teile des Selbst, die erkannt, respektiert und in die gesamte Persönlichkeit integriert werden, Quellen der Energie, eines emotionalen Reichtums, erhöhter Optionen und eines erfüllenderen Identitätsgefühls. Es ist ein weitreichendes Thema, das hier nur ansatzweise beschrieben werden kann.

Beginnen wir mit dem offensichtlichsten Beispiel: Neben dem Erwachsenen-Selbst, das wir alle damit identifizieren, »wer wir sind«, gibt es in unserer Psyche ein Kind-Selbst, die lebendige Gegenwärtigkeit des Kindes, das wir einmal waren. Dieser kindliche Bezugs- und Reaktionsrahmen ist ein bleibender Bestandteil unserer Psyche und gehört zum Potential unseres Bewußtseins, eine geistige Verfassung, in die jeder von Zeit zu Zeit verfällt. Möglicherweise haben wir dieses Kind jedoch vor langer Zeit unterdrückt, seine Gefühle, Wahrnehmungen, Bedürfnisse und Reaktionen, aus der irrigen Vorstellung heraus, daß dieser »Mord« notwendig sei, um erwachsen zu werden. Niemand kann jedoch wirklich ganzheitlich sein, ohne die Verbindung zu diesem Kind-Selbst wiederzufinden und eine bewußte und wohlwollende Beziehung zu diesem Kind-Selbst zu schaffen. Diese Aufgabe ist besonders wichtig, um Autonomie erreichen zu können. Wer sie nicht erfüllt, neigt dazu, darauf zu spekulieren, daß Heilung von außen, von anderen Menschen kommt – und das funktioniert nie: Es geht nicht um eine Heilung zwischen dem Selbst und anderen, erforderlich ist die Heilung zwischen dem Erwachsenen-Selbst und dem Kind-Selbst. Eine Person, die sich zeit ihres Lebens mit dem schmerzlichen Gefühl, abgelehnt zu werden, herumschlägt, ist sich kaum des Umstandes bewußt, daß dieses Problem inzwischen soweit internalisiert wurde, daß daraus eine *Selbst*-Ablehnung wurde. Und zu dieser Selbst-Ablehnung gehört auch die Ablehnung des Kind-Selbst durch das Erwachsenen-Selbst. Dieser Punkt erklärt, warum keine *äußere* Quelle, bei der man Zustimmung findet, diese Wunde jemals heilen kann.

Was verstehe ich unter einem »Teilselbst« oder einer »Teilpersönlichkeit«? (Beide Begriffe werden synonym verwendet.)

Ein Teilselbst oder eine Teilpersönlichkeit ist eine dynamische Komponente der Psyche des Individuums; eine Komponente, die eine eigene spezifische Einstellung, Wertorientierung und »Persönlichkeit« hat; eine Komponente, die jeweils stärker oder weniger stark bei den einzelnen Reaktionen des Individuums dominieren kann; derer sich das Individuum stärker oder weniger bewußt sein kann; die das Individuum akzeptiert oder weniger akzeptiert; der das Individuum wohlwollend oder weniger wohlwollend begegnet; die stärker oder weniger in das gesamte psychologische System des Individuums integriert ist, und die das Potential hat, zu wachsen und sich im Laufe der Zeit zu verändern. (Ich bezeichne ein Teilselbst als »dynamisch«, weil es aktiv mit anderen Komponenten der Psyche interagiert und nicht nur ein passiver Hort von Haltungen ist.)

Das Kind-Selbst ist die Komponente der Psyche, die die »Persönlichkeit« des Kindes enthält, das wir einmal waren – mit dem ganzen kindlichen Spektrum von Werten, Emotionen, Bedürfnissen und Reaktionen. Bei diesem Kind handelt es sich nicht um irgendein Kind oder einen universellen Archetypus, sondern um ein spezifisches Kind mit einer einmaligen Geschichte und individuellen Entwicklung. (Das ist etwas völlig anderes als der »Kind-Ich-Zustand«, von dem in der Transaktionsanalyse ausgegangen wird; die TA greift auf ein generisches Modell zurück.)

Vor rund zwanzig Jahren machte ich anläßlich eines Seminars zum Selbstwertgefühl mit Teilnehmern eine Übung, bei der es um eine imaginäre Begegnung mit dem Kind ging, das wir einmal waren. Anschließend kam eine Frau in der Pause zu mir und sagte: »Möchten Sie wissen, was ich gemacht habe, als mir bewußt wurde, daß das unter dem Baum sitzende Kind, das auf mich wartete, mein fünf Jahre altes Selbst war? Ich ließ hinter dem Baum einen Fluß entstehen, warf das Kind hinein und ertränkte es.« Sie sagte das mit einem bitteren, sarkastischen Lächeln.

Was dieser Vorfall drastisch verdeutlicht, ist nicht nur, daß wir uns eines bestimmten Teilselbst vielleicht nicht bewußt sind, sondern auch, daß diese Bewußtheit spontan mit Feindseligkeit und Ablehnung verbunden sein kann. Muß es noch eigens erwähnt werden, daß wir kein gesundes Selbstwertgefühl haben können, wenn wir gleichzeitig einen Teil dessen, wer wir sind, verschmähen? Ich habe noch nie mit einer an Depressionen leidenden Persönlichkeit gearbeitet, deren Kind-Selbst sich nicht vom Erwachsenen-Selbst gehaßt fühlte (nicht nur ignoriert oder abgelehnt). In meinem Buch *Ich liebe mich auch. Selbstvertrauen lernen* finden Sie eine Reihe von Übungen, die Ihnen zeigen, wie Sie das Kind-Selbst und das Teenager-Selbst identifizieren und integrieren können.

Das Teenager-Selbst ist die Komponente der Psyche, die die Persönlichkeit des Heranwachsenden enthält, der wir einmal waren – mit dem ganzen Spektrum von Werten, Emotionen, Bedürfnissen und Reaktionen dieses Teenagers. Dabei handelt es sich nicht um irgendeinen Teenager oder einen universellen Archetypus, sondern um einen spezifischen Teenager mit einer einmaligen Geschichte und individuellen Entwicklung.

In der Paartherapie, bei der es um Beziehungsprobleme geht, ist die Erforschung des Teenager-Selbst oftmals besonders hilfreich. Denn dieses Teilselbst spielt oft eine wichtige Rolle bei der Partnerwahl. Und es ist der Zustand, in den wir uns oft unbewußt bei Beziehungsschwierigkeiten oder -krisen zurückfallen lassen. Typisch für diesen Zustand sind Rückzugsverhaltensweisen, wie sie etwa bei Reaktionen zum Ausdruck kommen wie: »Das ist *mir* doch egal!« oder: »An mich kommt keiner ran!« oder: »Sag *mir* nicht, was *ich* zu tun habe!«

Ich habe einmal ein Paar behandelt, beide Psychotherapeuten, die absolut wütend aufeinander in meine Praxis kamen. Er war einundvierzig und sie neununddreißig. Aber beide sahen mit ihrer Wut, die sie aufeinander hatten, wie Teenager aus. Auf dem Weg zu mir hatte sie ihm gesagt, er sollte mir als erstes eine bestimmte Information geben. Um ihrem Gesuch »Autorität« zu verleihen, war sie offensichtlich auf eine »ältere« Stimme zurückverfallen, in der er die Stimme seiner Mutter hörte. »Sag mir nicht, was ich zu tun habe!« konterte er aufbrausend. Sie hatte als Jugendliche »ständig« Vorwürfe seitens ihrer Eltern erfahren; in Reaktion auf seine Zurechtweisung fiel sie nun in den Zustand der Heranwachsenden zurück, schlug mit der Faust gegen seine Schulter und schrie: »Sprich nicht so mit mir!« Als sie später wieder in den normalen Zustand ihres Erwachsenenbewußtseins zurückgekehrt waren, ärgerten sie sich über ihr Verhalten. »Als ob wir von Dämonen besessen gewesen wären«, sagte sie. Genauso können wir uns fühlen, wenn eine Teilpersönlichkeit das Regiment übernimmt und wir nicht verstehen, was da geschieht. Ich hatte ihnen geholfen, sich aus diesem Teenager-Zustand wieder herauszuziehen; ich stellte ihnen eine Frage: »Wie alt fühlen Sie sich *jetzt im Moment*, und ist das Ihres Erachtens das Alter, das Sie haben müssen, um dieses Problem zu lösen?«

Das Andere-Geschlecht-Selbst ist die Komponente der Psyche, die die weibliche Teilpersönlichkeit des Mannes und die männliche Teilpersönlichkeit der Frau enthält. Es handelt sich dabei nicht um irgendeine »männliche« oder »weibliche« oder universelle archetypische Persönlichkeit, sondern eine bei jedem Mann und jeder Frau individuelle Persönlichkeit, die Aspekte der jeweiligen persönlichen Entwicklung, des persönlichen Lernens, der persönlichen Akkulturation und Sozialisation reflektiert.

Es gibt in der Regel eine starke Parallele zwischen der Art und Weise, wie wir mit dem anderen Geschlecht in der Welt umgehen, und wie wir mit dem anderen Geschlecht in unserem Innern umgehen. Ein Mann, der erklärt, Frauen seien für ihn ein unbegreifliches Mysterium, ist mit an Sicherheit grenzender Wahrscheinlichkeit nicht mit dem Weiblichen in seinem Innern in Kontakt. Und ebensowenig ist die Frau, die erklärt, Männer seien für sie unbegreiflich, mit ihrer männlichen Seite in Kontakt. Eine der wirksamsten Methoden, Männern und Frauen zu einem positiveren Umgang in ihren Liebesbeziehungen zu verhelfen, ist, mit ihnen an ihrer Beziehung zum Andere-Geschlecht-Selbst zu arbeiten – diese Beziehung bewußter zu machen und darauf hinzuarbeiten, daß sie akzeptiert, wohlwollend betrachtet und mehr in die Gesamtpersönlichkeit integriert wird. Was nicht überrascht, ist, daß Frauen sich mit der Idee, eine innere männliche Seite zu haben, oft weitaus eher anfreunden können als Männer mit der Idee, eine innere weibliche Seite zu haben. Aber weder das eine noch das andere Teilselbst ist schwierig nachzuweisen. (Vielleicht sollte ich noch erwähnen, daß keines der beiden etwas mit Homosexualität oder Bisexualität zu tun hat.)

Das Mutter-Selbst ist die Komponente der Psyche, die die internalisierten Aspekte der Persönlichkeit, Einstellungen und Werte der eigenen Mutter enthält (oder anderer älterer weiblicher »Mutterfiguren«, die in der Kindheit Einfluß ausübten und eine wichtige Rolle spielten). Auch hierbei handelt es sich wiederum nicht um irgendeine oder universale »Mutter«, sondern um eine bestimmte mit einer individuellen Geschichte. (Und auch das ist wiederum etwas völlig anderes als der generische »Eltern-Ich-Zustand« in der Transaktionsanalyse. Mutter und Vater sind beide Elternteile, sie sind jedoch sehr verschieden und sollten nicht wie eine psychologische Einheit behandelt werden. Sie vermitteln oft sehr unterschiedliche Botschaften und haben oft sehr unterschiedliche Haltungen und Werte.)

Als ich einmal abends zusammen mit meinem letzten Klienten die Praxis verließ und auf der Straße plötzlich merkte, wie kalt es geworden war, sagte ich impulsiv – und eigentlich recht untypisch für mich – zu dem jungen Mann: »Was! Sie sind ohne Pullover gekommen?« Ehe mein verblüffter Klient antworten konnte, fügte ich hinzu: »Stop. Antworten Sie nicht. Ich habe das nicht gesagt. Das hat meine Mutter gesagt.« Wir lachten beide. Einen kurzen Moment lang hatte mein Mutter-Selbst die Regie in meinem Bewußtsein übernommen.

Was mir passiert war, ist etwas, was auf ernsthaftere Weise ständig geschieht. Selbst wenn unsere Mutter möglicherweise schon lange tot ist, haben wir noch ihre Botschaften im Kopf und gehen oft davon aus, daß es unsere eigenen sind. Wir merken nicht, daß es ihre Stimme ist, die sich zu Wort meldet, und nicht unsere, und daß es ihre Sichtweisen, ihre Werte und ihre Orientierungen sind, die wir internalisiert und denen wir es erlaubt haben, in unserer Psyche einen festen Platz einzunehmen.

Das Vater-Selbst ist die Komponente der Psyche, die die internalisierten Aspekte der Persönlichkeit, Einstellungen und Werte des eigenen Vaters enthält (oder anderer älterer männlicher »Vaterfiguren«, die in der Kindheit Einfluß ausübten oder eine wichtige Rolle spielten).

Ich hatte einmal einen Klienten, der über Schuldgefühle klagte, wenn er gegenüber seiner Freundin nett und mitfühlend gewesen war. Eine rätselhafte und ungewöhnliche Reaktion. Wir stellten schließlich fest, daß die Quelle seiner »Schuldgefühle« ein bis dahin nicht erkanntes Vater-Selbst war, das über ihn spottete und sagte: »Frauen benutzt man und behandelt sie nicht als Personen. Was für ein Mann bist du eigentlich?« So drehte der Kampf des Klienten sich schließlich darum, zwischen seiner eigenen Stimme und der seines Vater-Selbst unterscheiden zu lernen.

Diese Liste der Teilpersönlichkeiten erhebt keinen Anspruch auf Vollständigkeit. Es ging mir lediglich darum, diejenigen aufzuzeigen, mit denen wir in der Praxis am häufigsten arbeiten. Was jede dieser Teilpersönlichkeiten von uns braucht, ist Verständnis, und daß sie akzeptiert, respektiert und wohlwollend behandelt wird. In der Therapie haben wir Techniken entwickelt, wie dieses Ziel zu erreichen ist.

Vor wenigen Jahren identifizierte Devers noch zwei weitere Teilpersönlichkeiten, mit denen sich unseres Erachtens produktiv arbeiten läßt. Technisch handelt es sich dabei nicht unbedingt um Teilpersönlichkeiten in dem Sinne wie bei den vorgenannten, funktional können sie jedoch genauso behandelt werden. Es geht um das *äußere Selbst* und das *innere Selbst*.

Das äußere Selbst ist die Komponente der Psyche, die durch das Selbst zum Ausdruck kommt, das wir der Welt präsentieren. Sehr vereinfacht ausgedrückt: Das äußere Selbst ist das Selbst, das andere Menschen sehen. Dieses Selbst kann in bemerkenswertem Maße in Einklang mit dem inneren Selbst und ein angemessenes Vehikel sein, um das innere Selbst in der Welt zum Ausdruck zu bringen. Es kann aber auch eine starke Panzerung und schützende Verzerrung des inneren Selbst sein.

Das innere Selbst ist das Selbst, das nur wir sehen und erfahren können. Es ist das private Selbst; das subjektiv wahrgenommene Selbst. (Ein wirksamer Satzstamm: *Wenn mein äußeres Selbst mein inneres Selbst in der Welt mehr zum Ausdruck brächte,...*)

Ein zentraler Aspekt unserer Therapie ist, *ein Gleichgewicht zwischen diesen Teilpersönlichkeiten herzustellen bzw. sie zu integrieren.* Dazu ist es erforderlich, mit diesen Teilen des Selbst auf verschiedene Dinge hinzuarbeiten, die allerdings alle miteinander zusammenhängen. Dazu gehört:

1. Es zu lernen, eine bestimmte Teilpersönlichkeit zu erkennen und sie im Rahmen der Gesamtheit der eigenen Erfahrungen zu isolieren und zu identifizieren.
2. Die Beziehung zu verstehen, die zwischen dem bewußten Erwachsenen-Selbst und dieser Teilpersönlichkeit besteht (ob es sich dabei zum Beispiel um eine bewußte, halbbewußte oder unbewußte, um eine von Annahme oder Ablehnung, von Wohlwollen oder Feindseligkeit geprägte Beziehung handelt).
3. Die herausragenden Eigenschaften dieser Teilpersönlichkeit zu identifizieren – die Hauptsorgen, die dominierenden Emotionen sowie charakteristische Reaktionsweisen.
4. Die in Zusammenhang mit dem bewußten Erwachsenen-Selbst unerfüllten Bedürfnisse und Wünsche dieser Teilpersönlichkeit zu identifizieren (zum Beispiel: gehört und angehört zu werden, mit Respekt und Mitgefühl akzeptiert zu werden).
5. Destruktive Verhaltensweisen dieser Teilpersönlichkeit zu identifizieren, die dann zutage treten, wenn wichtige Bedürfnisse und Wünsche seitens des bewußten Erwachsenen-Selbst ignoriert oder nicht befriedigt werden.
6. Eine Beziehung zwischen dem bewußten Erwachsenen-Selbst und dieser Teilpersönlichkeit zu entwickeln, die von Bewußtsein, Annahme, Respekt, Wohlwollen und durch eine von Offenheit getragene Kommunikation geprägt ist.
7. Die Beziehung zu identifizieren, die zwischen einer bestimmten Teilpersönlichkeit und den verschiedenen anderen Teilpersönlichkeiten in der Psyche besteht, und etwaige Konflikte zu lösen (mittels Dialogen, Satzergänzungen und Spiegelarbeit).

Devers entwickelte eine sehr wirksame Methode, wonach Klienten in Dialoge mit den Teilen ihres Selbst treten können. Bei der Spiegelarbeit mit Teilpersönlichkeiten handelt es sich um eine Form des Psychodramas, wozu ein geänderter Bewußtseinszustand gehört. Der Klient setzt sich vor einen Spiegel, tritt in das Bewußtsein (Ich-Zustand) einer bestimmten Teilpersönlichkeit ein und spricht in diesem Zustand mit dem bewußten Erwachsenen-Selbst, das er im Spiegel sieht. Wobei im wesentlichen Satzergänzungen verwendet werden (zum Beispiel: **Wenn ich hier so sitze und dich anschaue, ...; Du behandelst mich genau wie Mutter, und zwar wenn du ...; Zu den Dingen, die ich immer von dir wollte und nie bekam, gehört...; Wenn ich mich von dir akzeptiert fühlen würde, ...; Wenn ich das Gefühl hätte, daß du mir meine Kämpfe nachfühlen kannst, ...**).

Ob wir mit einem jüngeren Selbst, einem Andere-Geschlecht-

Selbst oder einem Eltern-Selbst arbeiten, das Ziel ist immer die Integration und die Erfahrung einer größeren Ganzheitlichkeit. Und die erforderlichen Schritte sind im Prinzip immer die gleichen, so wie zuvor beschrieben. Durch diesen Prozeß verwandeln wir abgespaltene Teile unseres Selbst, die bis dahin Quellen von Unruhen und Konflikten waren, in positive Ressourcen, aus denen wir Energie schöpfen und die uns bereichern können.

Können wir das Prinzip der Selbstannahme beherrschen lernen, ohne etwas über diese Teilpersönlichkeiten zu wissen? Natürlich. Wenn wir es lernen, unsere inneren Signale zu akzeptieren und zu respektieren und bei dem, was wir erfahren, wirklich gegenwärtig zu sein, so haben wir das erfüllt, was das Selbstwertgefühl von uns verlangt, soweit es die Selbstannahme angeht.

Manchmal stellen wir jedoch fest, daß der Prozeß der Selbstannahme blockiert ist, und wir wissen nicht warum. Mysteriöse Stimmen in unserem Kopf ergehen sich in endloser Selbstkritik. So daß die Selbstannahme wie ein Ideal erscheint, das wir nie ganz erreichen können. In dem Fall kann die Arbeit mit den Teilpersönlichkeiten ein Weg sein, den Durchbruch zu schaffen.

In der Psychotherapie kann ebendiese Arbeit mit den Teilpersönlichkeiten von unschätzbarem Wert sein. Denn eine der Barrieren, die das Wachstum des Selbstwertgefühls verhindern, können elterliche Stimmen sein, die das Individuum mit kritischen und sogar feindseligen Botschaften bombardieren. Als Therapeuten müssen wir wissen, wie wir diese negativen Stimmen ausschalten – und aus einem feindselig gesinnten Mutter- oder Vater-Selbst eine positive Ressource machen können.

Fertigkeiten, über die ein selbstwertgefühl-orientierter Therapeut verfügen muß

Es gibt einige grundlegende Fertigkeiten, über die jeder Psychotherapeut verfügen muß, um effizient arbeiten zu können. Es sind Fertigkeiten im zwischenmenschlichen Umgang wie die Fähigkeit, eine persönliche Beziehung aufzubauen, eine von Sicherheit und Akzeptanz getragene Atmosphäre zu schaffen sowie eine von Hoffnung und Optimismus geprägte Haltung zu vermitteln. Hinzu kommen jene Fertigkeiten, die ein Therapeut braucht, um spezifische Probleme aufarbeiten zu können, bei denen es etwa um sexuelle Schwierigkeiten oder zwanghafte Störungen geht.

Ein Therapeut, der die Förderung des Selbstwertgefühls als zentrale Aufgabe im Rahmen seiner Arbeit sieht, muß sich des weiteren mit spezifischen Fragen auseinandersetzen. Etwa:

Wie und mit welchen Mitteln will ich meinem Klienten helfen, daß er es lernt, bewußter zu leben?

Wie lehre ich ihn, sich selbst anzunehmen?

Wie ermögliche ich es ihm, daß er es lernt, eigenverantwortlicher zu handeln?

Wie ermutige ich ihn, sich selbstsicherer zu behaupten?

Wie trage ich dazu bei, daß er es lernt, zielgerichteter zu leben?

Wie inspiriere ich ihn zu mehr Integrität in seinem Alltagsleben?

Was kann ich tun, um seine Autonomie zu fördern?

Wie kann ich die Lebensbegeisterung des Klienten fördern?

Wie kann ich blockierte positive Potentiale mobilisieren?

Wie kann ich dem Klienten helfen, daß er es lernt, angesichts von Konflikten und Herausforderungen auf Bewältigungsstrategien zurückzugreifen, die sein Wohlbefinden und seine Kompetenz fördern und seine Fertigkeiten insgesamt erweitern?

Wie helfe ich dem Klienten, sich von irrationalen Ängsten zu befreien?

Wie helfe ich dem Klienten, sich von den anhaltenden Schmerzen alter Wunden und Traumata zu befreien, die vielleicht auf Kindheitserfahrungen zurückgehen?

Wie kann ich dem Klienten helfen, daß er es lernt, geleugnete und abgespaltene Aspekte des Selbst zu erkennen, zu akzeptieren und zu integrieren?

Ebenso kann der Klient, der seine eigene Therapie – den Ansatz seines Therapeuten oder seine persönlichen Fortschritte mit diesem Ansatz – beurteilen möchte, diese Fragen als Bewertungsmaßstab nutzen. Also: Lerne ich, bewußter zu leben? Lerne ich, mich selbst mehr anzunehmen? Trägt die Art und Weise, wie mein Therapeut mit mir umgeht, zur Förderung meiner Autonomie und Lebenstüchtigkeit bei? Und so weiter.

Ängste, Schmerzen und die Verbesserung negativer Zustände

Irrationale Ängste haben unweigerlich einen negativen Effekt auf unser Selbstgefühl. Was umgekehrt heißt, daß die Ausschaltung irrationaler Ängste eine Steigerung des Selbstwertgefühls bewirkt. Und das ist eine der grundlegenden Aufgaben der Therapie.*

* Herausstellen möchte ich die revolutionäre Arbeit meines Kollegen Dr. Roger Callahan, der eine in meinen Augen wahrhaft bahnbrechende Technologie zur Reduzierung oder Ausschaltung zermürbender Ängste entwickelte. Callahan arbeitet

Nichtheilende Schmerzen aus der Vergangenheit sind aufgrund der Gefühle der Kraftlosigkeit, die sie oft erzeugen, und den Abwehrreaktionen, mit denen sie typischerweise bekämpft werden, eine weitere Barriere für die Bemühungen um ein stärkeres Selbstwertgefühl.** Wenn wir die Schmerzen psychologischer Wunden reduzieren oder ausschalten können, steigt in der Regel das Selbstwertgefühl.

Wenn wir an den in den vorgenannten Fragen angesprochenen Themen arbeiten, bewegen wir uns ständig nach vorne und wieder zurück, zwischen dem, was ich als das »Positive« (zum Beispiel: es lernen, bewußter zu leben) und das »Negative« bezeichne (zum Beispiel: irrationale Ängste ausschalten). Beides ist an jedem einzelnen Punkt miteinander verknüpft. Um das Positive und das Negative zu diskutieren und zu analysieren, ist es sinnvoll, beides konzeptionell zu trennen. In der Realität ist beides jedoch nicht getrennt. Wenn wir Negatives ausschalten, machen wir den Weg für Positives frei. Und wenn wir das Positive fördern, wird das Negative oft automatisch geschwächt, oder es verschwindet.

In den letzten Jahren konnten in der Psychopharmakologie bemerkenswerte Durchbrüche erzielt werden. Mit dem Ergebnis, daß einige »negative Zustände« mittels Psychopharmaka verbessert werden können, insbesondere im Bereich schwerer psychischer Störungen, deren Ursachen auf der Ebene biochemischer Ungleichgewichte vermutet werden. Dank dieser Mittel können nunmehr viele Männer und Frauen in der Welt funktionieren, was ihnen vorher nicht möglich war. Die Frage der Psychopharmaka ist jedoch ein kontroverses Thema. Die Kritiker weisen die von den Befürwortern aufgestellten Behauptungen und verbreiteten Erfolgsmeldungen oft als maßlos übertrieben zurück, mit dem Verweis, sie würden nicht durch entsprechende wissenschaftliche Forschungen unterstützt, und die gefährlichen Nebenwirkungen mancher psychopharmakologischer Agenzien würden unter-

mit einem vom menschlichen Energiesystem ausgehenden Konzept, dessen Wurzeln – über die Akupunktur – bis zur chinesischen Medizin zurückgehen. Ein Konzept, dessen Stichhaltigkeit inzwischen aber auch im Westen mit wachsenden wissenschaftlichen Belegen untermauert wird. Fest steht, daß Callahans Arbeit weitreichende Folgen für die gesamte Heilkunst hat. Den besten Einblick in seine Arbeit gewährt sein Buch *Leben ohne Phobie. Wie Sie in wenigen Minuten Ihre Phobie verlieren können*, Freiburg 1987.

** Jeden Anspruch, den Callahan für seine Therapie erhebt, kann ich nicht uneingeschränkt unterschreiben. Ich konnte mit diesem Ansatz jedoch auch persönlich außergewöhnliche Ergebnisse bei der Behandlung von Ängsten, Schmerzen und emotionalen Traumata erzielen – wie auch andere Kollegen.

schlagen oder heruntergespielt.* Ich habe Klienten sowohl vorher als auch nachher behandelt, ehe und nachdem ihre Ängste, Depressionen oder zwanghaft-besessenen Reaktionen mit chemischen Mitteln reduziert oder ausgeschaltet (oder maskiert?) worden waren. Das Verblüffende für mich war jedoch immer, daß ihre grundlegenden Probleme mit dem Selbstwertgefühl (und der Persönlichkeitsstruktur) blieben, ungeachtet dessen, ob sie sich besser »fühlten« oder nicht. Jenseits der Linderung des Leidensdrucks hat diese Medikation mitunter jedoch den nutzbringenden Effekt, daß sie es dem Klienten ermöglicht, sich an der Psychotherapie mehr zu beteiligen. Die schlechte Nachricht ist, daß sie dem Klienten mitunter auch die Flucht vor den realen Problemen erleichterte, deren Lösung mehr von ihnen verlangt hätte als nur die Einnahme einer Pille.

Die Methodenlehre unterliegt naturgemäß einer Fortentwicklung. Und wir werden ständig neue Wege und Möglichkeiten zur Erreichung unserer Therapieziele entdecken. In diesem Kapitel ging es mir vor allem um die Frage, worin diese Ziele bestehen müssen. Und es ging mir darum, einige grundlegenden Prinzipien eines am Selbstwertgefühl orientierten Ansatzes zu verdeutlichen.

Die Therapie der Zukunft

Da das Bewußtsein hinsichtlich der Wichtigkeit des Selbstwertgefühls allenthalben wächst, bedarf es keiner prophetischen Fähigkeiten, um vorauszusagen, daß denn auch Psychotherapeuten zunehmend von Klienten die Frage gestellt werden wird: »Wie kann ich in meinem Selbstwertgefühl wachsen?« Die Nachfrage nach einer Technologie, die speziell auf dieses Thema ausgerichtet ist, wird steigen. Zunächst muß jedoch geklärt werden, was das Selbstwertgefühl genaugenommen ist *und wovon eine gesunde Entwicklung des Selbstwertgefühls abhängt.*

Ein Ansatz zur Förderung des Selbstwertgefühls konzentriert sich beispielsweise darauf, dem Klienten zu helfen, daß er auf der Ebene der praktischen Wirksamkeit wächst, das heißt, neue Fertigkeiten erwirbt. Das ist ein wichtiger Aspekt der Selbstwertgefühl-Therapie. Keine Frage. Aber es ist nur ein Aspekt. Bei einem Klienten, dessen Leben durch Scheinheiligkeit und Unehrlichkeit geprägt ist, werden neue Fertigkeiten die Leere in seinem Wertig-

* Eine Kritik der pharmakologisch orientierten Psychiatrie liefert Peter R. Breggan: *Toxic Psychiatry*, New York 1991.

keitsgefühl nicht füllen. Oder: Bei einem Klienten, der die überkritische Stimme der Mutter oder des Vaters (repräsentiert durch das Mutter-Selbst oder das Vater-Selbst) internalisiert hat, kann das Gefühl grundlegender Unzulänglichkeit oder Wertlosigkeit durchaus mit hohen Leistungen koexistieren. Oder: Bei einem Klienten, der die Kompetenz und den Wert eines Menschen nur am Maßstab spezifischer Kenntnisse und Fertigkeiten mißt, aber die ihnen zugrundeliegenden mentalen Prozesse unberücksichtigt läßt, die beides ermöglichen, kann ein Gefühl der Ineffizienz durchaus mit einer Reihe erworbener Fähigkeiten koexistieren. Zu diesem letzten Punkt: Wenn wir sagen, Selbst-Wirksamkeit ist das Vertrauen in die eigene Kompetenz, mit den grundlegenden Herausforderungen des Lebens fertig zu werden, so verankern wir diese Komponente des Selbstwertgefühls nicht in spezifischen Kenntnissen oder Fertigkeiten, sondern in unserer Fähigkeit zu denken, Entscheidungen zu treffen, zu lernen und angesichts von Schwierigkeiten durchzuhalten – wobei es jeweils um einen Prozeß und nicht um Inhalte geht. Eine wirksame Selbstwertgefühl-Therapie muß prozeßorientiert sein, aber nicht nur das. Sie muß so umfassend sein, daß nicht nur der Frage der Kompetenz Rechnung getragen wird, sondern auch der des Wertes – der Selbstachtung: Es geht um das Vertrauen, daß man Liebe, Erfolg und Glück verdient.

Einem anderen traditionellen Ansatz zufolge handelt es sich bei dem Selbstwertgefühl um die »reflektierten Bewertungen« wichtiger anderer Personen. Logisch wäre es demzufolge, wenn der Therapeut dem Klient sagt: »Sie müssen lernen, wie Sie es schaffen, sich bei anderen beliebt zu machen.« In der Realität würden jedoch nur wenige Therapeuten etwas derartiges sagen. Und ebensowenig würden sie sagen: »Durch die Therapie werden Sie lernen, wie Sie Menschen so perfekt manipulieren können, daß der überwältigenden Mehrheit nichts anderes übrig bleibt, als Sie zu mögen – und damit ist dann Ihr Selbstwertgefühl gesichert!« Wenn man aber doch wirklich glaubt, das Selbstwertgefühl sei quasi ein Geschenk anderer, warum sagt man es dann nicht auch? Die Antwort ist vermutlich, daß man, egal, wie sehr man theoretisch vielleicht auf »andere ausgerichtet« ist, dennoch irgendwo weiß, daß die Zustimmung, die jeder von uns braucht, letztlich von innen kommen muß. Als Kinder hängen wir hinsichtlich der Befriedigung unserer Bedürfnisse weitestgehend von anderen ab. Manche Kinder sind unabhängiger als andere, aber kein Kind kann das Maß an Unabhängigkeit haben, das einem Erwachsenen möglich ist. In dem Zuge, wie wir reifer werden, lernen wir, uns in zunehmend mehr Bereichen »selbst zu versorgen« – auch was das

Selbstwertgefühl angeht. Zu einer gesunden Entwicklung gehört, daß wir die Quelle der Zustimmung aus der Welt zu uns selbst verlagern; wir verlagern sie von außen nach innen. Wer die Natur und die Wurzeln des Erwachsenen-Selbstwertgefühls nicht versteht und es als »reflektierte Bewertungen« begreift, der ist erheblich benachteiligt, wenn es um eine erfolgreiche Umsetzung der Theorie in die Praxis geht.

Manche Psychotherapeuten setzen das Selbstwertgefühl mit Selbstannahme gleich. Mit dem Ergebnis, daß sie es als etwas per se Naturgegebenes behandeln, bei dem keine weiteren Anstrengungen des Individuums erforderlich sind. Es ist ein Ansatz, der nur sehr begrenzt das erfaßt, was das Selbstwertgefühl ist und verlangt. Wie wichtig dieser Punkt der Selbstannahme auch ist, der Klient wird sich am Ende fragen, warum damit nicht auch sein Hunger nach etwas mehr gestillt ist – nach etwas Erhabenheit, nach der sich der Klient vielleicht sehnt, aber weder eine Ahnung noch eine Anleitung hat, wie er sie erreichen kann.

Aus den vorgenannten Gründen empfehle ich jedem, der professionelle Hilfe zur Förderung seines Selbstwertgefühls in Anspruch nehmen möchte, was ein ausgesprochen lohnens- und bewundernswerter Vorsatz ist, zur Klärung einiger Grundsätzlichkeiten einem potentiellen Therapeuten vorab folgende Fragen zu stellen:

Was verstehen Sie unter »Selbstwertgefühl«?

Wovon hängt Ihres Erachtens ein gesundes Selbstwertgefühl ab?

Was werden wir gemeinsam unternehmen, um mein Selbstwertgefühl positiv zu beeinflussen?

Womit begründen Sie es, daß Sie so denken?

Jeder gewissenhafte Therapeut wird diese Fragen respektieren.

17. Selbstwertgefühl und Kultur

Zu einem besseren Verständnis der in diesem Buch behandelten Themen kann es beitragen, wenn wir uns das Selbstwertgefühl in Zusammenhang mit der Kultur und unter dem Aspekt anschauen, inwieweit es durch die Kultur beeinflußt wird.

Beginnen wir mit der Idee des Selbstwertgefühls als solche. Dies ist keine Idee – geschweige denn ein Ideal –, die in allen Kulturen zu finden ist. Sie kam erst in jüngerer Zeit im Westen auf und ist nach wie vor weit davon entfernt, voll verstanden zu werden.

Im Mittelalter schlief das »Selbst« noch bzw. das, was wir heute unter dieser Idee verstehen. Man war von der Gesinnung her stammesorientiert und nicht individualistisch. Jedem war per Geburt sein fester und unveränderlicher Platz in der gesellschaftlichen Ordnung zugewiesen. Abgesehen von einigen wenigen sehr seltenen Ausnahmen wählte man seinen Beruf nicht; durch die Umstände der Geburt wurde dem einzelnen die Rolle des Bauern, des Handwerkers oder Ritters – oder die der standesgemäßen Ehefrau – zugewiesen. Woraus der einzelne sein Gefühl der Sicherheit bezog, waren nicht die eigenen Leistungen, sondern der Umstand, daß man sich als integraler Bestandteil »der natürlichen Ordnung« sah, die, wie man annahm, von Gott gegeben war. Jenseits der Wechselfälle von Kriegen, Hungersnöten und Seuchen war der eigene Lebensunterhalt unter den Vorzeichen der Tradition mehr oder weniger garantiert. Es gab kaum so etwas wie einen Wettbewerb. Ebenso wie es kaum so etwas wie eine wirtschaftliche Freiheit oder irgendeine andere Art der Freiheit gab. In einer Umwelt, die einem unabhängigen, selbstbewußten Geist so wenig Ausdrucksmöglichkeiten gab, konnte sich ein Selbstwertgefühl – soweit es denn überhaupt existierte und sich durch eine überlegene wirtschaftliche Anpassungsfähigkeit gezeigt hätte – nicht durchsetzen. Und für denjenigen, der es dennoch wagte, konnte es bisweilen lebensgefährlich sein: Ihn erwarteten im Zweifel Folter und Marter. Im dunklen Mittelalter wurde Selbstbehauptung nicht geschätzt. Individualität stieß auf Unverständnis. Den Begriff der Eigenverantwortlichkeit gab es nicht. Ebensowenig kannte man so etwas wie den Begriff der »Menschenrechte« oder die moderne Idee von politischer Freiheit. Die Bereitschaft zu Neuerungen als Lebensprinzip lag jenseits des Vorstellungsvermögens. Der Zusammenhang zwischen Verstand, Intelligenz und Kreativität auf der einen und der Frage des Überlebens auf der anderen Seite war unbekannt. Hier gab es keinen Platz für das Selbstwertgefühl (was nicht heißt, daß es nicht existierte).

Unsere Vorstellung vom »Individuum«, das autonom, selbstbestimmt, eigenständig denken und die Verantwortung für seine Existenz tragen kann, kristallisierte sich im Laufe verschiedener historischer Entwicklungen heraus. Eine entscheidende Rolle spielten: die Renaissance im 15. Jahrhundert, die Reformation im 16. Jahrhundert sowie die Aufklärung im 18. Jahrhundert – und in deren Sog die Industrielle Revolution und der Kapitalismus. Die Wurzeln unseres heutigen Konzeptes des Selbstwertgefühls gehen auf die vom Individualismus geprägte Kultur der Post-Renaissance zurück. Was ebenso für viele der von uns (und einer zunehmenden Zahl von Menschen in anderen Ländern) heute hochgehaltenen Ideale gilt: die Freiheit, aus Liebe zu heiraten; den Glauben an das Recht, nach Glück zu streben; die Hoffnung, daß Arbeit mehr als nur eine Quelle zum Verdienen des Lebensunterhalts, sondern auch eine Quelle zum Ausdruck der Persönlichkeit und Selbstverwirklichung sein kann. Werte, die bis vor nicht allzu langer Zeit als ausgesprochen »westlich« galten – inzwischen aber zusehends mehr Anhänger auf der Welt finden. Es sind Werte, die menschliche Bedürfnisse widerspiegeln.

Als psychologische Realität existiert das Selbstwertgefühl seit Tausenden von Jahren im menschlichen Bewußtsein, lange ehe die Idee sich als solche durchsetzte. Und heute, da sie sich nun durchgesetzt hat, besteht die Herausforderung darin, sie zu verstehen.

Das Selbstwertgefühl ist kein »kulturbedingtes« Bedürfnis

Jeder Mensch ist, unabhängig von den Sitten und Werten, mit denen er in einer Gesellschaft aufwächst, gezwungen, so zu handeln, daß er seine grundlegenden Bedürfnisse befriedigt. Wir fühlen uns angesichts dieser Herausforderung nicht immer und automatisch kompetent. Dennoch braucht jeder Mensch die Erfahrung der Kompetenz (die ich als Selbst-Wirksamkeit bezeichne), um ein grundlegendes Gefühl der Sicherheit und Stärke zu besitzen. Dieses Gefühl ist Voraussetzung, um angemessen reagieren zu können. Wir haben nicht immer und automatisch das Gefühl, daß wir es wert sind, geliebt und respektiert zu werden und glücklich zu sein. Dennoch braucht jeder Mensch die Erfahrung, daß er einen Wert hat (was eine Frage der Selbstachtung ist). Diese Erfahrung ist Voraussetzung dafür, daß er sich angemessen um sich selbst kümmert, seine legitimen Interessen schützt, Freude aus seinen

Bemühungen gewinnen und sich (wenn möglich) gegenüber denjenigen behaupten kann, die ihn verletzen oder ausbeuten wollen. Ohne diese Erfahrung können wir nicht angemessen im Sinne unseres wahren Eigeninteresses handeln. Die Wurzel des Bedürfnisses nach einem Selbstwertgefühl ist *biologischer Natur*: Es hängt mit der Frage des Überlebens und der Fähigkeit, wirksam zu funktionieren, zusammen.

Dieses Bedürfnis ist Teil der menschlichen Natur. Es ist keine Erfindung der westlichen Kultur.

Die Universalität der Fragen des Selbstwertgefühls

Bewußt leben: Für jeden Organismus, der ein Bewußtsein besitzt, ist dieses Bewußtsein zwingend für eine wirksame Anpassung. Die *menschliche* Form des Bewußtseins ist begrifflich definiert: Unser Überleben, unser Wohlbefinden und unser Geschick der Anpassungsfähigkeit hängen von unserer Fähigkeit zu denken, von der angemessenen Verwendung unseres Verstandes ab. Ob man ein Fischnetz repariert oder ein Computerprogramm entschlüsselt, ob man ein Tier aufzuspüren versucht oder den Plan für einen Wolkenkratzer entwirft, ob man mit einem Feind verhandelt oder einen Streit mit dem Ehepartner zu schlichten versucht – in all diesen Fällen kann man dem Vorgang ein höheres oder ein geringeres Bewußtsein entgegenbringen. Man kann wählen, ob man sehen oder ob man nicht sehen (oder auch eine Zwischenlösung finden) will. Die Realität ist jedoch die Realität, und sie wird auch nicht durch selbstgewählte Blindheit verwischt. Je höher das Bewußtsein, das man dem, was man tut, entgegenbringt, desto wirksamer fühlt man sich und desto stärker ist das Gefühl, daß man die Situation kontrolliert – und desto erfolgreicher sind die eigenen Bemühungen.

In jeder Situation, die ein Bewußtsein verlangt, profitiert das Selbstwertgefühl, wenn wir bewußt operieren; und es nimmt Schaden, wenn wir (relativ) unbewußt operieren. Die Wichtigkeit einer bewußten Lebensweise wurzelt nicht in der Kultur, sondern in der Realität.

Selbstannahme: Wenn Individuen ihre eigenen Erfahrungen leugnen und sich davon distanzieren, wenn sie ihre Gedanken, Gefühle oder Verhaltensweise als »das bin ich nicht« ablehnen, wenn sie das Leben in ihrem Innern ins Unbewußte verbannen, so steht dahinter die Absicht, sich selbst zu schützen. Sie versuchen, ihr Gleichgewicht zu wahren und das Bild zu schützen, das sie von sich haben. Diese Selbstschutzmechanismen sollen dem »Selbstwertgefühl« dienen. In Wirklichkeit schaden sie dem Selbstwertgefühl. Das Selbstwertgefühl verlangt, daß man sich selbst annimmt. Selbstablehnung ist ihm nicht dienlich. Und das gilt unabhängig von der Frage, ob eine bestimmte Kultur den Aspekt der Selbstannahme fördert oder nicht. Eine sehr autoritäre Gesellschaft fördert im Zweifel die Einstellung, wonach das Innenleben des Einzelnen nicht so wichtig oder sogar geringzuschätzen ist. Das heißt jedoch nicht, daß die Frage der Selbstannahme nur Ausdruck einer kulturellen Neigung und nicht in der menschlichen Natur begründet ist. Es heißt vielmehr, daß es Kulturen gibt, in denen Werte hochgehalten werden, die dem menschlichen Wohlbefinden abträglich sind. Nicht jede Kultur ist psychologisch in gleichem Maße nutzbringend für ihre Mitglieder.

Eigenverantwortlichkeit: Niemand, der nicht die Verantwortung für seine Wahlentscheidungen und Handlungen übernimmt, kann sich lebenstüchtig und kompetent fühlen, mit den Herausforderungen des Lebens fertig zu werden. Niemand, der nicht die Verantwortung für die Erfüllung seiner Wünsche übernimmt, kann das Gefühl haben, wirksam zu sein. Eigenverantwortliches Handeln ist entscheidend für die Erfahrung innerer Stärke. Wenn wir auf andere schauen, daß sie uns glücklich machen, uns Erfüllung oder ein Selbstwertgefühl geben sollen, verzichten wir auf die Kontrolle über unser Leben. Und es gibt keine gesellschaftliche Umwelt, in der diese Feststellungen nicht zuträfen.

Nicht in allen Kulturen wird das Prinzip der Eigenverantwortlichkeit gleichermaßen geschätzt. Das ändert aber nichts an der Tatsache, daß wir da, wo wir sehen, daß Verantwortung übernommen wird und die Bereitschaft besteht, sich in die Verantwortung nehmen zu lassen, auch ein gesünderes, robusteres Selbstgefühl sehen – einen biologisch anpassungsfähigeren Organismus.

Im Rahmen von Teamarbeit, Gruppenaktivitäten und ähnlichem kann die eigenverantwortlich handelnde Person sich im Umgang mit anderen als besonders effizient erweisen, da sie *bereit ist, sich in die Verantwortung nehmen zu lassen*. Bezeichnend für sie ist, daß sie weder abhängig noch ein Parasit, noch ein Ausbeuter ist. Eigenverantwortlichkeit heißt nicht, daß man alles selbst macht. Sondern, daß man, wenn man zusammen mit anderen etwas macht, für sich selbst geradesteht. Muß es noch eigens erwähnt werden, daß eine Gesellschaft, deren Mitgliedern diese Haltung zu eigen ist, stärker und besser gerüstet ist, zu überleben, als eine Gesellschaft, in der dies nicht der Fall ist?

Selbstbehauptung: Selbstbehauptung heißt, den eigenen Bedürfnissen, Wünschen, Werten und Urteilen Rechnung zu tragen und nach angemessenen Formen zu suchen, um diese in der Realität des praktischen Alltags zum Ausdruck zu bringen. Selbstbehauptung wird nicht in allen Kulturen gleichermaßen geschätzt. Außerdem gibt es örtlich spezifische Unterschiede, welche Formen des Ausdrucks der eigenen Persönlichkeit als angemessen akzeptiert werden oder nicht. Dies können Unterschiede auf der Ebene der Wortwahl, der Gestik oder des Tonfalls sein, in dem man spricht. Aber in dem Maße, wie eine Kultur den natürlichen Impuls zur Selbstbehauptung und zum Ausdruck der eigenen Persönlichkeit unterdrückt, blockiert sie auch die Kreativität, erstickt die Individualität und konterkariert die Dinge, die Voraussetzung für ein Selbstwertgefühl sind. In Nazi-Deutschland und in der Sowjetunion wurde, um nur zwei Beispiele aus diesem Jahrhundert zu nennen, Selbstbehauptung brutal bestraft. Selbstbehauptung war in diesen Ländern kulturell geächtet. Es waren keine Gesellschaften, in denen sich das menschliche Leben voll entfalten konnte. In anderen Kulturen werden Selbstbehauptung und der Ausdruck der eigenen Persönlichkeit weniger hart und gewaltsam (mitunter auf sehr subtile Weise) bestraft. Hawaiischen Kindern mag freundlich vorgeschrieben werden: »Bleibt in der Masse, und hebt euch nicht aus ihr heraus.«[1] Fest steht jedoch, daß auch diese Art der Zurückhaltung als grundlegender Wesenszug dem Selbstwertgefühl – und der Lebenskraft insgesamt – abträglich ist.

Der Ausdruck der eigenen Persönlichkeit ist etwas Natürliches. Die eigene Persönlichkeit zu unterdrücken, läuft der Natur zuwider. Kindern muß man keinen Unterricht in Selbstbehauptung geben. Autoritäre Gesellschaften müssen sie jedoch zur Selbstaufgabe erziehen. Daß manche Kinder sich naturgemäß selbstsicherer als andere behaupten können, widerspricht dieser Feststellung nicht. Für jemanden, der keine Ängste hat, ist Selbstbehauptung etwas ganz Natürliches. Was man vielleicht lernen muß, ist, die Selbstbehauptung anderer zu tolerieren und zu respektieren. Was eindeutig zwingend für jede Form der Zusammenarbeit ist. Zusammenarbeit ist kein »Mittelding« zwischen Selbstbehauptung und Selbstunterdrückung, sondern die intelligente Umsetzung des Eigeninteresses in einem sozialen Rahmen. Und das ist etwas, was man lernen *muß*.

Zielgerichtet leben: Die Idee eines zielgerichteten Lebens wird gelegentlich fehlinterpretiert. In dem Sinne, daß angenommen wird, zielgerichtet leben hieße, daß man sein ganzes Leben mit langfristigen produktiven Zielen absteckt. Zu den Dingen, in denen wir einen Zweck unseres Lebens sehen, kann neben einer produktiven Arbeit vieles gehören: die Gründung einer Familie, eine Eheschließung oder eine Liebesaffäre, ein Hobby, durch Sport etwas für den eigenen Körper oder durch Studien und Meditation etwas für den eigenen Geist zu tun. Eine in starkem Maße zielorientierte Lebensweise ist keineswegs etwas typisch »Westliches«. Als Buddha sich auf den Weg machte, um Erleuchtung zu suchen, wurde er da nicht von einem leidenschaftlich angestrebten Ziel getrieben? Und ich bin sicher, daß es sogar unter den Polynesiern Männer und Frauen gibt, die zielgerichteter als manche anderen leben.

In Zusammenhang mit dem Selbstwertgefühl verwende ich immer wieder Worte wie »Wirksamkeit«, »Kompetenz«, »Leistung« und »Erfolg«. In unserer Kultur besteht mitunter die Tendenz, diese Ideen in einem ausschließlich materialistischen Sinne zu verstehen. Diese Sicht verbinde ich damit nicht. Sie sind in einem metaphysischen oder ontologischen und nicht nur in einem ökonomischen Sinne zu verstehen. Ohne den Wert materieller Errungenschaften (die schließlich zu den Notwendigkeiten des Überlebens gehören) herabzuwürdigen, können wir anerkennen, daß diese Ideen das gesamte Spektrum der menschlichen Erfahrung umspannen, von den weltlichen bis zu den spirituellen Erfahrungen.

Die Frage, um die es geht, ist: Ist es unserem Leben und unserem Wohlbefinden dienlicher, wenn wir unsere Energien auf spezifische (kurz- und langfristige) Ziele konzentrieren, oder wenn wir von einem Tag auf den anderen leben, auf die Ereignisse, so wie sie sich ergeben, reagieren, statt selbst die Richtung vorzugeben und uns passiv den Launen unserer Impulse und der Umstände zu überlassen? Für jeden, der, wie ich, die Auffassung Aristoteles' teilt, wonach derjenige richtig lebt, der bestrebt ist, all seine Fähigkeiten voll zu nutzen, ist die Antwort klar. In der Passivität finden weder unsere Vernunft noch unsere Leidenschaft, noch unsere Kreativität, noch unsere Phantasie Erfüllung. Damit leben wir nur halb. Möglich, daß dies eine westliche Perspektive ist, ich glaube jedoch, daß sie gegenüber jeder Alternative zu verteidigen ist.

Es kann mitnichten gesagt werden, alle kulturellen Traditionen seien gleich, wenn das menschliche Leben und Glück der Maßstab sind. In Afrika gibt es zum Beispiel Gesellschaften, wo es normal und gang und gäbe ist, die Genitalien junger Frauen zu verstümmeln. In Indien führte eine alte Tradition dazu, daß Millionen Witwen lebendig verbrannt wurden. Ich bezweifle, daß jemand uns »kulturellen Imperialismus« vorwerfen möchte, wenn wir etwas gegen die Praktiken haben.

Diesen Aspekt sollten wir bei der weiteren Diskussion über den Zusammenhang zwischen Selbstwertgefühl und Kultur nicht aus den Augen verlieren.

Persönliche Integrität: Die Frage der Integrität ist eine Frage von Verhaltensprinzipien, an die man sich hält. Integrität bedeutet, daß man sein Wort hält, seinen Verpflichtungen nachkommt und zu seinen Versprechungen steht. Da ich nie hörte, daß diese Tugend als »kulturelles Artefakt« geschmäht wurde, da sie in jeder mir bekannten Gesellschaft geschätzt wird – selbst in der Unterwelt ist von der »Ehre unter Ganoven« die Rede –, dürfte diese Tugend über jede Klassifizierung erhaben sein, die sie als »kulturelle Neigung« abstempeln will. Sie reflektiert eine Bewußtheit zum Leben, die jeder hat.

Der Verrat der eigenen Überzeugungen verletzt das Selbstwertgefühl. Daß dem so ist, wird nicht durch die Kultur verfügt, sondern durch die Realität – das heißt, durch unsere Natur.

Ich habe an früherer Stelle in diesem Buch betont, daß das Selbstwertgefühl weder vergleichend noch konkurrenzorientiert ist. Es hat nichts mit dem Streben nach einer Überlegenheit gegenüber anderen zu tun. Ein hawaiischer Psychologe fragte mich einmal: »Lehren Sie die Leute nicht, sich über andere zu erheben?« Ich antwortete ihm, daß die Arbeit nichts mit anderen in dem Sinne zu tun hat, wie er es sich vorstellt; sondern daß es dabei um unsere Beziehung zu uns selbst – und zur Realität – geht. Als jemand, der in einer Kultur aufgewachsen war, in der nicht das Individuum, sondern die Gruppe im Vordergrund steht, hatte er Probleme, dies zu verstehen; bei ihm drehte sich alles um das gesellschaftliche Kollektiv. »In einem Eimer gefangen, verhindern die Krabben, die oben sind, immer, daß die anderen rauskommen«, beharrte er. »Es ist nicht gut, zu groß zu sein.« »Als erstes möchte ich feststellen«, antwortete ich ihm, »daß ich die menschliche Gesellschaft nicht als einen Eimer mit Krabben betrachte. Und als zweites möchte ich fragen, was passiert mit außergewöhnlich talentierten oder begabten Kindern in Ihrer Welt?« Er meinte, das, was er als Selbstwertgefühl verstehe, könne nur die Sicherheit der Zugehörigkeit sein – das Gefühl, daß man sicher in einem Netzwerk von Beziehungen integriert ist. War das etwas anderes, wollte ich wissen, als der Versuch, Beliebtheit und Zustimmung zur Grundlage des Selbstwertgefühls zu machen? Er konterte damit, daß er meinte, ich habe eine »Phobie«, was Abhängigkeiten angehe.

Wenn wir wirklich ein Bedürfnis haben, unsere Macht und unsere Wertigkeit zu erfahren, so ist dieses Bedürfnis mit dem Trost der »Zugehörigkeit« allein nicht zu befriedigen. Womit keineswegs der Wert von »Beziehungen« in Frage gestellt werden soll. Aber eine Kultur, die Beziehungen an erste Stelle stellt, noch vor die Fragen der Autonomie und Authentizität, führt das Individuum zur Selbstentfremdung. In dem Falle ist es wichtiger, »verbunden« zu sein, als zu wissen, wer ich bin, und der zu sein, der ich bin. Der stammesorientierte Mensch mag nun behaupten wollen, daß »verbunden« sein wichtiger und der höhere Wert *ist*. Das ist jedoch kein Freibrief, um Verbundensein mit dem Selbstwertgefühl gleichzusetzen. Für den erfreulichen Effekt des ersteren sollte man sich einen anderen Begriff einfallen lassen. Andernfalls geraten wir in ein babylonisches Sprachengewirr, in dem niemand sich mehr zurechtfindet.

Als ich diese Fragen mit einer hawaiischen Erzieherin diskutierte, die dem Selbstwertgefühl förderlichere Prinzipien im Schulsystem einführen wollte, meinte sie: »Wie qualifiziert oder talentiert wir auch sein mögen, fest steht, daß so viele von uns hier ein erhebliches Selbstwertgefühlproblem haben. Wir fühlen uns minderwertig. Und wir haben Angst, daß wir nie aufholen werden. Unsere Kinder leiden an Demoralisierung.«

Was natürlich die Frage aufwirft: Welchen Effekt haben die verschiedenen Kulturen und unterschiedliche kulturelle Werte auf das Selbstwertgefühl?

Der Einfluß der Kultur

Jede Gesellschaft verfügt über ein Netzwerk von Werten, Überzeugungen und Annahmen, die nicht alle ausdrücklich benannt, aber nichtsdestotrotz Teil der menschlichen Umwelt sind. Fest steht, daß Ideen, die nicht offen identifiziert, aber dennoch hochgehalten und stillschweigend weitervermittelt werden, schwieriger in Frage zu stellen sind. Weil sie nämlich über einen Prozeß verinnerlicht werden, der sich dem bewußten Verstand weitestgehend entzieht. Jeder verfügt über das, was man das »kulturelle Unbewußte« nennen könnte. Ein Bündel von Überzeugungen, was die Natur angeht, die Realität, den Menschen, Mann-Frau-Beziehungen, Gut und Böse, das jeweils ort- und zeitspezifisch gegebene Wissen und Verständnis sowie die vorherrschenden Werte reflektiert. Was natürlich nicht heißt, daß es in dieser Hinsicht nicht auch individuelle Meinungsunterschiede innerhalb einer Kultur gibt. Und womit auch nicht gesagt sein soll, daß es niemanden gibt, der bewußt diese Überzeugungen hochhält, oder niemanden, der sie in Frage stellt. Was ich damit sagen will, ist nur, daß in der Regel zumindest einige dieser Überzeugungen in einer Gesellschaft in der Psyche eines jeden residieren, ohne als solche jemals bewußt wahrgenommen zu werden.

Es ist niemandem möglich, nicht einmal dem unabhängigsten Geist, sich *jede* Prämisse bewußt zu machen oder *jede* Prämisse einer kritischen Prüfung zu unterziehen. Selbst große Erfinder, die in einem Bereich die bestehenden Muster in Frage stellen und über den Haufen werfen, sind nicht davor gefeit, in anderen Bereichen die vorherrschenden Annahmen unkritisch zu übernehmen. Das Beeindruckende bei einem Geist wie Aristoteles ist zum Beispiel die Vielzahl von Feldern, denen er sich mit der Kraft seines außergewöhnlichen originellen Intellekts widmete. Dennoch war selbst Aristoteles in vieler Hinsicht ein Mann seiner Zeit und seines Landes. Niemand von uns kann vollends dem Einfluß seiner sozialen Umwelt entfliehen.

Das Problem sei am Beispiel des Bildes der Frau veranschaulicht – jenes Bildes, das zeit der menschlichen Geschichte dominiert.

In fast allen Teilen der Welt und über alle Jahrhunderte hinweg wurden und werden Frauen als minderwertig gegenüber dem Mann betrachtet, und es wurde und wird ihnen beigebracht, sich selbst so zu sehen. In fast jeder uns bekannten Gesellschaft ist irgendeine Version der vermeintlichen Minderwertigkeit der Frau Teil des »kulturellen Unbewußten« – und auch Teil des »kulturellen *Bewußten*«. Der Zweite-Klasse-Status der Frau ist ein erklärter Aspekt aller Religionen – zumindest in ihrer fundamentalistischen Auslegung. Das gilt für das Judentum ebenso wie für das Christentum, den Islam oder auch den Hinduismus. Am nachdrücklichsten tritt diese Sicht folglich in Gesellschaften zutage, die vom religiösen Fundamentalismus regiert werden, wie im heutigen Iran.

Im Christentum hieß es (und heißt es heute noch oft), und zwar nicht nur in fundamentalistischen Kreisen, die Beziehung der Frau zum Mann solle so sein wie die Beziehung des Mannes zu Gott. Gehorsam ist demzufolge die Kardinaltugend der Frau (nach der »Reinheit« natürlich). In der Therapie mit einer Frau machte ich einmal den Fehler, diese These als »mittelalterliches Christentum« zu bezeichnen. Sie schaute mich erstaunt an und sagte traurig: »Scherzen Sie? Genau das hörte ich letzten Sonntag von unserem Pfarrer... und am Montag von meinem Mann.« Als ihr Mann von diesem Gespräch erfuhr, bestand er darauf, daß sie die Therapie abbrach. Diese These von der Minderwertigkeit der Frau ist nicht dazu angetan, das Selbstwertgefühl der Frauen zu unterstützen. Oder bezweifelt irgend jemand, daß sie tragische Folgen für das Selbstverständnis der meisten Frauen hatte? Selbst bei den meisten modernen Amerikanerinnen, die sich durchaus als »emanzipiert« betrachten, ist unschwer der schädliche Einfluß dieser Sicht festzustellen.

Parallel dazu gibt es aber auch eine weitverbreitete Vorstellung über den Wert von Männern, die dem Selbstwertgefühl des Mannes ebenso abträglich ist.

In den meisten Kulturen werden Männer dazu erzogen, ihren persönlichen Wert mit ihren Verdienstmöglichkeiten gleichzusetzen, dem Maßstab, »ein guter Ernährer« zu sein. Wenn traditionell einerseits gilt, daß Frauen Männern Gehorsam »schulden«, so gilt andererseits auch, daß Männer Frauen finanzielle Unterstützung (und körperlichen Schutz) »schulden«. Eine Frau, die ihren Arbeitsplatz verliert und keinen anderen findet, hat ein finanzielles Problem. Keine Frage. Sie fühlt sich aber nicht in ihrer Wertigkeit als Frau herabgesetzt. Im Gegensatz dazu fühlen Männer sich oft in ihrer Männlichkeit verletzt. Selbst in krisenhaften Zeiten begehen Frauen keinen Selbstmord, weil sie keine Arbeit finden können. Männer jedoch oft. Sie wurden dazu erzogen, ihr Selbstwertgefühl mit ihrer Fähigkeit gleichzusetzen, für den Unterhalt sorgen zu können.

Nun könnte behauptet werden, es sei rational gerechtfertigt, das Selbstwertgefühl mit der Erwerbsfähigkeit zu verknüpfen. Hat denn das Selbstwertgefühl nicht etwas damit zu tun, daß man es mit den Herausforderungen des Lebens aufnehmen kann? Ist somit nicht die Fähigkeit, den eigenen Lebensunterhalt zu verdienen, ein entscheidendes Kriterium? Dazu sind zumindest zwei Dinge zu sagen. Erstens: Wenn eine Person aufgrund eigener Wahlentscheidungen und Lebensstrategien – weil sie unbewußt lebt, sich passiv verhält, unverantwortlich handelt – nicht in der Lage ist, ihren eigenen Lebensunterhalt zu verdienen, so spiegelt sich diese Unfähigkeit im Selbstwertgefühl wider. Wenn das Problem jedoch das Ergebnis von Faktoren ist, die sich der Kontrolle des Einzelnen entziehen, wie im Falle einer wirtschaftlichen Rezession, dann ist es falsch, mit Selbstbezichtigungen auf dieses Problem zu reagieren. Das Selbstwertgefühl wird prinzipiell nur von Dingen berührt, die eine Frage unserer willentlichen Entscheidung sind. Zweitens: Hervorgehoben bei Männern wird für gewöhnlich nicht die Erwerbsfähigkeit als solche, sondern der Maßstab, *ein guter Ernährer* zu sein. Männer werden danach beurteilt, wie gut sie finanziell *für andere sorgen können*. Und sie werden ermutigt, sich selbst nach diesem Maßstab zu beurteilen. Das heißt, Männer werden ebensosehr wie Frauen zum »Dienen« sozialisiert. Unterschiedlich sind nur die *Formen* der kulturell geförderten Knechtschaft.* Ein Mann, der nicht in der Lage ist, eine Frau zu unterstützen, verliert in der Regel in ihren und in seinen eigenen Augen an Format. Es bedürfte wohl eines außergewöhnlichen Selbstbewußtseins und Selbstwertgefühls, um sich offen gegen diese kulturell bedingte Einstellung aufzulehnen und die Frage zu stellen: »*Warum* ist das der Maßstab für meinen Wert als Mann?«

Die stammesorientierte Mentalität

Typisch für die meisten Gesellschaften und Kulturen ist seit der menschlichen Geschichte die vorherrschende stammesorientierte Mentalität. Das gilt für die Frühgeschichte, für das Mittelalter wie auch für die sozialistischen (und einige nichtsozialistische) Länder im 20. Jahrhundert. Ein aktuelles Beispiel einer nichtsozialistischen Nation, die nach wie vor kulturell sehr stammesorientiert ist, ist Japan. Allerdings sprechen auch hier bereits erste Anzeichen dafür, daß sich das durchaus ändern kann.

Bezeichnend für das Wesen der stammesorientierten Mentalität ist, daß sie den Stamm (das Volk) zum höchsten Gut erklärt und dem Individuum eine nachrangige Bedeutung beimißt. Demzufolge werden Individuen im allgemeinen als austauschbare Einheiten betrachtet, wobei die Bedeutung von Unterschieden zwischen den Menschen ignoriert oder heruntergespielt wird. Im Extremfall wird die Existenz des Individuums jenseits des stammesinternen Beziehungsgeflechts kaum wahrgenommen. Kurz: Das Individuum als solches ist nichts.

Ebendiese Sicht bringt Platon, der Vater des Kollektivismus, in seinen *Gesetzen* treffend zum Ausdruck, wenn er feststellt: »Erstens ist es nämlich schwierig zu erkennen, daß die wahre Staatskunst nicht auf den Vorteil des einzelnen, sondern auf das Gemeinwohl bedacht sein muß – denn das Gemeinsame eint, das Einzelne zerreißt die Staaten – und daß es für beide, für das Gemeinwesen wie für den einzelnen, von Vorteil ist, wenn eher das Gemeinwohl gefördert wird als die Interessen des einzelnen.« Wichtig ist, »diesem Grundsatz treu zu bleiben und sein ganzes Leben hindurch an erster Stelle das Gemeinwohl im Staat zu fördern, das eigene Interesse aber erst im Anschluß an das Gemeinwohl.«[2] Eine Vision, die in der Antike durch die militaristische Gesellschaft Spartas und in der neueren Zeit durch Nazi-Deutsch-

* Eine glänzende Abhandlung über die »Geschichte der Männer« liefert Warren Farrell in seinem Buch *The Myth of Male Power*, New York 1993.

land und die Sowjetunion verkörpert wurde. Zwischen der Antike und jener jüngeren Zeitgeschichte lagen die feudalen Strukturen des Mittelalters, wo jede Person durch den Platz definiert wurde, den sie in der gesellschaftlichen Hierarchie einnahm; jenseits dessen kann von der Existenz einer persönlichen Identität in jener Zeit kaum gesprochen werden.

Stammesorientierte Gesellschaften können, müssen aber nicht totalitär sein. Sie können auch relativ frei sein. Im Zweifel ist die Kontrolle über das Individuum eher kulturell als politisch bedingt, obgleich die Politik natürlich auch immer ein entscheidender Faktor ist. Was ich jedoch hier verdeutlichen möchte, ist, daß die stammesorientierte Prämisse von Natur aus eine Anti-Selbstwertgefühl-Prämisse ist.

Es ist eine Prämisse und Einstellung, die das Individuum qua Individuum entmachtet. Die Botschaft ist: Du zählst nicht. Als du selbst bist du nichts. Nur als Teil von uns kannst du etwas sein. Das heißt, daß jede Gesellschaft, soweit sie von stammesorientiertem Denken beherrscht wird, dem Selbstwertgefühl alles andere als förderlich ist. Mehr noch: Sie arbeitet aktiv dagegen. Es ist eine Gesellschaft, in der das Individuum dazu erzogen wird, sich geringzuschätzen gegenüber der Gruppe. Hier wird Selbstbehauptung unterdrückt (abgesehen von einigen höchst ritualisierten Kanälen). Stolz wird in der Regel als Laster etikettiert. Was allgemein verlangt wird, ist Selbstaufopferung.

In meinem Buch *Liebe für ein ganzes Leben. Psychologie der Zärtlichkeit* schrieb ich vor einigen Jahren darüber, daß emotionalen Bindungen in primitiven Gesellschaften keine Bedeutung beigemessen wird. Liebe als höchster Ausdruck der Vereinigung zweier »Selbsts« war als Idee unvorstellbar. Ich schrieb in diesem Buch, rational gesehen, sei ein Selbstwertgefühl Voraussetzung für die romantische Liebe – und beide Ideen, sowohl die romantische Liebe als auch das Selbstwertgefühl, seien dem Stammesdenken fremd.

Anthropologische Studien über heute noch existierende primitive Gesellschaften sagen uns sehr viel über die frühen Formen des Stammesdenkens und die damit verbundene Einstellung zur »Individualität«. In seinem Buch *Der siebte Himmel. Eine Naturgeschichte der Liebe von Homer bis Kinsey* liefert Morton M. Hunt eine recht amüsante Veranschaulichung:

> ... denn im großen und ganzen bieten die Stammesstruktur und das Leben der meisten primitiven Gesellschaften eine allumfassende Intimität und eine breite Verteilung der Gefühle. Die westliche Liebe mit ihrem besonders engen und hochgeschätzten Band zwischen zwei isolierten Individuen ist weder möglich noch braucht man sie. Darüber hinaus

sehen die meisten Primitiven keinen großen Unterschied zwischen den Individuen und geraten daher schon gar nicht in derart ausschließliche Bindungen wie wir. Alle fundierten Beobachter beschreiben die Leichtigkeit, mit der sie sich vom Geliebten lösen und ihren aufrichtigen Glauben, daß eine Liebe gegen jede andere auswechselbar sei. Der Anthropologe Dr. Audrey Richards, der unter den Bemba in Nordrhodesien um 1930 lebte, erzählte einst einer Gruppe von ihnen ein englisches Volksmärchen von einem jungen Prinzen, der gläserne Berge ersteigt, Abgründe überwindet und mit Drachen kämpft – alles, um die Hand eines geliebten Mädchens zu gewinnen. Die Bembas waren offensichtlich verwirrt, aber sie schwiegen. Endlich sprach ein alter Häuptling und brachte die Gefühle der Anwesenden in der einfachsten aller Fragen zum Ausdruck: »Warum nicht ein anderes Mädchen nehmen?« meinte er.[3]

Ebenso bestätigt Margaret Meads bekannte Studie über die Einwohner Samoas, daß tiefe emotionale Bindungen zwischen den Individuen der Mentalität und der Lebensform primitiver Gesellschaften völlig fremd sind.[4] Promiskuität und kurzweilige sexuelle Beziehungen werden zwar gebilligt und gefördert, aber alle Tendenzen, starke emotionale Bindungen zwischen Individuen einzugehen, werden aktiv konterkariert. Wenn Liebe ein Ausdruck der eigenen Persönlichkeit und der Wertschätzung des eigenen Selbst wie auch der Wertschätzung des anderen ist, so können wir unschwer erkennen, welche Folgen diese Haltung der Einwohner Samoas – oder deren geistiges Äquivalent, dem wir heute in den »Sexclubs« New York Citys begegnen – für das Selbstwertgefühl hat.

Betrachtet man die Sitten primitiver Gesellschaften, die das Sexualverhalten regeln, so wird deutlich, daß sexuelle Bindungen, die aus Liebe (wie wir es nennen würden) entstehen, häufig gefürchtet oder sogar strikt abgelehnt werden. Sexuelle Betätigung erscheint zumeist dann am akzeptabelsten, wenn sie nur mit oberflächlichen Gefühlen verbunden ist. Der britische Verhaltensforscher Gordon R. Taylor schreibt dazu:

> Auf den Trobiandinseln zum Beispiel haben die Erwachsenen nichts dagegen, wenn Kinder den Geschlechtsakt im Spiel auszuführen versuchen; die Heranwachsenden dürfen miteinander schlafen, vorausgesetzt, daß sie nicht ineinander verliebt sind. Wenn sie sich verlieben, ist der Geschlechtsverkehr verboten, und es würde den Anstand gröblich verletzen, wenn Liebende zusammen schliefen.[5]

Liebe, wenn sie denn auftritt, wird manchmal strenger reglementiert als die Sexualität. (Wobei vielfach natürlich nicht einmal ein Wort für »Liebe« oder das, was wir darunter verstehen, existiert.) Leidenschaftliche individuelle Bindungen werden als Bedrohung der Stammeswerte und Stammesautorität gesehen. Auch hier ist es wiederum aufschlußreich, sich die Konsequenzen für das Selbstwertgefühl vor Augen zu halten.

Dieser Stammesmentalität begegnen wir jedoch ebenso in der technologisch weit fortgeschrittenen Gesellschaft in George Orwells *1984*, wo ein totalitärer Staat mit seiner ganzen Macht und Autorität den selbstbewußten Individualismus der romantischen Liebe zu zermalmen versucht. Die Verachtung, mit der die Diktaturen des 20. Jahrhunderts den Wunsch ihrer Bürger nach einer »Privatsphäre« als »kleinbürgerliche Selbstsucht« abqualifizieren, ist hinlänglich bekannt und muß nicht eigens belegt werden. Modernen Diktaturen dürfte die Idee der Individualität jedoch vertrauter als primitiven Gesellschaften sein. Mit dem Ergebnis allerdings, daß man sie noch feindseliger und vehementer bekämpft. Als ich 1990 an der Ersten Internationalen Konferenz über das Selbstwertgefühl in Norwegen teilnahm, sagte ein sowjetischer Wissenschaftler zu mir: »Als Amerikaner können Sie sich gar nicht vorstellen, wie sehr in unserem Land jede Vorstellung von einem Selbstwertgefühl fehlt. Die Idee als solche wird nicht verstanden. Und wenn, dann würde sie als politisch subversiv geahndet.«

Interessant am modernen Japan ist, daß es sich uns als halbwegs freie Gesellschaft mit traditionell stammesorientierten und autoritären Strukturen präsentiert, die zugleich liberale Elemente enthält, die mehr Individualismus und Freiheit von den althergebrachten einengenden Traditionen durchzusetzen versuchen. Über den »älteren« Aspekt der japanischen Kultur schreibt Jonathan Rauch:

> Japan hat eine beunruhigende Seite: die traditionelle, präliberale Seite. Die Spieler der Baseballteams werden oft bis an die Schmerzgrenze und den Punkt der Erschöpfung trainiert. Hinter diesem Härtetraining steht die Annahme, daß dadurch der Geist gestärkt wird. Zu den Schikanen an den Hochschulen gehört es, daß die Schüler der unteren Klassen gedemütigt und drangsaliert werden. Was damit gerechtfertigt wird, daß sie selbst auch schikanieren können, wenn sie die Oberstufe erreicht haben. Im Rahmen der in Japan allgegenwärtigen Strukturen, wonach das Alter die Hierarchie bestimmt, leiden die Jungen, sie zollen ihren Tribut und lernen es, auszuhalten und hinzunehmen und anderen später das gleiche zuzufügen. Dieser von brutaler Schikane auf der einen und anbetungsähnlicher Hochachtung auf der anderen Seite geprägte Kult ist nur ein Teil der reichhaltigen und vielfältigen moralischen Geographie Japans. Ich mußte nicht einmal eine Woche in Japan sein, bis dieser Teil mir auffiel und mich mit seinem vagen faschistischen Magnetismus verführte… Ich hatte zufällig gerade Platon gelesen. Und als ich dann die traditionellen japanischen Werte sah – Stärke

durch Leiden, Stärke durch Hierarchie, Stärke durch Untertauchen des Individuums in der Gruppe –, wußte ich, was ich vor mir hatte... Niemand hätte die traditionellen japanischen Werte mehr als Platon bewundert, der darin die strahlende Verwirklichung des Spartas seiner Träume gesehen hätte.[6]

Vor einigen Jahren hatte ich einen japanischen Aikido-Lehrer als Psychotherapieklienten. Mit zweiundzwanzig war er von Japan nach Kalifornien gekommen. »Japan ist im Begriff, sich zu verändern, aber die Tradition wiegt nach wie vor sehr schwer. Die Idee des Selbstwertgefühls existiert kaum. Dort geht es in Wirklichkeit um etwas anderes, nicht um das, worüber Sie schreiben und worum es mir geht und was ich für mich möchte. Dort geht es bei allem um die Gruppe – um die Familie, die Firma – und nicht um das Individuum. Ich habe erlebt, wie meine Freunde mit dieser Frage kämpften und nicht einmal wußten, wie sie das Problem formulieren konnten. Ich kam in die Staaten, weil mir der größere Individualismus gefällt. Hier sind viele Leute verrückt, das wissen Sie selbst. Sie sind irgendwie konfus... aber dennoch glaube ich, daß hier die Chancen ungleich besser sind, ein Selbstwertgefühl zu entwickeln.«

Mein Punkt ist nicht, daß ich behaupten will, die japanische Kultur sei in ihrer Gesamtheit dem Selbstwertgefühl abträglich. Dazu ist diese Kultur zu vielschichtig, und sie enthält zu viele widersprüchliche Werte, um so etwas zu behaupten. Fest steht jedoch, daß die zuvor genannten Elemente das Selbstwertgefühl konterkarieren. Und fest steht ebenso, daß vieles in der japanischen Kultur jede Autonomie hemmt, wie dies allgemein bei Stammeskulturen der Fall ist. Nicht zu übersehen sind jedoch auch andere Elemente, die einen positiven psychologischen Effekt haben: Die hohe Achtung, die Wissen und Lernen entgegengebracht wird. Das vorherrschende Verständnis, daß jeder für sein Handeln voll verantwortlich ist und seinen Verpflichtungen nachkommen und sich in dieser Hinsicht in die Verantwortung nehmen muß. Der Stolz auf eine gut verrichtete Arbeit. Bei sehr vielschichtigen Kulturen ist es angezeigt, die Konsequenzen für das Selbstwertgefühl an einzelnen Glaubenssätzen oder Werten statt an der Kultur insgesamt zu messen.

Verallgemeinernd kann gesagt werden, daß Individualität in stammesorientierten Kulturen nicht geschätzt und statt dessen Abhängigkeit gefördert wird. Und am Maßstab dessen können sie als ungünstig für das Selbstwertgefühl charakterisiert werden.

Die Rolle der Religion

Als in kalifornischen Schulen das Selbstwertgefühl in die Lehrpläne aufgenommen wurde, waren die schärfsten Gegner christliche Fundamentalisten. Sie lehnen derartige Programme als »Selbstanbetung« ab und behaupten, ein Selbstwertgefühl entfremde die Kinder von Gott.

»Wir wurden gelehrt«, erzählte mir vor vielen Jahren eine Karmeliterin von ihrer klösterlichen Erziehung, »daß der Feind, der auszumerzen sei, das Trennende zwischen uns und dem Göttlichen, das Selbst sei. Augen niederschlagen, um nicht zu viel zu sehen. Emotionen unterdrücken, um nicht zu viel zu fühlen. Ein Leben des Betens und Dienens, um nicht zu viel zu denken. Vor allem: Gehorsam – der nicht in Frage zu stellen war.«

Zeit der menschlichen Geschichte gilt, wann immer Religion staatlich verordnet war, wurde Bewußtsein bestraft. Für die Sünde des Denkens wurden Männer und Frauen gefoltert und hingerichtet. Und das erklärt, warum der Idee von der absoluten Trennung zwischen Kirche und Staat eine solche historische Bedeutung zukam: So wurde ausgeschlossen, daß eine religiöse Gruppe sich des Machtapparates der Regierung bediente, um Andersdenkende oder -gläubige zu verfolgen.

Wenn Überzeugungen nicht auf dem Wege der Vernunft zustande kommen, sondern auf Glauben und vermeintlichen Offenbarungen beruhen, und wenn keine objektiven Kriterien als Maßstab zu Prüfzwecken zugelassen werden, dann werden diejenigen, die andersdenken, von den Gläubigen oft als Bedrohung, als Gefahr wahrgenommen, die die Krankheit der Ungläubigkeit bei anderen verbreiten kann. Nehmen wir beispielsweise die typische Reaktion der Gläubigen auf den Atheismus. Bei jemandem, der durch eine sehr persönliche Erfahrung zu seinem Glauben an Gott gelangte, würde man erwarten, daß er denjenigen, denen ein vergleichbarer Vorteil vorenthalten blieb, sinnigerweise mit Mitleid begegnet. Statt dessen reagiert er in der Regel jedoch mit Haß. Warum? Die Antwort kann nur sein, daß der Atheist von dem Gläubigen als Bedrohung empfunden wird. Wenn der Gläubige aber doch nicht nur überzeugt ist, daß Gott existiert, sondern auch wahrhaft das Gefühl hat, daß Gott auf seiner Seite ist, dann sollte doch der Atheist und nicht der Mitgläubige derjenige sein, dem man Freundlichkeit und Mitgefühl entgegenbringt, weil ihm das Glück versagt blieb, die Erfahrung des Göttlichen zu machen. (Dieses mangelnde Wohlwollen steht im übrigen in der Tradition der Bibel; hier heißt es, daß Jesus denjenigen mit Qualen in Ewigkeit drohte, die nicht glaubten, daß er der Sohn Gottes sei. Und im

Koran verfährt Mohammed mit den Ungläubigen nicht barmherziger. Die religiöse Unterstützung für Grausamkeiten gegenüber denjenigen, die anderer Auffassung sind, hat eine lange Geschichte.)

Das Problem ist natürlich tiefgreifender, als daß es dabei nur um Theismus versus Atheismus ginge. Seit Tausenden von Jahren bringen Menschen andere Menschen aufgrund unterschiedlicher Gottesvorstellungen um. Entsetzliche Religionskriege wurden zwischen Menschen ausgetragen, die sich alle selbst als Christen bezeichneten.

In der Geschichte hat die traditionelle Religion sich nicht nur generell der Wissenschaft entgegengestellt, sondern weitestgehend auch jeden persönlichen Mystizismus verurteilt. Denn der Mystiker beruft sich auf eine direkte Gotteserfahrung, die die Mittlerfunktion der religiösen Autorität nicht braucht. Für den traditionellen Gläubigen ist der Mystiker, der außerhalb des Machtbereiches der Kirche operiert, jedoch zu sehr »Individualist«.

Es geht mir hier nicht darum, die Rolle der Religion insgesamt zu untersuchen, sondern nur die Folgen religiöser Autoritätsgläubigkeit, wie sie in bestimmten Kulturen zutage tritt. Religionen oder bestimmte religiöse Lehren, die den Einzelnen ermutigen, sich selbst zu schätzen, und die intellektuelle Offenheit und eigenständiges Denken fördern, fallen nicht in die Rubrik dessen, worüber ich hier spreche. Es geht mir hier um die Effekte, die Kulturen (oder Subkulturen) für das Selbstwertgefühl haben, die von religiösem autoritärem Gebaren beherrscht werden, in denen Glauben befohlen und fehlender Glaube als Sünde betrachtet wird. Bewußt leben, Eigenverantwortlichkeit und Selbstbehauptung sind hier geächtet.

Es wäre falsch, dabei nur an den Islam oder das römisch-katholische Christentum zu denken. Luther und Calvin waren dem unabhängigen Geist nicht wohlgesinnter als der Papst.

> Wenn eine Kultur Kinder lehrt: »Wir sind in den Augen Gottes alle gleichermaßen unwürdig«...
> Wenn eine Kultur Kinder lehrt: »Ihr seid in Sünde geboren und von Natur aus sündig«...
> Wenn Kindern die Botschaft gegeben wird, die auf die Forderung hinausläuft: »Denke nicht, frage nicht, *glaube*«...
> Wenn Kindern die Botschaft gegeben wird, die auf die Frage hinausläuft: »Wer bist du, daß du deinen Verstand über den des Priesters, Pfarrers, Rabbis stellst?«...
> Wenn Kindern gesagt wird: »Wenn du einen Wert hast, dann nicht, weil du etwas Bestimmtes getan hast oder wegen etwas, was du je tun kannst, sondern nur, weil Gott dich liebt«...

Wenn Kindern gesagt wird: »Dich dem zu unterwerfen, was du nicht verstehen kannst, ist der Anfang aller Moral«...

Wenn Kindern beigebracht wird: »Sei nicht ›eigenwillig‹, denn Selbstsicherheit ist die Sünde des Stolzes«...

Wenn Kindern beigebracht wird: »Glaub nie, du gehörst dir selbst«...

Wenn Kindern erzählt wird: »Bei jedem Widerspruch zwischen deinem eigenen Urteil und dem deiner religiösen Obrigkeit mußt du an diese Obrigkeit glauben«...

Wenn Kindern erzählt wird: »Selbstaufopferung ist die höchste Tugend und edelste Pflicht«...

...wenn das der Fall ist, *fragen Sie sich selbst, was wohl die entsprechenden Konsequenzen mit Blick auf eine bewußte Lebensweise oder das Ziel, sich selbst zu behaupten, oder irgendeiner der anderen Grundpfeiler eines gesunden Selbstwertgefühls sein werden.*

In jeder Kultur, Subkultur oder Familie, in der der Glaube höher geschätzt wird als das Denken, und in der die Selbstaufgabe höher geschätzt wird als der Ausdruck der eigenen Persönlichkeit, und in der Konformität höher geschätzt wird als Integrität, sind diejenigen, die ihr Selbstwertgefühl wahren können, wohl heroische Ausnahmen.

Was die Diskussionen über die Folgen religiöser Lehren erschwert, ist nach meiner Erfahrung die Tatsache, daß diese Lehren in ihrer Bedeutung sehr individuell interpretiert werden. So wurde mir des öfteren gesagt, daß keine der vorgenannten Lehren wirklich wörtlich zu nehmen sei. Viele Christen, mit denen ich sprach, versicherten mir, sie persönlich wüßten, was Jesus Christus *wirklich* meinte, aber Millionen anderer Christen wüßten es leider Gottes nicht.

Unstrittig ist jedoch: Wann und wo immer eine Religion (christlich oder nichtchristlich) durch die Macht des Staates unterstützt wurde, wurden Bewußtsein, Unabhängigkeit und Selbstbehauptung bestraft, und zwar bisweilen mit entsetzlicher Grausamkeit. Das ist eine Tatsache, der man sich stellen muß, wenn man die kulturellen/psychologischen Folgen religiöser autoritärer Einstellungen für das Individuum gewichten will. Was nicht heißen soll, alle religiösen Ideen seien von vornherein falsch. Was ich jedoch sagen will, ist, daß man, historisch und kulturübergreifend betrachtet, nicht behaupten kann, der Einfluß der Religion sei im allgemeinen dem Selbstwertgefühl zuträglich.

Das Thema Religion ist für gewöhnlich ein sehr emotionsgeladenes Thema. Manche Leser werden fast jeden Satz dieses Abschnitts als ketzerisch empfinden. So sind denn auch meine Kollegen in der Selbstwertgefühl-Bewegung darauf bedacht, jedem zu beteuern, es gebe keine Konflikte zwischen Selbstwertgefühlsfragen und den Lehren der konventionellen Religion.

Das Individuum und die Gesellschaft

Wir sind alle einer Flut von Botschaften ausgesetzt, was unsere Werte und Maßstäbe angeht, nach denen wir urteilen sollen. Je unabhängiger wir sind, desto kritischer überprüfen wir diese Botschaften. Der Punkt ist oft, tatsächlich zu erkennen, was dahintersteht: daß es die Ideen und Überzeugungen anderer Menschen sind, die Beifall verdienen oder nicht. Mit anderen Worten: Der Punkt ist nicht, die Annahmen der eigenen Kultur als gegeben, als »Realität« zu übernehmen, sondern sich bewußt zu machen, daß diese Annahmen in Frage gestellt werden können. Ich bin sicher, daß ich als Junge in dieser Hinsicht sehr von dem Lieblingsspruch meines Vaters profitierte, der da lautete: »Das muß nicht unbedingt so sein.«

Von Kulturen kann nicht erwartet werden, daß sie dazu ermutigen, die eigenen Grundlagen in Frage zu stellen. Zu einem bewußten Leben gehört, sich bewußt zu machen, daß die Überzeugungen anderer Menschen das sind, was sie sind: ihre Überzeugungen – und nicht unbedingt ultimative Wahrheiten. Was allerdings nicht heißt, daß eine bewußte Lebensweise sich in einer generell skeptischen Haltung äußert. Sie äußert sich in kritischem Denken.

Zwischen der Agenda der Gesellschaft und der des Individuums bestehen möglicherweise Spannungen, die unausweichlich sind. Der Gesellschaft geht es in erster Linie um ihr eigenes Überleben und Fortbestehen. So werden Werte in den Vordergrund gestellt, die diesem Ziel dienen. Werte, die möglicherweise nichts mit den Bedürfnissen oder persönlichen Ambitionen der Individuen zu tun haben. So werden in einem militaristischen Staat oder Stamm, der mit anderen Nationen oder Stämmen auf Kriegsfuß lebt, zum Beispiel Kriegertugenden hochgeschätzt: Aggressivität, Schmerzunempfindlichkeit, absoluter Gehorsam gegenüber Autoritäten und ähnliches. Das heißt aber nicht, daß es aus der Sicht des Individuums seinen Interessen dienlich ist, wenn Männlichkeit oder der Wert seiner Person mit diesen spezifischen Eigenschaften gleichgesetzt wird, obwohl es dazu ermutigt oder genötigt wird. Es hat vielleicht eine völlig andere Agenda, die von seiner Kultur vielleicht als »egoistisch« betrachtet wird, beispielsweise eine Agenda, die ein Leben als Wissenschaftler vorsieht. Indem er sich an seine eigenen Maßstäbe hält, beweist er in seinen eigenen Augen Integrität; während die Gesellschaft, in der er lebt, ihn möglicherweise als illoyal oder engstirnig oder kleinkariert brandmarkt. Oder: Eine Gesellschaft sieht ihre Interessen in einer möglichst großen und wachsenden Bevölkerung gewahrt. So wird bei

Frauen die Überzeugung genährt, es gebe nichts Rühmlicheres als die Mutterschaft und keinen anderen Maßstab für wahre Weiblichkeit. Dennoch kann eine Frau als Individuum von ihrem Leben eine völlig andere Vorstellung haben. Ihre Werte sind karriereorientiert und schließen eine Mutterschaft aus oder stellen sie zurück. Zudem kann sie so eigenständig sein, daß sie ihr Leben nach ihren eigenen Maßstäben beurteilt und ein völlig anderes Verständnis von Mutterschaft als ihre eigene Mutter, ihr Pfarrer oder ihre Zeitgenossen hat (die sie im Zweifel wiederum als »egoistisch« brandmarken).

Die Durchschnittsperson beurteilt sich im allgemeinen nach den in ihrer sozialen Umwelt vorherrschenden Werten, die ihr von der Familie, von politischen und religiösen Führungspersönlichkeiten, Lehrern, Zeitungen und Fernsehen sowie populären Kunstprodukten wie Filmen vermittelt werden. Diese Werte können, müssen aber nicht rational sein, und sie können, müssen aber nicht die Antwort auf die Bedürfnisse des Individuums sein.

Ich werde manchmal gefragt, ob man nicht zu einem wahren Selbstwertgefühl gelangen kann, indem man den kulturellen Normen entspricht und demgemäß lebt, Normen, über die man vielleicht nie nachgedacht, geschweige denn, sie in Frage gestellt hat, auch wenn sie nicht unbedingt plausibel sind. Ist nicht die Geborgenheit und Sicherheit der Zugehörigkeit zu einer Gruppe eine Form des Selbstwertgefühls? Weckt nicht die Wertschätzung und Unterstützung durch eine Gruppe ein echtes Selbstwertgefühl? Der Fehler ist, daß hier Sicherheitsgefühle oder Wohlbehagen mit Selbstwertgefühl gleichgesetzt werden. Konformität ist nicht Selbst-Wirksamkeit; Beliebtheit ist nicht Selbstachtung. Ein Gefühl der Zugehörigkeit ist, trotz all der Belohnungen, die daraus erwachsen, nicht das gleiche wie das Vertrauen auf den eigenen Verstand oder die Fähigkeit, mit den Herausforderungen des Lebens fertig zu werden. Die Tatsache, daß andere mich schätzen, ist keine Garantie, daß ich mich selbst schätze.

Wenn wir ein routinemäßiges Leben leben, ohne nachzudenken, ohne Herausforderungen oder Krisen, mag es möglich sein, eine Zeitlang der Tatsache zu entfliehen, daß das, was ich besitze, kein Selbstwertgefühl, sondern ein Pseudo-Selbstwertgefühl ist. Wenn alles in Ordnung ist, ist alles in Ordnung. Das sagt jedoch nichts über das Vorhandensein des Selbstwertgefühls aus. Ein wahres Selbstwertgefühl ist das, was wir für uns selbst empfinden, wenn *nicht* alles in Ordnung ist. Das heißt: Wenn wir mit Unerwartetem konfrontiert werden, wenn andere anderer Meinung sind als wir, wenn wir auf unsere eigenen Ressourcen zurückgeworfen sind, wenn der schützende Kokon der Gruppe uns nicht länger vor den Aufgaben und Risiken des Lebens abschirmen kann, wenn wir denken, wählen, entscheiden und handeln müssen *und niemand uns führt oder applaudiert.* Es sind die Momente, in denen unsere innersten Annahmen und Grundlagen sichtbar werden.

Zu den größten Lügen, die uns erzählt werden, gehört die, die uns weismachen will, es sei »einfach«, egoistisch zu sein, und Selbstaufopferung erfordere geistige Stärke. Menschen opfern sich in tausendfacher Hinsicht an jedem Tag. Das ist ihre Tragödie. Das Selbst zu respektieren – den Verstand zu respektieren, das eigene Urteil, die eigenen Werte und Überzeugungen – ist jedoch der Akt, der wahren Mut erfordert. Beobachten Sie selbst, wie selten er ist. Aber es ist der Akt, der das Selbstwertgefühl von uns verlangt.

18. Fazit: Die siebte Säule des Selbstwertgefühls

Eingangs dieses Buches sagte ich, das Selbstwertgefühl verlange es, den Helden in unserem Innern auf den Plan zu rufen. Obwohl sich das, was dahintersteht, wie ein roter Faden durch alles bisher Gesagte zieht, möchte ich nochmals ausdrücklich darauf eingehen.

Dahinter steht die Bereitschaft – und der Wille –, die sechs Säulen in der Praxis zu leben, auch dann, wenn es nicht einfach ist. Dazu müssen wir im Zweifel unsere Trägheit überwinden, Ängste bekämpfen, uns Schmerzen stellen oder hinnehmen, daß wir allein dastehen, wenn wir unserem Urteil treu bleiben und uns damit selbst in Opposition zu denjenigen stellen, die wir lieben.

Wie positiv unsere Umwelt auch immer sein mag, Rationalität, Eigenverantwortlichkeit und Integrität sind keine Aspekte, die sich automatisch ergeben; dahinter steht immer eine Leistung. Es steht uns frei, zu denken, oder Denken zu vermeiden. Es steht uns frei, unser Bewußtsein zu erweitern oder es einzuschränken. Es steht uns frei, uns an die Realität zu halten oder ihr auszuweichen. Alle sechs Säulen sind eine Frage der Wahl.

Bewußt zu leben setzt ein *Bemühen* voraus. Eine Bewußtheit zu erzeugen und zu wahren ist *Arbeit*. Jedesmal, wenn wir uns entscheiden, unser Bewußtsein zu erhöhen, gehen wir gegen unsere Trägheit an. Wir stemmen uns dagegen, alles dem Zufall zu überlassen, gegen die Tendenz, wonach alles im Universum auf das Chaos zuläuft. Indem wir uns entscheiden zu denken, zeigen wir unser Bestreben, in uns eine Insel der Ordnung und Klarheit zu schaffen.

Der erste Feind des Selbstwertgefühls, den wir womöglich überwinden müssen, ist die *Faulheit* (wie man vielleicht jene Kräfte nennen kann, die sich psychologisch als Trägheit oder die Neigung, alles dem Zufall zu überlassen, manifestieren). »Faulheit« ist ein Begriff, dem wir für gewöhnlich nicht in Psychologiebüchern begegnen. Aber will jemand bestreiten, daß wir manchmal aus keinem anderen Grund als dem unserer Nichtbereitschaft scheitern, die Mühe auf uns zu nehmen, einen bestimmten Schritt zu tun und damit in einer Situation angemessen zu reagieren? Bisweilen wird der Faulheit natürlich durch Müdigkeit Vorschub geleistet, aber nicht in jedem Fall. Manchmal sind wir einfach nur faul. Das heißt, wir überlassen uns unserer Trägheit, wir ziehen es vor, nicht wach zu werden.

Der zweite Drachen, den wir womöglich töten müssen, ist der Impuls, *Unangenehmes zu meiden*. Eine bewußte Lebensweise zwingt uns, uns unseren Ängsten zu stellen; sie bringt uns in Kontakt mit nicht überwundenen Schmerzen. Die Selbstannahme verlangt von uns, daß wir uns die Realität unserer Gedanken, Gefühle oder Handlungen bewußt machen, die möglicherweise unser Gleichgewicht stören; sie erschüttert womöglich unser »offizielles« Selbstbild. Eigenverantwortlichkeit zwingt uns, uns der Tatsache zu stellen, daß wir ultimativ allein sind; sie verlangt, daß wir uns von Phantasien verabschieden, die uns etwas von einem Retter vorgaukeln. Zur Selbstbehauptung gehört der Mut, authentisch zu sein, ohne die Garantie, wie andere reagieren; dazu gehört, das Risiko einzugehen, wir selbst zu sein. Ein zielgerichtetes Leben reißt uns aus unserer Passivität heraus und konfrontiert uns mit einem anspruchsvollen Leben, das eine hohe Konzentration verlangt; es setzt voraus, daß wir unsere eigenen »Generatoren« sind. Mit Integrität leben heißt, daß wir unsere Werte wählen und uns daran halten, egal, ob es angenehm ist und ob andere unsere Überzeugungen teilen, es gibt Zeiten, in denen ein integeres Leben uns harte Entscheidungen abverlangt.

Auf lange Sicht ist unschwer zu erkennen, daß Menschen mit einem hohen Selbstwertgefühl glücklicher als solche mit einem geringen Selbstwertgefühl sind. Das Selbstwertgefühl ist der beste verfügbare Indikator von Glück. Kurzfristig verlangt das Selbstwertgefühl jedoch auch die Bereitschaft, gegebenenfalls Unangenehmes auszuhalten, sofern es situativ zum geistigen Wachstum mit dazugehört.

Wenn eine unserer obersten Prioritäten darin besteht, Unangenehmes zu meiden, und wir dem einen höheren Stellenwert als unserer Selbstachtung einräumen, dann lassen wir, wenn wir unter Druck geraten, jene sechs Praktiken außer acht, also genau dann, wenn wir sie am dringlichsten brauchen.

Der Wunsch, Unangenehmes zu meiden, ist nicht per se eine Untugend. Wenn die Tatsache, daß wir uns ihm überlassen, jedoch bewirkt, daß wir blind gegenüber wichtigen Realitäten werden und daß wir von notwendigen Handlungen abgehalten werden, so steht am Ende die Tragödie.

Das Grundmuster sieht folgendermaßen aus: Zunächst vermeiden wir es, das zu sehen, was wir uns ansehen müßten, weil wir keine Schmerzen haben möchten. Durch unser Vermeiden werden weitere Probleme geschaffen, die wir ebenfalls nicht sehen möchten, weil sie Schmerzen verursachen. Das neuerliche Vermeiden schafft zusätzliche Probleme, die wir selbstredend nicht untersuchen möchten – und so setzt sich das Spiel fort. Vermeiden wird schichtweise auf Vermeiden gestapelt, ausgeklammerter Schmerz auf ausgeklammerten Schmerz. Und das ist der Zustand, in dem die Mehrzahl der Erwachsenen lebt.

Das umgekehrte Grundmuster sieht demgegenüber wie folgt aus: Zunächst entscheiden wir, daß unser Selbstwertgefühl und unser Glück wichtiger sind als kurzfristige Unannehmlichkeiten oder Schmerzen. Wir unternehmen Minischritte, daß wir bewußter leben, uns mehr annehmen, eigenverantwortlicher leben und so weiter. Wir merken, daß wir uns mehr mögen, wenn wir das tun. Wir werden so beflügelt, weiterzumachen und noch einen Schritt weiterzugehen. Wir werden ehrlicher uns selbst und anderen gegenüber. Unser Selbstwertgefühl steigt. Wir übernehmen schwierigere Aufgaben. Wir fühlen uns ein wenig robuster, ein wenig erfinderischer. Es wird leichter, uns unangenehmen Emotionen und bedrohlichen Situationen zu stellen; wir haben das Gefühl, jetzt auf einen größeren Fundus zurückgreifen zu können, um Dinge zu bewältigen. Wir werden selbstbewußter. Wir fühlen uns stärker. Wir bauen geistig das Äquivalent eines Muskels auf. Da wir uns stärker fühlen, sehen wir Schwierigkeiten aus einer realistischeren Perspektive. Wir werden vielleicht nie völlig frei von der Angst vor Schmerzen sein, sie hat aber inzwischen merklich nachgelassen, und wir lassen uns nicht mehr von ihr einschüchtern. Und die Frage der Integrität ist jetzt weniger bedrohlich und eher natürlich.

Wenn der Prozeß des Aufbaus eines Selbstwertgefühls absolut leicht und an keinem Punkt mit irgendwelchen Schwierigkeiten verbunden wäre, und wenn dazu weder Durchhaltevermögen noch Mut erforderlich wären – dann hätte *jeder* ein gutes Selbstwertgefühl. Ein Leben ohne Anstrengung, Kampf oder Leiden ist jedoch ein Kindheitstraum.

Weder Kämpfe noch Schmerzen haben als solche einen Wert. Wenn sie ohne negative Konsequenzen gemieden werden können, sollte man sie meiden. Ein guter Psychotherapeut ist bemüht, den Prozeß des Wachstums nicht schwieriger als nötig zu gestalten. Wenn ich auf meine eigene Entwicklung als Therapeut in den letzten dreißig Jahren zurückschaue, erkenne ich, daß eines meiner Ziele immer war, die Selbsterforschung, Selbstkonfrontation und den Aufbau des Selbstwertgefühls so streßfrei wie möglich zu halten. Das war von Anfang an ein Grundsatz bei der Entwicklung meines Ansatzes und meiner Methode.

Um das zu erreichen, kann man den Betreffenden zum Beispiel helfen zu erkennen, daß das, was ein schwieriger, aber notwendiger Schritt ist, nicht unbedingt »eine große Sache« sein muß. Wir sollten Ängste oder ein Unbehagen nicht dramatisieren. Wir können sie als Teil des Lebens akzeptieren, uns diesen Gefühlen stellen und versuchen, nach Kräften damit umzugehen, und uns unablässig in die Richtung unserer besten Möglichkeiten bewegen.

Erforderlich ist jedoch immer ein Wille. Erforderlich ist Durchhaltevermögen. Erforderlich ist Mut.

Die Energie für die Aufgabe kann nur aus der Liebe erwachsen, die wir für unser Leben empfinden.

Diese Liebe ist der Anfang der Tugend. Sie ist die Startbahn für unsere höchsten und edelsten Ambitionen. Sie ist die treibende Kraft, die hinter den sechs Grundpfeilern steht. Sie ist die siebte Säule des Selbstwertgefühls.

Anhang: Eine Satzergänzungsübung zum Aufbau des Selbstwertgefühls

Nachfolgend finden Sie ein 31wöchiges Satzergänzungsprogramm, das ich speziell zum Aufbau des Selbstwertgefühls entwickelte. Hinter den hier vorgegebenen Satzstämmen und der entsprechenden Fortentwicklung dieser Stämme verbergen sich relativ komplexe theoretische Ideen, die ohne die praktische Erfahrung, wenn man die Übung macht, nicht erkannt werden können.

Wir haben bereits gesehen, wie effizient Satzergänzungsübungen sein können, wenn es darum geht, sich selbst und die eigene Entwicklung verstehen zu lernen. Das nachfolgende Programm soll uns zum besseren Verständnis der sechs Säulen und deren praktischen Anwendung im Alltag verhelfen. Dieses Ziel werden Sie durchgängig in der ganzen Übung erkennen. Die hier aufgeworfenen Fragen werden unter vielen verschiedenen Aspekten und aus vielen verschiedenen Blickwinkeln im Laufe der Therapie untersucht; die Endungen, mit denen der Klient aufwartet, zeigen unterschiedlos, welche zusätzlichen Punkte noch beachtet werden müssen. Bei diesem Programm handelt es sich um eine allgemein formulierte Version, die ständig weiterzuentwickeln und zu revidieren ist.

Um ein vollständiges und geschlossenes Programm zu entwikkeln, war es notwendig, einige bereits an früherer Stelle genannten Punkte zu wiederholen, so daß Sie im folgenden einige Ihnen bereits bekannte Stämme finden, die in einer bestimmten Reihenfolge mit neuen Stämmen zusammengebracht wurden. Dahinter steht die Absicht, das Individuum zu zunehmend bewußteren Wahrnehmungen und Einsichten hinzuführen: zu einem erhöhten Selbst-Verständnis und zu einer Stärkung des Selbstwertgefühls.

Es ist, als sei die Hälfte dieses Abschnitts mit unsichtbarer Tinte geschrieben – die erst im Laufe der Zeit sichtbar wird, in dem Zuge, wie man mit den Satzstämmen arbeitet und die Muster der Endungen untersucht. Und diesen Punkt sollten Sie sich bei dem ganzen Programm vor Augen halten.

Das Programm

Wenn Sie mit diesen Satzergänzungsübungen alleine arbeiten, so können Sie dazu ein Notizbuch, eine Schreibmaschine oder einen Computer verwenden. (Akzeptabel ist alternativ auch die Verwendung eines Tonbandgerätes; hier wiederholen Sie den Satzstamm immer wieder auf Band, ergänzen ihn jeweils mit einer anderen Endung und spielen das Ganze später ab, um darüber nachzudenken.)

1. WOCHE:
Als erstes am Morgen, noch ehe Sie mit Ihren Tagesaktivitäten beginnen, setzen Sie sich hin und schreiben folgenden Satzstamm:

Wenn ich meinem Leben heute mehr Bewußtheit entgegenbringe, ...

Schreiben Sie dann so schnell wie möglich, ohne Pause, um nachzudenken, so viele Endungen zu diesem Satz, wie Sie in zwei bis drei Minuten schaffen können (jedoch nie weniger als sechs Endungen, und zehn sind genug). Machen Sie sich keine Gedanken darüber, ob Ihre Endungen tatsächlich der Wahrheit entsprechen oder einen Sinn machen oder »tiefsinnig« sind. Schreiben Sie *irgend etwas*, aber schreiben Sie *etwas*.

Dann machen Sie mit dem nächsten Satzstamm weiter:

Wenn ich heute für meine Wahlentscheidungen und für mein Handeln mehr Verantwortung übernehme, ...

Dann:
Wenn ich heute mehr darauf achte, wie ich mit Menschen umgehe, ...

Dann:
Wenn ich meinen Energiepegel heute um 5 Prozent erhöhe, ...

Wenn Sie damit fertig sind, beginnen Sie mit Ihrem regulären Tagesablauf.

Machen Sie diese Übung jeden Tag, von Montag bis Freitag in der ersten Woche, und zwar immer, ehe Sie mit Ihren Tagesaktivitäten beginnen.

Es ist ganz natürlich, daß sich viele Wiederholungen ergeben. Es werden unweigerlich aber auch neue Endungen zum Vorschein kommen. Wenn Sie sich die Zeit nehmen, in Ruhe über diese Endungen nachzudenken, wird das kreative Unbewußte »angefeuert«, neue Verbindungen und Einsichten herzustellen und so das persönliche Wachstum voranzutreiben. Wenn wir unsere Bewußtheit intensivieren, wird in der Regel zugleich das Bedürfnis geweckt, etwas zu tun, das unseren psychischen Zustand zum Ausdruck bringt.

Jeweils am Wochenende lesen Sie das, was Sie die Woche über geschrieben haben, nochmals durch. Dann ergänzen Sie folgenden Satzstamm mit mindestens sechs Endungen:

Wenn irgend etwas von dem, was ich diese Woche geschrieben habe, wahr ist, dann wäre es hilfreich, wenn ich, ...

Diese Übung hilft Ihnen, neu Erlerntes in die Tat umzusetzen. Machen Sie diese Übung während des ganzen Programms jeweils an den Wochenenden.

Ideal bei diesen Übungen ist es, wenn Sie Ihren Kopf von jeder Erwartung freimachen, was geschehen könnte oder was geschehen »sollte«. Stellen Sie keine Ansprüche an die Situation. Machen Sie die Übung, dann gehen Sie Ihren Tagesaktivitäten nach. Wenn möglich, nehmen Sie sich ein wenig Zeit, um über Ihre Endungen nachzudenken. Worauf Sie jedoch achten sollten, sind mögliche Unterschiede, wie Sie sich fühlen oder motiviert sind in Ihrem Handeln.

Wichtig ist: Ihre Endungen müssen eine grammatisch korrekte Ergänzung des Satzes ergeben. Sofern Ihr Kopf einmal absolut leer ist, *erfinden* Sie einfach eine Endung; aber lassen Sie sich nicht von dem Gedanken abhalten, Sie könnten diese Übung nicht machen.

Eine Sitzung sollte im Durchschnitt nicht länger als zehn Minuten dauern. Wenn Sie länger dauert, »denken« Sie zuviel (Sie spielen zu vieles gedanklich durch und kalkulieren zuviel). Denken Sie *nach* der Übung, nicht während Sie sie machen.

Und nochmals: Ergänzen Sie jeden Satzstamm *mindestens* mit sechs Endungen.

2. WOCHE:
Wenn ich den Beziehungen, die mir wichtig sind, 5 Prozent mehr Bewußtheit entgegenbringe, ...
Wenn ich meinen Unsicherheiten 5 Prozent mehr Bewußtheit entgegenbringe, ...
Wenn ich meinen innersten Bedürfnissen und Wünschen 5 Prozent mehr Bewußtheit entgegenbringe, ...
Wenn ich meinen Emotionen 5 Prozent mehr Bewußtheit entgegenbringe, ...

3. WOCHE:
Wenn ich Zuhören wie einen kreativen Vorgang behandele, ...
Wenn ich darauf achte, wie andere durch die Qualität meines Zuhörens berührt werden, ...
Wenn ich meinem Umgang mit anderen Menschen heute mehr Bewußtheit entgegenbringe, ...
Wenn ich mich in die Pflicht nehme, fair und wohlwollend mit anderen Menschen umzugehen, ...

4. WOCHE:
Wenn ich meinen Aktivitäten heute mit einem höheren Selbstwertgefühl nachgehe, ...
Wenn ich in meinen Umgang mit anderen heute ein höheres Selbstwertgefühl einbringe, ...
Wenn ich mich heute 5 Prozent mehr annehme, ...
Wenn ich mich selbst annehme, auch wenn ich Fehler mache, ...
Wenn ich mich selbst annehme, auch wenn ich mich verwirrt und überwältigt fühle, ...

5. WOCHE:
Wenn ich meinen Körper mehr akzeptiere, ...
Wenn ich meinen Körper ablehne und nichts mit ihm zu tun haben will, ...
Wenn ich meine Konflikte leugne oder ausklammere, ...
Wenn ich alle Teile, die zu mir gehören, mehr annehme, ...

6. WOCHE:
Wenn ich mein Selbstwertgefühl heute erhöhen möchte, könnte ich...
Wenn ich meine Gefühle mehr annehme, ...
Wenn ich meine Gefühle leugne und ausklammere, ...
Wenn ich meine Gedanken mehr annehme, ...
Wenn ich meine Gedanken leugne und ausklammere, ...

7. WOCHE:
Wenn ich meine Ängste mehr akzeptiere, ...
Wenn ich meine Ängste leugne und ausklammere, ...
Wenn ich meine Schmerzen mehr akzeptiere, ...
Wenn ich meine Schmerzen leugne und ausklammere, ...

8. WOCHE:
Wenn ich meine Wut mehr akzeptiere, ...
Wenn ich meine Wut leugne und ausklammere, ...
Wenn ich meine Sexualität mehr akzeptiere, ...
Wenn ich meine Sexualität leugne und ausklammere, ...

9. WOCHE:
Wenn ich meine Erregung mehr akzeptiere, ...
Wenn ich meine Erregung leugne und ausklammere, ...
Wenn ich meine Intelligenz mehr akzeptiere, ...
Wenn ich meine Intelligenz leugne und ausklammere, ...

10. WOCHE:
Wenn ich meine Freude mehr akzeptiere, ...
Wenn ich meine Freude leugne und ausklammere, ...
Wenn ich allen Teilen, die zu mir gehören, mehr Bewußtheit entgegenbringe, ...
Wenn ich es lerne, mich in allem, wer ich bin, zu akzeptieren, ...

11. WOCHE:
Eigenverantwortlichkeit heißt für mich, ...
Wenn ich 5 Prozent mehr Verantwortung für mein Leben und Wohlbefinden übernehme, ...
Wenn ich der Verantwortung für mein Leben und Wohlbefinden aus dem Weg gehe, ...
Wenn ich 5 Prozent mehr Verantwortung für die Erreichung meiner Ziele übernehme, ...
Wenn ich der Verantwortung für die Erreichung meiner Ziele aus dem Weg gehe, ...

12. WOCHE:
Wenn ich 5 Prozent mehr Verantwortung für eine positive Entwicklung meiner Beziehungen übernehme, ...
Ich bleibe manchmal passiv, wenn ich...
Ich mache mich manchmal selbst hilflos, wenn ich...
Es wird mir bewußt, ...

13. WOCHE:
Wenn ich 5 Prozent mehr Verantwortung für meinen Lebensstandard übernehme, ...
Wenn ich 5 Prozent mehr Verantwortung dafür übernehme, welche Bekannte oder Freunde ich mir zur Gesellschaft aussuche, ...
Wenn ich 5 Prozent mehr Verantwortung für mein persönliches Glück übernehme, ...
Wenn ich 5 Prozent mehr Verantwortung für das Niveau meines Selbstwertgefühls übernehme, ...

14. WOCHE:
Selbstbehauptung heißt für mich, ...
Wenn ich mich heute 5 Prozent mehr selbstbehaupten würde, ...
Wenn ich meine Gedanken und Gefühle heute mit Respekt behandele, ...
Wenn ich meine Wünsche heute mit Respekt behandele, ...

15. WOCHE:
Wenn mir (als ich jung war) jemand gesagt hätte, daß meine Wünsche wirklich eine Rolle spielen, ...
Wenn mir (als ich jung war) beigebracht worden wäre, mein eigenes Leben zu schätzen und ihm Rechnung zu tragen, ...
Wenn ich mit meinem Leben umgehe, als sei es unwichtig, ...
Wenn ich bereit wäre, ja zu sagen, wenn ich ja sagen möchte, und nein zu sagen, wenn ich nein sagen möchte, ...
Wenn ich bereit wäre, andere die Musik hören zu lassen, die in mir ist, ...
Wenn ich 5 Prozent mehr von der Person, die ich bin, zum Ausdruck bringen sollte, ...

16. WOCHE:
Zielgerichtet leben heißt für mich, ...
Wenn ich 5 Prozent zielgerichteter lebe, ...
Wenn ich 5 Prozent zielgerichteter arbeite, ...
Wenn ich 5 Prozent zielgerichteter in meinen Beziehungen bin, ...
Wenn ich 5 Prozent zielgerichteter in meiner Ehe bin, ...
(sofern zutreffend)

17. WOCHE:
Wenn ich 5 Prozent zielgerichteter mit meinen Kindern umgehe, ...
(sofern zutreffend)
Wenn ich 5 Prozent zielgerichteter mit meinen innersten Sehnsüchten umgehe, ...
Wenn ich mehr Verantwortung für die Erfüllung meiner Wünsche übernehme, ...
Wenn ich mir mein Glück zu einem bewußten Ziel mache, ...

18. WOCHE:
Integrität heißt für mich, ...
Wenn ich an Bereiche denke, in denen es mir schwerfällt, in jeder Hinsicht integer zu sein, ...
Wenn ich 5 Prozent mehr Integrität in mein Leben bringe, ...
Wenn ich meiner Arbeit mit 5 Prozent mehr Integrität nachgehe, ...

19. WOCHE:
Wenn ich meinen Beziehungen 5 Prozent mehr Integrität entgegenbringe, ...
Wenn ich den Werten treu bleibe, die ich für richtig halte, ...
Wenn ich mich weigere, nach Werten zu leben, die ich nicht respektiere, ...
Wenn ich meine Selbstachtung behandele, als hätte sie einen hohen Stellenwert, ...

20. WOCHE:
Wenn das Kind in mir sprechen könnte, würde es sagen, ...
Wenn der Teenager, der ich einmal war, nach wie vor in mir existiert, ...
Wenn mein Teenager-Selbst sprechen könnte, würde es sagen, ...
Bei dem Gedanken, zurückzugehen, um meinem Kind-Selbst zu helfen, ...
Bei dem Gedanken, zurückzugehen, um meinem Teenager-Selbst zu helfen, ...
Wenn ich mit meinen jüngeren Selbsts Freundschaft schließen könnte, ...

Anmerkung: Detailliertere Ausführungen, wie Sie daran arbeiten können, die Teile Ihres jüngeren Selbst zu integrieren, finden Sie in meinem Buch *Ich liebe mich auch. Selbstvertrauen lernen.*

21. WOCHE:

Wenn mein Kind-Selbst sich von mir angenommen fühlte, ...
Wenn mein Teenager-Selbst das Gefühl hätte, ich wäre auf seiner Seite, ...
Wenn meine jüngeren Selbsts das Gefühl hätten, ich könnte ihnen ihre Kämpfe nachfühlen, ...
Wenn ich mein Kind-Selbst im Arm halten könnte, ...
Wenn ich mein Teenager-Selbst im Arm halten könnte, ...
Wenn ich den Mut und das Mitgefühl aufbrächte, meine jüngeren Selbsts zu umarmen und zu lieben, ...

22. WOCHE:

Mein Kind-Selbst fühlt sich manchmal von mir abgelehnt, wenn ich...
Mein Teenager-Selbst fühlt sich manchmal von mir abgelehnt, wenn ich...
Zu den Dingen, die mein Kind-Selbst braucht und nur selten von mir bekommt, gehört...
Zu den Dingen, die mein Teenager-Selbst braucht und noch nie von mir bekommen hat, gehört...
Mein Kind-Selbst rächt sich an mir dafür, daß ich es ablehne, unter anderem dadurch, daß...
Mein Teenager-Selbst rächt sich an mir dafür, daß ich es ablehne, unter anderem dadurch, daß...

23. WOCHE:

Bei dem Gedanken, meinem Kind-Selbst das zu geben, was es von mir braucht, ...
Bei dem Gedanken, meinem Teenager-Selbst das zu geben, was es von mir braucht, ...
Wenn mein Kind-Selbst und ich uns ineinander verlieben sollten, ...
Wenn mein Teenager-Selbst und ich uns ineinander verlieben sollten, ...

24. WOCHE:

Wenn ich akzeptiere, daß mein Kind-Selbst vielleicht Zeit braucht, um es zu lernen, mir zu vertrauen, ...
Wenn ich akzeptiere, daß mein Teenager-Selbst vielleicht Zeit braucht, um es zu lernen, mir zu vertrauen, ...
Je mehr ich verstehe, daß mein Kind-Selbst und mein Teenager-Selbst beide Teil von mir sind, ...
Es wird mir bewußt, ...

25. WOCHE:

Manchmal, wenn ich Angst habe, ...
Manchmal, wenn ich verletzt bin, ...
Manchmal, wenn ich wütend bin, ...
Ein effektiver Weg, mit Ängsten umzugehen, könnte es sein, ...
Ein effektiver Weg, mit Verletzungen umzugehen, könnte es sein, ...
Ein effektiver Weg, mit Wut umzugehen, könnte es sein, ...

26. WOCHE:

Manchmal, wenn ich erregt bin, ...
Manchmal, wenn ich sexuell erregt bin, ...
Manchmal, wenn ich starke Gefühle erfahre, ...
Wenn ich mit meiner Erregung Freundschaft schließe, ...
Wenn ich mit meiner Sexualität Freundschaft schließe, ...
In dem Maße, wie ich problemloser dem ganzen Spektrum meiner Emotionen begegnen kann, ...

27. WOCHE:

Wenn ich darüber nachdenke, mich mit meinem Kind-Selbst besser anzufreunden, ...
Wenn ich darüber nachdenke, mich mit meinem Teenager-Selbst besser anzufreunden, ...
In dem Maße, wie meine jüngeren Selbsts mir angenehmer werden, ...
In dem Zuge, wie ich einen sicheren Raum für mein Kind-Selbst schaffe, ...
In dem Zuge, wie ich einen sicheren Raum für mein Teenager-Selbst schaffe, ...

28. WOCHE:

Meine Mutter vermittelte mir ein Bild von mir, wonach ich mich als jemanden sehe, der...
Mein Vater vermittelte mir ein Bild von mir, wonach ich mich als jemanden sehe, der...
Meine Mutter spricht durch meine Stimme, wenn ich mir sage, ...
Mein Vater spricht durch meine Stimme, wenn ich mir sage, ...

29. WOCHE:

Wenn ich der Beziehung mit meiner Mutter 5 Prozent mehr Bewußtheit entgegenbringe, ...
Wenn ich der Beziehung mit meinem Vater 5 Prozent mehr Bewußtheit entgegenbringe, ...
Wenn ich meine Mutter und meinen Vater realistischer betrachte, ...
Wenn ich darüber nachdenke, welches Maß an Bewußtheit ich der Beziehung mit meiner Mutter entgegenbringe, ...
Wenn ich darüber nachdenke, welches Maß an Bewußtheit ich der Beziehung mit meinem Vater entgegenbringe, ...

30. WOCHE:

Der Gedanke, psychologisch frei von meiner Mutter zu sein, ...
Der Gedanke, psychologisch frei von meinem Vater zu sein, ...
Der Gedanke, daß ich nur mir selbst gehöre, ...
Wenn mein Leben wirklich mir selbst gehört, ...
Wenn ich wirklich in der Lage bin, eigenständig zu überleben, ...

31. WOCHE:

Wenn ich 5 Prozent bewußter lebe, ...
Wenn ich mich 5 Prozent selbst mehr annehme, ...
Wenn ich 5 Prozent eigenverantwortlicher lebe, ...
Wenn ich mich 5 Prozent mehr selbstbehaupte, ...
Wenn ich mein Leben 5 Prozent zielgerichteter lebe, ...

Wenn ich 5 Prozent mehr Integrität in mein Leben bringe, ...
Wenn ich tief atme und zulasse, daß ich selbst erfahre, wie man sich fühlt, wenn man ein Selbstwertgefühl hat, ...

Angenommen, Sie haben dieses 31wöchige Programm jetzt erstmals abgeschlossen. Wenn Sie fanden, daß es hilfreich war, wiederholen Sie es. Es wird wiederum eine neue Erfahrung für Sie sein. Einige meiner Klienten absolvieren dieses Programm drei- oder viermal, jedesmal mit neuen Ergebnissen, und am Ende steht jedesmal ein neues Wachstum im Selbstwertgefühl.

Anmerkungen

1. Das Selbstwertgefühl: Das Immunsystem des Bewußtseins

1 L. E. Sandelands, J. Brockner und M. A. Glynn, »If at first you don't succeed, try again: Effects of Persistence-performance contingencies, ego-involvement, and self-esteem on task-performance«, *Journal of Applied Psychology*, 1988, Nr. 73, S. 208 ff.
2 E. Paul Torrance, *The Creative Child and Adult Quarterly*, VIII, 1983.
3 Abraham Maslow, *Psychologie des Seins*, München 1973.
4 *Fortune*, 17. Dezember 1990.
5 T. George Harris, *The Era of Conscious Choice*, Encyclopedia Britannica Book of the Year, 1973.

3. Das Gesicht des Selbstwertgefühls

1 Thomas Peters und Robert H. Waterman Jr., *Auf der Suche nach Spitzenleistungen*, Landsberg 1988.

5. Unser Handeln

1 Siehe zum Beispiel *The Invulnerable Child*, eine Sammlung von Untersuchungen herausgegeben von E. James Anthony und Bertram J. Cohler, New York 1987.

7. Sich selbst annehmen

1 Friedrich Nietzsche, *Also sprach Zarathustra*, Stuttgart 1992, S. 132.

10. Zielgerichtet leben

1 Irvin D. Yalom, *Existentielle Psychotherapie*, Köln 1989, S. 553.

11. Persönliche Integrität

1 Joseph Campbell, *Lebendiger Mythos*, München 1991, S. 265.

13. Das Selbstwertgefühl des Kindes fördern

1 Stanley Coopersmith, *The Antecedents of Self-Esteem*, San Francisco 1968.
2 Haim Ginott, *Takt und Taktik im Klassenzimmer. Ein psychologischer Leitfaden für Eltern und Erzieher*, Göttingen 1974, S. 88.
3 Ebenda, S. 89 f.
4 Haim Ginott, *Eltern und Kinder*, Reinbek 1969, S. 29.

14. Selbstwertgefühl und Schule

1 Carl Rogers, *Entwicklung der Persönlichkeit*, Stuttgart 1992, S. 337.
2 Jean Piaget, *Das moralische Urteil beim Kinde*, München 1986, S. 429.
3 Jane Bluestein, *21st Century Discipline*, Jefferson City 1988.
4 Robert Reasoner, *Building Self-esteem: A Comprehensive Program for Schools*, Palo Alto 1992.
5 Ebenda.
6 Ebenda.
7 Jane Bluestein, *21st Century Discipline*, Jefferson City 1988.
8 Thomas Gordon, *Lehrer-Schüler-Konferenz*, München 1989.
9 Haim Ginott, *Takt und Taktik im Klassenzimmer. Ein psychologischer Leitfaden für Eltern und Erzieher*, Göttingen 1974, S. 103.
10 Howard Gardner, *Der ungeschulte Kopf*, Stuttgart 1993.
11 Howard Gardner, »What Parents Can Do to Help Their Kids Learn Better«, *Bottom Line*, Juni 1992.
12 »Shortchanging Girls, Shortchanging America«, American Association of University Women, 1991.
13 Weitere Informationen über Constance Dembrowskys Programm *Personal and Social Responsibility* können bezogen werden über das Institute for Effective Skill Development, P. O. Box 880, La Luz, NM 88337/USA.

15. Selbstwertgefühl und Beruf

1 Michael Dertouzos, Richard K. Lester, Robert M. Solow und die MIT Commission on Industrial Productivity, *Made in America*, MIT Press 1989.
2 Charles Garfield, *Team Management. Funktionale Führung statt Hierarchie*, Müchen 1993, S. 52.
3 Joseph A. Schumpeter, *Kapitalismus, Sozialismus und Demokratie*, Tübungen 1950, S. 134 ff.
4 Warren Bennis, *Führen lernen*, Frankfurt 1990.

17. Selbstwertgefühl und Kultur

1 Mary Kawena Puku'i, *'Olelo No'eau*, Honolulu 1985.
2 Platon, *Gesetze*, Buch VI–XII, Achter Band, Zweiter Teil, Darmstadt 1977, S. 241.
3 Morton M. Hunt, *Der siebte Himmel. Eine Naturgeschichte der Liebe von Homer bis Kinsey*, Berlin 1963, S. 19 f.
4 Margaret Mead, *Kindheit und Jugend in Samoa*, München 1970.
5 Gordon Rattray Taylor, *Kulturgeschichte der Sexualität*, Frankfurt 1970, zit. aus: Branden, *Liebe für ein ganzes Leben*, Reinbek 1990, S. 24.
6 Jonathan Rauch, »A Search for the Soul of Japan«, *Los Angeles Times Magazine*, 8. März 1992.

Danksagung

Danken möchte ich meiner Verlegerin Toni Burbank für die Energie und Begeisterung, die sie diesem Projekt entgegenbrachte, und für die vielen hilfreichen Vorschläge.

Bedanken möchte ich mich auch bei meinem Literaturagenten, Nat Sobel, für seine unermüdliche und engagierte Unterstützung.

Und nicht zuletzt gelten meine Liebe und mein Dank meiner Frau Devers – für die Begeisterung, die sie diesem Buch entgegenbrachte, für die anregenden Gespräche darüber und die provozierenden Ideen, die sie oft lieferte.

Register

Notizen

Notizen

Notizen

Notizen

Notizen

Notizen

Notizen

Notizen

Notizen

Notizen